Tim Parks

ITALIEN IN VOLLEN ZÜGEN

GOLDMANN
Lesen erleben

Buch

In diesem äußerst unterhaltsamen Reisebericht zeichnet Tim Parks ein authentisches Portrait italienischer Lebensweise – wie es sich auf Zugfahrten durch das Land erschließt. Ob als Pendler im Regionalzug, beim Kampf mit dem Fahrkartenautomaten oder auf der Suche nach dem richtigen Gleis in Mailands Hauptbahnhof. In Begegnungen mit pedantischen Schaffnern und kauzigen Mitreisenden, mit Priestern und Prostituierten auf spektakulären Bahnstrecken fängt Parks ein, was für das italienische Leben so charakteristisch ist: rasantes Tempo und zugleich der Sinn für entspannte Entschleunigung sowie die unsterbliche Begeisterung für ein gutes Argument und den perfekten Cappuccino.

Autor

Tim Parks wurde 1954 in Manchester geboren, wuchs in London auf und studierte in Cambridge und Harvard. Seine Romane wurden mit zahlreichen Preisen ausgezeichnet, u. a. mit dem »Somerset Maugham Award«. Neben seiner schriftstellerischen Tätigkeit übersetzte er das Werk von Italo Calvino, Roberto Calasso, Alberto Moravia und Machiavelli ins Englische. Er lebt als Professor für Literarisches Übersetzen in Mailand.

www.tim-parks.com

Tim Parks

ITALIEN IN VOLLEN ZÜGEN

Aus dem Englischen
von Ulrike Becker

GOLDMANN

Die englische Originalausgabe erschien unter dem Titel
»Italian Ways« bei W. W. Norton & Company,
New York/London 2013.

Verlagsgruppe Random House FSC® N001967

3. Auflage
Taschenbuchausgabe Juli 2018
Wilhelm Goldmann Verlag, München,
in der Verlagsgruppe Random House GmbH,
Neumarkter Str. 28, 81673 München
Copyright © 2018 dieser Ausgabe by Wilhelm Goldmann Verlag,
München, in der Verlagsgruppe Random House GmbH
Copyright © 2014 der deutschen Erstausgabe
by Verlag Antje Kunstmann GmbH, München
Copyright © 2013 der Originalausgabe by Tim Parks
Karten von David Atkinson, Hand Made Maps Ltd.
Umschlaggestaltung: UNO Werbeagentur, München
Umschlagfoto außen: Elvira Ruban/Alamy Stock Foto
Umschlaginnenseiten: Shutterstock
Autorenfoto: Volker Hinz
Satz: Uhl + Massopust, Aalen
KF · Herstellung: kw
Druck und Einband: GGP Media GmbH, Pößneck
Printed in Germany
ISBN: 978-3-442-15953-6
www.goldmann-verlag.de

Besuchen Sie den Goldmann Verlag im Netz:

Für alle, die gerne im Zug lesen

INHALT

VORWORT

E IN ZUG IST EIN ZUG IST EIN ZUG, nicht wahr? Parallele Gleise quer durch die Landschaft, auf Stahl laufende Räder, Kraft und Fliehkraft der schweren Lok, die ihre Wagenschlange durch ein Gewirr von Weichen führt, in Tunnel hinein und wieder hinaus, während der Reisende knapp einen Meter über dem Erdboden sitzt und unbehelligt vom Wetter von einer Stadt zur nächsten rast, dabei ein Buch liest, mit Freunden plaudert oder einfach ein bisschen döst, jeder Verantwortung für Tempo oder Lenkung enthoben und von der Verpflichtung befreit, der Welt, durch die er sich bewegt, die sonst nötige Aufmerksamkeit zu schenken. So oder so ähnlich werden Bahnreisen wohl überall erlebt.

Nur in Indien ist es jedoch möglich, an der offenen Wagentür zu stehen, während der Zug ratternd und schwankend durch die sandige Ebene von Rajasthan fährt. Die elegante Melancholie des Hauptbahnhofs von Buenos Aires, von britischen Architekten in französischem Stil entworfen, mit Stahlbögen, die aus dem fernen Liverpool angeliefert wurden, erzählt viel über das heutige und das damalige Argentinien. Und mit Sicherheit lassen sich die Geschichte und der Zeitgeist von Thatchers und danach Blairs England weitgehend aus dem gegenwärtig chaotischen Zustand des überteuerten, ungeschickt privatisierten und insgesamt äußerst unglückseligen Eisenbahnsystems des Landes ablesen. Amerikas mangelnde Investitionen in sein Bahnsystem künden von einem Land, das gerne seine Rechtschaffenheit betont, aber eine krankhafte Abneigung dagegen hat, Auto und Flugzeug zugunsten einer ökologisch gesünderen und gemeinschaftsbewussteren Form der Mobilität aufzugeben.

Nach Italien kam die Eisenbahn im Jahre 1839, zunächst in Gestalt einer sieben Kilometer langen Schienenstrecke im Schatten des Vesuvs von Neapel bis Portici, gefolgt von vierzehneinhalb Kilometern von Mailand bis Monza im Jahre 1840. In Anlehnung an das englische *railways* prägten die Italiener den Begriff *ferrovie*, »Eisenwege«. Anders als die Engländer besaßen sie jedoch kaum Eisen für die Schienen, so gut wie keine Kohle, um die Züge anzutreiben, und nur einen Bruchteil der Nachfrage nach Fracht- und Personentransport, den in England die industrielle Revolution erzeugt hatte. Es war schwierig, die Züge zu füllen, und noch schwieriger, sie profitabel zu betreiben. Aber wenn das Geschäft schlecht lief, gab es ja noch die Politik. Der Prozess des Risorgimento, der das Ziel verfolgte, die separaten, oft fremd regierten Staaten der Halbinsel zu einer einzigen Nation zu vereinen, war in vollem Gange; alle beteiligten Parteien hatten verstanden, dass schnelle Kommunikationswege die Einigung fördern und später untermauern würden. Hinzu kamen militärische Erwägungen. Was war besser geeignet, um einen großen Trupp Männer von A nach B zu bringen, als Lastwagen auf Schienen?

Der Bau von Bahnstrecken war also fast immer politisch motiviert, was wiederum die kommerzielle Seite des Unternehmens belastete. Nach der Einigung boten Debatten über den Verlauf strategisch wichtiger Strecken ein neues Schlachtfeld für den uralten *campanilismo*, den Kirchturmblick und ewigen Geist der Rivalität, der jede italienische Stadt glauben lässt, die Nachbarorte hätten sich gegen sie verschworen. Bei allem Idealismus und allen Streitereien hatten sich die Eisenbahngewerkschaften am Ende des 19. Jahrhunderts zu den größten und militantesten im ganzen Land entwickelt und sollten noch eine wichtige Rolle im Kampf zwischen Sozialismus und Faschismus spielen; nach dem Zweiten Weltkrieg standen sie im Mittelpunkt der Politik einer Regierung, die ihre Wähler zufriedenstellen wollte, indem sie nicht existente Stellen schaffte und großzügige Gehälter und Pensionen bezahlte. Mehr als einmal schon ist behauptet worden, dass man die gesamte Geschichte der Entwicklung des italienischen Nationalstaats anhand der Eisenbahnlinien erzählen könnte.

Doch dieses Buch ist weder ein Geschichtsbuch noch ein Reisebericht, obwohl es darin auch um die Geschichte und um das Reisen geht. Ich habe es auch nicht auf die gleiche Weise geplant und in Angriff genommen wie meine anderen Bücher über Italien. Ein paar erklärende Worte für den Reisenden, der soeben sein Ticket erstanden hat und zugestiegen ist, sind also angebracht.

Mein erster Blick auf Italien fiel durch ein Zugfenster. Das war in der Morgendämmerung eines Sommertags im Jahr 1974. Ich hatte auf der Fahrt durch Frankreich gedöst und wachte in der Nähe von Ventimiglia auf, als an der

Côte d'Azur gerade der Morgen graute, während wir über Viadukte hinwegflogen und durch Tunnel rasten. Es war nicht das erste Mal, dass ich Palmen sah, aber eines der ersten Male. Ich war neunzehn und reiste allein mit einem Interrail-Ticket. Ich hatte zwei nette Mädchen aus Lancashire kennengelernt, die sich unbedingt die byzantinischen Mosaiken in Ravenna ansehen wollten, und schloss mich ihnen an, ohne mir darüber im Klaren zu sein, dass eine solche Reise quer durchs Land der italienischen Topografie und dem Verkehrsfluss komplett zuwiderlief; nur ein Masochist würde versuchen, mit dem Zug von Ventimiglia nach Ravenna zu gelangen.

Ein paar Tage später kaufte ich auf dem Bahnsteig von Santa Maria Novella in Florenz mit zwei deutschen Jungs eine Flasche Chianti von der Sorte, die in bauchigen Flaschen mit Bastmantel verkauft werden, fiel nach gerade mal zwei kräftigen Schlucken in Ohnmacht und wachte drei Stunden später im Gang eines Abend-Expresszugs nach Rom in einer Lache von Erbrochenem wieder auf. Es war die – gottlob längst vergangene – Zeit, als billiger Fusel mit allem Möglichen verschnitten wurde. Die folgende Nacht verbrachte ich mit dreißig bis vierzig anderen Reisenden im Schlafsack auf einem Stück Rasen vor dem Bahnhof Roma Termini, und während ich schlief, wurde mir mithilfe einer Rasierklinge mein Brustbeutel, den ich um den Hals trug, abgenommen; als ich aufwachte, waren meine Schuhe, mein Reiseführer und mein Pass weg, aber nicht meine Brieftasche, denn die hatte ich mir in die Unterhose gesteckt. An diesem Vormittag verbrannte ich mir auf dem heißen Asphalt die nackten Füße, während ich mich auf die erste von vielen bürokratischen Odysseen in diesem Land begab, das Jahre später mein Zuhause werden sollte. Von der Sprache kannte ich kein Wort. Das alles waren Initiationsriten; ich war mit dem Zug in meine italienische Zukunft katapultiert worden.

Inzwischen lebe ich seit dreißig Jahren in Italien. Es gibt Hochebenen und plötzliche Talfahrten; man biegt um eine Ecke und sieht unvermittelt das Land und die eigenen Erfahrungen mit ihm in einem völlig neuen Licht. Man kann es sich wie ein vierdimensionales Puzzle vorstellen; die üblichen drei Dimensionen plus die Zeit: Man wird niemals alle Teile zusammenfügen können, und sei es nur, weil ständig neue Tage hinzukommen, aber trotzdem erscheint das Bild von Jahr zu Jahr vollständiger und vor allem dichter und plausibler. Man wird nie ganz zum Einheimischen, aber man ist auch kein Fremder mehr. Genau wie ich meine Kenntnis der italienischen Literatur langsam von den Romanen Natalia Ginzburgs und Alberto Moravias, die ich las, um die Sprache zu lernen, indem ich jedes neue Wort unterstrich, auf die Meisterwerke von Svevo und Verga, Manzoni und Leopardi und weiter zurück in die Vergangenheit ausdehnte, bis ich schließlich bereit war für Dante und Boccaccio, so ist auch meine Kenntnis von *le ferrovie italiane* im Laufe der Zeit breiter, tiefer und intensiver geworden; es ist keine Frage des Mögens oder Nichtmögens mehr; diese Eisenbahnen sind wie Verwandte.

Zu Anfang war das Bahnreisen nichts als eine lästige Pflicht. 1992 gab ich meine Stelle als Sprachlehrer an der Universität von Verona auf, um einen karriereträchtigen

Job an einer Universität in Mailand anzutreten. Da wir mit kleinen Kindern nicht in die Großstadt ziehen wollten, war ich dazu verdammt, zwei bis drei Mal wöchentlich zu pendeln. Damals hatte ich keine Ahnung, dass die italienische Eisenbahn zu der Zeit einen absoluten Tiefpunkt erreicht hatte, und erst recht keine Vorstellung, warum das so war. Ich litt einfach, und natürlich lachte ich auch darüber, denn Lachen ist besser als Weinen und viel aufbauender. Aber oft genug genoss ich die Fahrten auch: denn mit dem Zug durch eine wunderschöne Landschaft zu rollen ist immer ein Vergnügen, und es fördert auf seltsame Weise das Lesen, das einen wesentlichen Teil meines Lebens ausmacht. Hinzu kam noch: Je tiefer man in ein Land eintaucht, desto mehr empfindet man jede neue Information, jedes Ereignis und jede Entdeckung als faszinierende Bestätigung oder als Herausforderung. Man fragt sich, wie passt diese merkwürdige Sache, die eben passiert ist, zu dem, was ich bereits über dieses Land weiß? Was einem im ersten Jahr trivial oder einfach ärgerlich vorkam, bereichert und verändert auf einmal das Gesamtbild.

Ich fing an, mir Notizen zu machen. Ich fing an zu glauben, dass jemand, der Italien verstehen möchte, damit anfangen könnte, das Fahrkartensystem der Bahn zu verstehen oder die Ansagen auf den Bahnsteigen in Venezia Santa Lucia und Roma Termini, die seltsame Betonung bestimmter Namen und die vollkommen unlogische Reihenfolge, in der die Informationen gegeben werden. 2005 bat mich die Zeitschrift *Granta* um einen Reisebericht, und mit ein bisschen Mogelei konnte ich meine Notizen verwenden, obwohl es sich dabei streng genommen nicht um

Reiseberichterstattung handelte. Untypischerweise schrieb ich vier Mal so viel, wie verlangt wurde, 120 Seiten, viel zu viel für einen Zeitschriftenartikel, aber nicht ganz genug für ein Buch: Doch damals habe ich auch nicht an ein Buch gedacht; es machte mir einfach Spaß, viel mehr Spaß als erwartet, über die Eisenbahn und die Art, wie die Italiener sie betreiben, zu schreiben. *Granta* veröffentlichte ein Fragment meines Textes.

Sieben Jahre später haben sich die italienischen Züge stark verändert, Italien hat sich verändert und ebenso Europa und die Welt. Vom Autor ganz zu schweigen. Letztes Jahr wandte ich mich dem Buch, das nicht ganz ein Buch war, wieder zu. Waren diese Seiten ganz einfach veraltet? Oder ließ sich der Unterschied zwischen dem, wie es damals war, und dem, wie es heute ist, benutzen, um etwas aufzuzeigen, das mich schon immer interessiert hat: dass sich der Nationalcharakter gerade dann am deutlichsten offenbart, wenn die Dinge, von denen man glaubte, sie würden sich nie ändern, sich schließlich doch ändern? Schaut man sich an, wie die Hochgeschwindigkeitszüge in Italien Einzug gehalten haben, während die Regionalbahnen stagnieren, oder mit welcher Selbstverständlichkeit in den Business-Class-Abteilen eines Frecciarossa von Mailand nach Rom Handys benutzt werden oder wie das Fahrkartensystem auf Computer umgestellt wurde und wie die Furcht einflößenden alten Schaffner damit umgehen, oder reist man an der Südküste von Kalabrien und Apulien entlang und sieht, in welchem Ausmaß Geldmittel der Europäischen Union immer wieder, sinniger- oder unsinnigerweise, in die verlassenen Bahnstrecken gesteckt

werden, dann offenbart sich ganz unbestreitbar die italienische Art, die Dinge zu handhaben.

Und genau die habe ich in diesem Buch einzufangen
versucht.

I

DER ZUG DER LEBENDEN TOTEN

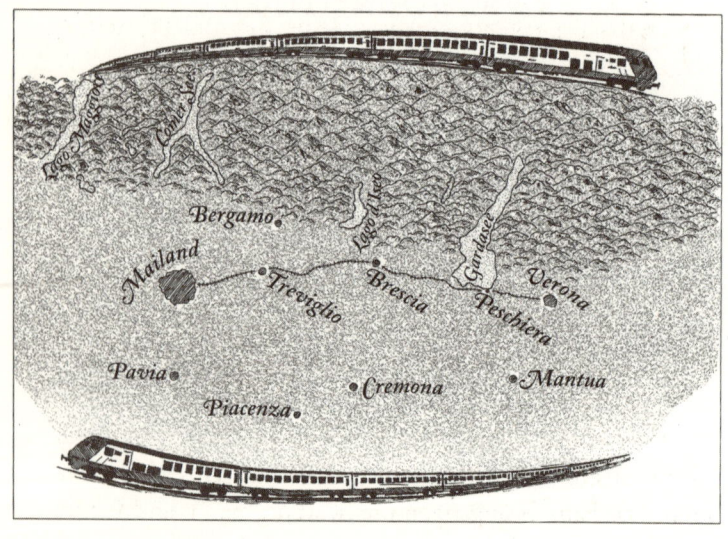

Erstes Kapitel

VERONA — MAILAND

———

DIE ITALIENER PENDELN. Jedes Jahr im September erhalte ich von der Verwaltung der Mailänder Universität, an der ich unterrichte, einen Brief, in dem man mich daran erinnert, dass ich, da ich nicht in dieser Stadt wohne, für das kommende Jahr ein *nullaosta* beantragen muss. Dieses Papier, das vom Universitätsrektor persönlich unterzeichnet wird, besagt, dass mich *nulla ostacola...* nichts daran hindert, in Mailand zu arbeiten, obwohl ich im hundertsechzig Kilometer entfernten Verona wohne.

Was in aller Welt könnte mich daran hindern?

Nur Trenitalia, die Eisenbahn.

Wie so oft in Italien gibt es kein offizielles Formular zum Ausfüllen; man muss den Antrag selbst formulieren. Das kann beängstigend sein, wenn man kein Muttersprachler ist und die womöglich speziellen Floskeln und Anredeformen nicht kennt. Als Universitätsdozent will man schließlich nicht unbeholfen wirken.

»Und wenn ich das einfach ignoriere?«, habe ich mal einen Kollegen gefragt. »Es ist ja nur eine Formalität.«

Das war vor vielen Jahren, in den Neunzigern. Damals

war ich noch naiv. Mir wurde erklärt, dass eine Formalität in Italien so etwas wie ein schlafender Vulkan ist. Jahrelang erscheint er harmlos, bis er einem plötzlich um die Ohren fliegt. Wenn ich also eines Tages im Unterricht einen Fehler mache oder bei einer heiß umstrittenen Fachbereichswahl den falschen Kandidaten unterstütze, könnte der Rektor plötzlich zu dem Schluss kommen, dass Trenitalia nicht so zuverlässig ist, als dass man in Verona wohnen und in Mailand arbeiten könnte. Genau wie in Italien manche Gesetze zur Buchführung oder zum Umgang mit Parteispenden urplötzlich rigoros durchgesetzt werden, aus Gründen, die nur wenig mit dem illegalen Verhalten einer bestimmten Person zu tun haben. Sage also nie *nur* eine Formalität.

Entmutigenderweise schlug mir derselbe Kollege, der mir mit der Analogie vom schlafenden Vulkan die Augen geöffnet hatte, zu einem späteren Zeitpunkt vor, mich auf eine freie Dozentenstelle in Lecce zu bewerben. Verstört wies ich darauf hin, dass Mailand zwar hundertsechzig Kilometer von Verona entfernt liegt, Lecce jedoch neunhundertsechzig. In dem Fall wäre das *nullaosta* mit Sicherheit keine reine Formalität mehr. »Es gibt einen Nachtzug von Verona nach Lecce«, wurde mir beschieden. »Kein Problem. Sie könnten zweimal in der Woche fahren. Oder die Woche über dort bleiben und am Wochenende nach Hause fahren.«

Es war ein ernst gemeinter Vorschlag. Hunderttausende Italiener machen es so. In Mailand habe ich Kollegen, die in Rom, Palermo oder Florenz leben. Ich habe Studenten, die jedes Wochenende heim nach Neapel oder Udine fahren. Tausende und Abertausende Reisekilometer werden so zurückgelegt. Die Italiener wohnen gern dort, wo sie wohnen – das heißt dort, wo sie geboren wurden –, bei mamma e papà. Von dort aus pendeln sie. Selbst wenn es dort keine Arbeit gibt, ist die Heimatstadt immer die beste aller Städte; ein dickes Netz aus Familienbanden und Bürokratie hält einen dort fest. Trenitalia verbindet diese Stadtstaaten. Das Unternehmen macht die Nation erst möglich und erlaubt ihr, zerstückelt zu bleiben, erlaubt den Menschen, ein Doppelleben zu führen. Nicht umsonst heißt die Holding-Gesellschaft Ferrovie dello Stato. Staatseisenbahn. *Nulla ostacola.*

WENN ICH RECHTZEITIG UM NEUN UHR morgens bei einem Seminar oder einer Prüfungskommissionssitzung in Mailand sein will, muss ich den Interregionale um 6.40 Uhr von Verona Porta Nuova nach Genova Piazza Principe erwischen. Das ist der Zug der lebenden Toten. Aber wenigstens blinken um sechs Uhr früh noch die meisten Ampeln der Stadt nur in Gelb. Man kommt voran. Man kann sogar anhalten und parken.

Veronas Hauptbahnhof wurde ebenso wie die Straßen drum herum und das nahe gelegene Stadion zur Fußballweltmeisterschaft im Jahr 1990 umgebaut. Die Meisterschaft fand statt, ehe die Straßen fertig waren, und damit ging die Dringlichkeit, wenn nicht gar jegliches Interesse an der Fertigstellung verloren. Die großen Mannschaften von damals kamen nicht nach Verona. Ich erinnere mich vage, dass Belgien Uruguay schlug. An die Namen der an-

deren Mannschaften erinnere ich mich nicht. Ist irgendjemand hingegangen und hat zugeschaut? In all den Jahren, in denen ich später eine Dauerkarte fürs Stadion
innehatte, hat nie jemand diese Spiele erwähnt. Aber das
seinerzeit hastig entworfene Straßennetz wird uns noch
Jahrzehnte erhalten bleiben, auch eine Unterführung in
einer engen Kurve, die schon Dutzende das Leben gekostet hat, und ebenso der ansprechende Steinfußboden
im Bahnhof Verona Porta Nuova. Er besteht aus kleinen
dunklen, metamorphen Fliesen, bei denen sich eine auf
Hochglanz polierte, fast spiegelnde Oberfläche mit grob-
körnigen marmorierten Brauntönen abwechselt. Ausgesprochen stilvoll. Als in den frühen Neunzigerjahren der
Tangentopoli-Skandal zur verschärften Bekämpfung politischer Korruption führte, wurde behauptet, der Bürgermeister und seine Kumpanen hätten im Zuge der Bau-
maßnahmen für die Fußballweltmeisterschaft in Verona
einen Großteil der Aufträge an Freunde und Verwandte
vergeben. Niemand ging dafür länger als ein paar Tage ins
Gefängnis. Niemand fand, dass das ein besonders schlim-
mes Vergehen war.

Leider gibt es selbst morgens um Viertel nach sechs
am Fahrkartenschalter eine unsäglich lange Schlange. Der
ernsthafte Pendler braucht eine Dauerkarte. Aber welche
Dauerkarte soll er nehmen? In England gibt es inzwischen
unterschiedliche Karten für unterschiedliche Züge, die
von unterschiedlichen Gesellschaften betrieben werden. Es
herrschen der Wirrwarr und der Trubel der freien Markt-
wirtschaft, und um Angebot und Nachfrage ins Gleichgewicht zu bringen, sind die Karten zu verkehrsstarken und

verkehrsschwachen Reisezeiten unterschiedlich teuer. Das
ist ärgerlich, aber verständlich und sehr angelsächsisch. In
Italien sind die Komplikationen anders gelagert. Wer hier
den wirklichen Durchblick haben will, müsste über die gesamte italienische Regierungs- und Sozialpolitik seit dem
Zweiten Weltkrieg im Bilde sein.

Zuallererst gilt, dass Zugfahrkarten billig sein müssen,
und zwar offensichtlich billig. Dahinter steckt das Bedürfnis der Menschen, in der einen Stadt zu leben und in einer
anderen zu arbeiten, verbunden mit der Tatsache, dass die
italienischen Löhne und Gehälter zu den niedrigsten in
Europa gehören. Ein Student muss es sich leisten können, *jedes* oder zumindest jedes zweite Wochenende nach
Hause zu fahren. Die Freunde aus der Grundschule bleiben Freunde fürs Leben. Ohne sie kann man nicht sein.
Und wer soll die Wäsche waschen, wenn nicht die geliebte Mutter? In Italien gibt es kaum Waschsalons. Die
Fahrt von Verona nach Mailand – 148 Kilometer, sagt mir
meine Fahrkarte – kostet also nur 6,82 Euro, egal zu welcher Tageszeit, ob werktags oder am Wochenende.* Das
ist billig.

Zugleich wird die Eisenbahn traditionell dazu benutzt,
überschüssige Arbeitskraft aufzunehmen und die Arbeitslosigkeit niedrig zu halten. »Beamte in Massen!«, schrieb
D. H. Lawrence 1920 über den Bahnhof von Messina auf
Sizilien. »Man erkennt sie an den Mützen. Elegante, for-

---

* Alle Informationen im ersten Teil des Buches stammen aus dem Jahr 2005.
Machen Sie sich auf Überraschungen im zweiten Teil gefasst, wo alles anders
wird, damit vieles gleich bleiben kann.

sche, kleine Beamte mit Schuhen aus Wildleder oder Lack-
leder, mit goldbetressten Mützen, einige mit schmalen,
langen Nasen mit noch mehr Gold an den Mützen spazie-
ren durch die Himmelspforten hinein oder heraus, kommen und gehen durch die vielen Türen.«

Seit Trenitalia in den letzten zwanzig Jahren hundert-
tausend Stellen abgebaut hat, ist das Unternehmen nicht
mehr ganz so überbesetzt, beschäftigt aber immer noch
weit mehr Personal pro Reisekilometer als seine Pendants in
Frankreich, Deutschland oder England. Zehntausend der
neunundneunzigtausend Bahnbediensteten gelten als überflüssig. Und die Mitarbeiter tragen immer noch schicke
Mützen mit Goldlitze und glänzende Knöpfe an den dunklen Uniformjacken.

Eines Abends, als ich aus Venedig zurückkam und in
dem kleinen Bahnhof Verona Porta Vescovo aussteigen
wollte, gingen die Türen nicht auf. Im Interregionale gibt
es einen roten Griff, den man hochzieht, sobald der Zug
zum Stehen gekommen ist. Dann sollten die Türen sich
seitlich öffnen. Ein Reisender nach dem anderen ruckelte
und zerrte. Flüche und Verwünschungen. Da sich auf
beiden Seiten des Zuges ein Bahnsteig befand, wurde auf
beiden Seiten gezerrt und geruckelt. Gerade als der Zug
sich wieder in Bewegung setzte, flog eine Tür auf, und eine
Handvoll Reisender stieg eilig aus.

Woraufhin wir, während wir uns noch zu unserem
knappen Entkommen gratulierten, von einem Mann mit
einer wunderbar spitzen Mütze, die weit größer, gebausch-
ter und vor allem röter war, als nötig schien, angebrüllt
wurden. Es handelte sich um die Mütze des *capostazione*,

des Bahnhofsvorstehers. Jemand erklärte, warum wir erst ausgestiegen waren, als der Zug schon wieder angefahren war, was natürlich streng verboten ist. »*Non esiste!*«, protestierte der wichtige Mann. Es konnte unmöglich sein, dass die Türen nicht aufgingen. Wir mussten etwas falsch gemacht haben. Etliche Fahrgäste bestätigten die Geschichte. »Non esiste!«, beharrte er. Das kann nicht sein. Wenn man bei Trenitalia arbeitet, ist es vielleicht manchmal nötig, die Augen vor der Realität zu verschließen.

Zum Beispiel ist klar, dass bei niedrigen (weniger als die Hälfte der bei der Deutschen Bahn und weniger als ein Drittel der bei den britischen Eisenbahngesellschaften üblichen) Preisen und hohen Personalkosten der Bahnbetrieb eine kostspielige Angelegenheit ist. Wie soll ein Land mit einer laufenden Staatsverschuldung von über 100 Prozent des Bruttosozialprodukts mit so etwas fertig werden? Eine Antwort lautet: *il supplemento*.

Kostet die Fahrt nach Mailand mit dem Interregionale 6,82 Euro, dann kostet die Fahrt mit dem schnelleren Intercity 11,05 Euro oder vielmehr das Basisticket von 6,82 Euro zuzüglich eines Zuschlags, des *supplemento*, von 4,23 Euro; der noch (etwas) schnellere Eurostar kostet weitere 50 Cent mehr. Früher machte der Zuschlag nur einen geringen Prozentsatz des Ticketpreises aus, aber da bei der Berechnung der landesweiten Inflationsrate die Basispreise für Bahnfahrten herangezogen werden, die Preise für Intercityfahrten jedoch nicht, jedenfalls bis vor Kurzem nicht, sind die Zuschläge im Verhältnis zum Basistarif tendenziell stärker gestiegen. Durch solche Tricks lässt sich ein Großteil der Inflation verstecken. Aber was bekommt man für dieses Extrageld? Der Interregionale braucht vierzehn Minuten länger als der Intercity und vierundzwanzig Minuten länger als der Eurostar. Sind vierzehn Minuten meiner Zeit mir 4,23 Euro wert?

Aber so einfach ist es nicht.

Um die Leute zum Kauf der teureren Tickets zu motivieren, verschwinden die Interregionali zu bestimmten Tageszeiten vom Fahrplan, besonders auf längeren Strecken. Auf der anderen Seite jedoch, und das läuft der Logik von Angebot und Nachfrage komplett zuwider, gibt es für die, die mit den lebenden Toten reisen, wie ich es oft gezwungen bin zu tun, *nur* Interregionali, um die ärmeren Pendler zu versorgen, die Verdammten, diejenigen, die sich nicht jeden Tag die höheren Fahrpreise leisten könnten; all das verdankt sich dem ziemlich frommen, aber immer begrüßenswerten italienischen Engagement für eine bestimmte Art des volksnahen Sozialismus (mit dem der Katholizismus und der Faschismus natürlich eng verwandt sind). Je größer also die Nachfrage, desto niedriger der Preis.

Wir haben also den Interregionale Mailand–Genua um 6.40 Uhr morgens und den fürchterlichen Interregionale Mailand–Venedig um 18.15 Uhr abends. Seltsamerweise sind diese hoffnungslos überfüllten Pendlerzüge, die zu niedrigen Preisen zu den Stoßzeiten verkehren, die verlässlichsten und pünktlichsten überhaupt. Da sie mit Lok und Waggons, die 180 Stundenkilometer fahren können, in zwei Stunden nur eine Strecke von 160 Kilometern bewältigen müssen, haben sie viel zeitlichen Spielraum.

Am ersten Tag jedes neuen akademischen Jahres kaufe ich mir also meine Dauerkarte nach Mailand. Dafür gibt es keinen Extraschalter. Man stellt sich mit allen anderen gemeinsam an. Vier Schalter sind besetzt, sechs unbesetzt. Zum Glück wurde vor Kurzem im Bahnhof Verona Porta Nuova das Einschlangensystem eingeführt – eine lange, gewundene Schlange zwischen Seilabsperrungen, um die Frustrationen zu vermeiden, zu denen es immer wieder kommt, wenn man den falschen Schalter wählt und stundenlang anstehen muss. Wir alle haben dieses Zeichen des Fortschritts und der Zivilisation sehr begrüßt. Die Seile sind in schickem Rot-Weiß gehalten und hängen zwischen glänzenden Chrompfosten; aber beim Aufbau der Absperrung wurde nicht darauf geachtet, denen, die sich nicht hinten angestellt haben, den Zugang zu den Schaltern zu verwehren, sodass man auch durch den vorgesehenen Ausgang eintreten kann.

Ein Mann lehnt Kaugummi kauend an einer Säule, beobachtet die Schalter, wartet und geht dann, genau als ein Schalter frei wird, mit schnellen Schritten darauf zu und drängelt sich vor. Die Kartenverkäuferin weiß, was passiert ist, protestiert aber nicht. Die Leute in der Schlange grummeln, greifen aber nicht ein. Das hat mich in Italien immer erstaunt, dieses allgemeine Schulterzucken angesichts eines *furbo*, eines Schlitzohrs. Es lohnt sich in diesem Land immer, es zu versuchen. Sollte es doch einmal unangenehm werden, kann man immer noch behaupten, man hätte nicht Bescheid gewusst.

Ein Schild weist darauf hin, dass man am Fahrkartenschalter keine Auskünfte einholen soll, nur sein Ticket

kaufen und basta, aber die Leute fragen trotzdem ganz un-
geniert nach den detailliertesten Sachen. »Wie viel würde
es kosten, im Nachtzug nach Lecce bei vier Reisenden von
der zweiten zur ersten Klasse zu wechseln, wenn man die
Familienermäßigung und den Preisnachlass für die über
siebzigjährige Großmutter berücksichtigt?«

Die Verkäufer sind geduldig. Sie müssen keinen Zug
erwischen. Vielleicht erteilen sie gern Auskünfte, stellen
gern ihr Wissen und ihre Fachkundigkeit zur Schau. An
der Stelle, wo die offizielle Schlange aus der Seilführung
hinaustritt, kurz bevor man an der Reihe ist, stellt sich heraus, dass man den Schalter ganz links nicht sehen kann,
weil er von einer Säule verdeckt wird, die (wegen der Welt-
meisterschaft) mit einer glänzenden schokoladenbraunen
Marmorverkleidung umgeben ist. Dieser versteckte Schalter ist, wie ich bemerkt habe, fast immer offen, während
die dem Ausgang der Warteschlange direkt gegenüberliegenden und deshalb gut sichtbaren Schalter meistens
geschlossen sind. Wenn man nicht weiß, dass es den Schalter hinter der Säule gibt, geht man dort auch nicht hin.
Und der dort sitzende Kartenverkäufer ruft einen nicht
auf. Er hat keinen Knopf, den er drücken könnte, keine
Lampe, um die Kunden auf sich aufmerksam zu machen.
Trenitalia will uns schließlich nicht verwöhnen.

Am Schalter rechts von mir fragt jemand nach einer
komplizierten Verbindung in eine Stadt in Ligurien. Die
Leute in der Schlange ärgern sich. »Und in welchen Zügen
kann ich mein Fahrrad mitnehmen?«, fragt der Mann. Ein
zweiter *furbo* drängelt sich dreist vor, als der Schalter am
Ausgang ganz kurz frei wird. Diesmal protestiert der Ver-

käufer, aber nur halbherzig. »Geht schnell bei mir«, sagt *il furbo*. »Ich verpasse sonst meinen Zug.«

Niemand brüllt los. Es entsteht nur ein leises, unterschwelliges Gegrummel, so als empfänden die, die sich ordnungsgemäß verhalten haben, eine grimmige Freude angesichts dieses erneuten Beweises, dass gutes Benehmen sich nicht auszahlt, dass man als braver Bürger zwangsläufig zum Märtyrer wird. Dies ist eine wichtige italienische Gefühlslage: Ich benehme mich gut, und *deshalb* muss ich leiden. Ich bin ein Märtyrer. *Mi sto sacrificando*. Dieses Grundgefühl kann zu gegebener Zeit auch einmal schlechtes Benehmen rechtfertigen.

Müssen diese Leute wirklich am Fahrkartenschalter so viele Auskünfte einholen? Nein. Überall hängen plakatgroße Fahrpläne, die alle Abfahrten von diesem Bahnhof auflisten. Darin sind die Italiener gut. Es gibt billige, umfassende und halbwegs verständliche landesweite Fahrpläne im Zeitungsladen des Bahnhofs. Darin stehen *alle* Züge, die in Norditalien in den nächsten sechs Monaten verkehren. Es gibt auch ein Informationszentrum. Aus irgendeinem Grund befindet sich das Informationszentrum am anderen Ende des Bahnhofs, etwa hundert Meter von den Fahrkartenschaltern entfernt – man muss einen langen, elegant gefliesten Flur entlanglaufen –, und die Fahrpläne hängen auch *nicht* in der Nähe der Fahrkartenschlange. Das scheint in allen Bahnhöfen Italiens so zu sein. Es ist seltsam. Man kann sich nicht über die Abfahrtszeiten informieren, während man am Schalter ansteht, obwohl das oft genau der Moment ist, in dem man sich gern darüber informieren würde. Natürlich eilt man zum Schalter, ohne vorher den Fahrplan zu studieren, denn man fürchtet, sonst noch länger warten zu müssen und seinen Zug zu verpassen, aber dann muss man sich am Schalter nach den Fahrzeiten erkundigen. An einem Schalter fängt die Fahrkartenverkäuferin gerade geduldig an, die Vor- und Nachteile eines komplizierten Werbeangebots zu erläutern. Über die Lautsprecheranlage werden die nächsten Zugabfahrten angesagt.

UM DIESER STRESSIGEN SITUATION zu begegnen, hat Trenitalia den SportelloVeloce oder FastTicket-Schalter eingeführt. (Man könnte ganze Abhandlungen verfassen über diese Angewohnheit, eine Übersetzung anzubieten, die nicht wirklich eine Übersetzung, sondern vielmehr eine italienische Fantasievorstellung der Funktionsweise der englischen Sprache darstellt und sich, sozusagen als Werbemaßnahme, eher an ein italienisches Publikum richtet als an Englisch sprechende Durchreisende.) Es handelt sich dabei um einen Schalter, den man nur benutzen darf, wenn der Zug, den man nehmen möchte, *innerhalb der nächsten fünfzehn Minuten* abfährt. Vernünftigerweise wurde der SportelloVeloce an der Stelle eingerichtet, wo die Leute sich üblicherweise vordrängeln, um die Hauptschlange zwischen den rot-weißen Seilen und verchromten Pfosten zu umgehen.

Aber was ist, wenn mein Zug in einer halben Stunde fährt? Ich warte fünfzehn Minuten in der Schlange und stelle fest, dass es eng wird. Soll ich dann zum Schnellschalter wechseln, wo bereits vier Leute anstehen? Und wenn einer von ihnen Auskünfte einholen will? Oder wenn plötzlich alle beschließen, erst fünfzehn Minuten vor Abfahrt ihres Zuges einzutreffen und den Schnellschalter zu nutzen? Das wäre ein Problem, denn während von den regulären Schaltern immer mindestens zwei geöffnet sind, ist der Schnellschalter häufig geschlossen.

Oder was ist, wenn ich mich fünfundzwanzig Minuten vor Abfahrt meines Zuges am Schnellschalter anstelle, aber achtzehn Minuten vor Abfahrt an der Reihe bin? Wird der Verkäufer mich dann trotzdem bedienen? Vermutlich schon, aber er hätte das Recht, es nicht zu tun. Vor allem Immigranten werden oft genug abgewiesen. Nicht-Weiße, meine ich. Und manchmal auch Touristen. Ausländische Touristen. Muss ich mich dann wieder hinten anstellen? Kann ich mich drei Minuten lang mit ihm streiten, sodass er mir schließlich doch einen Fahrschein verkaufen muss? Es sei denn, für meinen Zug wird plötzlich eine halbstündige Verspätung durchgesagt. Was auch nicht gerade selten vorkommt. Oder, da eine normale Bahnfahrkarte zwei Monate gültig ist, was wäre, wenn ich behaupte, den Intercity nach Bozen nehmen zu wollen, der in fünf Minuten abfährt, obwohl ich ihn in Wirklichkeit erst in zwei Wochen nehmen will? Wird jemand überprüfen, ob ich tatsächlich heute in den Zug einsteige? Lauter offene Fragen. FastTicket hat den Fahrkartenkauf also nicht wirklich einfacher gemacht. Das sieht jedes Kind. Warum wurde der Schalter also eingeführt? Es wird Zeit, über das Image zu reden.

Die Verwendung des Englischen ist immer aufschlussreich. Die Leser werden schon bemerkt haben, dass heute nur noch die langsamen Züge italienische Namen tragen, der Interregionale und der noch langsamere Regionale, der träge von einem Wasserloch zum nächsten kriecht. Diese Züge brauchen der Außenwelt, dem auswärtigen Geschäftsmann oder dem Touristen mit Kreditkarte, nicht angepriesen zu werden. Sie fahren mit alten, ratternden Waggons. Im Sommer wird man darin gebraten, im Winter friert man. Die Sitze sind schmal und hart, die Sauberkeit… nun, wenn man an der Toilette vorbeigeht, hält man am besten die Luft an. Aber sobald man anfängt, Zuschläge zu zahlen, befindet man sich im Bereich des Englischen oder zumindest der internationalen Sprache. Die stolzen alten Kategorien Espresso, Rapido und Super-Rapido sind weitgehend verschwunden. Heute haben wir den Intercity, den Eurocity und den Eurostar.

Wir haben es hier mit einem ewigen italienischen Dilemma zu tun. Sind wir ein »Teil von Europa« oder nicht? Sind wir ein Teil der modernen Welt? Sind wir fortschrittlich, oder hinken wir hinterher? Und vor allem, *meinen wir es ernst*? Es wird allgemein angenommen, dass man in Italien die Dinge, vor allem die des öffentlichen Lebens, schludrig und schleppend handhabt und sich von Eigeninteresse und politischen Überlegungen leiten lässt; folglich ist eine enorme Anstrengung nötig, dem südländischen Temperament entgegenzuwirken und an die teutonische Pünktlichkeit und die anglo-französischen Hightech-Standards heranzukommen.

Dieses Unbehagen reicht bis zur Gründung des italienischen Staates zurück. Es scheint schon durch im berühmten Ausspruch des Patrioten d'Azeglio: »Wir haben

Italien erschaffen, jetzt müssen wir die Italiener erschaffen.« Es scheint durch in Mussolinis Überzeugung, dass »die Art, wie wir essen, uns kleiden, arbeiten und schlafen, der ganze Komplex unserer Alltagsgewohnheiten reformiert werden muss«. Pünktliche Züge würden beweisen, dass der Faschismus das erreicht hat, dass tatsächlich eine grundlegende Veränderung in der nationalen Psyche stattgefunden hat. *»Abbasso la vita comoda!«,* lautete ein faschistischer Slogan. Nieder mit dem bequemen Leben! Man kann verstehen, warum die Wahlen kaum frei und fair sein konnten, wenn die größte politische Partei derartige Slogans verbreitete.

Aber auf einer anderen Ebene haben die Italiener verständlicherweise überhaupt nicht das Bedürfnis, sich zu ändern. Sie mögen das bequeme Leben. Sie fühlen sich den rohen, verdrießlichen Völkern überlegen, die Pünktlichkeit wichtiger finden als Stil und eine geruhsame Verdauung. Der Kompromiss wird im Image gesucht. Man wird dafür sorgen, dass Italien schnell und modern *wirkt*. Man führt Schnellschalter ein, obwohl sie den Fahrkartenkauf komplizierter und stressiger machen. Im Mailänder Hauptbahnhof wird seit Neuestem ein Bahnmitarbeiter dafür eingesetzt, die Fahrgäste, die sich am SportelloVeloce angestellt haben, zu überprüfen. »Welchen Zug möchten Sie nehmen, mein Herr? Wann fährt er ab?« Aber wie soll man sichergehen, dass die Antwort, die ein Fahrgast diesem Bediensteten gibt, mit seiner Bestellung am Schalter übereinstimmt? Das Problem der Überbesetzung ist kleiner geworden, eine neue Stelle wurde geschaffen, aber die Lücke für den *furbo* bleibt weiterhin offen.

PLÖTZLICH WIRD MIR KLAR, dass hinter der Scheibe eines
der fünf bisher geschlossenen Schalter jemand sitzt. Ein
Mann in Uniform. Ich bin inzwischen Zweiter in der
Schlange. Der Mann sitzt ruhig und unauffällig da. Seine
Schicht hat soeben angefangen. Er betrachtet die Schlange
stehenden Menschen, die ihre ungeduldigen Blicke auf
die besetzten Schalter heften. Er kratzt sich den unrasierten Nacken und blättert in den rosa Seiten seiner *Gazzetta
dello Sport*. Er drückt sich nicht vor der Arbeit, aber er
reißt sich auch nicht darum. Er hat ja was zu lesen.

Ich stupse den Mann vor mir an: »Der Schalter da drü-
ben ist frei.« Er schaut mich misstrauisch an, als wolle ich
ihn nur loswerden, um selbst an den nächsten frei werden-
den Schalter zu gehen. »Haben Sie auf?«, ruft er, ehe er
sich festlegt. Der Mann hebt die Augenbrauen und weist
auf das elektronische Display über seinem Schalterfenster. »Steht doch da, oder?« Das führt dazu, das ich selber
ein paar Minuten später zu dem hinter der Säule versteck-
ten Schalter gehe, an dem, wie ich feststelle, mein früherer
Nachbar Beppe Dienst tut.

Vor fünfzehn Jahren hat Beppe sein vielversprechendes
und einträgliches Leben als selbstständiger Elektriker aufgegeben, um dafür die langweilige Stelle eines Fahrkarten-
verkäufers im Bahnhof Verona Porta Nuova anzutreten. Er
hatte sich einige Jahre zuvor während einer vorübergehen-
den Arbeitslosigkeit um den Job beworben; er überstand
ein langes, kompliziertes Aufnahmeverfahren und die angemessene Zeit auf einer Warteliste mit einer Menge anderer Männer und Frauen. Als ihn Jahre später endlich der
Ruf ereilte, hätten seine Frau und seine Eltern ihm niemals

erlaubt, diese Chance auszuschlagen: ein gesichertes Aus-
kommen *auf Lebenszeit*. So wird ein Job bei der Eisenbahn
betrachtet. Er wird ordentlich bezahlt und ist so unwiderruflich wie ein Platz im Paradies. In den 1960er-Jahren
grassierte sogar mal der Vorschlag, die Bahnjobs vererb-
bar zu machen, eine Rückkehr zum ständischen System
des Mittelalters. Das mag lachhaft erscheinen, aber da die
meisten Italiener in gehobenen Stellungen die Kinder von
Leuten in ähnlichen Stellungen zu sein scheinen, da die
überwiegende Anzahl kleiner Familienunternehmen, die
den dynamischsten Teil der italienischen Wirtschaft aus-
machen, vom Vater an den Sohn oder im Notfall auch
an die Tochter weitergegeben wird, versteht man schon,
warum die Gewerkschaften der Meinung waren, ein solches Modell ließe sich für eine Elitegruppe wie die der
Eisenbahnmitarbeiter durchaus einführen.

Ein anderer Freund von mir, ein junger Mann, der sich
früher auf die Herstellung von handgearbeiteten Harfen
spezialisiert hatte, gab seine kleine Werkstatt auf, um als
Tischler bei der Bahn mutwillig zerstörte Personenwagen-
einrichtungen zu reparieren. Der Gruppendruck, der zu
solch traurigen Entschlüssen führt, ist erheblich. Ein siche-
rer Arbeitsplatz rangiert hier vor allen anderen Überlegungen. Beppe, das weiß ich, findet seinen Job am Fahrkartenschalter furchtbar öde, aber er versucht stumpfsinnig,
sich bei Laune zu halten. »Die Zeiten sind schlecht«, sagt
er, obwohl es heutzutage mit zum Schwierigsten gehört,
schnell einen Elektriker zu bekommen. Handgemachte
Harfen sind auch nicht gerade überall zu haben.

»Eine Jahreskarte nach Mailand«, sage ich zu ihm.

»Interregionale, Intercity oder Eurostar?«, fragt Beppe.

Ich erläutere, dass ich mit dem Interregionale hinfahre, zurück aber häufig den Intercity nehme.

Mein ehemaliger Nachbar schüttelt den Kopf und reibt sich mit einer Hand übers Kinn. »Schwierig.«

Anfang der 1990er-Jahre wurden die Ferrovie dello Stato (FS) in dem Versuch, die Eisenbahn rank und schlank zu machen oder zumindest weniger üppig und verschwenderisch, offiziell aus der staatlichen Kontrolle herausgenommen und verpflichtet, wenn schon keinen Profit, dann doch auf jeden Fall weniger Verluste zu machen. Da allerdings die Regierung weiterhin mehr als die Hälfte der Bahnaktien innehatte und auch weiterhin die Firmenpolitik in allen Bereichen bestimmte, indem sie vorschrieb, welche Strecken die Bahn wie regelmäßig und zu welchen Fahrpreisen zu betreiben hatte, war diese Maßnahme, nun ja, kaum mehr als eine Formalität. Dann, Ende der 1990er-Jahre, wurde die gigantische Gesellschaft unter dem Dach der FS-Holding in verschiedene kleinere Gesellschaften aufgeteilt, um den europäischen Gesetzen zum Wettbewerb im Transportwesen zu genügen; von da an betrieb Rete Ferroviaria Italiana (das italienische Eisenbahnnetz) die Strecken und kleineren Bahnhöfe, während Grandi Stazioni für die großen Bahnhöfe und Trenitalia für die Züge verantwortlich war.

Auch diesmal schienen die Veränderungen, da dieselben Leute wie vorher in den Aufsichtsräten dieser angeblich neuen Gesellschaften saßen, eher vorgetäuscht als substanziell zu sein. Was allerdings für die Fahrgäste eine Veränderung brachte, war die Tatsache, dass Trenitalia noch weiter in unterschiedliche Sektoren aufgeteilt wurde, von denen jeder die Auflage bekam, die finanziellen Verluste zu begrenzen. Das führte dazu, dass die Interregionali und die Intercitys jetzt ein separates Rechnungswesen haben und die Eurostars wiederum von beiden getrennt laufen. Deshalb kann man jetzt nicht mehr ein normales Ticket plus einen gesonderten Zuschlag kaufen, um sich dann im letzten Moment zu entscheiden, welchen Zug man nehmen will. Nein, man muss dem Fahrkartenverkäufer mitteilen, mit welchem Zug man fahren möchte (Zeit und Datum), und er muss diesen Zug in seinen Computer eingeben, ehe er den Fahrschein ausdruckt, damit das Geld, das man bezahlt, auch auf dem Konto der richtigen Firma landet, auch wenn sie letztendlich alle Teil derselben Gesellschaft sind. Seltsamerweise ist aber die Fahrkarte dann *zwei Monate gültig*, was bedeutet, dass es sehr wohl gestattet ist, *nicht* genau den Zug zu nehmen, den man beim Kauf der Fahrkarte angegeben hat. Merkwürdig, oder? Kauft man also ein Intercity-Ticket, bei dem der Zuschlag inklusive ist, dann kann man damit, falls man sich spontan dazu entschließt, auch einen billigeren Interregionale nehmen. Umgekehrt allerdings nicht, das ist klar.

Ist das tatsächlich eine anerkannte Regel, die irgendwo geschrieben steht, oder nur gesunder Menschenverstand? Ich meine, dass man ein teureres Ticket in einem billigeren Zug benutzen kann, aber nicht umgekehrt? Ich weiß es nicht, aber neulich habe ich eine Situation erlebt, in der einer sehr schönen jungen Frau mit rabenschwarzem Haar und der Art von Brüsten, die die Italiener *prosperose* nennen, mitgeteilt wurde, sie müsse eine Strafe zahlen, weil sie mit einer *teureren* Eurostar-Fahrkarte im Intercity reiste.

Nur eine Meuterei der umsitzenden Fahrgäste rettete sie. Das Ganze dürfte fast zwanzig Minuten gedauert haben, und zum Schluss waren fünf oder sechs Leute daran beteiligt. Wie gesagt, sie war eine sehr attraktive Frau.

Kurzum, man kann also nicht mehr fünf oder sechs Interregionali-Fahrscheine und ein paar Zuschläge erwerben und dann einfach in den Zug einsteigen, der gerade am günstigsten ist, weil beim Intercity-Ticket der Zuschlag jetzt bereits mit drin ist. *Allerdings*, so erklärt mir Beppe, wenn ich eine Jahreskarte für den Interregionale kaufe, dann habe ich *doch* die Möglichkeit, quasi als besondere Vergünstigung, weil ich so viel Geld ausgegeben habe, zusätzliche *supplementi* zu erwerben – es gibt sie also doch noch –, um im Einzelfall dann mit dem Intercity fahren zu können, *sofern* ich, das ist Bedingung, beim Kauf dieser Zuschläge meine Dauerkarte und ein gültiges Ausweisdokument (ich liebe den Ausdruck »*gültiges* Ausweisdokument«) vorlegen kann. Der Fahrkartenverkäufer wird dann meinen Namen und die Nummer (die ziemlich lange Nummer) meiner Dauerkarte mit zwei Fingern in seinen Computer eingeben, damit die Reise buchhalterisch von einer Firma zur anderen übertragen werden kann und die Eisenbahn somit effizienter wird. Leider, leider sind jedoch diese besonderen Vergünstigungs-Zuschläge wegen der Notwendigkeit, ein Ausweisdokument vorzulegen, nicht an den Fahrkartenautomaten erhältlich. Dafür muss ich mich am Schalter anstellen.

Das ist ziemlich lästig, aber ich lasse mich darauf ein. Ich kann gleich ein halbes Dutzend Zuschläge kaufen, denke ich, und meine Besuche am Fahrkartenschal-

ter so auf ein Minimum reduzieren. Für 670 Euro gibt
mir Beppe eine Karte, die *genauso* aussieht wie alle anderen Trenitalia-Fahrscheine oder auch Zuschlag-Karten: ein
etwa zwanzig mal fünf Zentimeter großes Stück weiche,
blau-rosa gemusterte Pappe mit einem blassen Compu-
teraufdruck. Das Einzige, was diese Fahrkarte von der für
6,82 Euro unterscheidet, ist das Wort ANNUALE, das ungefähr ein Hunderstel der Kartenoberfläche einnimmt. Es ist
klar, dass ich ein Stück farbiges Klebeband auf diese Karte
kleben muss, um sie von den Zuschlägen, die ich kaufen
werde, unterscheiden zu können. Und ich werde sie lami-
nieren müssen, damit sie sich in meiner Brieftasche nicht
langsam, aber sicher auflöst.

Beppe geht weg, um eine Fotokopie der Karte anzu-
fertigen, falls ich sie verlieren sollte. Er macht sogar zwei
Kopien, eine für mich und eine für das Fahrkartenbüro.
Das ist großzügig. Sie führen eine Akte. Er macht einen
alten Metallschrank auf. Das Ganze dauert mindestens
fünf Minuten. Der Kopierer muss erst warm werden. Dann
erkundigt er sich nach meiner Familie, und natürlich erwartet er, dass ich mich nach seiner erkundige. Das mache
ich. Mir wird es langsam peinlich, denn um 6.35 Uhr morgens ist die Schlange hinter mir lang, und am Schnellschalter steht auch schon eine Menge beunruhigter Menschen.
Der Zug der lebenden Toten, so wurde eben angesagt, befindet sich *in partenza*, das heißt, er fährt gleich ab. Sein
Sohn kommt in der Schule sehr gut zurecht, erzählt mir
Beppe. Ich weiß genau, wenn ich jetzt einwende, dass wir
unter diesen Umständen nicht ins Plaudern geraten sollten, wo so viele andere Leute warten, dann wird er den-

ken, ich wolle nicht mit ihm sprechen. Seine Tochter leider nicht so gut, sagt er. Sie scheint ihre Lehrer nicht ernst zu nehmen. Beppe würde nie verstehen, dass ich mich um die anderen Leute in der Schlange sorge. Warum sollte ich? Persönliche Beziehungen kommen vor dem Gemeinsinn. *Salutami la Rita*, ruft er. Meine Frau.

AUF MEINER FAHRKARTE STEHT an der Seite *da convalidare*. Seit ungefähr zehn Jahren muss man seine Fahrkarte in einen kleinen gelben Stempelautomaten schieben, bevor man in den Zug steigt. Dahinter steht der Gedanke, dass man, sollte der Schaffner im Zug nicht dazu kommen, die Fahrkarte zu kontrollieren, sie (mit ihrer zweimonatigen Gültigkeit) trotzdem nicht noch einmal verwenden kann, da sie ja nun einen Stempel mit einem bestimmten Datum und einer Uhrzeit trägt: die *convalida*. Aber die Tinte im Stempelautomaten ist meistens so blass, dass ich überzeugt bin, ich könnte mindestens zwei Mal mit demselben Ticket fahren, falls der Schaffner tatsächlich nicht kommt und ein Loch hineinstanzt. Der Aufdruck ist unleserlich. Misstrauisch, wie ich gelernt habe zu sein, frage ich mich, wer wohl den Auftrag bekommen hat, diese kleinen gelben Stempelautomaten in jeder Halle und auf jedem Bahnsteig der 2260 Bahnhöfe in Italien aufzustellen und zu warten, und ob die Kosten dafür tatsächlich niedriger waren als die Einnahmen, die man früher an die *furbi* verloren hatte, denen es gelang, im Zug dem Fahrkartenkontrolleur zu entgehen. Denn neun von zehn Mal wird das Ticket dennoch kontrolliert und gestanzt, auch wenn es bereits *convalidato* ist.

Oder vielleicht – denn Verschwörungstheorien lassen sich endlos ausweiten, wenn man einmal angefangen hat –, vielleicht ging es gar nicht darum, dass jeder Reisende seine Fahrt bezahlt, sondern darum, neue Möglichkeiten aufzutun, um von den Fahrgästen Bußgelder zu kassieren: wenn man sein Ticket nicht im Automaten entwertet, muss man eine Geldstrafe zahlen – etwa 50 Euro, selbst wenn man das Abstempeln nur vergessen hat. Da es auf italienischen Bahnhöfen keine Sperren zwischen den Fahrkartenschaltern und den Bahnsteigen gibt – also nichts, wodurch man an seine Pflicht zum Ticketentwerten erinnert würde –, ist solche Vergesslichkeit nur allzu verständlich, vor allem bei Touristen, die sich nicht auskennen und vielleicht nicht die Angewohnheit haben, das Kleingedruckte auf ihren Fahrkarten sorgfältig zu lesen.

Meine Mutter musste vor einigen Jahren einmal zahlen. Sie reiste gemeinsam mit einer Freundin. Man stelle sich vor: zwei blasse englische Rentnerinnen in geblümten Kleidern auf dem Weg von Florenz nach Siena. Ihnen war nicht klar, dass sie ihre Fahrkarten abstempeln mussten: Meine fromme evangelische Mutter ist die Letzte, die versuchen würde, sich vor dem Fahrgeld zu drücken. Dies war höchstwahrscheinlich ihr einziger Gesetzesverstoß in den über achtzig Jahren ihres Lebens. Mit Sicherheit war es das einzige Mal, dass sie je ein Bußgeld zahlen musste. Sie war tief beschämt. Der Schaffner war gnadenlos: »Ihr Ausländer behauptet immer, ihr hättet nicht verstanden«, sagte er.

Aber in Italien ist kein Gesetz wirklich wasserdicht, von konsequenter Durchsetzung ganz zu schweigen. Es existieren immer interessante Schlupflöcher. Wenn ich zum Beispiel vergesse, mein Ticket zu entwerten, oder dazu nicht in der Lage bin, weil die Entwerter nicht funktionieren (was häufig vorkommt und auf einigen kleinen Bahnhöfen geradezu der Normalzustand ist), brauche ich den Fahrkartenkontrolleur nur vor dem Einsteigen darüber zu informieren, dann schreibt er mit seinem Stift Zeit und Datum auf das Ticket, setzt seine Unterschrift darunter, und schon ist mir vergeben, und ich darf ohne ein Bußgeld zu zahlen mitfahren. Der Kontrolleur, der manchmal, wenn auch nicht immer, zugleich der *capotreno*, der Zugchef, ist, ist im Allgemeinen an der Tür eines der Waggons im hinteren Teil des Zuges zu finden, hat einen Fuß auf den Bahnsteig, den anderen wichtigtuerisch auf die Einsteigetreppe gestellt und wartet darauf, pfeifen und mit seiner grünen Mütze winken zu können, um dem Lokführer zu signalisieren, dass er die Türen schließen soll.

Als ich einmal mit meiner Interregionale-Dauerkarte einen Intercity genommen hatte, fiel mir plötzlich ein, dass ich die Zuschlagkarte für 4,23 Euro nicht abgestempelt hatte. Sogleich beunruhigt, sprang ich auf dem kleinen Bahnhof von Peschiera aus dem Zug, konnte jedoch auf dem Bahnsteig keinen Entwerter entdecken und rannte, da ich sah, dass der Zugchef bereits die Pfeife an die Lippen hob, zu ihm und bat ihn, mein Ticket zu entwerten. Er weigerte sich. Er sagte, er sehe an meinem Ticket, dass ich bereits im Zug gewesen war und daher ein Bußgeld zu zahlen hatte. Ich wies darauf hin, dass ich, da ich einmal ausgestiegen war, ebenso gut draußen bleiben und so das Bußgeld umgehen konnte. Er konnte mich wohl kaum mit einem Bußgeld belegen, wenn er mich nicht im Zug erwischte, und ich hatte doch eindeutig nicht vorgehabt zu betrügen, denn ich war ja extra wieder ausgestiegen, um mein Ticket abzustempeln.

Wir stritten uns. Es ist bemerkenswert, wie oft es in Italien zu solchen unsicheren Situationen kommt: Wie ist das Gesetz anzuwenden? Ganze Persönlichkeiten bilden sich um derartige Komplikationen herum. Der *furbo* versucht natürlich, alle Regeln zu umgehen. Aber es gibt auch den gegensätzlichen Charakter, den *pignolo*, der sich immer peinlich genau an alle Vorschriften hält, selbst oder besonders dann, wenn sie absolut unangemessen erscheinen. Der *pignolo* hält alle anderen für *furbi*, der *furbo* hält alle anderen für *pignoli*.

»Ich werde mich weigern zu zahlen, wenn Sie mir ein Bußgeld aufbrummen«, erklärte ich dem Schaffner.

»Dann zeige ich Sie bei der Bordpolizei an«, gab er zurück. Es fahren üblicherweise in jedem Zug zwei bis an die Zähne bewaffnete *carabinieri* oder *poliziotti* mit.

»Die Bordpolizei ist an Bord«, sagte ich zu ihm. »Ich nicht.«

Noch einmal weigerte er sich, mein Ticket zu entwerten.

Der Intercity von Venedig nach Turin wurde derweil aufgehalten. Mit etwa tausend Passagieren an Bord.

Kampflustig stieg ich trotzdem wieder ein. »Ich handle eindeutig in gutem Glauben«, erklärte ich.

»In den Regularien steht nichts von gutem Glauben«, sagte er. Das stimmt. Italienische Regeln und Regularien ziehen niemals in Betracht, in welchem Geist jemand gehandelt hat. Er würde mir ein Bußgeld aufbrummen, und damit basta.

Aber obwohl ich die ganze Fahrt nach Mailand im selben Waggon sitzen blieb, kam er nicht zu mir, um das Bußgeld zu kassieren. Vielleicht ging es nur darum, mich nervös zu machen, mich die Anwesenheit einer Autoritätsperson spüren zu lassen. Das hat die Steuerbehörde auch schon mit mir gemacht. Sie drohen und tun dann gar nichts. Da der Schaffner nicht kam, um das Datum auf mein Ticket zu schreiben, konnte ich den Zuschlag ein zweites Mal verwenden. Was ich dann auch tat!

Eine ähnliche Situation ergab sich einmal auf einer Fahrt nach Görz an der italienisch-slowenischen Grenze. Der Schaffner betrachtete meine Fahrkarte sehr eingehend und teilte mir dann mit, dass dieses »Dokument« mich dazu verpflichtete, über Pordenone statt über Udine zu fahren. Ich hatte den Umweg genommen, warf er mir vor. Ich hatte deshalb einen Preisausgleich von ungefähr dreißig Kilometern zu zahlen, plus ein Bußgeld.

Der Mann am Fahrkartenschalter hatte mir nichts davon gesagt, protestierte ich. Ich hatte einfach um eine Fahrkarte nach Görz gebeten, den Fahrplan studiert und den zeitlich günstigsten Zug genommen. Man konnte mir wohl kaum vorwerfen, ich wolle mir einen Vorteil verschaffen, indem ich dreißig Extrakilometer zurücklegte.

»Auf Ihrem Ticket steht über Pordenone«, sagte er. »Lesen Sie Ihr *documento di viaggio* nicht?«

Ich fand das faszinierend. Was für ein Mensch muss man sein, um zu glauben, dass sich die Leute eine Bus- oder Bahnfahrkarte kaufen und sich dann hinsetzen, um sie zu *lesen*? Oder sie als *documento di viaggio* betrachten?

Der Zug hielt in einem Bahnhof. »Ich bin gleich wieder

da und kümmere mich darum«, sagte er ernst; er würde die genauen Mehrkosten der Fahrt und dann die genaue Höhe des Bußgeldes entsprechend dieser Mehrkosten ausrechnen. In Italien wird alles auf der Basis der Kilometerkosten berechnet, unabhängig davon, welche Strecken stärker befahren werden oder höhere Wartungskosten verursachen. Der Mann eilte in seinem grünen Blazer mit den glänzenden Knöpfen davon und ... ließ sich nie wieder blicken. Kann sein, dass ein italienischer Beamter einen, wenn man beharrlich ist, am Ende umso eher davonkommen lässt, je hartnäckiger er auf einer korrekten Fassade besteht. Ich vermute, das ist der Grund, warum italienische Fußballspieler die Entscheidungen des Schiedsrichters unweigerlich anfechten. Man kann einfach nie wissen. Und selbst wenn der Mann *diese* Entscheidung nicht zurücknimmt, wird er sich womöglich beim nächsten Foul gründlicher überlegen, ob er es pfeift oder nicht.

Wie dem auch sei, auf der Dauerkarte, die ich um 6.35 Uhr morgens erworben habe, steht eine Warnung: *da convalidare* (ist zu entwerten). Aber da es sich um eine Jahreskarte handelt, ist es natürlich nicht nötig, sie zu entwerten. Es wäre sogar ein Fehler. Wie soll ich die Karte auch jedes Mal, wenn ich im Laufe des kommenden Jahres in einen Zug steige, abstempeln? Italien ist kein Land für Anfänger.

EINER DER GROSSEN VORTEILE des 6.40-Uhr-Zuges besteht darin, dass er in Verona eingesetzt wird. Man braucht nicht auf dem Bahnsteig oder im Warteraum herumzu-

sitzen. Selbst wenn man fünfzehn Minuten zu früh da
ist, kann man direkt einsteigen und im Zug warten. Ich
gehe zum letzten Wagen. Der Zug verströmt einen ganz
besonderen Geruch, der mich immer tief beeindruckt,
wenn ich nach der langen Sommerpause wieder einsteige,
um ein weiteres Unterrichtsjahr zu beginnen. Es ist eine
Mischung aus Urin, Desinfektionsmittel und abgenutz-
ten synthetischen Sitzpolstern, in denen noch der Zigaret-
tenqualm von Jahrzehnten hängt. Inzwischen darf in den
Zügen nicht mehr geraucht werden, aber der Geruch ist
noch da. Das verschwommene Neonlicht greift die Augen
an, ohne ein Buch ausreichend zu beleuchten. Hier und
da ist ein Platz besetzt, von einem Studenten, der mit seiner frisch gewaschenen Wäsche ins College zurückkehrt;
einem Mann im Overall, der sich dauernd räuspert; einem
erschöpft aussehenden, drallen schwarzen Mädchen, das
eindeutig nach einer langen Nacht auf dem Weg nach
Hause ist. Vor dem Bahnhof von Verona herrscht lebhafter Prostitutionsbetrieb, hauptsächlich Immigrantinnen
aus Afrika und den slawischen Ländern, die mit einem
Fuß in der Sklaverei leben, fürchte ich. Sie fahren viel
Zug. Ich weiß nicht, warum. Köpfe wackeln und nicken
unvermittelt. Das Mädchen, die einzige Nicht-Weiße im
ganzen Wagen, trägt rote Lackstiefel. Jemand schnarcht.
Es ist ein Großraumwagen, ohne Abteile, und ich suche
mir einen Platz so weit wie möglich von den anderen entfernt. Um 6.42 Uhr oder 6.43 Uhr wird durch den harten Sitz eine leichte Spannung in Lenden und Oberschen-
keln spürbar. Kein Zug überwindet das Trägheitsmoment
so sanft, so zögerlich und müde wie der 6.40-Uhr-Inter-

regionale nach Genova Piazza Principe über Milano Centrale.

Dann stürmt ein Spätankömmling herein, ein junges Mädchen, und setzt sich *direkt neben mich*. Ihr Discman leiert, sie trägt ein aufdringliches Parfüm, hat einen Glitzerstein im Bauchnabel und in der Hand eine laut raschelnde Papiertüte mit einem klebrigen Croissant darin. Warum passiert das so oft? Es gibt Menschen, die für sich sein möchten, ihr Terrain abstecken und dort in Ruhe gelassen werden wollen, und es gibt Menschen, die ausgesprochen gerne in dieses Terrain vordringen, sich gerne dicht neben jemanden setzen. Von Letzteren scheint es in Italien überproportional viele zu geben. Man sitzt in einem Wagen, einem ganzen Zug mit lauter leeren Abteilen, in einem leeren Abteil, und jemand stürmt herein und setzt sich genau auf den Platz neben einem.

Während eines Streiks habe ich einmal im Bahnhof von Mailand einen vollkommen leeren Intercity entdeckt, einen wahren Geisterzug. Nach einer Weile verkündete eine Lautsprecherdurchsage, dass der Zug möglicherweise in zwei Stunden abfahren würde, man könne das jedoch nicht garantieren. Die Stimme bat für etwaige Unannehmlichkeiten um Entschuldigung. Da ich nicht vorhatte, mir ein Hotelzimmer zu suchen, beschloss ich, mich in den Zug zu setzen und zu lesen. Ich wählte einen Waggon ungefähr in der Mitte des langen Bahnsteigs. Da es ein Intercity war, gab es Abteile. Plötzlich schob ein Mann die Abteiltür auf, um sich zu mir zu setzen, ein etwas traurig wirkender, schlaksiger Mann mittleren Alters in einem grauen Regenmantel, mit schlaffem, sorgenvollem Mund

und dicken Brillengläsern. Er hatte einen riesigen Koffer
bei sich, die Art von Koffer, bei der man sich fragt, wo um
Himmels willen sein Besitzer wohl hinfahren mag und für
wie lange. Ob das wohl sein ganzes Hab und Gut ist? Ist er
vielleicht ein Flüchtling?

Mit Mühe hievte der Mann den Koffer auf die
Gepäckablage, setzte sich, wischte nicht vorhandene Krümel von seiner Hose, schaute mich an, lächelte und – ich
wusste, ich konnte es nicht verhindern – fing an zu reden: über den Streik, über eine schwierige Umsteigeak-
tion, die ihm in Venezia Mestre bevorstand, über die Un-
möglichkeit, in Italien je zu wissen, was einen erwartete,
selbst auf einer ganz banalen Reise. War es nicht so? Es ist
interessant, wie oft die Italiener über ihr Land sprechen,
als wäre es ihnen fremd und von Menschen bevölkert, die
unerklärlich unzuverlässig waren. Ich nickte kaum wahr-
nehmbar. *»Ecco il capotreno!«* rief er plötzlich, sprang auf
und rannte eilig aus dem Abteil, um mit einem Mann mit
schicker Mütze zu sprechen, der auf dem Bahnsteig auf
und ab ging.

Das war die Gelegenheit. Verstohlen nahm ich meine
eigene kleine Tasche, ging in die andere Richtung bis zum
Ende des Wagens und stieß die beiden Verbindungstü-
ren zum nächsten Wagen auf. Ich muss durch ungefähr
vier vollkommen leere Wagen gegangen sein, in Richtung
Lokomotive, ehe ich mir ein anderes Abteil aussuchte. Da
der Strom im Zug nicht eingeschaltet war, suchte ich nach
einem Platz, auf dem eine der großen, hoch hängenden
Lampen draußen im Bahnhof selbst durch die schmierigen Scheiben genug Licht zum Lesen lieferte. Hier. Gut.

Ich setzte mich. Etwa zehn Minuten lang las ich. Ich war
zufrieden. Ehrlich gesagt macht es mir gar nichts aus, zwei
Stunden in einem leeren Zug zu sitzen und zu lesen. Wenn
ein Buch gut genug ist, spielt es keine Rolle, wo man es
liest. Es gibt Zeiten, da sind Zugverspätungen mir nur
recht. Nach ungefähr fünfzehn Minuten wurde die Schie-
betür des Abteils mit einem heftigen Ruck aufgezogen,
und derselbe Mann erschien von Neuem.

»Da sind Sie ja!«, rief er. Er setzte sich. Nahm die Unterhaltung wieder auf. Fing an, mir zu erzählen, was der
capotreno gesagt hatte. Der Zug würde abfahren, aber erst,
wenn sie einen zweiten Lokführer gefunden hatten. Das
war aber schwierig. Wegen dem Streik. Was Mestre betraf,
weiß der Himmel. Sein letzter Zug an irgendein Reiseziel
in den Bergen fuhr um 20.15 Uhr. »Wer weiß, wo ich heute
Nacht schlafen werde!« Diese melancholische Überlegung
schien ihm ziemlich gut zu gefallen. Dann warf er einen
Blick auf die Gepäckablage und fragte: »Wo ist mein Koffer?«

Ich schüttelte den Kopf. »Den haben Sie im anderen
Wagen gelassen.«

»In welchem anderen Wagen?«

Dem Mann war gar nicht klar, dass er sich jetzt vier
Wagen näher an der Lok befand.

»Ach so.« Er kniff die Augen zusammen. »Kam mir doch
gleich irgendwie komisch vor«, sagte er. »Aber warum um
alles in der Welt haben Sie sich umgesetzt?«

»Ich möchte allein sein«, erklärte ich ihm.

Erschrocken sprang er auf und lief schnell zurück, um
seinen Koffer zu holen. Mir ging kurz der Gedanke durch

den Kopf, dass der Mann vielleicht ein Geist war; er ging um in diesem Zug, selbst wenn er tagelang auf irgendeinem Abstellgleis stand. Das würde erklären, warum er so wild auf Gesellschaft war. Um ganz sicherzugehen, setzte ich mich erneut um, diesmal in die erste Klasse. Sie können einem kein Bußgeld verpassen, weil man in der ersten Klasse sitzt, solange der Zug nicht fährt. Ich war überzeugt, dass er ein Geist der zweiten Klasse war.

ES IST 6.50 UHR. Vor den schmierigen Scheiben zieht die Landschaft vorbei. Links liegt die *pianura padana*, die Po-ebene, ein Streifen niedriger Fabrikgebäude entlang der Bahnstrecke und dahinter weite Flächen mit Wein, Obstplantagen und Mais. Alles ist flach und öde, im Winter neblig, im Sommer dunstig. Dass die alten hölzernen Weinrebengestelle durch eine harte, geometrische Anordnung monotoner grauer Zementpflöcke ausgetauscht wurden, ist deprimierend, ebenso wie die weiten Flächen schwarzer Schutznetze, die jetzt die Kirschplantagen überziehen. Keine weiße Blütenpracht mehr im Frühjahr. Diese Landschaft wirkt verbissen, industriell und gerastert, so als hätte man die Natur fein säuberlich in Parzellen unterteilt, um das Geldzählen zu erleichtern. Wir fahren hier durch eine der reichsten Gegenden Westeuropas.

Aber rechts der Strecke, nach Norden hin, erhebt sich das Land über die stufigen Hügel des Valpolicella bis zu den Bergen des Trentino. Hier sehen die Weinberge noch traditioneller aus, und an klaren Tagen sieht man entlang der ganzen Alpenkette weiße Bergspitzen. Sogar die wilden Nadelwälder in weiter Ferne, die grauen Felswände und die dunklen, harzigen Täler sind dann zu erkennen. Es tut gut, von einem Buch aufzublicken und die Berge zu sehen, sich vorzustellen, man könne sie riechen. Sie lassen alles dramatischer erscheinen, und jemandem wie mir, der in London aufgewachsen ist, geben sie die Gewissheit, jetzt weit weg von zu Hause zu leben. In Peschiera füllt sich der Zug dann langsam.

Peschiera und Desenzano, die beiden ersten Halte, liegen am Südufer des Gardasees. In Peschiera steigt man aus, wenn man ins *Gardaland* will, das italienische Disneyland. Der hübsche kleinstädtische Bahnhof mit den dunkelbraunen Stuckarbeiten und verwilderten Blumenbeeten wird von einer Reihe bunter Holzfassaden verschandelt, die eine Straße im Wilden Westen nachahmen, in der Comicfiguren leben. *Gardaland, bus navetta gratuito!*, sagt Yogi Bär. Kostenloser Shuttlebus. In den Sommerferien ist der Zug voll mit Teenagern, die hierherkommen, um das Geld ihrer Eltern auszugeben. Heute Morgen steht ein Polizeiwagen auf dem Bahnsteig, als hätten Topolino und Paperone, oder vielmehr Micky Maus und Onkel Dagobert sich tatsächlich ein Duell geliefert.

Der Zug fährt jetzt ratternd über einen niedrigen Höhenrücken, und man kann über alte Terrakotta-Dächer und Beton-Hotels, Pizzerien und Gelaterias hinweg bis zum großen See schauen, der im Morgenlicht hellgrau schimmert und sich, so weit das Auge reicht, nach Norden erstreckt, anfangs zu beiden Seiten von stufigen Hügeln gesäumt, später von dunkleren Bergen, die das Wasser schwarz erscheinen lassen. Ein Fischerboot zieht ein langes Kielwasser hinter sich her, scheint aber stillzustehen. Das Wasser ist so ruhig, dass es massiv wirkt. Zwei Rucksacktouristen betreten lautstark unseren Wagen und streiten sich auf Deutsch. Die Interregionali haben ziemlich hinterlistige Schwingtüren zwischen den einzelnen Waggons: Man weiß nie, an welcher Seite der Doppeltür man drücken und an welcher man ziehen muss. Die Rucksacktouristen verhaken sich beim Hereinkommen und fallen beinahe übereinander.

Auf der linken Zugseite sind jetzt die niedrigen Berge von Custoza zu sehen, runde Moränenhügel aus Schlick und Geschiebe, die von den Gletschern hinterlassen wurden, als der See entstand. Hier führte 1866 Viktor Emanuel II. seine Truppen in die Schlacht gegen Österreich-Ungarn, das trotz des Zusammenschlusses von Restitalien noch Herr über das Veneto war. Österreich hatte angeboten, das Gebiet im Austausch gegen die italienische Neutralität im Krieg gegen Deutschland zu übergeben, aber Viktor Emanuel war der Ansicht, die Ehre seiner uralten Familie und der neuen Nation verlange, dass er das Land mit Waffengewalt eroberte. Sein 120 000 Mann starkes Heer wurde von 80 000 Österreichern besiegt. Vierzehntausend Männer starben. Ihre Schädel sind in einem Ossuarium ausgestellt. Man kann die Einschusslöcher erkennen. Die meisten der Soldaten waren so jung, dass sie noch makellose Zähne hatten.

Ein erheblicher Teil des siegreichen österreichischen Heeres von 1866 bestand aus ortsansässigen Italienern, die vom Gedanken der nationalen Einheit nicht sehr begeistert waren, und noch heute findet man an den Hauswänden zwischen Peschiera und Desenzano Graffiti wie

GOVERNO LADRO, VENETO LIBERO. Mit *governo ladro*, der diebischen Regierung, ist immer die römische gemeint, nicht die lokale. Und: NENNT MICH HUND, ABER NENNT MICH NICHT ITALIENER. BEFREIT UNS VOM SCHMUTZ DES SÜDENS. Und so weiter. Das führt vielleicht dazu, dass manche Touristen oder spitzfindige ausländische Journalisten glauben, es gäbe hier eine ernsthafte Separatistenbewegung. Dabei handelt es sich bloß um blumige Phrasen, ganz ähnlich wie beim FastTicket. Die Leute mögen den Gedanken einer Separatistenbewegung, es macht ihnen Spaß, Rom und den Süden zu hassen, aber sie fahren mit Trenitalia, um in weit entfernten Städten zu arbeiten oder an ihrem Lieblingsstrand in Apulien Ferien zu machen, wo sie höchstwahrscheinlich Freunde und Verwandte haben. In ähnlicher Weise finden die Leute Gefallen daran, dass ein Papst gegen Verhütung und Abtreibung ist, führen aber trotzdem ein vernunftbestimmtes, hyperkontrolliertes Sexleben. In allen Bereichen des italienischen Lebens muss man sich mit dem gleichen Schlüsselaspekt auseinandersetzen, nämlich dem, dass die Italiener als Nation bestens mit der Diskrepanz zwischen Realität und Ideal zurechtkommen. Die Menschen hier stehen über dem, was wir Heuchelei nennen. Sie nehmen den Gegensatz zwischen Rhetorik und Verhalten schlicht nicht wahr. Das ist eine beneidenswerte Geisteshaltung.

DIE MEISTEN FAHRGÄSTE IN DIESEM ZUG SCHLAFEN, und wenn nicht, dann wünschten sie, sie schliefen. Nicht selten steigt man ein und findet ganze Waggons in Schlafsäle verwandelt. Aber das kann gefährlich werden. Zweimal in letzter Zeit ist der Zug der lebenden Toten zum Zug der echten Toten geworden. Beim ersten Mal saß ich, dem Himmel sei Dank, nicht drin. Mitten im Winter roch es auf einmal, kurz nachdem die Wagen ins Rollen gekommen waren, nach Rauch: Ein Kurzschluss hatte einen Brand ausgelöst. Im letzten Wagen waren vier oder fünf Fahrgäste wach genug, um aufzustehen und durch den Zug nach vorne zu gehen. Niemand hatte jedoch eine Frau Mitte vierzig bemerkt, die tief schlief. Als der Rauch sich verzogen hatte, war sie tot.

Wie immer, wenn in Italien ein tödlicher Unfall passiert, beeilten sich die Richter, jemanden zu verhaften, der möglicherweise dafür verantwortlich gemacht werden konnte, in diesem Fall den armen *capotreno*, der aussagte, einer der geflohenen Fahrgäste habe ihm versichert, der mit Rauch gefüllte und deshalb hochgefährliche Waggon sei vollständig evakuiert worden. Nach ein paar qualvollen Tagen in Haft wurde er wieder freigelassen. Auf eine Demonstration der Härte folgt in Italien immer Milde und sehr oft Gleichgültigkeit. Es ist schwierig, im Gefängnis zu landen, weil man einen Unfall verursacht hat, obwohl viele Leute für nichts und wieder nichts kurzfristig eingesperrt werden.

Der zweite Todesfall ereignete sich an einem Morgen, an dem die Prüfungskommission tagte. Ich musste nach Mailand fahren, um mit sieben oder acht weiteren Professoren an einem Tisch zu sitzen und die mündlichen Ausführungen der Studenten zu ihren Abschlussarbeiten anzuhören. Wie das *nullaosta* ist diese Prüfung eine reine

Formalität. Ich kenne keinen Studenten, der je durchgefallen wäre. Außerdem ist es unsäglich langweilig: drei, vier Stunden, in denen man die Langeweile förmlich in Händen halten und wie ein kleines flauschiges Tier streicheln kann. Doch wehe dem, der so eine Sitzung kurzfristig absagt. Denn wenn mehr als einer der Professoren fehlt und die Kommission beschlussunfähig ist, kann an dem Tag niemand seinen Abschluss machen, und das hat ernsthafte Sanktionen zur Folge. Die gesamte Universitätskarriere hängt am Ende also von einer langen Zeremonie kollektiver Langeweile ab. Es ist interessant, dass die meisten meiner italienischen Kollegen diese Einschätzung teilen, einige von ihnen sind sogar noch viel schärfer in ihrem Urteil; zugleich sind sie aber ganz und gar nicht der Meinung, man müsse an der Situation etwas ändern. Prüfungskommissionssitzungen sind so unvermeidlich wie Pizza oder der Papst.

An diesem Prüfungskommissionsmorgen wurde ich, als der Interregionale fünfzehn Minuten hinter Verona scharf bremste und ruckelnd zum Stehen kam, sofort nervös. Aus fünf Minuten wurden zehn. Wir befanden uns auf offener Strecke, kurz vor dem Dorf Sommacampagna. Es regnete unaufhörlich. Nach ungefähr einer halben Stunde kam eine Durchsage: »*I signori viaggiatori sono avvisati che il treno sarà fermo per un periodo* INDETERMINATO!«

Die Weiterfahrt auf unbestimmte Zeit verzögert! Wie fatal das klang. Als hätte die Erde aufgehört, sich zu drehen. Keine Erklärung, kein Hinweis darauf, wann das Sonnensystem seine verschiedenen Umlaufbahnen wieder aufnehmen würde. Der Regen fiel ununterbrochen. Erschrocken rief ich einen Kollegen in Mailand an, der, so hoffte ich, Frühaufsteher war. Wenn ich anfing, die Sitzungen der Prüfungskommission zu verpassen, würde die Universitätsverwaltung womöglich im nächsten Jahr bei meiner Bewerbung die Sache mit dem *nullaosta* überdenken, dachte ich bei mir.

Inzwischen holten sich die etwa ein Dutzend Fahrgäste in meinem Wagen nasse Haare, während sie sich aus den Fenstern lehnten, um zu sehen, was los war. »Selbstmord«, entschied einer sachkundig. Woher er das wusste? Weil wir mitten auf der Strecke eine Vollbremsung gemacht hatten. Weil seitdem keine Züge in die andere Richtung an uns vorbeigefahren waren. Die Strecke war offensichtlich in beiden Richtungen gesperrt. Was sollte es sonst sein? »Dieser Abschnitt ist berüchtigt für Selbstmorde«, erzählte er.

Er hatte recht. Um 6.50 Uhr in der Früh war jemand so unglücklich gewesen, dass er oder sie sich vor den ersten Zug geworfen hatte, den der verregnete Morgen hier vorbeischickte. Hoffentlich keiner der Studenten, die vor der Prüfungskommission sprechen sollten.

»Und bevor sie sauber machen«, erklärte unser fachkundiger Mitreisender uns allen, »müssen sie erst noch einen Arzt herbeordern, um den Totenschein auszustellen, und ein forensisches Team, um Fotos zu machen, falls den Lokführer eine Mitschuld trifft.«

Wie soll ein Lokführer je daran schuld sein, dass sich jemand vor die Lokomotive wirft?

Nach vielleicht anderthalb Stunden fuhr der Zug seltsamerweise etwa zehn Minuten lang im Schneckentempo rückwärts, ehe er auf ein Abstellgleis fahren konnte. Dann änderte sich erneut die Fahrtrichtung, und wir fuhren vorsichtig durch den Bahnhof von Sommacampagna. Kurz hinter dem Bahnsteigende, auf einer grasbewachsenen Böschung, sah ich Rettungssanitäter, die ein abgetrenntes Bein in einen Plastiksack steckten. Ein paar andere Männer in Anzügen standen unter Schirmen herum. Das Merkwürdige war, wie wenig mich das beeindruckte im Vergleich zu meinem inneren Bild von dem Moment, in dem sich das Opfer auf die Schienen geworfen hatte und sein noch unversehrter Körper und die Eisenräder aufeinandertrafen. Oder auch ihr unversehrter Körper. Der Gedanke lässt mich erschaudern, vielleicht weil man sich dabei vorstellt, man würde es selber tun. Ein paar Tage später wurde die Eisenbahngesellschaft in der Presse angegriffen, weil sie die Rechnung über die Reinigungsarbeiten an die Angehörigen geschickt hatte. Ein *pignolo*, ohne Zweifel, der versuchte, die unmöglichen Bilanzen des Unternehmens auszugleichen.

UM 7.40 UHR HÄLT DER ZUG in der Stadt Brescia. Wir sind jetzt in der Lombardei. Ein Mann mittleren Alters, der ein paar Reihen von mir entfernt sitzt, wird plötzlich lebendig. Er springt auf, reißt das Fenster mit einem Ruck herunter, lehnt sich hinaus und winkt Freunden auf dem überfüllten Bahnsteig zu. »*Qua, qua. In fretta!*« Hierher, hier. Schnell! Er hält ihnen Plätze frei, hat auf einen seine Jacke, auf einen eine Tasche und auf den dritten eine Zeitung gelegt. Keine fünf Minuten vergehen, dann ist der Zug voll. Überfüllt. Leute stehen und rempeln einander an. Niemand findet Platz fürs Gepäck. Und noch schlimmer, alle reden. Alle scheinen sich zu kennen.

Das ist etwas, das ich in England noch nie erlebt habe. Dort sind in Pendlerzügen die meisten Reisenden in sich selbst vertieft, in eine Zeitung oder ein Buch oder versuchen, die Träume von vor einer Stunde weiterzuspinnen. Die Fahrt ist von einer wohltuend melancholischen Stimmung geprägt. Nicht so im Interregionale nach Mailand. Hier sind die Toten quicklebendig, was wesentlich unangenehmer ist. Entweder sind die Fahrgäste in Brescia Nachbarn oder in Mailand Arbeitskollegen. Überall im Wagen bilden sich angeregt plaudernde Grüppchen. Einige der Grüppchen kennen andere Grüppchen und verbandeln und verknüpfen sich mit ihnen. Ein paar Studenten tauschen Seminaraufzeichnungen aus. Über Fußball, Politik und das beste Rezept für Spargelrisotto wird eifrig diskutiert. Ich schiebe mir ein paar gelbe Schaumstoffstöpsel in die Ohren.

Aber das reicht nicht. Um mich herum drängt sich ein halbes Dutzend Männer und Frauen Anfang dreißig. Normalerweise redet hauptsächlich einer, während die anderen gelegentlich Zustimmung äußern oder Einwände einstreuen. Bei geschlechtergemischten Gruppen ist der Redner unweigerlich ein Mann. »Juve wurde mal wieder ein klarer Elfmeter erlassen.« Juve oder Juventus ist eines der sogenannten Big-Four-Fußballteams – Juventus Turin, Inter Mailand, AC Mailand und AS Rom –, die immer die Meisterschaft gewinnen. »Habt ihr das gesehen? *Una vergogna*«, sagt ein Anzugträger, etwa Mitte dreißig, mit einer nasalen Stimme, dem frisch geschrubbten Gesicht eines

Bankangestellten, einem Ohrring, einem spöttischen Grinsen und einer hellroten Krawatte. Er lacht beim Sprechen und macht in einer Tour Witze. Die Frauen schauen sich an und lächeln nachsichtig. Zwei von ihnen stehen Arm in Arm da, berühren einander. Diese Grüppchen strahlen ein merkwürdiges kollektives Bewusstsein aus, etwas sehr Körperliches. Diese Menschen mögen ihre Körper, sie mögen ihre Accessoires, ihre Handtaschen und Laptops und Handys und die winzigen Designer-Rucksäcke. »Schau, was ich mir gekauft habe. Hier, schau mal.« Sie befingern den neuen Stoff und berühren den Arm ihrer Freundin.

»Witz«, fängt die rote Krawatte lautstark an. »Hört zu. Also, Berlusconis Sohn fragt seinen *papà* um Rat, wie er ein Mädchen flachlegen kann, auf das er scharf ist, okay? Der alte Berlusconi sagt: ›Stefano, zuerst kaufst du ihr eine Diamantkette, *va bene*? Dann lädst du sie in ein teures Restaurant ein, buchst ein Zimmer in einem Fünf-Sterne-Hotel, sorgst dafür, dass eine Flasche eisgekühlter Champagner vom Feinsten auf dem Nachttisch steht – und schon gehört sie dir. Also nichts wie ran!‹ ›Aber *papà*‹, protestiert der Sohn, ›sollte die Liebe nicht umsonst und frei sein? Ich möchte nicht, dass sie denkt, ich will sie kaufen.‹ Und was gibt Silvio zur Antwort?« Vor der Pointe lächelt der Mann strahlend; er findet sich toll. »Was sagt der gute Silvio? ›Freie Liebe?‹, sagt er. ›Romantiker! Das war doch bloß etwas, das sich diese Geizhälse von Kommunisten ausgedacht haben, damit sie umsonst ficken konnten!‹ *Damit sie umsonst ficken konnten!*«

Die anderen kichern und stöhnen. Jemandem fällt ein, was der Moderator einer Talkshow am Abend zuvor über die Auswahl der Schiedsrichter für die Serie A gesagt hatte. Ich finde mich damit ab, eine Stunde lang zum Zuhören verdonnert zu sein, immerhin mit dem angenehmen Dämpfungseffekt der Ohrstöpsel.

Vor Kurzem wurde bei Trenitalia, angeregt von weiß Gott was für einem hypersensiblen Fahrgast, über die mögliche Einführung eines »Ruhewaggons« für diejenigen gesprochen, die sich nicht unterhalten wollen. Ehe sie dieses revolutionäre Vorhaben jedoch in die Tat umsetzten, wurde beschlossen, zunächst eine Umfrage unter den Reisenden durchzuführen. Die Zeitungen veröffentlichten ein paar der Antworten. Am faszinierendsten waren die Reaktionen derjenigen, die gar nicht verstanden, worum es ging: »Wenn ich nicht will, dass ein Mann mich anspricht«, sagte eine Frau, »dann weiß ich schon, wie ich ihm erkläre, dass er mich in Ruhe lassen soll.« »Man kann doch selbst entscheiden, ob man reden will oder nicht«, stellte ein Student fest. Diese Leute kamen einfach gar nicht auf den Gedanken, dass manche von uns vielleicht in aller Ruhe lesen wollen. »Und was ist, wenn ich im Ruhewaggon sitze und mein Telefon klingelt?«, wandte jemand ein. Mit dieser schlichten Beobachtung hatte er seiner Ansicht nach die Absurdität des Vorhabens nachgewiesen. Man hat nie wieder davon gehört.

DER WICHTIGE PLATZ, den die Eisenbahn in der Psyche der Italiener einnimmt, zeigt sich in der Häufigkeit, mit der sie zur Zielscheibe politischer oder wirtschaftlicher Proteste wird. Ich weiß noch, wie ich einmal in den spä-

ten 1990er-Jahren auf der Fahrt nach Mailand – wie immer
in Gesellschaft der lebenden Toten – von meinem Buch
hochschaute und feststellte, dass der Zug stand. Es war ein
außerplanmäßiger Halt; wir standen auf offener Strecke,
inmitten einer Landschaft von Feldern, Pappeln und Masten. Jemand riss ein Fenster auf, und wir hörten hupende
Autos und merkwürdige Hintergrundgeräusche, die klan-
gen wie das Blöken von Rindern. Ich stand auf und schob
mein Fenster herunter. Es *war* das Blöken von Rindern.
Eine Gruppe von Bauern hatte ein Feld mit Traktoren voll-
gestellt und ein paar Kühe auf die Schienen getrieben, um
die Züge zu stoppen. Mit Bannern protestierten sie gegen
die EU-Quoten für Milcherzeugnisse.

Die Zeit verging. Aus dem Fenster gelehnt sah ich, dass
ein Fernsehteam eingetroffen war. Es waren auch Polizisten da, die mit den Bauern zu plaudern schienen. Weiter
vorne im Zug schob jemand knallend ein Fenster herunter
und brüllte Beleidigungen und Flüche nach draußen. »*Co-
munisti! Fannulloni!* (Faulpelze) *Pagliacci!* (Witzfiguren)
Merde!« Die Bauern brüllten zurück. Es wurden so ähnliche Gesten ausgetauscht wie zwischen rivalisierenden
Fußballfans im Stadion: Hohn und Verachtung.

Als der Schaffner vorbeikam, fragte ich ihn, warum die
Polizei die Strecke nicht räumte. Mit schiefem Lächeln erklärte er mir, dass zwischen der Eisenbahngewerkschaft,
den Bauern und der Polizei eine friedliche Übereinkunft
bestand, nach der die Bauern jeden Zug eine halbe Stunde
lang aufhalten durften. Dann würden sie ihn weiterfahren
lassen und den nächsten Zug anhalten. »Es wäre gefährlich«, erläuterte er, »eine Kuh auf die Schienen zu stellen,

wenn der Lokführer nicht weiß, wo und wann er mit ihr zu rechnen hat. Das Tier könnte dabei umkommen.«

Wir hatten es also mit dem klassischen italienischen Kompromiss zu tun, einem gespielten Konflikt, bei dem sich eigentlich alle einig waren. Anarchie ist in Italien selten, aber die Legalität wird immer wieder zur Disposition gestellt, vor allem wenn man sich als jemand präsentieren kann, der ungerecht behandelt wurde, etwas, wozu sich die Bauern besonders berufen fühlen. Für jeden Liter Milch garantiert die EU den europäischen Bauern etwa den doppelten Weltmarktpreis; als Gegenleistung müssen die Bauern bestimmte Produktionsgrenzen einhalten und dürfen die hohen Preise nicht durch Überproduktion ausnutzen. Die Bauern in Norditalien hatten ihre Milchquoten weit überschritten, weigerten sich aber, die entsprechenden Strafen zu zahlen. Um die italienische Regierung zu ermutigen, in ihrem Interesse zu verhandeln, schien es ihnen eine gute Idee, die Züge aufzuhalten, die durch ihre Felder fahren.

In den nächsten sechs Wochen wurde es zur Gewohnheit, dass der Zug irgendwo mitten auf dem Land anhielt, der Lokführer mit den Bauern plauderte und die Kühe die Fahrgäste anmuhten. Die Protestierenden schlugen große Zelte auf, saßen an Campingtischen und tranken Wein aus großen Flaschen, während sie zuschauten, wie wir in unserem Interregionale oder Intercity gefangen waren. Manchmal konnte man sich nur schwer des Eindrucks erwehren, dass Lokführer, Polizisten und Fernsehteams die Situation genossen. Jeden Abend wurde im Fernsehen unsere Lage dramatisiert und vom wirtschaftlichen Schaden gespro-

chen, während man weiterhin mit den Bauern, den vermeintlichen Opfern undurchsichtiger europäischer Regularien, sympathisierte. Schließlich gab die Regierung wie
immer klein bei, wandte sich an Brüssel und erkämpfte
dort, was die Bauern haben wollten. Was sie im Gegen-
zug versprochen haben, weiß ich nicht mehr, aber ich be-
zweifle ernsthaft, dass sie es gehalten haben. Italien ist das
enthusiastischste Mitglied der EU und zugleich das Land,
das am häufigsten vom europäischen Gerichtshof wegen
Nichteinhaltung europäischer Vorschriften verurteilt wird.
Das ist kein Widerspruch. Während der Protestaktionen
hatten sich die Fahrgäste so an die Situation gewöhnt, dass
sie die halbe Stunde Milchquoten-Verspätung schon in
ihre Reiseplanung mit einbezogen.

WESENTLICH ÖFTER sind es die Bahnangestellten selber,
die die Züge aufhalten, denn es gibt kaum eine Zeit, in der
sie nicht gerade im Clinch mit ihrem Arbeitgeber liegen.

Wie immer ist die Lage kompliziert. Tarifverträge werden für einen Zeitraum von zwei bis drei Jahren ausgehandelt und müssen dann erneuert werden. Die Regierung und die großen Arbeitgeber erneuern den Vertrag
jedoch nur selten dann, wenn die Erneuerung fällig ist.
Oft fangen sie zu diesem Zeitpunkt erst mit den Verhandlungen an. Daher kommt es oft zu Situationen, in denen
ein Vertrag offiziell schon seit drei oder vier Jahren ausge-
laufen ist. Die Arbeitnehmer werden weiterhin nach dem
alten Tarif bezahlt, und dadurch entsteht Druck auf die
Gewerkschaften, sich auf ein niedrigeres Angebot einzu-

lassen, als sie eigentlich wollten; andernfalls würden ihre Arbeitnehmer überhaupt kein Angebot erhalten. Die Gewerkschaften sind sich dessen bewusst und setzen ihre Initialforderungen entsprechend hoch an.

Während der ganzen langen Verhandlungsphase gibt es regelmäßig eintägige Streiks, um die Arbeitgeber daran zu erinnern, dass die Lage dringlich ist. Zu einem kompletten Streik kommt es in Italien so gut wie nie; er passt nicht zu der Auffassung, dass alles verhandelbar ist, dass die letzte Waffe unter allen Umständen zurückgehalten werden muss.

Der Öffentlichkeit wird nicht mehr gesagt, als dass die Streikenden um die Erneuerung ihrer Verträge kämpfen, was natürlich vernünftiger klingt, als zu sagen, man streike für eine Lohnerhöhung. Da man kaum je genau weiß, um was es eigentlich geht – ein Gefühl, das anscheinend viele der Bahnangestellten teilen –, werden die Streiks gewissermaßen als höhere Gewalt betrachtet, als etwas, auf das man keinerlei Einfluss hat. Oder einfach als ein alltägliches Ärgernis. Je nach politischer Vorliebe unterstützen die Menschen die Arbeiter blind, oder sie sprechen von einem Italien, das niemals so »seriös« werden wird wie Frankreich oder Deutschland.

Man spricht von »Streik«, aber das Wort bedeutet hier nicht dasselbe wie anderswo, nämlich, dass die Züge nicht fahren, und damit basta. Die Regierung und die Gewerkschaften haben einen Mindestbetrieb während der Streiks ausgehandelt. Auch in diesem Fall existiert also eine Art Komplizenschaft beim Regelverstoß oder vielmehr eine Kooperation innerhalb der Kooperationsverweigerung.

Die Folge ist eine der mehrdeutigen Situationen, für die die Italiener einen so untrüglichen Sinn haben.

Der Streik wird ein, zwei Wochen vorher angekündigt, wobei zugleich erklärt wird, dass er auch ausfallen oder verschoben werden oder die Regierung ihn für illegal erklären könnte. Es gibt eine Telefonnummer, die man anrufen kann, um zu erfahren, welche Züge fahren, aber die ist immer besetzt. Im Bahnhof von Verona wird ein Plakat aufgehängt mit einer Liste von *treni circolanti* im Falle eines Streiks, eine Art Streik-Fahrplan, so als wäre ein Streiktag wie ein Sonn- oder Feiertag. Das Plakat enthält allerdings auch den Warnhinweis, dass die angegebenen Züge vielleicht doch nicht fahren.

Natürlich ist das Ganze darauf ausgelegt, die größtmögliche Verwirrung zu schaffen, während man behauptet, die Auswirkungen des Streiks minimieren zu wollen. Ich gehe inzwischen einfach zum Bahnhof, und zur Hölle damit! Irgendetwas fährt fast immer. Tatsächlich kann ich mich an keinen einzigen Streik erinnern, der mich daran gehindert hätte, von Verona nach Mailand zu gelangen. Es ist eine Strecke, auf der viele internationale Züge fahren, und wie wir gesehen haben, liegt den Italienern daran, in den Augen ihrer französischen und deutschen Nachbarn seriös zu wirken. Die meisten Pendler nehmen sich allerdings den Tag frei. Das gilt als *un'assenza giustificata*, als berechtigtes Fehlen. Das Ziel des Streiks wird also trotz allem erreicht, und zwar ohne diejenigen, die wirklich reisen wollen, zu verärgern. Im Großen und Ganzen eine elegante Lösung.

DIE BERGE OBERHALB VON BRESCIA wirken besonders be-
drückend. Die grau-grüne Vegetation der drohend aufra-
genden Hügel bedeckt nur spärlich den darunterliegenden
weißen Sandstein, was der Landschaft ein seltsames, zer-
schlissenes Aussehen verleiht. Hier und da werden die Ab-
hänge von der hellen Narbe eines Steinbruchs durchbrochen, dessen vertikales Gesicht mit löchrigen Querstreifen
durchzogen ist. Formlosigkeit wechselt ab mit eckiger
Geometrie: Einkaufszentren, Friedhöfe.

Auf der anderen Seite des Zuges sind auf einer riesigen
Asphaltfläche Tausende neue VWs in perfekt symmetri-
scher Anordnung geparkt und augenscheinlich mit dem
gleichen schwarzen Netzmaterial bedeckt, das auch die
Kirschplantagen überzieht. Zum Schutz vor den Hagel-
schauern, die hier im Sommer oft niedergehen. Fabriken
stehen zwischen modernen Wohnblöcken; die Gebäude
stehen versetzt, ohne jedoch einen malerischen Gesamt-
eindruck zu erzeugen: hohe Industrie-Silos, rostige Röh-
ren und Vorratstanks, Küchengärten mit Rankhilfen für
Kletterbohnen, Feigenbäume, die sich über eingedrückte
Zäune neigen.

Ein dicker Mann in einem weißen Unterhemd putzt
sich auf einem Balkon die Zähne. Man sieht Laken auf
Wäscheleinen, Terrakotta und Teer, Solarpaneele und
Wellblech. Ein winziger Weinberg mit nur drei Reihen
von je einem Dutzend Rebstöcken liegt eingezwängt zwischen zwei Lagerhäusern aus Betonplatten, die so hoch wie
Kathedralen sind. Daneben steht ein verfallenes kleineres
Lagerhaus. Efeu breitet sich auf Holzpaletten und zerbro-
chenem Mauerwerk aus. Anscheinend entledigt man sich

in Italien nicht des Alten, ehe man mit dem Neuen beginnt.

Ein Traktor wühlt sich durch den Schlamm um etwas herum, das wohl ein Stapel Heuballen unter einer weißen Plane sein muss, aber das Gebilde hat die Form und die Größe einer prähistorischen Grabstätte. Ausrangierte Autoreifen halten die Plane fest, falls Wind aufkommt. Nur hier und da scheinen noch Fragmente des alten, pittoresken Italien auf, wie Postkarten, die auf einen unruhigen Hintergrund gepinnt wurden: eine barocke Kirchenfassade oben auf dem Hang, der ockerfarbene Stuck an einer Villa, die im morgendlichen Sonnenschein leuchtet, eine Zypressenallee, die mit Sicherheit zu einem Friedhofstor führt.

In einer kräftigen Duftwolke von verbrannter Bremsflüssigkeit kommt der Zug kreischend in Rovato zum Halt. Wir sind jetzt in den Satellitenstädten von Mailand. Chiari, Romano, Treviglio. Chiari bietet auf der linken Zugseite hübsche, weinberankte Hausfassaden und auf der rechten ein gigantisches Zementwerk. Noch mehr Leute drängen herein. Ganze Bürobelegschaften haben sich an beiden Enden des Waggons zusammengefunden. Komplette Uni-Seminare sind hier versammelt. Leute, die ohnehin den größten Teil des Tages gemeinsam verbringen werden, müssen dennoch schon im Zug alles durchsprechen. Unsere rot gestiefelte Prostituierte schafft es irgendwie, das alles zu verschlafen. Sie ist an schwierige Schlafraumbedingungen gewöhnt. Wieder frage ich mich, warum sie so weit reisen muss. Wollen die Leute an ihrem Wohnort keinen Sex?

UNGEFÄHR UM ACHT fangen die Telefone an zu trällern. Die Gruppe neben mir lässt ein Handy herumgehen, alle plappern und lachen. Der Anrufer gehört zu ihrer Firma und ist zwei Wagen weiter vorne, kommt aber nicht zu ihnen durch. »Ausreden!«, protestiert eine junge Frau. »Wer ist bei dir? Sag die Wahrheit!« Sie ist auffällig geschminkt, ganz in Rosa, mit rosa Handtasche, rosa-weißem Pulli, rosa-weißen Armreifen. Der Freund schickt ein Foto aufs Handy, um zu zeigen, wie verstopft der Gang ist. Selbst der *capotreno* kommt nicht durch! Alle freuen sich über diese Nutzungsmöglichkeit der neuen Technologie.

Hier und da gelingt es jemandem, eine Zeitung aufzuschlagen, *Manifesto, Unità, Repubblica*. In den Interregionali überwiegen die linken Zeitungen. Jemand liest einen Artikel über die Ungerechtigkeiten der derzeitigen Regierung vor. Nächste Woche gibt es einen Generalstreik, das heißt einen freien Arbeitstag. Natürlich am Freitag.

Der Zug verlangsamt seine Fahrt, als wir uns Lambrate nähern, dem ersten Bahnhof des Mailänder U-Bahn-Netzes. Hier versammeln sich die Roma, auf dem Bahnsteig Richtung Süden, wo die grüne Linie fährt. Sie belegen die Steinbank auf der Höhe des letzten Wagens, wenn der Zug hält. Es sind drei, vier dunkelhäutige Männer, ungewaschen und unrasiert, ein halbes Dutzend Frauen, eine oder zwei mit Babys auf dem Arm, und ein paar Teenager, Mädchen und Jungs. Die Jungs haben eine Geige oder ein Akkordeon bei sich. Oft tragen sie Nagellack, manchmal sogar Lippenstift. Die Mädchen haben meist ein Kleinkind im Schlepptau. Wenn die Züge anfahren, steigen immer ein, zwei Roma ein. Sie fangen beim letzten Wagen an und

arbeiten sich vor, die Männer machen in ihren schmud-
deligen Westen Musik, die Frauen in den langen Kleidern
betteln und wiederholen dabei immer wieder mit hoher
Stimme ihren trauervollen Singsang.

»SIGNORE E SIGNORI! SCUSATE IL DISTURBO! *Ich bin
eine arme Immigrantin aus Albanien mit vier hungrigen Kindern*, ICH BIN OHNE WOHNUNG, OHNE ARBEIT, OHNE
GELD, OHNE ESSEN UND OHNE TRINKEN, PER FAVORE,
SIGNORI, PER FAVORE.

Das Wort *senza*, ohne, wird seltsam betont, fast gesun-
gen, wie in einem Klagelied. SENZA CASA, SENZA SOLDI.
Aber was diesen Frauen in Wirklichkeit fehlt, ist Überzeugung. Sie betteln gelangweilt, wie Zombies, so als würden
sie gar nicht erwarten, dass ihnen irgendjemand glaubt.
Dieses Jammern ist nötig, scheinen sie sagen zu wollen,
aber nur insofern, als es Teil einer Geschichte ist, die es
manchen Leuten erlaubt, sich von ihrem Bargeld zu trennen. Die Gebenden brauchen sich nicht einzubilden, dass
die Empfänger die Wahrheit sagen.

Ebenso wenig überzeugend sind die Männer, wenn sie
eine der wenigen Melodien anstimmen, die sie auf ihren
ungestimmten Geigen spielen können. »Alla Turca«, mas-
sakriert. Ein kleiner Junge läuft schwankend mit einer
Sammelmütze durch den Wagen. Er weiß genau, wie
lange er vor jedem Fahrgast stehen bleiben muss, um das
maximale Pathos zu erzeugen. Ich habe auch schon gesehen, wie der Junge selber die Geige spielte, ganz allein im
Gewühl der Metro, wobei sein miserables Spiel immer wieder im Lärm des Zuges unterging. Dann geht er mit der
Mütze herum. Gelegentlich steige ich an der ersten Sta-

tion aus und setze mich in den nächsten Wagen, um dem Krach aus dem Weg zu gehen, aber die Roma holen mich unweigerlich im nächsten Bahnhof wieder ein, und dann muss ich mir ihre gruselige Performance noch einmal von vorne anhören. Dann lieber doch gleich ganz, dann habe ich es hinter mir. Normalerweise arbeiten sie sich durch die grüne U-Bahn-Linie bis zum südlichen Ende, nehmen dann den Zug zurück und steigen in Lambrate aus, um Pause zu machen. Kaum haben sie mit dem Betteln aufgehört, werden sie fröhlich.

Manchmal sieht man dieselben Frauen und Männer auch in der Regionalbahn betteln. Sie kommen ins Abteil, legen irgendein wertloses Schmuckstück auf den Sitz neben einem und kehren kurz darauf zurück in der Hoffnung, dass man es kauft. Aber im Zug haben sie es mit harter Konkurrenz durch die letzte Welle von afrikanischen Immigranten zu tun, und ich habe den Eindruck, dass die Roma zumindest in der Gegend um Mailand die U-Bahn bevorzugen.

Im Bahnhof von Verona gibt es einen Teenager, einen Jungen, der in den Zug steigt und einem erzählt, er habe sein Portemonnaie verloren und brauche Geld, um nach Hause zu seinen Eltern nach Turin fahren zu können. Beim ersten Mal habe ich ihm etwas gegeben. Später, als ich ihn mal darauf hinwies, dass er innerhalb von sechs Monaten schon drei Mal versucht hatte, mir diese Geschichte zu verkaufen, und dass man ihm bei seinem Veroneser Akzent kaum abnahm, dass er in Turin lebte, wurde er richtig aggressiv, so als wäre es eine Zumutung zu verlangen, dass er sich jeden Tag etwas Neues ausdachte oder

um Details kümmerte, die höchstens für einen Roman-
schriftsteller eine Rolle spielten.

Die indischen Immigranten verkaufen Rosen an den
Ampeln um den Bahnhof herum. Abends, wenn man zurückfährt. Sie betteln nie, sondern bieten einem einen
Strauß mit sechs oder sieben Rosen für 5 Euro an. Ein
Schnäppchen. Manchmal nehme ich sie. Manchmal frage
ich mich, ob es eine Verbindung zwischen diesem Blumen-
handel und den Prostituierten gibt, die in der Nähe ihren
Dienst tun. Kaufen manche Männer ihrem üblichen Mädchen eine Rose?

Die Chinesen verkaufen eine Auswahl von Billig-
schmuck und Kopien von Designerartikeln, die sie auf
Laken und Teppichen am Eingang zur Metro in Milano
Centrale ausbreiten. Manchmal begegnet man in diesen
Tunneln bis zu zwanzig chinesischen Flohmarkthänd-
lern, wenn man nach einem Tag an der Universität zum
Bahnhof zurückeilt. Sie sitzen in der Hocke und unterhalten sich leise miteinander, allzeit bereit, blitzschnell ihre
Waren mitsamt dem Teppich aufzuheben, sollte die Polizei es auf sie abgesehen haben. Innerhalb von Sekunden
sind sie dann mitsamt ihrem Krimskrams verschwunden.
Manchmal ist es schwer, sich zwischen den vielen Pendlern und den ganzen ausgebreiteten Decken einen Weg zu
bahnen.

EINMAL, VOR ETWA ZWEI JAHREN, habe ich einem Chinesen dabei geholfen, sich dieser kleinen Gemeinschaft von
Milano Centrale anzuschließen. Meine Frau und ich woll-

ten gerade einen Spaziergang in unserem kleinen Dorf bei
Verona machen, als wir einen Asiaten sahen, der sich auf
der winzigen Piazza ängstlich umschaute. Er war der erste
Immigrant, den wir je in Novaglie gesehen hatten. Er war
groß, vielleicht Ende zwanzig, kräftig gebaut und eindeutig desorientiert. Er trug einen schicken grauen Anzug, der
aussah, als sei er aus großer Höhe auf ihn heruntergefal-
len. Seine Schuhe waren zu groß. Er hatte keine Tasche
bei sich. Als wir auf ihn zugingen, schaute er uns ängstlich
an, unentschlossen, ob er etwas sagen sollte, dann drehte
er sich um und ging eilig weg. Wir beobachteten, wie er an
eine der Türen klopfte, die direkt auf die Straße hinausgin-
gen. Dann an eine andere. Und noch eine. Die Leute taten
so, als seien sie nicht zu Hause.

Als wir von unserem Spaziergang zurückkamen, trieb er
sich immer noch auf der kleinen Piazza herum, die deprimierend amorph ist: nicht mehr als eine Bushaltestelle; ein
paar Flaschen- und Papiercontainer neben einer niedrigen
Fertigbauturnhalle. Die ein, zwei älteren, schöneren Häuser
sind wie so oft in Italien hinter hohen Mauern und Zypres-
senhecken versteckt. Der Mann sah jetzt noch ängstlicher
aus. Für einen Asiaten hatte er ziemlich dunkle Haut. Ich
ging hin und sprach ihn an.

»*Posso aiutare?*«

Er verstand mich nicht.

»*English?*«, fragte ich. »*Can I help?*«

»Mi-la-no«, sagte er.

»*Parlez-vous français? Deutsch?*«

»Mi-la-no«, wiederholte er.

»Das hier ist nicht Mailand«, sagte ich. »Wir sind hun-

dertsechzig Kilometer entfernt von Mailand.« Dann hatte
ich eine Eingebung und sagte: »*Char*. You want char?« Mir
war eingefallen, dass »Char«, ein Wort, das wir in Nord-
england als Kinder für Tee benutzten, ursprünglich aus
dem Chinesischen stammte.

Er nickte eifrig.

Wir fuhren den Mann in die Stadt. Er bewegte sich so,
wie ich mich zweifellos auch bewegen würde, wenn ich
plötzlich mit einem Turban auf dem Kopf oder in einem
Kimono durch eine fremde Stadt laufen sollte. Im erstbes-
ten Vorstadtlokal bestellte ich ihm einen Tee und einen
Hamburger. Ich weiß noch, wie mir die geübte Art auffiel,
mit der er das Zuckerpäckchen schüttelte, ehe er es aufriss.
Es war die erste Geste, die er mit Leichtigkeit ausführte.
Vielmehr *die* Zuckerpäckchen. Er hat mindestens vier genommen. Er aß seinen Hamburger, trank den ekligen Tee
vollkommen wortlos und unternahm keinerlei Anstrengung herauszufinden, was ich wohl mit ihm vorhatte. Er
vertraute voll und ganz auf meine guten Absichten.

Auf dieser Seite der Stadt gibt es ein kleines Kloster, das
für seine Wohltätigkeit bekannt ist. »Gehen Sie nicht zur
Polizei«, sagten die Mönche. Sie würde ihn sofort dahin
zurückschicken, wo er hergekommen ist. Er war wahrscheinlich aus einem Lastwagen gestoßen worden, vermu-
teten sie, der von Kroatien nach Italien gefahren war. »Sie
kommen mitten in der Nacht über die Grenze«, erklärte
einer der Mönche, »fahren noch ein paar Stunden weiter
und werfen ihre Passagiere dann einen nach dem anderen
in den gottverlassensten Gegenden aus dem Wagen. Er ist
wahrscheinlich ziemlich weit gelaufen.«

»Er will nach Mailand«, sagte ich. Sie schüttelten den Kopf. Sie konnten nicht weiterhelfen. Dann sagte meine Frau: »Fahr ihn doch zu einem Chinarestaurant.«

Es gibt in Verona nur zwei oder drei Chinarestaurants. Ich bin kein Fan von chinesischem Essen. Ich fuhr ihn zum nächstgelegenen, einem grellbunten Lokal im Erdgeschoss eines formlosen Wohnblocks. Der Geschäftsführer war jung, schick gekleidet in einen hellgrauen Anzug, der dem des Neuankömmlings ähnelte, aber mit Verve getragen wurde. Augenblicklich wurde das ängstliche Gesicht meines jungen Mannes lebendig und wirkte erwachsen. Die beiden unterhielten sich sehr schnell in geschäftsmäßigem Tonfall. Sie sprachen die gleiche Sprache. Plötzlich zog der Restaurantbesitzer einen Hunderteuroschein aus der Tasche und gab ihn dem Mann.

»Fahren Sie ihn zum Bahnhof«, bat er mich, »und setzen Sie ihn in einen Zug nach Mailand.«

»Aber weiß er denn, wo er hin soll, wenn er dort ankommt?«

»Er soll dort im Bahnhof ein paar Leute treffen. Sie erwarten ihn. Wenn Sie ihn fahren, gebe ich Ihnen und Ihrer Familie als Gegenleistung ein Essen aus.«

Ich hatte keine Lust, chinesisch essen zu gehen, und der Bahnhof war zwanzig Autominuten entfernt. Trotzdem fuhr ich den Neuankömmling hin, stellte mich mit ihm am Fahrkartenschalter an, zahlte für eine Intercity-Fahrkarte nach Mailand, stempelte sie für ihn im Entwerter ab (ein Disput mit dem Schaffner hätte ihm gerade noch gefehlt) und brachte ihn auf den richtigen Bahnsteig. Ich frage mich, ob er wohl eine Ahnung hatte, wie viel der

Hunderteuroschein wert war. Die Großzügigkeit des Restaurantbesitzers hatte mich überrascht, ja gedemütigt.

Als der Zug in den Bahnhof einfuhr, fing der Mann an, etwas in seiner Sprache zu sagen. Er lächelte jetzt über das ganze runde, leicht pockennarbige Gesicht. Er wirkte aufgeregt. Ich schüttelte den Kopf. Er stellte pantomimisch jemanden dar, der telefonierte und sich dann etwas aufschrieb. Ich schrieb ihm meine Telefonnummer auf. Er hat sich nie gemeldet. Anscheinend leben jede Menge Chinesen in den alten Tunneln unter dem Mailänder Hauptbahnhof. Alle beschweren sich: Diese Leute stehlen uns die Arbeit, die Kultur. Doch im Angesicht der Notlage eines einzelnen Immigranten ist es wesentlich wahrscheinlicher, dass die Italiener ihm helfen, statt die Polizei zu rufen und dafür zu sorgen, dass er zurückgeschickt wird. So reserviert die Italiener auch einer multikulturellen Gesellschaft gegenüberstehen mögen, die alte Antipathie gegen Regierung und Obrigkeit kommt dem illegalen Fremden immer wieder zugute.

ES IST SCHON KOMISCH: Ganz offensichtlich dreht sich ein Großteil des Lebens der neuen Immigranten in Italien um die Eisenbahn; man sieht indische Familien, die mit all ihrem Hab und Gut unterwegs sind, man sieht die Prostituierten und die Zuhälter in ihren bunten Hemden, man sieht Araber und Türken, die auf den Parkplätzen vor den Bahnhöfen Kebab-Buden aufmachen, aber nie sieht man einen Immigranten, der bei Trenitalia arbeitet.

Fährt man mit dem Auto am Fluss entlang, an der Etsch,

um schnell zum Bahnhof zu kommen und den Zug der lebenden Toten noch zu erwischen, kommt man selbst um sechs Uhr morgens nicht umhin, die lange Schlange von schwarzen, braunen, gelben und ja, auch weißen Gesichtern zu bemerken, die sich vor einem hohen Eisentor gebildet hat. Dort ist die Questura, die Polizeihauptwache. Die Menschen sind Immigranten, die Aufenthaltsgenehmigungen beantragen wollen. Dank der Beinahe-Vollbeschäftigung brauchen die Veroneser Firmen die Immigranten, sie brauchen billige Arbeitskräfte. Aber warum müssen diese Leute hier so früh Schlange stehen, selbst an den kältesten Wintermorgen? Und warum sieht man sie nie als Busfahrer oder Fahrkartenkontrolleure wieder?

Die Antwort auf die erste Frage kann nur in der üblichen Gleichgültigkeit der gesamten italienischen Bürokratie gegenüber den Menschen liegen, denen sie angeblich dienen soll. Für öffentliche Behörden ist es ganz normal, dass sie nur an zwei, drei Tagen in der Woche für jeweils ein paar Stunden geöffnet haben. Man ist dort immer Bittsteller, niemals Kunde.

Dass die Immigranten nicht im Verkehrswesen arbeiten, liegt ganz einfach daran, dass man für alle Jobs im öffenlichen Dienst einen Schulabschluss nachweisen muss, *il certificato scolastico*. Selbstverständlich von einer italienischen Schule.

Wann immer man die Homogenität und scheinbare Würde einer Gesellschaft wie der italienischen bewundert, die sich einen Zusammenhalt und eine Identität bewahrt hat, die in England oder den US-amerikanischen Großstädten längst verloren gegangen ist, darf man nicht vergessen, dass sie sich solchen Ausschlussmechanismen wie der Sache mit dem Schulabschluss verdankt. Immigranten, die keine italienische Schule besucht haben, dürfen auch keinen italienischen Müll einsammeln, keine italienischen Busse fahren oder Fahrkarten für den Zug der lebenden Toten verkaufen. Die Gewerkschaften, sonst immer schnell zur Stelle, wenn es um Streik und Protest geht, scheint das nicht zu stören. Ich bin gespannt, was in den nächsten paar Jahren passieren wird, wenn die ersten Immigrantenkinder ihre Schulabschlüsse machen. Das wird ein großer Tag, wenn der erste schwarze *capotreno* versucht, mir ein Bußgeld aufzubrummen, weil ich meine Fahrkarte nicht entwertet habe.

DIE SCHIENEN UM UNS HERUM vervielfachen und kreuzen sich, wenn etwa anderthalb Kilometer vor der Einfahrt in den Bahnhof Milano Centrale die Bahnlinien aus allen Richtungen zusammenlaufen. Ein paar Minuten lang versucht der Zug so langsam zu fahren, wie es geht, ohne anzuhalten. Überall um uns herum sind Überführungen, schmutzige Spielplätze und Wohnhäuser. Überall Graffiti. »*Evviva la figa!*«, hat jemand geschrieben. Lang lebe die Möse.

Während der Zug in Lambrate einfährt, schläft die Prostituierte. Ich stecke mein Buch in meine Tasche. Diese letzten Augenblicke der Zugfahrt, wenn der Interregionale mal wieder an einem ganz normalen Tag meines Lebens knirschend zum Halt kommt, sind für mich mit einer außergewöhnlichen Anspannung verbunden. Die Welt

scheint dann in der Schwebe zu sein; ein paar schreckliche
Sekunden lang kann ich nicht umhin, ganz bewusst den
Horror der Routine wahrzunehmen, der Tage und Jahre,
die zu einer Vergangenheit zusammenfließen, die ebenso
wirr und unstrukturiert ist wie diese Schienenlandschaft.
Außer mir scheint sich niemand darüber Gedanken zu machen. Zwei Mädchen necken ein drittes wegen eines neuen
Tattoos, einer kleinen Rose knapp über der nackten Hüfte.
Sie berühren die Rose mit ihren manikürten Fingern. Das
Fleisch ist fest und braun. »Lass mal sehen«, fordert die
rote Krawatte, aber jetzt kommt der Zug mit einem Ruck
zum Stehen, und alle drängen nach draußen. Nichts ist
langsamer als der Interregionale auf den letzten anderthalb
Kilometern bis Milano Centrale. Am besten nimmt man
von Lambrate aus die U-Bahn.

Zweites Kapitel

MAILAND — VERONA

Wenn ich mit dem interregionale nach Mailand fahre, steige ich in Lambrate aus, aber auf dem Rückweg steige ich immer in Centrale ein, egal welchen Zug ich nehme. Weil es bequemer ist und weil ich einfach gern vom Hauptbahnhof abfahre. Schon das Eintreten ist ein Genuss; ich stehe gern erst davor und bewege mich dann hinein, denn es ist mit Sicherheit der monumentalste Bahnhof in ganz Westeuropa. Mehr als jeder andere Bahnhof, den ich kenne, erweckt Milano Centrale beim Reisenden den Eindruck, eine sehr bedeutende Reise anzutreten. Also ist es ein bisschen komisch, wenn man fast täglich routinemäßig durch das riesige Portal des Haupteingangs und die majestätische Schalterhalle hastet. Eigentlich sollte man auf dem Weg nach Berlin oder Paris oder gar in eine andere Welt oder Dimension sein, und stattdessen ist man besorgt, die Schlangen an den Fahrkartenschaltern könnten zu lang sein, um noch schnell ein paar *supplementi* für den Intercity nach Verona Porta Nuova zu erwerben.

Im Gegensatz zur landläufigen Meinung haben sich den Bahnhof nicht die Faschisten erträumt. Der Entwurf

eines gewissen Ulisse Stacchini stammt aus dem Jahr 1912,
zehn Jahre vor dem Marsch auf Rom. Doch das Projekt
wurde durch den Ersten Weltkrieg unterbrochen, und als
schließlich die Mittel vorhanden waren, es wieder aufzunehmen, waren die Faschisten an der Macht, und das Aussehen des Bauwerks wurde leicht verändert. Der besondere
Centrale-Effekt entsteht durch die schiere Größe der steinernen Räume in Kombination mit den hochstilisierten
Ornamenten. Nähert man sich dem Haupteingang von
der Piazza aus, neigen einem aus zwölf Metern Höhe zwei
Pferde feierlich die Köpfe zum Gruß entgegen. Drinnen in
der Schalterhalle wechseln sich, ebenfalls hoch über dem
Kopf, Dutzende von Statuen und Friese klassischer Krieger
mit gezückten Schwertern, Schilden und Lanzen mit Flach-
reliefs von Zügen, Flugzeugen und Bussen im Jugendstil ab.
Die doppelte Geste des Faschismus: der Blick zurück auf
Roms glanzvolle Vergangenheit und der Blick nach vorn
auf ein unvorstellbar effizientes, hoch technisiertes Italien
der Zukunft. Ästhetisch gesehen funktioniert das zumindest in diesem Gebäude aus grau-weißem Stein mit bunten
Marmor- und Graniteinlassungen ganz wunderbar.

Allerdings sieht man all diese Schönheit nur, wenn man
den Blick hebt. Und es ist erstaunlich, wie selten der Blick
sich hebt, wenn man pendelt. »Ein jeder hielt den Blick auf
die eigenen Füße gesenkt«, schrieb T. S. Eliot über die Men-
schenmenge, die sich über die London Bridge ergoss. In
Milano Centrale ist es nicht anders. Erst nach Jahren habe
ich das Flachrelief mit den Tierkreiszeichen oben an einer
Wand der Schalterhalle bemerkt. Um es noch unwahr-
scheinlicher zu machen, dass man das Gebäude wirklich

wahrnimmt, werden die grandiosen Räume von aufdring-
lichen Werbekampagnen vereinnahmt und zerhackt, und
riesige Plakate sind so an der hohen Decke aufgehängt, dass
sie knapp über Augenhöhe hin und her schwingen.

Zurzeit hat Coca-Cola den Eingangsbereich mit einem
Gewirr derart grellbunter Bilder besetzt, dass die feinen
Grau- und Brauntöne der Steinfassade so unsichtbar geworden sind wie nasser Asphalt in der Dämmerung. In
der Schalterhalle spiegelt sich überall Naomi Campbell;
in sechs Metern Höhe führt sie in verschiedenen offen-
siven Posen vor, wie lang die Beine einer Frau sein können,
wenn sie einen kurzen, engen Rock trägt. Den Marken-
namen habe ich vergessen. Die archetypischen Bilder, die
ein Gefühl nationaler Zusammengehörigkeit und Kontinu-
ität durch Vergangenheit, Gegenwart und Zukunft vermitteln sollten, werden also von Sprudelgetränken und Mode-
erzeugnissen überlagert. Ein klebriger Film postmoderner
Parodie hat sich auf alles gelegt, was einst erhaben und er-
hebend wirken sollte. Es ist komisch, sich vorzustellen,
dass Mussolini, der von diesem Bahnhof so begeistert war,
auch ein erklärter Feind des internationalen Kapitalismus
war und nach der Einnahme Roms durch die Amerikaner
den Gedanken am schlimmsten fand, schwarze Soldaten
hätten die Monumente des alten Reiches erobert und, in
seinen Augen, entweiht. Ich sehe den Duce vor mir, wie
er nach seiner standrechtlichen Hinrichtung das Tor mit
der Inschrift »Lasst, die ihr eintretet, alle Hoffnung fahren« durchschreitet – womöglich ähnelt die Bauweise gar
der von Milano Centrale, denn selbst das Höllentor muss
einen Architekten gehabt haben –, nur um dort eine Wer-

bekampagne für Dosenlimonade mit der wunderbar dunkelhäutigen Naomi Campbell vorzufinden.

IN DIESER GROSSARTIGEN BAHNHOFSHALLE wurde mir vor ein paar Jahren meine Aktentasche gestohlen. Ich musste, noch zu handylosen Zeiten, einen Anruf machen, ging deshalb zu einem öffentlichen Telefon und stellte die Tasche zu meinen Füßen ab. Die Telefone waren in verbrecherischer Weise auf die Mauerkronen aus braunem Marmor geschraubt. Der reinste Vandalismus. Ich wählte, nahm den Hörer ans Ohr. Jemand rannte an mir vorbei. Ich wandte mich um und sah, wie ein junger Mann mit einer Tasche weglief, einer dem Anschein nach ziemlich schweren Tasche, denn sie stieß immer wieder gegen sein Bein, und sein Körper war beim Rennen leicht schief. »*Pronto?*«, sagte eine Stimme. »Rita?« Die Gestalt war bereits in der Menge vor dem Zeitungskiosk verschwunden, als mir klar wurde, dass es meine Tasche war. Verdammt! Meine alte schwarze Tasche!

Am nächsten Morgen fuhr ich in der Annahme, dass niemand mit den Seminararbeiten meiner Studenten, einem Satz Korrekturfahnen, drei Bänden von Leopardis *Zibaldone* und einem Set Wechselunterwäsche viel würde anfangen können, etwas früher nach Mailand, um mich zu erkundigen, ob die Tasche vielleicht irgendwo abgestellt und dann beim Fundbüro abgegeben worden war.

Während der Eingangsbereich des Bahnhofs einem schmucklosen Kirchenraum ähnelt, durch den sich ein steter Strom von Reisenden aus der Metro zu den Roll-

treppen ergießt, herrscht in der oberen Halle zwischen den
Läden, Cafés und Bahnsteigen ein unendliches Gewühl
und Getümmel von Menschen, die auf ihre Züge warten, nach einem funktionierenden Automaten suchen, der
ihre Fahrkarten entwertet, oder gar nach einem Platz zum
Schlafen Ausschau halten. Es besteht eine ständige Rei-
bung zwischen den Pendlern, die sich im Bahnhof auskennen
nen und mit brutaler Zielstrebigkeit zwischen Bahnsteigen
und Rolltreppen hin- und herlaufen, und den Touristen,
die schläfrig und verwirrt ihre grotesken Gepäckstücke he-
rumschleppen. Ich fand kein Fundbüro.

Schließlich klopfte ich an das Fenster einer Glaskabine,
hinter dem ein Polizist saß. Ein großer Teil von Milano
Centrale ist mit Kabinen, Häuschen und Kiosken vollgestopft, die von einer späteren und niedereren Zivilisation
als der, die den Bahnhof erbaut hat, hergestellt worden zu
sein scheinen, so als hätten wir in den letzten dreißig Jahren nur in den Überresten einer früheren, nobleren Zeit
kampiert. Allerdings trifft das auf große Teile Italiens zu.

Zwei Polizisten betrachteten rauchend einen kleinen
grauen Bildschirm. Sie gestatteten mir, die Kabinentür zu
öffnen, ohne nach ihren Waffen zu greifen.

»Angenommen, jemand findet eine weggeworfene
Tasche«, fragte ich, »wo würde er sie hinbringen?«

»Eine Tasche?«

»Meine Tasche wurde gestohlen.«

Sie waren nicht unhöflich, eher desinteressiert. »Warum
sollte jemand eine weggeworfene Tasche mitnehmen?«

»Vielleicht aus Mitleid mit der Person, die sie verloren
hat«, schlug ich vor.

Das war ein interessanter Gedanke.

»Vermutlich könnte man sie hier bei uns abgeben«, sagte der eine schließlich. Die beiden stammten aus dem Süden, hatten breite Nacken und glänzende, harte, robbenähnliche Köpfe. Es lag eine Art tierische Arroganz darin, dass sie jung und stark waren und vor allem Einheimische. Sie hatten meinen Akzent bemerkt.

»Und, hat man?«

Sie schauten sich träge um. Die Kabine war ein winziger Raum gleich neben einer der großen Steinsäulen des Bahnhofs, zwischen Läden und Bahnsteigen. Darin lagen Aschenbecher, Zeitungen und ein paar altmodische elektrische Geräte.

»Sieht nicht so aus.«

Ich habe gelernt, bei solchen Gesprächen abzuwarten, nicht ungeduldig zu werden, sondern einfach dazustehen und zu warten. Schließlich sagte einer der beiden:

»Vielleicht wurde sie bei der Gepäckaufbewahrung abgegeben.«

»Gepäckaufbewahrung? Aber warum sollte jemand sie dort hinbringen? Gibt es denn kein Fundbüro?«

Der italienische Begriff lautet *oggetti smarriti*. Verlegte Gegenstände. Aber *smarrito* kann auch erstaunt oder verwirrt bedeuten.

Wieder musste ich warten. Diese stillschweigende Weigerung wegzugehen scheint bei italienischen Beamten Wunder zu wirken. Beharrlichkeit erzeugt Widerstand und Freundlichkeit Verachtung; nur eine hündische Geduld erlaubt es ihnen, ihre Pflicht zu tun, ohne sich ausgenutzt zu fühlen.

»*Naturalmente*«, sagte der eine zu mir, als wäre das ein

ganz anderes Thema. Ich hätte gleich danach fragen sollen.
»Bahnsteig drei, ganz am Ende auf der linken Seite. Es ist
der Eingang, über dem NUR FÜR BAHNPERSONAL steht,
die Treppe hoch, im zweiten Stock.«

Ich ging los. Bahnsteig drei ist der letzte Bahnsteig auf
der linken Seite, wenn man die Treppe zur Bahnsteigebene
heraufkommt; Bahnsteig eins und zwei liegen schon fast
außerhalb des eigentlichen Bahnhofs. Entlang des Bahnsteigs steht eine Reihe von hohen, eleganten Steinfassa-
den, obwohl man sich noch unter dem großen gewölbten
Glasdach befindet, das Zügen und Fahrgästen Schutz bietet. NUR FÜR BAHNPERSONAL, überlegte ich; wie soll man
darauf kommen, eine gefundene Tasche zu einer Stelle zu
bringen, an deren Tür NUR FÜR BAHNPERSONAL steht?

Im Erdgeschoss befand sich eine Art Aufenthaltsraum
für die Bahnhofsangestellten. Der Steinboden und die alte
Einrichtung aus Holz und Glas schienen seit der Eröffnung des Bahnhofs im Jahr 1931 nicht verändert worden zu
sein. Aber hier und da waren Kabel an die Wände geheftet
oder geklebt, und die Lichtschalter passten ebenso wenig
ins Bild wie ein knallroter Feuerlöscher.

Ich stieg die Treppe hinauf. Es war eine Steintreppe, wie
man sie in einer alten Bibliothek oder einem alten Rathaus
erwartet. Der Putz an den Wänden bröckelte. Tatsächlich,
eine der vier alten Holztüren im zweiten Stock, die alle
dringend lackiert werden wollten, trug die Aufschrift OG-
GETTI SMARRITI, und darunter hing ein genauer Plan mit
den Öffnungszeiten, die anscheinend an jedem Tag der
Woche unterschiedlich waren. Als auf mein Klopfen keine
Antwort kam, öffnete ich die Tür.

Es war ein großer düsterer Raum, in dem sich Taschen, Kisten, Koffer, Pakete und Schirme stapelten. Es gab ein paar Regale, aber keine erkennbare Ordnung. Manche Taschen sahen aus, als hätte man sie an der Stelle stehen lassen, wo sie einst abgestellt worden waren. Es war ein Ort, von dem Horrorfilm-Regisseure nur träumen können oder Autoren des absurden Theaters, ein Ort für die Seele im Limbus.

Ich schaute mich um, während sich meine Augen an das Halbdunkel gewöhnten. Es war ganz still im Raum, eine Stille, die durch die entfernten blechernen Lautsprecherdurchsagen zu den ein- und abfahrenden Zügen noch verstärkt zu werden schien. »*C'è nessuno?*«, rief ich. »*C'è nessuno?*«

Kurz darauf war ein Rascheln zu hören. Ein Mann kam durch eine graue Tür, die hinter einem Stapel alter Gepäckstücke kaum zu sehen war. Er bahnte sich einen Weg zu mir; er mochte Ende fünfzig sein, markantes Gesicht, Latzhose, defensive Haltung.

»Mir ist meine Tasche abhandengekommen.«

»Wie sieht sie aus?«

Ich beschrieb sie.

»Davon haben wir Hunderte hier.« Er gestikulierte in Richtung der schweigsamen Stapel. Dem Staub nach zu urteilen, waren viele der Koffer und Taschen schon seit längerer Zeit dort. »Die Leute verlieren alles Mögliche«, sagte er. »Sie würden es nicht glauben.«

»Meine Tasche wurde gestohlen«, erklärte ich ihm.

»Tja, dann wird sie wohl kaum hier sein«, sagte er. Er lachte: »Ein Dieb bringt keine Tasche ins Fundbüro.«

»Ich dachte, falls der Dieb sie weggeworfen hat, hat jemand sie vielleicht gefunden und abgegeben.«

Er sagte nichts.

»Gestern«, bot ich an.

»Heute sind keine schwarzen Taschen abgegeben worden«, sagte er.

Ich wartete.

»Gestern auch nicht. Ist vielleicht zu früh. Versuchen Sie's noch mal.«

Es klang nicht wie eine Einladung.

Als ich ging, kam mir der Gedanke, dass ich hätte fragen sollen, wie es überhaupt sein konnte, dass diese *oggetti smarriti* hier abgegeben wurden oder auch abgeholt, angesichts der Tatsache, dass es im ganzen Bahnhof keinen Hinweis auf ein Fundbüro gab. Ich überlegte, ob ich umkehren und ihn zur Rede stellen sollte. Was zum Teufel ging hier vor? Wie lange waren diese Taschen schon dort? Seit dem Krieg? Aber das ganze Erlebnis hatte eine beunruhigende Wirkung auf mich gehabt: die verlorenen Taschen und Kisten, die vergeudeten Stunden und Jahre ihres Hüters. »*Non esiste*«, flüsterte ich. Ich beschloss, meine Tasche zu vergessen, und verließ mich darauf, dass meine Studenten Sicherungskopien ihrer Arbeiten auf ihren Computern hatten.

IN DER SCHALTERHALLE VON MILANO CENTRALE und in der Bahnsteighalle im Obergeschoss halten sich die osteuropäischen Immigranten, die im Gegensatz zu den Afrikanern und Chinesen nie etwas verkaufen und auch nicht betteln, in der Nähe der Fahrkartenautomaten auf.

Die Automaten habe ich ausgelassen, als ich über den
Fahrscheinerwerb sprach. Diese Maschinen haben in etwa
die Maße eines Aktenschranks mit vier Schubladen, tragen ebenfalls das rote Neonlogo »FastTicket« und stehen immer in Dreier- oder Vierergruppen beieinander, als
wollten sie sich gegenseitig beschützen. Tatsächlich erregen
sie häufig den Zorn der Menschen. Denn das Wunder dieser Automaten mit den Touchscreens besteht darin, dass
sie alle oder doch fast alle Komplikationen, mit denen man
es in Italien beim Kauf eines Fahrscheins zu tun bekommen kann, auf sich vereinen.

Man berührt den Bildschirm und wird gebeten, eine
Sprache zu wählen. Bilder von Flaggen, der deutschen,
der britischen, der französischen, die um globusähnliche
Kugeln gewickelt sind, helfen einem bei der Entscheidung.
Dann berührt man den Bildschirm erneut, um mitzuteilen, ob man Informationen wünscht oder einen Fahrschein
kaufen möchte. Sofort werden ein Dutzend Hauptfahrziele
vorgeschlagen, aber wenn man irgendwo anders hinfahren
will, muss man ANDERE berühren. Ein Alphabet erscheint.
Man berührt die zutreffenden Buchstaben: V-E-R-O. Mit
jedem Buchstaben wird die Liste der möglichen Ziele kür-
zer. Jetzt muss man sich zwischen Verona Porta Nuova und
Verona Porta Vescovo entscheiden. Es gibt keinen Hinweis,
der Uneingeweihten mitteilt, welches der Hauptbahnhof
sein könnte.

Hat man sein Reiseziel gewählt, wird man gefragt, an
welchem Tag man reisen möchte. Heute, morgen oder
irgendwann in der Zukunft. Ein Kalender erscheint. Man
kann für Monate im Voraus ein Ticket erwerben. Hat man

diese Entscheidung hinter sich gebracht, erscheint ein Fahrplan mit einer Liste von Zügen verschiedener Art zu unterschiedlichen Zeiten. Man berührt seinen Zug. Erster oder zweiter Klasse? Möchte man einen Sitzplatz reservieren? Am Fenster? Oder am Gang? Und was für einen Fahrschein möchte man, auf welche Ermäßigungen hat man Anspruch? Zögert man zu lange, kehrt der Bildschirm in die Ausgangsposition zurück. Ich habe unerfahrene Kunden gesehen, die den Tränen nahe waren.

Und weil in Italien bei jedem bürokratischen Abenteuer – einen Autokauf registrieren lassen, ein Weihnachtspäckchen durch den Zoll bekommen – immer irgendeine private Instanz zur Stelle ist, die, natürlich gegen Bezahlung, einspringt und einem das Unbehagen einer direkten Begegnung mit einem Behördenmitarbeiter erspart, bieten im Bahnhof osteuropäische Jungen und Mädchen an, zwischen einem selbst und einem Fahrscheinautomaten zu vermitteln, der von einem Bahnbeamten programmiert wurde.

Ein höflicher Zwölfjähriger mit starkem Akzent bietet einer verwirrten Signora an, den Automaten für sie zu bedienen. Sie ist mit Schmuck behängt und auf altmodische, südliche Art schick herausgeputzt, hat ihr dauergewelltes Haar hoch aufgetürmt und die Falten gepudert. Er hat eine schmale kleine Nase, reine Haut und blitzende, gescheit blickende schwarze Augen. »*Grazie*«, sagt sie, denn er hat sich schon vor der Maschine aufgebaut.

»Wohin fahren Sie?«

»Salerno.«

Wie schnell die Finger des Jungen sich über den Bild-

schirm mit den hektisch wechselnden Zahlen und Farben
bewegen!

»Zug in zwanzig Minuten. Sie wollen hin und rück?«

Sein Italienisch ist furchtbar, aber er bedient den Automaten so schnell, dass man kaum mitkommt.

»Sie wollen die erste Klasse? Sie zahlen in bar?«

»*Sì.*«

Bar! Unglaublich, aber die Frau reicht dem Jungen einen
Fünfzigeuroschein, um ihn in die Maschine zu schieben.
Und er schiebt ihn hinein! Ich hatte das Schlimmste be-
fürchtet. Natürlich erhofft er sich am Ende der ganzen
Aktion ein Trinkgeld. Jeder, der diese Maschinen versteht, hat sich eins verdient. Oder vielleicht, da man diese
Fahrscheine auch mit Kreditkarte bezahlen kann, würde
er es auch nicht bedauern, wenn jemand eilig wegginge
und seine American-Express-Karte im Schlitz vergäße; der
Automat zwingt einen nicht, die Karte zu entnehmen, ehe
er den Fahrschein ausgibt.

Der Junge führt den Fünfzigeuroschein ein und nimmt
dann das Wechselgeld aus dem Ausgabefach. Höflich
reicht er es, *alles,* der Signora. Sie lässt ihm einen Euro. Er
lächelt und verbeugt sich leicht. Ich fühle mich beschämt
von so viel Vertrauen und Großzügigkeit. Warum bin ich
so misstrauisch? Leider, leider geben diese Automaten trotz
ihrer Komplexität, durch die sie scheinbar alle Eventua-
litäten abdecken, keine Intercity-Zuschläge ohne gleich-
zeitigen Kauf eines Intercity-Fahrscheins heraus, sodass
der Inhaber einer Jahreskarte für den Interregionale, der
mit dem Intercity zurück nach Hause fahren möchte, zur
Nutzung der Fahrkartenschalter verurteilt ist. Und wenn

die Schlangen dort zu lang sind, kann es passieren, dass er doch mit einem der guten alten langsamen Interregionali zurückfährt.

DA ICH HÄUFIG ERST GEGEN SIEBEN UHR ABENDS am Bahnhof in Mailand eintreffe und nicht vor neun zu Hause bin, gerate ich oft in Versuchung, einen Happen zu essen. Was ist in Milano Centrale im Angebot? Es gibt den FREE SHOP, die SELF BAR, das Stehcafé (mit einer Theke drinnen und einer draußen) und das traditionelle Café zum Hinsetzen mit Bedienung am Tisch. Worauf sich das FREE beim FREE SHOP bezieht, ist ein Geheimnis. Vielleicht hat es die gleiche Bedeutung wie der »star« im Eurostar. Man tritt durch ein enges, chromglänzendes Drehkreuz ein und steht sofort in einer dieser typischen italienischen Szenerien, die so charakterbildend sind. An einer langen, über Eck laufenden Theke wird eine große Auswahl an frisch belegten Sandwiches angeboten. Die Kunden stehen entlang der gesamten Theke an, oder vielmehr, sie drängeln sich um die Spitze der Theke herum wie ein wirbelndes Kehrwasser in einem Wildbach. Von einer ordentlichen Schlange kann keine Rede sein. Vielleicht steht das FREE für alles umsonst, denkt man. Hinter der Theke stehen zwei konfuse Jungendliche mit Pickeln im Gesicht, von denen der eine die Sandwiches nachlegt und der andere die Kunden bedient. Wer am lautesten schreit, wird als Erster bedient, ganz egal, wann er oder sie angekommen ist – es sei denn, die Bedienung hat etwas gegen die betreffende Person. Man hat es übertrieben. Man hat den Typen irgendwie beleidigt. Dann kann es passieren, dass man eine ganze Weile dort feststeckt.

Am besten setzt man einen gehetzten Gesichtsausdruck auf, so als fürchte man, seinen Zug zu verpassen, und gibt sich trotzdem absolut verständnisvoll gegenüber dem Stress, unter dem der Verkäufer steht. Vor allem darf man niemals Zeit vergeuden mit Fragen zum Belag der Sandwiches. Eine knappe, höfliche Bestellung, selbst über ein Dutzend Köpfe hinweg, wird immer belohnt. Ich bin da inzwischen Experte.

»*Ciabatta con crudo!*«, rufe ich. »*Per favore!*«

Und schon bin ich wieder draußen.

Die SELF BAR ist ein weiteres Beispiel für einen interessanten Gebrauch des Englischen. Hinter dem Namen verbirgt sich ein schick aussehender Automat, der auf jedem Bahnsteig anzutreffen ist, etwa drei Meter breit und eins achtzig hoch, oval geformt, aus dem man auf der einen Seite Snacks und auf der anderen Getränke ziehen kann. Die Designer wussten wahrscheinlich, dass der korrekte englische Ausdruck Self-Service lautet, hatten aber offenbar das Gefühl, von den beiden Wörtern sei »self« das positive. Ich habe eine Aversion dagegen, Essen aus einem Automaten zu ziehen. Das Einzige, was dabei vertilgt wird, scheint mein Geld zu sein. Ich gehe an der SELF BAR vorbei. Ich schaue mir noch nicht einmal das Angebot an. Zweifellos bin ich altmodisch.

Bleiben noch die beiden Cafés. Für jeden neugierigen Reisenden ist die große Gaststätte mit Tischbedienung am Ende der oberen Halle (ganz hinten rechts, wenn man die Treppe hochkommt) ein Muss, um zu begreifen, welcher Abgrund in Italien zwischen dem privaten und dem öffentlichen Sektor klafft – ein psychologisch und ökonomisch gleichermaßen tiefer Abgrund.

Ich glaube, ich kann ohne Angst vor Widerspruch sagen, dass es auf der Welt keine zweite Stadt gibt, in der das Erlebnis des Kaffeetrinkens so durchgestaltet ist wie in Mailand. Die Barmänner in den Tausenden von kleinen Cafés überall in der Stadt sind nie Aushilfen, Studenten oder Möchtegern-Schauspieler, die sich etwas dazuverdienen müssen. Sie wissen, wie man Kaffee macht. Das ist ihr Leben. Vor allem wissen sie genau, welche Konsistenz und Temperatur der Schaum auf einem Cappuccino haben sollte.

In der kleinen Bar in der geschäftigen Ringstraße bei der Universität, wo ich unterrichte, streut der Barmann Kakao auf den Espresso und erzeugt beim Eingießen des Schaums mit einer geschickten Handbewegung die elegantesten Muster: Spiralen, Rosetten, konzentrische Kreise. »Jeder Cappuccino, den ich mache«, erklärt er mir ernst, »muss der beste sein, den der Kunde je getrunken hat.«

Dieser Mann – ich schätze ihn auf Anfang dreißig – fühlt sich wohl bei seiner Arbeit. Er kennt all seine Kunden, ihre Vorlieben und Abneigungen. Er studiert nicht irgendwo, um Computerprogrammierer zu werden, oder versucht nebenbei, einen Roman zu schreiben, oder nimmt sich tageweise frei, um fürs Theater vorzusprechen. Er arbeitet sehr schnell und kann dabei über Fußball oder Politik reden. Er ist Fan von Inter Mailand. Wenn er einem die Tasse reicht, kann man sicher sein, dass man in den nächsten paar Minuten genau die Pause bekommt, die man sich

erhofft hat. All das ohne die fürchterliche Überheblichkeit, die in den gefeierten Pariser Kaffeehäusern mit ihren
albernen roten Markisen und unvermeidlichen Korbstüh-
len herrscht. In Mailand läuft, zumindest auf der Straße,
alles natürlich, geschäftig, schnell und genau richtig ab.

Im Bahnhof ist das anders. Die große alte Bar erstreckt
sich hier über das gesamte eine Ende der oberen Halle.
GRAN BAR heißt sie etwas einfallslos. Die Buchstaben sind
meterhoch und von hinten mit Neonlicht erhellt, aber das
weiße Plastik ist schmuddelig und blass. Unter den Buchstaben verläuft ein langer, blau-gelb gestreifter Neonbal-
ken, der wohl eine Markise darstellen soll (allerdings habe
ich ziemlich lange gebraucht, bis mir klar wurde, dass das
der gewünschte Effekt gewesen sein muss).

Im Gegensatz zu allen anderen Verkaufsstellen im Bahnhof kommt die GRAN BAR nicht wie ein Eindringling
daher, ein Kiosk, der in einem Mausoleum gelandet ist,
sondern ist integraler Teil des ursprünglichen Entwurfs.
Der Fußboden besteht aus den gleichen grauen Steinen
wie die gesamte obere Halle, und an der Decke hängen
zwei riesige gläserne Kronleuchter mit je dreißig bis vierzig Glühbirnen – Objekte, die durchaus in Mode gewesen
sein könnten, als der Bahnhof erbaut wurde.

Klingt vielversprechend, oder? In einem so grandiosen
Bahnhof sollte es auch eine Bar großen Stils geben, würde
man denken. Und warum sollte man sie eigentlich *nicht*
GRAN BAR nennen? Die Kellner tragen weiße Uniformen,
und auch das ist so, wie es sein sollte. Für eine Bedienung
in Uniform, für Luxus, Komfort und livriertes Weiß zahle
ich gern ein bisschen mehr.

Doch leider gibt es wenige Erlebnisse, die deprimierender sind als ein Besuch in der GRAN BAR im Bahnhof Milano Centrale. Die schon länger nicht mehr erneuerte Ausstattung, in Orangerot mit schwarzen Streifen, sieht mittlerweile schäbig aus. Die schmierigen Fensterscheiben, durch die man in den Bahnhof hinausschauen kann, stecken in rostigen schmiedeeisernen Rahmen. Die beleuchteten Reklameschilder für Eiscreme und Limonade scheinen für Produkte von vor zehn Jahren zu werben.

Für eine Bar, an der es Tischbedienung geben soll, stehen bemerkenswert wenige Tische auf einer sehr großen Fläche, so als käme es hauptsächlich darauf an, dass man mit einer bestimmten Reinigungsmaschine leicht zwischen ihnen hindurchkommt. Und die Tische sind klein, mit gelben Tischdecken und nicht dazu passenden pflaumenblauen Plastikstühlen. Der graue Fußboden dominiert alles. Tauben gleiten beinahe unsichtbar darüber hinweg. Die wenigen Gäste sind fast ausnahmslos einzelne ältere Leute. Sind sie wirklich hier, weil sie auf einen Zug warten, fragt man sich. Sie wirken wie Menschen, die aus der Zeit gefallen sind. Vielleicht ist es den Geistern, die in leeren Zügen spuken, gestattet, hier ihre Kaffeepause zu machen.

Wenn man hereinkommt, ist links die Kasse. Unübersehbare Schilder warnen die Kunden, dass man kein Essen ins Café mitbringen und auch nicht an der Bar bestellen und die Getränke dann mit zu den Tischen nehmen darf. Aber das weiß natürlich ohnehin jeder. Fast sofort wird einem klar, dass das Personal feindselig ist. Irgendein Gas vergiftet die Atmosphäre. Sie wollen nicht, dass man da ist. Sie haben nichts davon. Setzt man sich an einen Tisch, riskiert man eine viel zu lange Wartezeit. Geht man an die Bar, erfährt man, dass man zuerst an der Kasse bezahlen muss. Will man etwas essen, muss man zuerst an den Tresen gehen, um sich das Angebot anzuschauen, dann zurück zur Kasse neben der Tür, wo man das Ausgewählte beschreibt und bezahlt, und dann mit der Quittung zurück zum Tresen, um zu versuchen, die Aufmerksamkeit eines der nicht besonders höflichen Barmänner zu erregen.

Während ich mit meiner Quittung in Richtung der beiden Männer hinter der Theke wedele – leider vergeblich –, beschwert sich eine junge Frau neben mir darüber, dass sie einen *macchiato* bestellt, aber einen einfachen Espresso erhalten hat. Anstatt sich zu entschuldigen und den Fehler schnell mit einem Schuss warmen Milchschaums zu korrigieren, beharrt der Mann darauf, sie habe *keinen* Macchiato bestellt. Er ist aus dem Süden, Mitte fünfzig, hat eine arrogant geschwungene Oberlippe und trägt seine kleine weiße Mütze schief auf dem Kopf, was darauf hindeutet, dass er sie lieber nicht tragen würde.

»Ich habe bei Ihrem Kollegen bestellt«, sagt die Frau, »und er hat Ihnen die Bestellung zugerufen. Er hat definitiv *macchiato* gesagt.«

Die Frau ist geduldig, ziemlich hübsch, mit blasser Haut, vollen Wangen und rabenschwarzem Haar.

»Oh, wir suchen wohl Streit?«, fragt der Kellner. »War ein harter Tag, was?«

Die Frau schließt die Augen und schüttelt ganz langsam den Kopf von rechts nach links. Der Kollege des Kellners, ein Grünschnabel, holt schnell das Milchkännchen.

Das Faszinierende ist, dass ein und dieselbe Nation so

gegensätzliche Stereotypen hervorbringt: den miesepetrigen, langsamen Bahnhofscafé-Kellner in dem schäbigen, ungepflegten öffentlichen Lokal, wo alles schwierig und traurig ist, und den quicklebendigen Mann in dem quirligen Staßencafé, der doppelt so hart arbeitet, dabei aber fröhlich bleibt. Ich bin mir zum Beispiel sicher, dass derselbe Mann sein Verhalten komplett verändern würde, wenn er von dem einen Ambiente in das andere versetzt würde. Die Art seiner Bemerkungen, sein Kleidungsstil und vor allem die Qualität seines Cappuccino würden sich komplett wandeln.

Der entscheidende Faktor ist vielleicht nicht nur die Frage, ob man einen öffentlichen oder einen privaten Arbeitgeber hat, mit den entsprechenden Konsequenzen wie der Arbeitsplatzsicherheit (und damit der Freiheit zu meckern) im öffentlichen und der Möglichkeit, unter der Hand mehr zu verdienen (vorausgesetzt, man schuftet sich dumm und dämlich), im privaten Sektor. Nein, es ist wohl eher eine Frage der unterschiedlichen Klientel, die diese beiden Orte anziehen.

Der Barmann in dem kleinen Straßencafé hat das Privileg, sich als Mittelpunkt einer bestimmten Szene zu fühlen. Ihm gefällt es, die Namen all seiner Kunden zu kennen und am besten auch noch ihren Beruf. Es gefällt ihm, einen mit einem schmeichelhaften Titel zu begrüßen, wenn man eintritt, und zwar lauthals durch das ganze Café, damit alle es hören. »*Salve, Professore!*«, rufen alle drei Barmänner, wenn ich das Lokal bei der Universität betrete. So wissen alle Anwesenden gleich, mit wem sie es zu tun haben. »*Buon giorno, Prof*«, sagt der stillere Barmann in der Via Gustavo Modena in der Nähe der Pension, in der ich manchmal übernachte. Keine Ahnung, woher er weiß, dass ich Professor bin. Sie rufen auch anderen Kunden eine Begrüßung zu. »*Buon giorno, Dottore! Salve Ragioniere! Ciao Capo!*« Jemand füllt einen Lotterieschein aus. »Die Elf, Dottore«, ruft der Kellner. »Die Zahl des Totenmonats bringt immer Glück.« »Einem Kardiologen wohl kaum!«, entgegnet der Mann. Alle lachen. »*Sciocchezze*, Dottore!« Der Tonfall ist eine angenehme Mischung aus Respekt und leichter Ironie. Und wenn man sie herzlich begrüßt, ein paar Worte über die Probleme bei Inter Mailand wechselt und vor allem nie vergisst, ihnen beim Gehen einen guten Tag zu wünschen, dann wird man dort immer gut bedient.

Das führt unweigerlich zu der Überlegung, dass ein flüchtiger Passant in Italien immer als Bürger zweiter Klasse behandelt wird. Die Kellner in der GRAN BAR im Bahnhof Centrale nehmen es ihren Kunden übel, dass sie die meisten von ihnen nur einmal sehen. Sie werden nie ihre Namen und Berufe erfahren, und daher existieren diese Leute für sie in gewissem Sinne gar nicht – *non esistono*. Nur ihr Geld beweist, dass sie da waren. Oder, noch schlimmer, ihre Zerstörungswut. Denn ein zufälliger Gast wird niemals so viel Respekt gegenüber der Einrichtung zeigen wie jemand, der wiederkommen muss. Stühle werden umgeworfen, Tischplatten und Wände werden zerkratzt oder bekritzelt.

Außerhalb der Cafés, auf der Straße und am Arbeitsplatz, ist diese Abneigung gegen Zugvögel eine der größten Hürden, die ein Immigrant in Italien zu überwinden hat. Eine der häufigsten Fragen, die mir immer noch von neuen italienischen Bekannten gestellt wird, lautet: »Und wann gehst du zurück (nach England)?« Kürzlich, als die Lokalzeitungen der Meinung waren, ich hätte etwas über Verona gesagt, dass ich nicht hätte sagen sollen, erklärte die Bürgermeisterin öffentlich: »Besucher unserer Stadt sollten aufpassen, was sie sagen.« Die betreffende Dame ist zugleich Abgeordnete im Europaparlament. Ihr war durchaus bewusst, dass ich seit über zwanzig Jahren in Verona lebe. Und Steuern zahle.

MEISTENS KAUFE ICH also mein Sandwich und eine Flasche Wasser in dem kleinen Stehcafé in der Halle. Ich gehe nicht hinein, weil man dort zuerst zahlen und dann mit der Quittung zu den drei Kellnern muss, die plaudernd und schimpfend um die Kaffeemaschinen herumschwirren. Draußen gibt es einen kleinen Stand mit einer begrenzten Auswahl an Sandwiches und Getränken. Kein Kaffee. Nichts Ausgefallenes. Der Stand ist immer nur mit einer Person besetzt, die viel zu tun hat. Ich kenne alle vier Personen, die hier arbeiten. Es ist verblüffend, wie viel freundlicher und zuvorkommender sie geworden sind, seit sie mich wiedererkennen. *Piadina e acqua naturale*, sage ich. Aber sie haben mich schon kommen sehen, die Flasche steht schon auf der Theke, das Sandwich ist im Toaster. Die *piadina* ist ein gefaltetes rundes Pitabrot, gefüllt mit einem großen Stück *prosciutto crudo* und weichem Fontina-Käse. Sie lächeln, während sie warm gemacht wird. Sie erzählen mir, wann die Stoßzeiten sind und wann es ruhig ist. Zu den vieren gehören ein großer, energischer Mann Mitte vierzig mit einer glänzenden Vollglatze und drei Frauen, alle freundlich und ernsthaft. Manche Orte sehen auf den ersten Blick nicht sehr vielversprechend aus, werden aber plötzlich attraktiv, sobald man dort Stammgast geworden ist.

OFT SETZE ICH MICH mit meiner Piadina auf eine der Steinbänke auf den Bahnsteigen und lasse mich beim Essen vom Klang der Lautsprecherdurchsagen berieseln. Viele der Züge haben so glanzvolle Namen – Ludovico Sforza, Andrea Doria –, dass es ein Vergnügen ist zuzuhören. Leonardo da Vinci, Tiepolo, Giorgione, Michelangelo. Das sind nicht die Namen der tatsächlichen, konkreten Lokomotiven oder irgendwelcher besonderen Waggons, sondern der Name, der verkündet wird, wenn irgendeine auf einer bestimmten Strecke gerade in Benutzung befindliche Wagenreihe um eine bestimmte Uhrzeit in den Bahnhof einfährt. Der Brenner Express, der Gianduia. Es ist sozusagen der Name des Ereignisses, das dieser Zug darstellt.

Die Bahnhofsdurchsagen werden vorher in Teile zerlegt aufgenommen und dann nach Bedarf zusammengesetzt, vermutlich von einem Computer. Das hat zur Folge, dass die Sätze in kurzen mechanischen Schüben erklingen – *di-prima-e-seconda-classe* – Pause – *con-servizio-di-ristorante-eminibar* – Pause – gefolgt von einem dramatischen Schnörkel, wenn einer der großen Zugnamen angesagt wird – MICHELANGELO! – VIVALDI! Anscheinend war es

dem Sprecher bei der Aufnahme der Einzelinformationen
unmöglich, solch prachtvolle Namen ohne tief empfunde-
nen und verständlichen Stolz vorzulesen.

Das Gleiche gilt für die Namen mancher Großstadt-
bahnhöfe. Bei der Nennung von Genova Piazza Principe
oder Venezia Santa Lucia zum Beispiel wird die ansons-
ten monotone, flache Ansage plötzlich merklich lauter
und eindringlicher. Eine typische Nachmittagsdurchsage
im Mailänder Hauptbahnhof, die Zugnummer, Name und
Einzelheiten wie Abfahrtzeit, Gleis und Zielbahnhöfe an-
gibt, hallt demnach etwa folgendermaßen durch das alte
Gemäuer:

INTERCITY – *sei* – *zero* – *otto* – UGO FOSCOLO! – *di-
prima-e*-seconda-classe – delle ore – sedici – e – zero
cinque – conserviziodiristoranteeminibar – per – VE-
NEZIA SANTA LUCIA! – è in partenza dal binario – QUAT-
TORDICI – si ferma a – Brescia – *Desenzano* – *Peschiera* –
Verona Porta Nuova – *San Bonifacio* – *Vicenza* – *Padova* –
e – MESTRE – *carrozze di prima classe in settori* – B – E – C.

Seltsam, dass man sich bei diesen Ansagen alle möglichen Informationen anhören muss, die für alle Intercitys
zum absoluten Standard gehören (erste und zweite Klasse,
Büfett, Minibar usw.), ehe einem mitgeteilt wird, wo das
Ding überhaupt hinfährt. Die Leute stehen mit gespann-
ter Aufmerksamkeit auf dem Bahnsteig und warten geduldig auf die beiden einzigen Informationen, die wichtig
sind: Zielbahnhof und Bahnsteig. Denn wer kennt schon
die Zugnummern oder gar die Namen der Züge? Und da

niemand diesen Informationen Beachtung schenkt, sich andererseits aber auch niemand darüber beschwert, sie sich anhören zu müssen, kann man nur vermuten, dass diese Formeln eine Art liturgische Funktion übernommen haben, nicht unähnlich dem wiederholten Auftauchen der Begriffe Hang Seng und Dow Jones in so gut wie jeder Nachrichtenausgabe, so als würde es irgendjemanden interessieren, was der Hang Seng heute Morgen gemacht hat oder morgen möglicherweise tun wird. Diese ständige, verlässliche, gesittete Wiederholung gibt dem gehetzten Reisenden womöglich das Gefühl, er sei, anstatt einfach nur nach einem langen Tag am Arbeitsplatz ein bisschen lädierter als vorher wieder nach Hause zu fahren, in Wirklichkeit Teil einer grandiosen, immerwährenden Zeremonie. Im erhabenen Tempel des Bahnhofs Milano Centrale ist das gar kein so abwegiger Gedanke.

Vielleicht weil ich so gut wie kein Italienisch sprach, als ich nach Italien zog, gibt es bestimmte Wörter, die ich tatsächlich von den Durchsagen auf Bahnhöfen gelernt habe, Wörter, die in meinem Kopf auf ewig mit den Ferrovie dello Stato verbunden sein werden. *Anziché* zum Beispiel und *coincidenza. Anziché* hört man manchmal am Schluss einer vorab aufgezeichneten Durchsage. Zuerst wird die gesamte Litanei der Zugbeschreibung verlesen, Name, Nummer, Ausstattung, Zwischenhalte, und ganz am Ende, wenn man schon denkt, alles ist gut, hört man »*partirà – dal – binario – nove –* anziché *– dal – binario – tre*«. Von Gleis neun *anstatt* von Gleis drei. Was man erwartet hatte, tritt nicht ein. Die Routine wird durchbrochen. Die Leute an Gleis drei machen sich auf in Richtung Halle.

Ich weiß nicht warum, aber ich mag das Wort *anziché*
richtig gern. Es hat etwas Elegantes, Maßvolles an sich, wie
ein Mensch, der in einer Krisensituation Ruhe bewahrt.
Ich freue mich immer, wenn ich *anziché* höre. Ich spreche
das Wort leise murmelnd nach. Und wenn ich es in einem
anderen Zusammenhang höre, denke ich immer an eine
Gleisänderung.

Coincidenza ist oft in Verbindung mit *anziché* zu hören, aber dann ist die Stimme lebendig und dringlich, ein
echter Mensch spricht ins Mikrofon. Etwas geschieht genau jetzt.

Coincidenza ist ein komisches Wort mit einer Reihe
von Bedeutungen. Es kann Zusammentreffen bedeuten,
in dem Sinn, dass zwei Dinge in einer bestimmten Weise
miteinander korrespondieren oder zur selben Zeit geschehen, obwohl es im Sinne wie das Englische *coincidence* benutzt wird, das ausdrückt, dass ein bestimmtes, potenziell
bedeutsames Ereignis tatsächlich rein zufällig eingetreten
ist. Dafür haben die Italiener das Wort *caso*. *È stato un puro
caso* – es war reiner Zufall.

Ist von Bahnreisen die Rede, kann *coincidenza* eine An-
schlussverbindung bedeuten. In Mailand wartet der Zug
nach Venedig auf den Zug aus Genua (der vielleicht! bald
ankommt), damit die Fahrgäste ihren Anschluss noch kriegen. Die Leute beschweren sich zu gern über ihre *coincidenze bestiali* – Albtraumverbindungen. Aber am häufigsten
wird das Wort benutzt, um eine plötzliche und völlig unerwartete Entwicklung der Dinge anzukündigen, die soforti-
ges Handeln erfordert.

»*Coincidenza, coincidenza!*« Plötzlich spricht die Stimme

einer jungen Frau direkt durch die Lautsprecheranlage
zu uns. Sie klingt heiser, ängstlich. Die liturgische Ruhe
der aufgezeichneten Stimme ist verschwunden. »COINCI-
DENZA! *Interregionale per Verona parte dal binario* sei AN-
ZICHÉ *dal binario* quattro. *Il treno è in partenza. Il treno
è in partenza.*« Da es nicht gerade selten vorkommt, dass
ein Zug als *in partenza* angekündigt wird – abfahrbereit,
obwohl er bereits rollt, bereits abgefahren ist –, kann die
coincidenza-Ansage eine Panik auslösen und wird oft gleich
im Anschluss durch diese Warnung ergänzt: »Bitte beachten Sie, dass es verboten ist, die Gleise zu überqueren! Das
Überqueren der Gleise ist verboten.« Und tatsächlich sind
bereits vier oder fünf junge Leute vom Bahnsteig hinunter
auf die Gleise gesprungen. Sie laufen auf die andere Seite.
Jedes Jahr kommen ein oder zwei Menschen auf diese
Weise ums Leben.

Noch verhängnisvoller als *anziché* und *coincidenza* ist
das gefürchtete Wort *soppresso*. An Streiktagen werden,
obwohl 80 Prozent der Züge nicht verkehren, alle üblichen mechanischen Ansagen abgespult; der gesamte Fahrplan wird lauthals verkündet wie an jedem anderen Tag,
mit dem einzigen Unterschied, dass am Ende jeder Zugbeschreibung das schlichte Wörtchen *soppresso* angehängt
wird, in wesentlich höherer Lautstärke als der Rest der Ansage. Man hört also zum Beispiel Folgendes:

INTERREGIONALE – quattro – nove – due – di-prima-e-
seconda-classe – delle ore – otto – e – cinquantacinque
per – MILANO CENTRALE – *è* – SOPPRESSO!

Fällt aus. Manchmal werden fünf, sechs Züge, einer nach dem anderen, von der altbekannten Automatenstimme beschworen, nur um gleich darauf brutal wieder ausgelöscht zu werden: SOPPRESSO!

Es kann sehr amüsant sein, zuzuschauen, wie uneingeweihte Touristen das zu begreifen versuchen. Sie hören, wie ihr Zug angesagt wird. *Treno – Intercity – otto – uno – tre –* GABRIELE D'ANNUNZIO! – Erleichterung macht sich auf ihren Gesichtern breit – *di-prima-e-seconda-classe –* ein Zug, der nicht fährt, würde ja wohl kaum so detailliert angekündigt werden – *delle ore – diciassette – e – zero – cinque –* sie schauen auf die Uhr, ja, er ist pünktlich – *per Bari Centrale –* das ist er, Kinder, wir fahren in den Süden! – *è…* und dann das furchtbare Wort – SOPPRESSO!

Einmal habe ich gesehen, wie eine junge Japanerin das Wort in einem Taschenlexikon nachschlug. Ich konnte erkennen, wie ihre Lippen das s und das p formten. Fassungslosigkeit. Das Wörterbuch sagt dazu: *sopprimere*: beseitigen, töten, umbringen, aus dem Weg räumen, abschaffen, stilllegen, aufheben. Ich bin fest davon überzeugt, dass die Ansagerin beim Einsprechen dieses Wortes eine triumphierende Schadenfreude empfunden hat. Als die Kinder noch kleiner waren, habe ich zu Hause manchmal angekündigt: *Il gelato –* sie bekamen glänzende Augen – *delle ore – diciannove – e – ventidue –* das ist jetzt, Stefania! – *di – pistacchio – e – vaniglia –* yum-yum – *con –* CONO-DI-BISCOTTO – *è –* SOPPRESSO!

Cattivo, PAPÀ!

DIE ABENDZÜGE fallen in die *telefonino*-Zeit. Wenn ich früh dran bin und den Interregionale um 17.25 Uhr erwische, kann es ganz schön laut werden. In einem Großraumwagen haben die Leute weniger Angst, dass jemand mithört, als in einem Abteil, in dem man mehr unter Kontrolle steht. Es gibt Männer, die noch ein paar berufliche Anrufe erledigen, über Kugellager und Lieferdaten sprechen. Es gibt Mütter, die ihren Kindern Anweisungen für die Zubereitung des Abendessens geben: »Die Fusilli, nicht die Makkaroni!« Eine Studentin beklagt sich über ungerechte Behandlung in einer mündlichen Prüfung: »Der Professor hat etwas gefragt, das gar nicht im Buch steht, dabei hat er das blöde Teil selbst geschrieben!« Paare wägen die Vor- und Nachteile von Pizzeria und Trattoria ab. »Ich bin ungefähr um acht in Brescia«, sagt ein verspannter, blasser Mann Ende dreißig. »Stell bitte einen Prosecco kalt.«

Als der Zug aus dem Bahnhof Centrale hinausfährt, bittet der *capotreno* die *gentile clientela* via Lautsprecherdurchsage, die Mitreisenden nicht durch laute Telefonate zu stören und den Klingelton ihrer Handys auszuschalten oder zumindest leiser zu stellen. Die Durchsage ist ebenso wirksam wie ein Tempolimit auf der Autobahn Rom–Neapel. Daher durfte ich einmal ausführlich zuhören, wie ein Sizilianer Mitte vierzig, der mehrere Reihen entfernt saß – olivfarbene Haut, weißes Hemd, goldene Manschettenknöpfe –, seine unschöne Scheidung mit seinem Rechtsanwalt, seiner neuen Freundin, seiner Mutter, seinem Bruder und ein paar anderen, schwerer einzuordnenden Leuten durchsprach. Und zwar die komplette

Fahrzeit von einer Stunde fünfzig Minuten von Mailand nach Verona hindurch. All diesen Personen gegenüber wiederholte er genüsslich die Phrase »*un inferno durato dieci anni* – ein zehnjähriges Inferno – *un inferno, ti giuro*«, während er seine Blicke über den ganzen Wagen gleiten ließ, als erwarte er Wohlwollen oder Mitleid von uns Mitreisenden.

Zwischen Peschiera und Verona wiederholt sich fast auf jeder Fahrt eine seltsame Szene. Wenn wir durch die Hügellandschaft unterhalb des Sees fahren, wird das Handy-Signal unterbrochen; für eine Weile kommt und geht die Verbindung, bis sie schließlich ganz abbricht. »*Ci sei?*«, fragt die Frau neben mir plötzlich. Bist du noch da? Sie spricht lauter. »Hörst du mich?«, fragt der Mann gegenüber. Und dann drei, vier Stimmen im Chor. »*Mi senti? Pronto? Pronto? Mi senti? Ci sei? Mi senti?*« Ganz unvermittelt schauen sie einander in die Augen, so als wären sie beim Telefonieren irgendwie unsichtbar gewesen und müssten sich jetzt, da sie im Funkloch abgeschnitten wurden, mit ihrem Gegenüber auseinandersetzen und kämen sich dabei ein bisschen albern vor.

Wir haben jetzt das Valpolicella durchquert. Die Linie von Trento trifft von Norden her auf unsere, dann kommt von Süden die Linie von Bologna hinzu. Man kann die Kalksteinhügel oberhalb von Verona schon sehen, auch das Stadion und das hässliche runde Santuario della Madonna di Lourdes, das von der ersten Bergspitze auf die Stadt hinunterblickt. Nur die katholische Kirche könnte je die Baugenehmigung für eine solche Scheußlichkeit erhalten. Die Lautsprecher knistern, und eine Stimme verkündet in dringlichem Tonfall: »*Avvertiamo i signori viaggiatori che tra pochi momenti arriviamo alla stazione di Verona Porta Nuova*, VERONA PORTA NUOVA!«

Wenn man in Italien aus dem Zug aussteigt, gebietet es die Höflichkeit, dass man den verbleibenden Fahrgästen *buon viaggio* wünscht. Ich mag diese kleinen Rituale, so oberflächlich und förmlich sie auch sein mögen. »*Buon viaggio*«, sage ich zu der Frau, die fast die ganze Fahrt über telefoniert hat. Ich versuche, es ernst zu meinen. Die Frau nickt lächelnd. Erst jetzt nimmt sie mich überhaupt wahr. »*Buona sera*«, antwortet sie liebenswürdig.

WENN ICH AUS IRGENDEINEM GRUND so früh wie möglich wieder in Verona sein will, nehme ich einen Eurostar. Es muss aber wirklich dringend sein, denn diesen Zug mag ich am wenigsten von allen. Im Unterschied zum Intercity bietet er nicht die Intimität von Abteilen. Die Tage der Zugabteile sind gezählt. Die Existenz von Zügen mit Abteilwagen geht von einer mehr oder weniger homogenen Gemeinschaft aus, die sich mit sich selbst wohlfühlt, einer Gesellschaft, in der man vielleicht riskiert, einen lästig lauten Mitfahrer zu erwischen, aber keinen Wahnsinnigen, der einen ermorden will, keinen Terroristen aus irgendeinem Land, von dem man noch nie gehört hat.

Das Design des Eurostar schreit förmlich: *Dies ist unsere Zukunftsvision, dies ist das stylische Italien, das Techno-Italien, das Hochgeschwindigkeits-Italien.* Die langen, windschnittigen Waggons sind, um noch länger und windschnittiger zu wirken, mit drei Farbstreifen geschmückt, die sich den gesamten Zug entlangziehen, inklusive der Lok: ein grüner Streifen unten, dann ein weißer, als wolle man die italienische Flagge zitieren, und dann ein langer, langer Streifen in glänzendem Schwarz, der über die Fenster läuft, damit sie die hypnotisierende, supermoderne Stromlinie nicht unterbrechen. Wenn man den Eurostar anschaut und mehr noch wenn man darin reist, kann man nicht umhin, sich nach den Zeiten zu sehnen, als es noch möglich war, etwas zu gestalten, ohne unbedingt den Eindruck erwecken zu müssen, dass Science-Fiction Wirklichkeit wird und Utopia in greifbare Nähe gerückt ist. Ist es nämlich nicht. Die Gänge im Eurostar sind schmal, die Sitze eng. Es stimmt zwar, dass das sogenannte Pendolino-Design der Lokomotive, das es dem Fahrzeug erlaubt, sich in den Kurven zu neigen (*pendere*), dazu führt, dass der Zug auf normalen Strecken schneller fahren kann und nicht wie die französischen Hochgeschwindigkeitszüge geradere und glattere Schienen erfordert. Da die herkömmlichen Strecken jedoch bereits stark befahren sind, kann der Eurostar diesen Vorteil kaum ausspielen.

Was den Eurostar allerdings erst wirklich zum Albtraum macht, ist gerade der Anspruch, seriös und europäisch, das heißt möglichst un-italienisch zu sein: Wenn die schnittigen grün-weißen Streifen zischend in den Bahnhof gleiten, macht die allgegenwärtige metallische Stimme bereits ihre Ansage. EUROSTAR! – *Novemiladuecentotrentasette – per – * TORINO – PORTA NUOVA – *è – in – partenza dal binario – sei* – PRENOTAZIONE OBBLIGATORIA!

Prenotazione obbligatoria. Der Eurostar ist ein reservierungspflichtiger Zug. Man muss ihn im Voraus buchen.

Dahinter stand der Gedanke, dass der wohlhabende Rei-
sende auf seiner langen Fahrt zwischen der Mailänder
Börse und Roms aufreibenden Führungsetagen nie mehr
stehen muss; nie wieder sollte ein Freitagabend in den
Tunneln der Apenninen einen an die Rushhour in der
Mailänder U-Bahn erinnern, was in einem Intercity selbst
in der ersten Klasse leicht passieren kann. Nein, für den
Eurostar – einen so schönen, so effizienten, so schnellen
Fernstreckenzug – sollte eine absolute *Reservierungspflicht*
bestehen. Weg mit dem Pöbel, der sich mit seinen Inter-
regionale-Fahrscheinen in letzter Minute an Bord drängt
und im Zug einen Zuschlag erwirbt. Eurostar-Reisen sind
eine seriöse Angelegenheit für seriöse Leute.

Natürlich gibt es Schlupflöcher.

»Bitte, Signor Capotreno, bitte« – ein Mann mit rosa
Krawatte kommt keuchend den Bahnsteig entlangge-
rannt – »bitte lassen Sie mich einsteigen.«

Der *capotreno* schüttelt den Kopf. »Dieser Zug ist reservierungspflichtig, Signore.«

»Ich weiß. Aber ich habe einen Intercity-Zuschlag.«

»Bedaure, aber Sie brauchen eine Eurostar-Reservierung.«

»Ich weiß, aber als ich die Fahrkarte gekauft habe, wusste
ich nicht genau, wann ich fahren würde. Ich dachte, ich
würde früher am Bahnhof eintreffen. *Per favore*. Ich muss
diesen Zug wirklich bekommen.«

Der übergewichtige, gehetzte *capotreno* mit der grünen
Mütze und einer Lesebrille an einer Schnur um den Hals
schreitet an seinem glänzenden Zug entlang, im Schlepptau den praktischen Rollkoffer, den alle *capotreni* mit sich
führen.

»*Per favore*«, bettelt der mit der rosa Krawatte hart-
näckig, »ich muss zur Erstkommunion meiner Nichte.«

»*Un momento*«, sagt der *capotreno* schließlich. Er bleibt
stehen und schaut den Mann an. Zweifellos hört er die
Geschichte von der Erstkommunion nicht zum ersten
Mal. Er schürzt die Lippen. »Nur ein Platz?«, fragt er.

Der *capotreno* wird schwach. Der Mann steigt ein. Drinnen herrschen Chaos und Gedränge. Diejenigen, die zu
Beginn der Fahrt eingestiegen sind, als der Zug noch leer
war, haben sich natürlich genau dahin gesetzt, wo sie sitzen wollten, verständlicherweise weit weg von schreienden
Babys und Teenagern, die alle Klingeltöne ihrer Nokia-
Handys durchprobieren. Aber jetzt, da der Zug sich füllt,
reklamieren Neuankömmlinge ihre reservierten Plätze,
und die Leute stehen auf und laufen durch die engen
Gänge, nur um festzustellen, dass ihre eigenen Plätze ebenfalls belegt sind. Noch jemand muss umziehen. Gepäck
muss von den nicht sehr großzügig bemessenen Ablagen
gezerrt werden. Es entsteht ein unaufhörliches Gedränge
und Geschubse. Schließlich entdeckt der entschlossene
Fahrgast, dass im hinteren Zugdrittel mehrere Wagen gar
nicht reserviert und so gut wie leer sind. Der Computer
von Trenitalia reserviert anscheinend systematisch einen
Zugabschnitt nach dem anderen.

Der einzige wirkliche Vorzug des Eurostar ist vermutlich der Speisewagen. Wenn der Zug voll ist, findet man
dort noch am ehesten einen Platz, an dem man genug Frei-
raum zum Arbeiten hat. Allerdings muss man einen Kaffee
bestellen, wenn man einen Sitzplatz beansprucht. Also mache ich mich eines Abends, genervt vom ständigen Piepen

eines Gameboy, auf zum Speisewagen und stelle mich an der Bar an, wo ein älterer *barista* mit der obligatorischen weißen Mütze auf dem Kopf viel zu lange braucht, um zwei Cappuccini zu machen. Warum? Er hat eine schöne Gaggia, um Kaffee und heißen Milchschaum zu machen. Wo liegt das Problem? Dann sehe ich, dass er die Milch nicht in einer Kanne für fünf oder sechs Tassen auf einmal aufschäumt, sondern Cappuccino für Cappuccino einzeln in einem Pappbecher. Erst gibt er einen Schuss Espresso in einen Becher. Dann gießt er ein bisschen kalte Milch in einen zweiten Becher und hält ihn unter die Dampfdüse. Er braucht ewig. Endlich gebe ich meine Bestellung auf, und er fängt wieder von vorne an; er arbeitet schweigend, sorgfältig, konzentriert.

»Mühsames Geschäft«, bemerke ich schließlich, »den Schaum für jeden Kaffee einzeln im Pappbecher zu machen.«

Die Maschine ist ziemlich niedrig, sodass er sich leicht bücken muss. Er hebt eine graue Augenbraue in meine Richtung. »*Eh sì, signore!*«, sagt er.

»Nicht die übliche Art«, füge ich hinzu.

Geduldig misst er die Milch für den nächsten Pappbecher ab und schüttelt den Kopf. »*Eh no, signore!*«

Ich warte. Er hält den Becher unter die Dampfdüse und fängt an, die Milch aufzuschäumen. Dann stellt er den Wasserdampf ab, betrachtet den Schaum und stellt den Dampf wieder an.

»Normalerweise benutzt man einen *bricco*«, sagt er, als spräche er mit der Maschine. Eine Kanne.

»Genau«, stimme ich zu.

Zufrieden mit der Konsistenz der Milch neigt er den Becher, damit Schaum und Flüssigkeit langsam in den anderen Becher tropfen können, wo der Kaffee wartet.

»Mit einem *bricco*«, fährt er fort, »kann man den Schaum für zehn Tassen auf einmal machen.«

»Ja, bestimmt«, sage ich.

Schließlich, als er einen der beiden Cappuccini, die ich bestellt habe, vor mich hinstellt, schaut er mir in die Augen: »*Ma qua, il bricco manca.*« Hier gibt es keine Kanne.

»Man hat Ihnen keine Kanne gegeben?«

»*No, signore*«, und er wiederholt: »*Qua, il bricco manca.*«

»Aber warum denn nicht? Wie sollen Sie denn die ganzen Cappuccini ohne Kanne machen?«

Jetzt ist er mit dem nächsten Pappbecher beschäftigt, misst wieder die Milch ab. Alles, was er tut, strahlt eine wunderbare Professionalität und Sturheit aus.

»Fragen Sie doch mal nach. Mir sagen sie es nicht.«

»Jeder weiß, dass Sie zum Milchaufschäumen eine Kanne brauchen.«

»*Sì, signore.*«

»Für andere Sachen ist ja auch Geld da.«

»Es ist so viel Geld da, dass sie vor Hochmut strotzen.« Er spricht wieder mit der Maschine. Es ist, als würde ich seine Beschwerden rein zufällig mit anhören. »Sie werden arrogant. Sie geben Geld für alles Mögliche aus, *ma qua, il bricco manca.* Keine Kanne. *No, signore.*«

Als er endlich meine beiden Cappuccini auf die Theke stellt, sage ich: »Dann bringen Sie doch einfach eine Kanne von zu Hause mit.«

Aus irgendeinem Grund legt diese Bemerkung einen Schalter um. Dieser Mann, der bis jetzt so entschieden wortkarg und ironisch war, wird plötzlich wütend: »Von zu Hause! Von zu Hause! Da kann ich ja gleich alles von zu Hause mitbringen. Alles! *Capisce, signore. Qua manca tutto!* Wir haben hier rein gar nichts.«

Er scheint mich aufzufordern, dieser Feststellung eine metaphysische Bedeutung zuzuschreiben.

»Die geben uns nichts«, wiederholt er. »Es ist unmöglich, hier mit Würde zu arbeiten. *Una vergogna!*«

Erschrocken über die negative Energie, die ich hervorgerufen habe, zahle ich eilig und gehe zu einem Tisch, auf dem zu meiner Verblüffung eine Nelke prangt. Ich fasse sie an. Tatsächlich, sie ist echt! Unter dem Fenster, wo der Tisch die Wand berührt, befindet sich ein kunstvoll geschwungenes, verchromtes Stahlgebilde, das als Blumenvase fungiert. So ein Ding gibt es an jedem Tisch, und in jedem steckt eine Blume. Das weist auf eine interessante Wertehierarchie in der Einkaufsabteilung der Trenitalia-Zentrale hin. Kanne hin oder her, im Eurostar gilt es, unbedingt den Anschein von Eleganz zu wahren.

ABER WENN ES ZEITLICH PASST, dann sind die besten Reisezüge, was Bequemlichkeit und Atmosphäre betrifft, die alten Intercitys, in denen es noch Abteilwagen gibt. In Mailand empfiehlt es sich, zum Anfang des Zuges zu gehen, wo es leerer ist, schon weil die meisten Leute zu faul sind, so weit zu laufen, die Stufen hinaufzusteigen (ich mag diese altmodische Art, über drei oder vier Stufen in den Zug einzusteigen; man hat dabei das Gefühl, tatsächlich den Leonardo da Vinci zu betreten) und auf der Suche nach dem perfekten Platz den Gang entlangzugehen.

Die Abteile haben verglaste Wände und Türen. Man schaut hinein, auf der Suche nach einem leeren. Wer nicht gestört werden will, sitzt gleich neben der Abteiltür, als wolle er den Weg versperren. Diese Menschen sind erfahrene Reisende. Sie denken an die Psyche der Leute, die auf der Suche nach einem Abteil sind, an ihr Bedürfnis nach Leere und ungehindertem Zutritt, nicht nach einem Wächter an der Tür. Deutsche Rucksacktouristen allerdings brauchen bloß alle Armlehnen hochzuklappen, die Schuhe auszuziehen, sich auf den drei Sitzen auszustrecken und ihre stinkenden Socken zur Schau zu stellen. Wer würde sich da schon dazusetzen wollen?

Viele italienische Familien werden von Hunger überwältigt, kaum dass sie sich in einem Abteil häuslich eingerichtet haben, und veranstalten ein Picknick. Dann knistert das Einwickelpapier, und der starke Geruch von Prosciutto und Gorgonzola breitet sich aus. Handelt es sich um eine Familie aus dem Süden, dann werden sie einem auch etwas zu essen aufdrängen und ein bisschen beleidigt reagieren, wenn man nichts annimmt. Unter diesen Umständen ist es so gut wie unmöglich, sich zu entspannen.

Bei manchen Abteilen ist der Blick hinein durch zugezogene ockerfarbene Vorhänge verwehrt. Alle Abteile verfügen über solche Vorhänge; ein seltsamer Anflug von Kultiviertheit in unserer nüchternen, zweckmäßigen Welt, aber sehr lästig, wenn man auf dem Gang steht und alle anderen Abteile besetzt oder sogar voll sind. Warum sind die Vorhänge zugezogen, fragt man sich. Weder steht die Sonne so tief, dass sie blenden könnte, noch ist es Schlafenszeit.

Früher hatte ich nicht den Mut, eine Tür mit zugezogenen Vorhängen zu öffnen. Ich hatte zu großen Respekt. Mittlerweile denke ich gar nicht mehr darüber nach. Ich schiebe den Vorhang zurück und treffe meistens auf einen einzelnen Teenager, der auf seinem Discman Musik hört und die Füße auf den Sitz gelegt hat, oder einen Geschäftsmann mittleren Alters, der in seine Wirtschaftszeitung vertieft ist. Der Teenager richtet sich dann in der Regel etwas beschämt auf, so als wäre er beim Masturbieren ertappt worden. Der Geschäftsmann ist meistens verärgert, dass man die Frechheit besessen hat, ihn dabei zu erwischen, wie er das ganze Abteil für sich haben wollte.

Bei mehr als einer Gelegenheit jedoch bin ich durch den Vorhang getreten und habe ein mehr oder weniger entkleidetes Paar vorgefunden. In dem Fall war es an mir, mich zu entschuldigen. Das Bedürfnis nach Intimität scheint mir der einzig gute Grund für das Schließen der Vorhänge zu sein. Ich habe schon oft gedacht, die Bahngesellschaft könnte gutes Extrageld damit verdienen, spezielle Zuschläge für ein abschließbares Abteil zu verkaufen, in dem man während der Fahrt miteinander schlafen kann. Kürzlich hat ein Fahrkartenkontrolleur vom Typ *pignolo* ein Paar, das er beim Sex hinter geschlossenen Vorhängen erwischte, bei der Bordpolizei wegen Erregung öffentlichen Ärgernisses angezeigt. Das war besonders gemein, weil die beiden verheiratet waren, aber nicht miteinander. Andererseits gibt es auch Geschichten von Schaffnern des *furbo-*

Typs, die Reisenden eine Prostituierte vermittelt und für die Dauer des Besuches dafür gesorgt haben, dass die beiden ungestört blieben. Schwer zu sagen, welches Benehmen verdammenswerter ist.

Einer, der nie irgendwelche Skrupel hat, die ockerfarbenen Vorhänge beiseitezuschieben, ist der Minibar-Mann, obwohl er für Liebespaare nicht so gefährlich ist wie der Schaffner, denn er kündigt sein Eintreffen schon von Weitem mit dem nasalen Ausruf »Minibaar! MINIBAAAAAR!« und dem Läuten einer kleinen Glocke, ähnlich einer Fahrradklingel, an. Denn im Grunde ist der großspurig angekündigte *servizio di minibar a bordo* nichts weiter als ein klobiger, altmodischer Wagen mit Erfrischungen, der auf großen Rädern mit Metallspeichen und schweren weißen Reifen quietschend durch den Zug rollt. Vorne ist ein Fuß, auf dem der Karren ruht, wenn er stehen bleibt. Der Sockel ist hellrot, die Seiten sind aus transparentem Kunststoff, durch den man eine kleine Auswahl an Snacks und Getränken sehen kann, unter anderem auch Bier. Obendrauf steht ein dampfendes Metallgefäß mit einem kleinen Zapfhahn.

Es ist immer ein Fehler, Essen von der Minibar zu kaufen. Insbesondere die Sandwiches schmecken so stark nach Styropor, wie es bei Brot und Käse nur möglich ist. Es ist auch ein Fehler, den Kaffee zu kaufen. Aber ab und zu tue ich es dennoch, ohne zu wissen warum. Aus einer Stimmung heraus. Wenn der Verkäufer die Abteiltür aufschiebt und immer noch »Minibar!« ruft, nicke ich kurz, um ihm mitzuteilen, dass er einen Kunden hat.

»Espresso?«

Der junge Mann zieht einen kleinen Plastikbecher aus einem langen Kunststoffbeutel. In solchen Bechern bekommt man im Krankenhaus seine Tabletten gebracht. Er reißt ein Päckchen auf, schüttet ein Pulver in den Becher und öffnet den Zapfhahn an seinem Heißwasserspender. Offenbar hat er diese Bewegungen schon so oft ausgeführt, dass sie die faszinierende Schnelligkeit eines Zaubertricks besitzen. Die Italiener stellen solche Fertigkeiten ausgesprochen gerne zur Schau, zum Beispiel die Barmänner in Mailand, die eine kleine Campariflasche immer zuerst so in die Luft werfen, dass sie sich dreht, und sie dann mit einer einzigen Bewegung auffangen und öffnen. Manche können sogar zwei Flaschen gleichzeitig hochwerfen und wieder auffangen.

Der kleine Becher wird mir zusammen mit einem Plastikpäckchen überreicht, in dem sich eine Serviette, Zucker, ein kalorienarmes Süßungsmittel, Milchpulver und ein Rührstäbchen befinden. Dazu gibt es noch ein kleines Viereck aus blauem Papier – meinen Bon. Der Junge hat fünf oder sechs dieser kleinen bunten Blöcke, die sehr geschickt an der Stange seines Karrens angebracht sind, und bei jedem Verkauf – Kaffee, Kekse, Sandwiches, Bier – muss er einen Bon in der entsprechenden Farbe abreißen und dem Kunden als Quittung aushändigen.

Als der Minibar-Junge einmal sah, wie ich meine Quittung direkt in den Aschenbecher warf, wies er mich warnend darauf hin, dass ich verpflichtet sei, sie für die Dauer meiner Reise aufzubewahren, als wäre sie eine Art Ticket, ohne das mein Verdauungsprozess Sanktionen unterworfen werden könnte. Wenn der *capotreno* oder die Fiamme

Gialle, die Steuerpolizei, eine spontane Überprüfung im Zug machten, erklärte er, dann war es wichtig, dass sie feststellten, dass der Minibarbetreiber Quittungen ausgab. Denn sonst könnte es ja sein, dass er das Geld einfach in die eigene Tasche steckte – die Einnahmen für den Kaffee zum Beispiel –, dass er mir womöglich ein bisschen weniger berechnete, damit ich mitspielte. Oder er könnte seine Freunde umsonst bedienen. Jedenfalls war es meine rechtliche Pflicht, sagte er, meinen Bon zu behalten, um im Fall des Falles demonstrieren zu können, dass eine derartige Korruption nicht stattfand.

Ich gestand ihm, dass ich noch nie an so etwas gedacht hatte, obwohl der Preis von 1 Euro für diesen Fingerhut voll Instant-Kaffee so hoch ist, dass ich mir gut vorstellen kann, dass einige Leute gern wesentlich weniger zahlen würden. Am Ende seines Arbeitstages, fuhr der Junge feierlich fort, musste die Anzahl der bunten Bons, die er ausgegeben hatte, mit der Menge der verkauften Waren und dem eingenommenen Geld übereinstimmen. Über jedes Plastikpäckchen mit Zucker, Rührstäbchen und Milchpulver zum Beispiel musste er Rechenschaft ablegen. Er konnte auch nicht einfach einem Fahrgast, der sich von zu Hause einen Joghurt mitgebracht hatte, einen Plastiklöffel geben! Die Leute baten ihn dauernd um solche Sachen, beschwerte er sich, weil sie keine Ahnung hatten, unter welchen Bedingungen er arbeitete. Er klang, als leite er ein riesiges Kaufhaus. Ich nippte an meinem Kaffee, während er weiterging, die Glocke läutete und »Minibar!« rief. Der Kaffee schmeckte bitter und metallisch, so wie ich es erwartet hatte.

STELLEN SIE SICH ALSO VOR, Sie haben beschlossen, den Intercity um 21.05 Uhr zu nehmen. Das ist der letzte am Abend, und wie üblich ist er etwa dreißig Minuten verspätet. Egal, denn heute Abend haben Sie Glück gehabt: Sie haben ein leeres Abteil gefunden. Sie schauen auf das kleine Kästchen mit den Reservierungsangaben neben der Tür und stellen fest, dass dort kein Zettel steckt, der darauf hinweist, dass jemand Anspruch auf einen der sechs Plätze hat. Sie haben das Abteil also ganz für sich allein. Sie gehen hinein, schieben hinter sich die Tür zu, hängen ihren Mantel an einen der dafür vorgesehenen Haken und setzen sich auf den Fensterplatz in Fahrtrichtung. Es ist toll. Ein paar bange Minuten lang kommen dann andere Leute vorbei, schauen in Ihr Abteil, taxieren Sie und gehen weiter. Sie senden eindeutig starke misanthropische Signale aus. Gut. Sie holen Ihr Buch oder Ihre Studentenarbeiten aus Ihrer Tasche. Es gibt einen kleinen, mit Kunststoff beschichteten Tisch, der sich von der Wand unter dem Fenster abklappen lässt – darauf können Sie Ihre Papiere ablegen –, und einen alten Wandaschenbecher, den Sie sehr vorsichtig aufziehen müssen. Das in Kriegsschiffgrau gestrichene Ding hat die Form einer altmodischen Wiege und leistet beträchtlichen Widerstand, wenn Sie versuchen, es zu öffnen, aber sobald der überwunden ist, kann es passieren, dass es mit einem Ruck aufgeht und feuchte Papiertücher und alte Bananenschalen auf Ihre Hose und Ihre Schuhe ausschüttet.

Unter der Tischklappe und dem Mülleimer ist die Heizung bzw. der Lüftungsschlitz. Schilder weisen darauf hin, dass die Abteiltür geschlossen gehalten werden muss, da-

mit die Klimaanlage funktioniert. Der schmale obere Teil
des Fensters lässt sich zum Lüften aufmachen, auch wenn
ein roter Kreis mit einer um 45 Grad geneigten, mit einem
dicken roten Balken durchgestrichenen Flasche Sie daran erinnert, dass man nicht versuchen sollte, Flaschen
durch den Spalt zu quetschen, um sie in die Nacht hi-
nauszuwerfen. Die Möglichkeiten zum Vandalismus sind
ohnehin begrenzt. Die Fensterklappe ist im Winter, wenn
es draußen zu kalt ist, verschlossen und ebenso im Sommer, wenn das Lüften die Wirkung der Klimaanlage stören könnte. Funktioniert die Klimaanlage nicht, ist man
in einem Interregionale definitiv besser aufgehoben, denn
dessen große Fenster lassen sich ganz öffnen. Allerdings
sind die Italiener bekannt dafür, dass sie Zugluft fürchten
und selbst bei größter Hitze alle Fenster im Zug geschlossen halten.

Sie setzen sich also hin und legen sich Ihr entwertetes *supplemento* zurecht, um es parat zu haben, wenn der
Schaffner vorbeikommt. Sie schlagen Ihr Buch auf. Das
Licht ist akzeptabel und hat drei Stufen – aus, mittel und
hell –, die man mit einem Knopf über der Abteiltür einstellen kann. Neben dem Knopf befindet sich die hübsch
altmodische Zeichnung einer Glühbirne mit einem Kranz
aus Strichen drumherum, der suggerieren soll, dass die
Birne Licht verströmt, obwohl die Beleuchtung in Wirklichkeit eine Neonröhre ist.

Es gibt auch noch eine individuelle Leselampe, die an
der unteren der beiden Gepäckablagen über Ihrem Kopf
angebracht ist. Die hat einen trompetenförmigen Messing-
schirm, der aussieht, als sei er in den Sechzigerjahren ent-

worfen worden. Manchmal ist eine Birne in der Lampe. Aber so viel Sie auch an dem kleinen Schalter darunter herumspielen, sie funktioniert nie.

Nein, stimmt nicht. Nicht ganz nie. Diese Lampen sind seit über zehn Jahren nicht mehr in Benutzung und werden nicht gewartet, aber alle Jubeljahre trifft man auf eine, die wie durch ein Wunder immer noch auf das Klicken des alten Metallschalters reagiert. Ihr Lichtschein ist kaum der Rede wert; aber dennoch rufen diese seltenen Momente, wenn etwas funktioniert, das nicht funktionieren sollte, eine seltsame, zärtliche Wehmut hervor. Es ist rührend, dass Trenitalia nicht einfach alle Lampen entfernt hat, um das Metall wiederzuverwerten. Schließlich sind sie nur an die Gepäckablage angeschraubt. Man hätte sie leicht abnehmen und als Schrott verkaufen können. Ich stelle mir gerne vor, dass irgendjemand ihren Dekorationswert erkannt und gespürt hat, dass es dem Connaisseur einen jener seltenen Augenblicke der Freude beschert, wenn so eine Lampe tatsächlich angeht, selbst wenn ihr Licht ihm rein gar nichts nützt.

Was mir auch gut gefällt, ist die Art und Weise, wie das Wartungspersonal von Trenitalia zerstörte Armlehnen repariert. Diese mit Kunstleder bezogenen Lehnen, die man bis zur Wand hochklappen kann, wenn man sich quer über mehrere Sitze legen oder sich bei zugezogenen Vorhängen an seine Reisebegleitung kuscheln möchte, werden häufig aufgeschlitzt, von Fußballfans vielleicht oder von wütenden Fahrgästen, wenn der Zug mal wieder Verspätung hat. Anstatt die Bezüge auszutauschen, hat Trenitalia einen Arbeiter eingestellt, der die Risse mit grobem Kreuz-

stich zusammennäht. Er benutzt dafür ein dickes orange-
farbenes Band, das sich von dem glänzenden braunen
Kunstleder abhebt und den Eindruck erweckt, das Flick-
werk sei in Wirklichkeit ein Design-Element. Man kann
nicht umhin, diese Methode zu bewundern.

DER ZUG ROLLT LANGSAM aus dem Bahnhof, und Sie
wollen gerade anfangen zu lesen, da bricht eine ohren-
betäubende Stimme aus einem Lautsprecher, der in einer
Verkleidung über der Tür angebracht ist, dort, wo sich
auch der Regler für das Neonlicht befindet.

»BENVENUTI A BORDO A TRENO 624 SVEVO PER
TRIESTE CENTRALE!«

Es ist keine der mechanischen Bahnhofsdurchsagen,
sondern die bemüht freundliche Stimme Ihres *capotreno*,
der sein Refugium im letzten Abteil des ersten Wagens
hat, ein heiliger Ort, wo kein Fahrgast je sitzen darf, selbst
wenn der Zug aus allen Nähten platzt. Er listet die Bahnhöfe auf, an denen der Zug halten wird. Er informiert Sie,
dass es im Zug eine Minibar gibt, was Sie schon wussten. Er warnt Sie, dass das Rauchen in italienischen Zügen
mittlerweile verboten ist, und zwar auch auf den Gängen.
In einer Lautstärke, die die Wandverkleidung des Abteils
zum Vibrieren bringt, fordert er Sie auf, die Lautstärke
Ihres Handy-Klingeltons herunterzustellen. »Danke, dass
Sie für Ihre Reise Trenitalia gewählt haben«, sagt er ab-
schließend, »und *buon viaggio*!« Wen hätte ich denn sonst
wählen können, fragen Sie sich. Immerhin ist die Stimme
jetzt still. Sie können sich entspannen. Dann fängt er in

einer anderen Sprache noch einmal von vorne an. LED-
DIES AN GENNLMEN! Danach kommt *Mesdames et Messieurs*, dann *Meine Damen und Herren*.

Ich springe auf. Neben dem Lichtregler befinden sich
noch zwei weitere Knöpfe über der Abteiltür – das heißt
weit über Kopfhöhe. Auch sie sehen anheimelnd altmodisch aus, schwarze Plastikhalbkugeln, aus denen aufge-
malte kleine spitze Stäbchen sprießen. Der eine regelt die
Temperatur. Angeblich. Man erkennt das an den zwei kleinen Thermometern, die zu beiden Seiten des Knopfes auf-
gemalt sind: ein blaues auf der linken und ein rotes auf
der rechten Seite, und obendrüber eine breiter werdende
Kurve, die den stufenlosen Übergang von Blau nach Rot –
also von Kälte zu Wärme – andeuten soll, wenn man an
dem Knopf dreht. Es hat keinen Sinn, diesen Knopf zu
betätigen, denn er dreht und dreht sich nur, ohne irgendeinen Einfluss auf die Temperatur zu haben. Dieser Regler
ist ebenso wie die individuellen Leselampen schon lange
außer Betrieb; die Temperatur wird zentral gesteuert, obwohl die Fahrgäste darüber nicht informiert werden,
ebenso wenig wie sie darüber informiert werden – außer
in dieser Begrüßungsdurchsage –, dass das Bild einer qual-
menden Zigarette an der Scheibe der Abteiltür nicht mehr
bedeutet, dass man hier drinnen rauchen darf. »'AVE A
GOOD JOURNEY!« Der *capotreno* beendet gerade seine englische Durchsage. Wenn ich mich beeile, kann ich seinem
Französisch noch entkommen.

Der Lautstärkeregler ist an dem Bild eines kleinen Laut-
sprechers zu erkennen, der Halbkreise und winzige Achtel-
und Sechzehntelnoten ausstößt und auf charmante Weise

an Klavierlehrer und Musikstunden erinnert, obwohl ich mich nicht erinnern kann, dass über die Lautsprecheranlage im Zug je Musik zu hören gewesen wäre. Der Knopf hat drei Stufen – vermutlich laut, mittel und aus –, aber auch hier hat man wenig davon, wenn man ihn in diese Positionen bringt. Dennoch funktioniert der Lautstärkeregler in gewisser Hinsicht, denn wenn man es schafft, ihn zwischen zwei Positionen festzustellen, verschwindet der Ton sofort. Man hat ihn ausgeschaltet. Der Regler hat die Tendenz wegzurutschen, die Aufgabe ist also nicht ganz leicht zu bewältigen. Aber es ist möglich. »*Mesdames et Messieurs! Bien…*«

Geschafft!

Plötzlich ist die Stimme nur noch ein Geräusch in der Ferne, ein Radio in der Nachbarwohnung. Als ich mich umdrehe, um mich hinzusetzen, erblicke ich kurz mein Spiegelbild in dem verspiegelten Streifen zwischen Sitz und Gepäckablage. Ich sehe alt und gehetzt aus. Entspann dich. Ruh dich aus, lies.

Und das tue ich. Ich lehne mich zurück und greife wieder nach meinem Roman. Wunderbar. Der Abend eines ziemlich produktiven Tages, das leichte Schwanken des Zuges, wenn er beim Hinausfahren aus dem Bahnhof die Weichen passiert, die Lichter der Großstadtstraßen, die im Dunkel der Nacht vorübergleiten, die Stimme von Thomas Bernhard auf den Seiten vor mir; vor allem aber die Geborgenheit eines Abteils ganz für mich allein. Perfekt.

Ungefähr fünf Minuten lang.

Gerade als der Zug an den Bahnsteigen von Lambrate

vorbeifährt, wo vereinzelte Fahrgäste immer noch auf den Interregionale um 21.15 Uhr warten, der jetzt eine halbe Stunde Verspätung hat, wird die Abteiltür aufgerissen, und unter großem Gerumse und Geklapper und einem fürchterlichen Hustenanfall kommt eine wahrhaft burleske Gestalt herein: ein sehr großer, dicker Mann mit riesigem Kopf, ohne Hals, dafür mit beachtlichem Bauch und einem bis zum Knie eingegipsten Bein. Er geht mithilfe einer einzelnen Aluminiumkrücke, hat aber trotz dieser Behinderung einen Rucksack und eine sehr große, sehr alte Reisetasche bei sich. Laut keuchend, mit dem Gesichtsausdruck eines Mannes, der soeben mit knapper Not dem Tode entronnen ist, setzt er Rucksack und Reisetasche ab und lässt sich übertrieben theatralisch auf den Sitz neben der Tür fallen, gegen die Fahrtrichtung.

Ohne mich eines Blickes zu würdigen, fängt der Neuankömmling an zu jammern: »*Dio povero,* was muss man hier rennen!« Er hustet und prustet. »Was muss man hier rennen, *Dio santo, Dio povero, Dio santo!*«

Sein Akzent ist venezianisch. Er röchelt, bringt Schleim hoch, schluckt ihn hinunter und zieht dann ein Clownstaschentuch aus der Tasche seiner voluminösen Hose, um sich damit den Schweiß von der Stirn zu wischen. Sein Gesicht ist rot und feucht und erstaunlich breit. Die Augen sind glasig. Sein Haar sprießt ungekämmt unter einer Baseballkappe hervor, und sein ganzer Körper verströmt Unbehagen und Klebrigkeit. »*Ma quanto ti fanno correre! Ma Dio santo.*« Dann hält er die Luft an, seine Augen weiten sich und weiten sich dann noch mehr, bis er, ohne auch nur den Versuch zu machen, Mund oder

Nase zu bedecken, ein dröhnendes Niesen zum Besten gibt, aaah-TSCHIII!

Mein Sieg über die Lautsprecheranlage ist nur noch eine vage Erinnerung.

Das Niesen wiederholt sich. Er zieht hart durch die Nase hoch, aus der ebenfalls dicke schwarze Haare sprießen, und nimmt dann seinen Monolog wieder auf. »*Ma quanto ti fanno correre! Bastardi!* Wenn Sie wüssten! *Dio povero.* Wenn Sie wüssten. Wie man hier rennen muss!«

Ich wende mich wieder meinem Buch zu. Ich spüre, dass er mich jetzt ansieht, zweifellos ein bisschen enttäuscht, weil ich nicht reagiert habe. Nach vielleicht zwei Minuten bin ich trotz meines instinktiven Widerstands gezwungen, ihn anzuschauen. Die Nase des Mannes ist unglaublich breit. Ich ziehe die Augenbrauen hoch, um höflich seine Anwesenheit zu würdigen, weigere mich aber, etwas zu sagen. Ich darf ihm keinen Anlass geben weiterzubrabbeln. Auf Italienisch sagt man dazu *dare corda*, jemandem Schnur geben, was so viel bedeutet wie ihm die Gelegenheit bieten, die Unterhaltung fortzusetzen. *Non mi dai corda*, du gibst mir keine Schnur, ist eine klassische italienische Beschwerde. Die Weigerung zu plaudern gilt als Verletzung der Benimmregeln.

Aber der Neuankömmling redet trotzdem weiter, auch ohne meine Hilfe. Das war mir klar. Er kommt, erklärt er, *santo Dio*, gerade aus Genua. *Da Genova, Dio santo!* Der Zug hatte Verspätung, *Dio povero*. Er musste den Anschlusszug nach Triest kriegen. Na schön, der Zug nach Triest hat auf den Zug aus Genua gewartet, und so soll es auch sein, *no, caspita*, so muss es sein! Aber er musste in zwei Minuten von Bahnsteig siebzehn auf Bahnsteig acht gelangen. *Dio santo!* Und das mit meinem Fuß, *Dio povero!* Das sollte gesetzlich verboten sein, sagt er, *santo Dio.* Es sollte eine Entschädigung geben.

Genau das denke ich auch gerade. Schon wieder hat er einen Hustenanfall. Wieder wirkt er gewollt und übertrieben theatralisch: als spreche er für eine Freakshow vor. Dann beugt er sich nach unten, zieht den Reißverschluss seiner Tasche auf und holt ein riesiges Sandwich hervor, das in das geräuschvollste Papier eingewickelt ist, das je hergestellt wurde. Der Geruch von Mortadella breitet sich im Abteil aus. Es ist geradezu unheimlich, wie schnell die Luft mit Gewürzen und Fetten durchtränkt wird. Noch hustend öffnet er den Mund, in dem einige braune Zähne fehlen, und nimmt mit den übrigen, so krumm und schief sie auch sind, einen kräftigen Bissen, während er es gleichzeitig fertigbringt, sich mit einem Arm die Nase abzuwischen und mit dem anderen in seiner Tasche zu wühlen. Um eine Dose Bier herauszuholen.

Er rülpst.

Mir reicht's! Vor zehn Jahren wäre ich sitzen geblieben und hätte es ertragen, ich hätte mir angehört, wie er sich den Knöchel gebrochen hat, warum er so weit reisen muss, zweifellos, um seine Mutter oder seine Tante zu besuchen; vielleicht hätte ich sogar Mitgefühl geäußert. Aber die Zeiten haben sich geändert. Die Wiederholung ähnlicher Erlebnisse in einem so begrenzten Umfeld wie einem Zugabteil erlaubt es einem, verschiedene Strategien und Lösungen auszuprobieren. Betont ruhig schlage ich Thomas Bernhard zu, packe das Buch ein, stecke meinen

Stift in meine Jackentasche und stehe auf. Zum ersten Mal
schaut er mich mit einer gewissen Neugier an. Er ist verwirrt. »*Ma quanto ti fanno correre, Dio povero*«, murmelt
er. Zwischen seinen Lippen hängen Mortadellastückchen.

»In Ihrem Zustand, Signore«, erkläre ich ihm, »brauchen Sie ein Abteil für sich alleine, fürchte ich.« Ich schiebe
die Tür auf und trete in den Gang hinaus. Ich sehe, wie er
sich reckt, um mir nachzublicken. Er sieht völlig perplex
aus. Bei wem soll er sich jetzt beklagen?

ZWEI ABTEILE WEITER sitzt ein junger Mann auf dem
Platz neben der Tür; er beugt sich so über sein Buch, dass
der Abstand zwischen den Sitzen verringert wird. Die perfekte Art, Neuankömmlinge abzuwimmeln. Er möchte
keine Gesellschaft. Als Mitreisender genau mein Typ. Ich
mache die Tür auf. Er richtet sich auf. Ich sehe die Enttäu-
schung in seinen Augen. »*È libero?*«, frage ich. Natürlich
nur aus reiner Höflichkeit. Er nickt. Sein Gesicht wirkt
schmal und gelehrt. Er hat einen Füller in der Hand, mit
dem er sich auf einem Block, der unter seinem Buch liegt,
Notizen macht. Das Buch scheint ziemlich alt zu sein. Ich
setze mich auf einen der Fensterplätze. Selbst durch das
Rauschen des Zuges hindurch höre ich noch das Husten
des schrecklichen Mannes zwei Abteile weiter. Aber meine
Ohrstöpsel werden das beheben.

Wir lesen. Manchmal denke ich, ich hätte eine Liste
aller Bücher machen sollen, die ich im Zug gelesen habe.
Darauf würden mit Sicherheit die meisten der Bücher stehen, die mir etwas bedeuten. Vielleicht kann ich im Zug

einfach am besten lesen. Ein Buch dringt unterwegs leichter zu mir durch, vor allem wenn ich in einem Abteil sitze und abends. Das Zischen und Pfeifen von Metall auf Metall, das leichte Schwanken des Wagens, das Gefühl der Geborgenheit in dem kleinen, gut beleuchteten Innenraum, an dem die Welt draußen in der glänzenden Dunkelheit vorbeifliegt, all das versetzt mich in Leselaune, so als wäre die materielle Welt vorübergehend ausgeschaltet und ich befände mich ganz und gar im Reich der Gedanken.

Nach etwa vierzig Minuten Fahrt, als ich den Schock über den dicken Mann verwunden habe, blicke ich auf und betrachte meinen neuen Gefährten. Eine angenehme Vertrautheit kann zwischen zwei Menschen entstehen, die gemeinsam in einem Zug sitzen und lesen, selbst wenn keine Worte fallen. Schließlich bewegt der junge Mann sein Buch so, dass ich den Titel lesen kann: Die *Bekenntnisse* von Augustinus. Er trägt eine runde, randlose Brille. Sein Haar ist so blond, dass es fast farblos wirkt, wie gräulicher Honig; es ist leicht gewellt und liegt eng am Kopf an. Beim Lesen schürzt er die Lippen und zieht die Stirn in Falten. Er hat schmale Lippen, und wenn er sich etwas notieren will, sind seine Bewegungen abrupt und begierig. Vielleicht studiert er an einem Priesterseminar. Manchmal ist es klüger, überlege ich, ein Abteil mit einem einzelnen ruhigen Fahrgast zu teilen, als die prekäre Freude des Abteils ganz für sich zu riskieren. Allein ist man gefährdet. Wir beiden Lesenden werden zusammen vermutlich jeden weiteren Eindringling abhalten.

Ich wende den Kopf und erkenne durch die große

schwarze Fensterscheibe einen kleinen, ummauerten Friedhof an einem Hang. Es ist schon fast unheimlich, aber
ich scheine jedes Mal genau in dem Moment den Kopf
zu wenden, in dem der Zug an diesem Friedhof vorbeifährt. Er liegt an einem Hügel in der Nähe von Brescia.
Wie kommt das? Rufen mich die Toten? In der Dunkelheit sehe ich die glänzenden Fenster unseres Intercity, ein
schwarzes Feld, dann den alten Friedhof und einen neueren Teil, der später hinzugefügt wurde. In dem neueren
Teil, wo die Särge in Zementfächer in den hohen Mauern geschoben werden, sieht man das Flackern der kleinen
roten Lichter, die den Toten Gesellschaft leisten; *lumini*
werden sie genannt, als würden die Bewohner dieses Ortes
alle still dort liegen und gemeinsam lesen, während sie ver-
wesen. In Desenzano steht mein Priesterschüler auf und
schiebt sein Buch in seinen kleinen Studentenrucksack. Er
lächelt leise. *Buon viaggio*, sagt er. *Buona sera*, antworte ich.

II

ERSTER KLASSE,
HOCHGESCHWINDIGKEIT

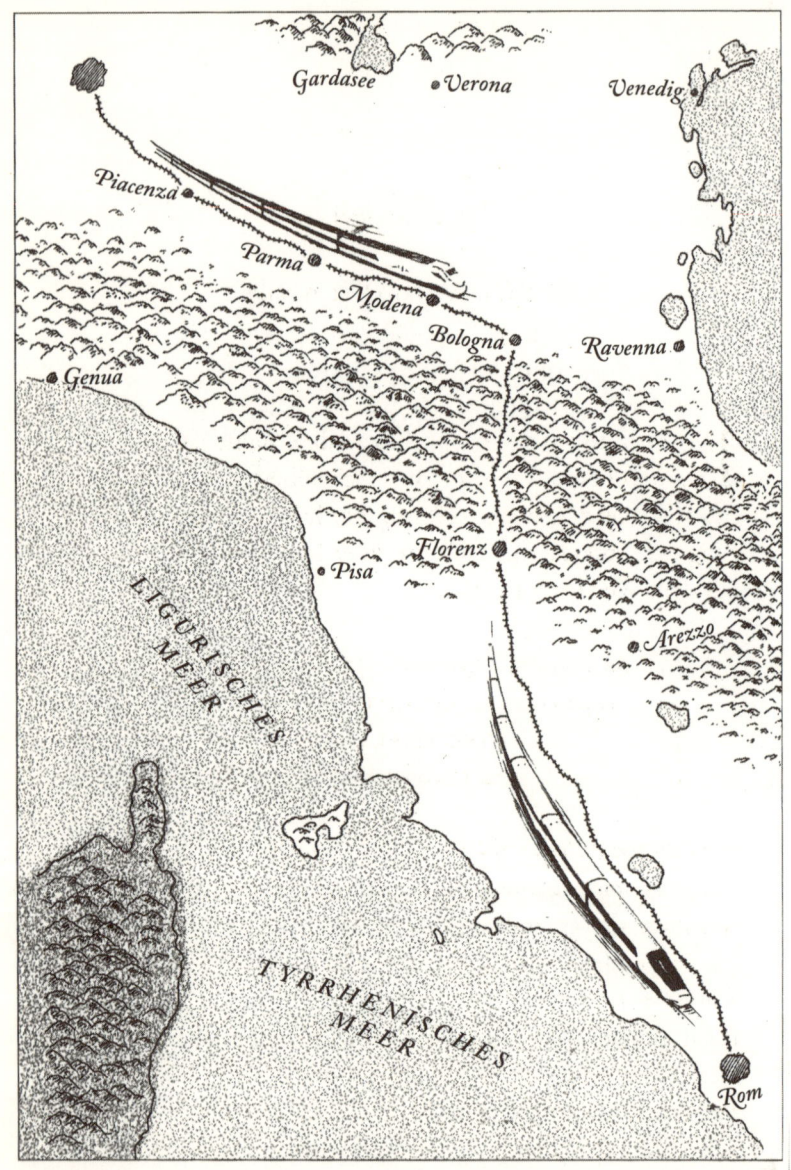

Drittes Kapitel

VERONA — MAILAND

IM JAHR 2007 ENTDECKTE ICH den kleinen Bahnhof Verona Porta Vescovo (wörtlich übersetzt Bischofspforte), oder sagen wir, ich fing an, ihn zu nutzen. Dort hing eine interessante Plakette über italienische Soldaten auf dem Weg nach Russland:

DA QUESTA STAZIONE PARTÌ LA PRIMA
TRADOTTA DI COMBATTENTI PER IL
FRONTE RUSSO
14 LUGLIO 1941

(Von diesem Bahnhof fuhr am 14. Juli 1941 der erste Truppentransport von Soldaten an die russische Front ab.) Aber das war nicht der Grund, warum ich Porta Vescovo benutzte. Es war einfach unmöglich geworden, durch die ganze Stadt bis zum Hauptbahnhof zu fahren; unmöglich für mich, meine ich. Nicht, dass Verona nach üblichen großstädtischen Maßstäben verstopft wäre; in dem Nadelöhr der Brücke, über die man von der östlichen auf die westliche Flussseite gelangt, kann man schon mal zehn Minu-

ten im Stau stehen, aber nicht länger. Trotzdem habe ich
seit geraumer Zeit das Gefühl, dass die Umweltverschmutzung durch Autos sich nicht auf die Abgase beschränkt;
das Autofahren verschmutzt auch den Geist, meinen zumindest; es vergiftet ihn und wühlt ihn auf. Ein weiteres
Argument fürs Bahnfahren.

In der ganzen Stadt stehen die Leute viel zu früh auf. Sie
haben keine Zeit zum Duschen und Rasieren, keine Zeit,
entspannt einen Kaffee und ein Croissant zu sich zu nehmen. Sie springen in ihre Autos, steigen aufs Gas und rasen
zum Bahnhof, denn sie wissen, sie werden ihren Zug verpassen, wenn sie nicht einen Parkplatz in einer der Neben-
straßen ergattern. Wenn ich in fünf Minuten vom Bett auf
der Straße bin, von weicher Matratze auf hartem Asphalt,
tue ich unwillkürlich Dinge, die ich lieber nicht tun sollte,
ich überhole an unmöglichen Stellen, fahre in allerletzter
Sekunde über Ampeln, reagiere wütend, wenn andere gehetzte Autofahrer mich schneiden, verfluche die Roller, die
im toten Winkel des Rückspiegels lauern. Meine Persönlichkeit, so wird mir klar, verbiegt sich unter dem Druck
eines Massenansturms, dem Drang, als Erster anzukommen oder wenigstens pünktlich. Ein weiserer Mensch als
ich, das ist mir klar, würde sich von dieser Seuche nicht
anstecken lassen. Aber ich bin nicht weise, schon gar nicht
im Straßenverkehr.

Eines Tages passiert dann etwas, das das Fass zum Über-
laufen bringt. Es ist Montag, ich verlasse das Haus ein bisschen verspätet, fahre auf die Kreuzung zu, wo die *circon-
vallazione*, die viel befahrene Ringstraße, die von Osten
kommt, auf die Etsch trifft und kurz vor der oft verstopf-

ten Brücke nach links in südlicher Richtung abbiegt. Hier gibt es eine der längsten Ampelphasen der ganzen Stadt; als ich auf die Kreuzung zufahre, ist die Ampel bereits gelb, steht schon lange auf Gelb, das ist mir bewusst. Die Gelbphase dauert in Italien wesentlich länger als in anderen Ländern. Damit man keine Ausrede hat. In allerletzter Sekunde steigt der Alfa-Fahrer vor mir auf die Bremse. Das passt mir nicht. Ich schere nach rechts aus, überhole ihn innen und schneide ihn beim Linksabbiegen. Dabei sehe ich, dass die Ampel bereits auf Rot steht; tatsächlich bin ich nur ein, zwei Meter von den Autos entfernt, die jetzt von rechts kommen, den Fluss entlang, und beschleunigen. Sofort wird klar, warum der Alfa-Fahrer so hart gebremst hat. Das erste Auto ist die Polizei.

Die Straße am Fluss entlang ist zweispurig. Wir haben jetzt fünfhundert langsame Meter bis zur Brücke vor uns, wo der Verkehr auf weiteren hundert Metern über dem Fluss stockt, bis zur nächsten Ampel. Die *pula*, wie die Italiener die Polizei nennen, erscheint neben mir. Ich fahre jetzt ganz langsam, aus dem einfachen Grund, weil der Verkehr sich so gut wie gar nicht bewegt. Das Polizeiauto rechts von mir könnte weiter vorfahren, tut es aber nicht. Verdammt. Das blau-weiße Ding harrt neben mir aus; wenn ich fahre, fährt es auch; wenn ich stehen bleibe, bleibt es auch stehen.

Ich könnte den Kopf wenden und die Polizisten anschauen, aber ich tue es nicht. Ich stehe im Stau, schaue stur nach vorn, beide Hände ganz ruhig am Lenkrad, und versuche, vollkommen normal und gelassen zu wirken. Natürlich bin ich kein bisschen gelassen. Ich zittere. Die beiden uniformierten Typen direkt neben mir wissen, dass ich eine rote Ampel überfahren habe. Das ist ein schweres Vergehen. Worauf warten sie? Warum halten sie mich nicht an? Vor zwanzig Jahren, als ich um zwei Uhr morgens an derselben Stelle bei Rot über die Ampel gefahren bin und ebenfalls ein Polizeiauto aus dem Nichts aufgetaucht ist, habe ich das Problem gelöst, indem ich einfach die 20 000 Lire, die der Polizist verlangte, hingeblättert habe, aber die Zeiten sind vorbei. Das hier kann mich meinen Führerschein kosten.

Wir biegen jetzt nach rechts ab und fahren über den Fluss, sind nur noch ein paar Minuten vom Bahnhof entfernt. Ich kann ihnen nicht entkommen. Ich kann noch nicht mal parken und sie zwingen, entweder anzuhalten, um es hinter mich zu bringen, oder zu verschwinden. Sie bleiben beharrlich neben mir, den ganzen Weg über die Brücke, unter der ich, getrieben von einem ganz anderen Teil meiner Persönlichkeit, gerne mit meinem Kajak in einer Welle spiele, die sich dort zwischen zwei Brückenpfeilern bildet. Die Polizisten spielen jetzt mit mir. Sie lassen sich ein Stück zurückfallen. Um mein Nummernschild zu prüfen? Mir ist bewusst, dass mein Auto alt und nicht wenig zerbeult ist. Meine Tochter hat kürzlich Bekanntschaft mit der Garagenwand gemacht. Und ich wasche den Wagen nur selten. Falsch: Ich wasche ihn *nie*. Ich halte nichts vom Autowaschen. Das Leben ist zu kurz dafür. Wie schnell kann die Polizei ein Autokennzeichen überprüfen, frage ich mich, und herausfinden, dass es erst vor Kurzem eine Geldstrafe wegen zu schnellen Fahrens gab? Das war auch wieder meine Tochter, als sie am frühen Morgen von einem Kon-

zert mit ihrer Band zurückkam. Aber ich habe die Strafe
und den Punkteabzug auf mich genommen, weil ich mehr
Punkte zu verlieren habe als sie und die Behörden mit jungen Fahrern erfahrungsgemäß härter umgehen. Das war un-
ehrlich von mir, für meine Tochter, die zu der Zeit in ganz
Italien herumfuhr, um Konzerte zu geben, jedoch lebens-
wichtig. Wenn sie im Auto eine Computerüberprüfung
durchführen können, auf irgendeinem dafür vorgesehenen
Polizei-iPhone, und dieses Vergehen erscheint, werden sie
mich dann anhalten? Ich käme wohl kaum mit der Erklärung durch, dass nicht ich zu schnell gefahren bin, sondern
meine Tochter, die Rockmusikerin.

Der Verkehr kommt stockend voran. Die Polizei ist jetzt
wieder neben mir. Sie fahren sehr dicht heran, so als wollten sie mich streifen. Mein Nacken ist schon ganz steif
vom starren Geradeausgucken. Das Adrenalin steigt. Zu
gerne würde ich cool bleiben, aber in den entscheidenden
Momenten des Lebens gelingt mir das nie. Fünf Minuten werden zur Ewigkeit. Gott sei Dank trage ich ein anständiges Jackett, das mir zumindest den Anschein von
Seriosität verleiht. Vielleicht könnte ich sagen, ich hätte
es so eilig gehabt, weil ich in einer Prüfungskommission
sitze und mich meinen Studenten gegenüber verpflichtet fühle. Würden sie mir das abkaufen? Sie würden sagen, ich hätte früher aufstehen sollen. Als wir schließlich
über die Ampel sind und auf der Stadtseite aus dem Eng-
pass herausfahren, klebt das Polizeiauto weiterhin an meiner Seite; da ich schlecht Gas geben und ihm davonfahren
kann, schiebt sich der zweispurige Verkehr hinter uns jetzt
mit bewundernswerter Gelassenheit unter der Unterfüh-

rung hindurch. Ich befinde mich eindeutig in Polizeibe-
gleitung, und ich führe eine Prozession an. Das Einzige,
was sich gut anfühlt, ist die Tatsache, dass ich bisher der
Versuchung widerstanden habe, die beiden Polizisten anzuschauen. In einem italienischen Polizeiauto sitzen immer
zwei. Vielleicht ist durch mein Geradeausstarren, meine
völlige Ruhe, eine Art schützender Zauber entstanden, fast
eine gewisse Intimität; wenn ich mich ihnen zuwenden, sie
anschauen und damit mein Vergehen eingestehen würde,
dann wäre der Bann gebrochen, und sie würden mich he-
rauswinken.

Endlich, als ich mich links in Richtung Bahnhof ein-
ordne, beschleunigt das Polizeiauto und fährt davon. Sie
sind weg. Ich bin ihnen unendlich dankbar. Was für nette
Kerle. Sie hätten den Buchstaben des Gesetzes folgen können, was in diesem Fall genau genommen auch seinem
Geist entsprochen hätte. Meine Fahrweise war wirklich
gefährlich gewesen. Stattdessen haben sie mich nur zehn
Minuten lang schwitzen lassen. Als ich den Motor abstelle,
wird mir klar, dass ich eine Entscheidung getroffen habe.
Ich werde nicht mehr Autofahren, jedenfalls nicht mehr
unter diesen Umständen. Ich habe mein Glück schon viel
zu lange herausgefordert. Von jetzt an werde ich, so unbequem das auch sein mag, so wenige Züge es auch geben mag, nur noch von Verona Porta Vescovo abfahren,
einem winzigen Bahnhof in einer verschlafenen Sackgasse
auf meiner Seite der Stadt, der venezianischen Seite, der
nur drei ruhige Ampelkreuzungen von zu Hause entfernt
ist.

VERONA PORTA VESCOVO gehört zu den Bahnhöfen, auf
denen eine Glocke geläutet wird, ehe ein Zug einfährt.
Das klingt schön dringlich und ist so altmodisch wie ein
Schwarz-Weiß-Film. Die Bahnsteige sind sehr lang, sehr
schmal und normalerweise menschenleer. Um auf Bahnsteig vier zu gelangen, von wo die Züge nach Verona und
ganz selten nach Mailand abfahren, muss man die Gleise
überqueren. Ich mache das zu gerne. Es erzeugt das angenehme Gefühl, etwas Verbotenes zu tun, zum wahren
Kern der Dinge vorzudringen.

Es gibt hier noch weitere Relikte aus vergangener Zeit.
Draußen über der Eingangstür ragt im rechten Winkel zur
Wand knapp über Kopfhöhe ein gelbes Schild hervor: ein
langer, rechteckiger Arm, der eine große Scheibe hält, auf
der ein uraltes schwarzes Telefon mit einem Kreis runder
weißer Löcher abgebildet ist, in der Art der alten Wähl-
scheiben, in die man einen Finger steckte und drehte, um
die Nummer zu wählen. Rechts unten fehlen sogar genau wie bei den Telefonen ein paar Löcher, um die Bewegung am Ende zu stoppen. Schwarze Buchstaben auf
dem gelben Arm, der die Scheibe hält, verkünden INTER-
URBANO AUTOMATICO (automatische Ferngespräche). Ich
nehme an, das Schild hat früher für die einst neuartige
Möglichkeit geworben, Ferngespräche ohne Vermittlung
durch eine Telefonistin zu führen. Schon seit dem 19. Jahrhundert, als der Bau von Eisenbahnlinien mit der Erfin-
dung des Telegrafen einherging, boten Bahnhöfe immer
die allerneuesten Kommunikationsmöglichkeiten an. Sie
markieren den Anfang unseres Verständnisses der Welt als
Netzwerk. Man konnte gewissermaßen über ein Netz, das

wie Linien auf einer Landkarte war, Nachrichten empfangen oder verschicken, ohne überhaupt noch den Boden zu berühren, ähnlich wie der Zug auf seinen Schienen durch die Landschaft fährt, ohne mit irgendetwas wirklich in Kontakt zu kommen. Die Welt war abstrakter geworden, fragmentierter und geistiger als in der alten Zeit, in der Nachrichten als materialisierte Botschaften auf Hufen oder Wagenrädern überbracht werden mussten.

Die jungen Leute, die heute in Porta Vescovo in den Zug steigen, um nach Verona zur Schule oder nach Padua zur Uni zu fahren, wissen nicht mal mehr, was ein *interurbano automatico* oder ein vermitteltes Ferngespräch war. Sie haben keine Ahnung, warum der Kreis der Löcher unten rechts unterbrochen ist. Mit ihren Handys halten sie quasi die ganze Welt in der Tasche, in Reichweite ihrer Fingerspitzen. Doch das alte gelbe Schild, das schwarze Telefon, die Wählscheibe erinnern uns daran, dass die Sehnsucht nach unbeschwerter Kommunikation schon immer da war, dass unsere Großeltern und Urgroßeltern ihren eigenen Großeltern bereits um Längen voraus waren. Falls »voraus« das richtige Wort ist für diese zunehmende Trennung zwischen dem Ort, an dem wir sind, und der Person, mit der wir gerade reden.

PORTA VESCOVO war, wie ich kürzlich herausgefunden habe, Veronas erster Bahnhof. Er wurde 1847 eingeweiht. Zu der Zeit war das Land noch geteilt, bestand aus einem halben Dutzend mehr oder weniger unabhängigen italienischen Staaten, die sich mit Frankreich und Österreich einen komplizierten Machtkampf um die Vorherrschaft auf der Halbinsel lieferten. Verona war Teil des Österreich-Ungarischen Reiches, diente Österreich sogar als Stützpunkt, um seine italienischen Besitztümer zu verteidigen, die sich damals von Triest im Osten bis nach Mailand im Westen erstreckten. Fast sofort erkannte man das militärische Potenzial der Eisenbahn und ihre kulturelle Bedeutung für das Risorgimento: schnelles, kostengünstiges Reisen zwischen den unterschiedlichen Teilen Italiens würde mit Sicherheit die Einigung des Landes fördern. Die Piemonteser, die versuchten, den Eifer des Risorgimento für ihre eigenen Expansionsbemühungen zu nutzen, waren besonders aktiv im Eisenbahnbau; sie verbanden Turin mit Genua und wollten auch Verbindungen in die Lombardei schaffen. Verständlicherweise waren die Österreicher darüber nicht erfreut. Sie weigerten sich, die Bahnlinien auf ihrem Territorium mit denen in anderen Teilen Italiens zu verknüpfen, und bauten die Strecken zwischen Mailand und Brescia, Vicenza und Venedig, Verona und Trient hauptsächlich, um die Truppenbewegungen innerhalb ihrer eigenen Besitztümer zu erleichtern. Schließlich wurden all diese Strecken im Jahr 1854 hier in Verona Porta Vescovo zusammengeführt, sodass eine einzige Ost-West-Bahnlinie quer durch den nördlichen Teil der Poebene unterhalb der Ausläufer der Alpen entstand. Eine kleine Nebenstrecke führte von Porta Vescovo direkt zu der lang gestreckten Bastion von Campo Marzo ganz in der Nähe. Soldaten konnten so aus ihrem Fort in Verona treten und direkt in den Zug steigen, der sie zu dem jeweiligen Grenzabschnitt des Österreich-Ungarischen Reiches brachte, der gerade bedroht war.

Die Eisenbahn hat also durchaus eine Rolle in den Kriegen des Risorgimento gespielt. Der Sieg des französisch-
piemontesischen Heers über die Österreicher 1859 in der
Schlacht von Magenta, einer der wenigen wichtigen Siege,
die die Piemonteser verbuchen konnten, verdankte sich
großenteils einer kurz zuvor fertiggestellten Eisenbahn-
brücke, die es den piemontesischen Truppen erlaubte, den
Fluss Tessin, der damals die Grenze zu den österreichischen Territorien bildete, schnell und in großer Zahl zu
überqueren. Ein Jahr später krönte Garibaldi seine trium-
phale Eroberung des Südens, indem er mit einem Zug in
Neapel einfuhr. Im selben Jahr schrieb die gelehrte Zeitschrift *Politecnico*, die italienische Einheit müsse durch
»Armee und Eisenbahn« vollendet und erhalten werden.

So viel öffentliche Aufmerksamkeit tat der Eisenbahn nicht
immer gut. An der ersten großen Korruptionsaffäre im
frisch geeinten Italien war auch die Eisenbahn beteiligt: Es
kam heraus, dass einige Minister einer Firma, bei der sie
selbst Großaktionäre waren, lukrative Eisenbahnverträge
zugeschustert hatten. Im Allgemeinen führte in den 1860er-
und 70er-Jahren das Vorhaben, das Land sehr schnell durch
den Bau immer neuer Bahnlinien zusammenzubringen, zu
minderwertiger Arbeit und zum Konkurs vieler Eisenbahngesellschaften, als sich herausstellte, dass es für die Strecken,
die sie mit so viel Enthusiasmus gebaut hatten, kaum Nachfrage gab. 1893 schrieb das Kulturmagazin *Nuova Antologia*:

Die entscheidenden Kriterien beim Bau der italienischen Eisenbahnlinien sind von der Vereinigung des

Königreichs bis zum heutigen Tage weitaus stärker politischer als technischer oder ökonomischer Natur gewesen. Finanzielle Erwägungen spielten dabei nur eine sehr untergeordnete Rolle. Doch während diese politischen Kriterien anfangs von nationaler Bedeutung waren, gerechtfertigt und sogar notwendig, wurden sie später immer kleingeistiger, bis hin zu dem Punkt, an dem sie fast immer eher regional als rational begründet waren.

Ein großer Teil des Eisenbahnbaus war eine Reaktion auf den mythischen Erfolg der Eisenbahnen in anderen Ländern, vor allem in England. Der Drang, mit nordeuropäischen Rivalen zu konkurrieren, das ständige Bedürfnis, sich seinen Nachbarn als ebenbürtig, wenn nicht gar überlegen zu erweisen, ist bei der Entscheidungsfindung in Italien noch heute ein wichtiger Faktor. Die Gefühle, die den lokalen *campanilismo* antreiben, hatten sich auf die internationale Szene ausgeweitet, so als ließe sich für die Italiener eine kollektive Identität nur durch Wettbewerb herstellen. Als sie das englische Modell kopierten, Lokomotiven und Maschinen aus England importierten und Kohle aus Deutschland bezogen, ließen die italienischen Gesellschaften außer Acht, dass die Eisenbahn sich in England im Zuge einer boomenden Industrie entwickelt hatte, in der ein hoher Bedarf an Transportmöglichkeiten bestand und Kohle und Stahl im Überfluss vorhanden waren. In Italien hingegen erschien so manche Bahnstrecke bald als Kathedrale in der Wüste. Dort wurden wesentlich weniger Menschen und Waren bewegt, und da die Löhne niedrig waren, mussten auch die Fahrpreise niedrig gehalten werden. Die Pro-

Kopf-Nutzung der Eisenbahn in Italien blieb bis Mitte des 20. Jahrhunderts weit hinter der in England, Deutschland oder Frankreich zurück. Ein Problem war das komplizierte Fahrkartensystem, denn es gab etliche verschiedene Betreibergesellschaften, die jede ihre eigenen verworrenen Regeln hatte. In *Le ferrovie* zitiert Stefano Maggi folgenden Brief aus dem Jahr 1869, den ein Parlamentsabgeordneter an den damaligen Minister für öffentliche Arbeiten schrieb:

Letzte Woche saß ich auf dem Rückweg von Florenz nach London mit einigen englischen und amerikanischen Reisenden im Abteil, von denen ein paar sich gerade auf der Rückreise aus dem Orient befanden, über Brindisi. Es ist nicht übertrieben, werter Herr Minister, wenn ich sage, dass sich auf der Fahrt eine Beschwerde über die italienische Eisenbahn an die nächste reihte; diese Reisenden waren schlicht und einfach erstaunt, dass ein so kluges, modernes Volk wie die Italiener sich mit derart vielen Unannehmlichkeiten abfindet... Sie erzählten mir eine unfassbare Geschichte zum Thema Papiergeld. Ein Reisender, der einen Fahrschein zum Preis von 15,75 Lire erwerben wollte, legte 16 Lire in nationalen Banknoten hin. Die Leute am Fahrkartenschalter weigerten sich, diese anzunehmen, und bestanden darauf, dass 1,75 Lire in Silber- oder Kupfermünzen zu zahlen wären und der Rest in Banknoten. Da der Reisende keine 1,75 in Münzen bei sich hatte, erklärte er, sie möchten die 25 Cent Rückgeld von den 16 Lire behalten: Man teilte ihm mit, die Gesellschaft sei nicht bedürftig, und er erhielt keinen Fahrschein.

Kommt mir schrecklich bekannt vor.

In den 1880er-Jahren debattierte das italienische Parlament, verärgert über die schlechte Leistung der privaten Firmen, die im Besitz von Betreiberlizenzen für die Eisenbahn waren, tatsächlich über die Möglichkeit, eine Zugverspätung zur Straftat zu erklären. Es fällt einem schwer, damit nicht zu sympathisieren, aber man könnte ebenso gut ein Gesetz gegen den Regen erlassen. In Luigi Bertellis Kinderbuch *Das Tagebuch von Gian Burrasca* aus dem Jahr 1907 bemerkt der neunjährige Gian Burrasca, als er mit dem Zug von zu Hause ausreißt: »Dad hatte wirklich recht mit seinem Schimpfen über die Eisenbahn!«

Doch es war auch die Zeit der heroischen Erfolge, des Baus von Tunneln durch den Apennin und die Alpen – technische Meisterleistungen, die alles übertrafen, was in England oder Deutschland gebaut wurde. Tatsächlich hat diese explosionsartige Unternehmungslust beim Eisenbahnbau aus dem Ingenieur in Italien eine vom Architekten unterschiedene, aber ebenso hoch angesehene Respektsperson gemacht, eine Entwicklung, die so weit ging, dass *ingegnere*, Ingenieur, heute in Italien als Titel gilt, der dem eines Doktors oder Professors ebenbürtig ist. Und es war der Ausbau eines Streckennetzes durch eine Landschaft, die zu den unwegsamsten Europas gehört, der der neuen italienischen Nation wegen ihrer raffinierten und wagemutigen Bauprojekte großes Ansehen verschaffte. In den 1860er-Jahren setzten italienische Ingenieure erstmals eine Druckluftbohrmaschine (die Luft mittels Wasserkraft komprimierte und damit den Bohrer zur Rotation brachte) ein; frühere Bohrmaschinen hatten einen Dampfantrieb, was zur Folge hatte, dass beim Graben von Tunneln vertikale Schächte an die Oberfläche erforderlich waren, um den Kohlenqualm abzulassen. Die neue Technik ermöglichte den Bau des Mont-Cenis-Tunnels in den Westalpen unterhalb von Fréjus im Jahre 1871. Mit seinen über zwölf Kilometern Länge verkürzte der Tunnel, der sich innerhalb von vierzig Minuten mit dem Zug durchqueren lässt, die Fahrzeiten auf der Nord-Süd-Strecke über die Alpen um zwölf Stunden und erlaubte es britischen Firmen, die mit Indien Handel trieben, ihre Waren in nur siebenundvierzig Stunden von London bis zum Hafen von Brindisi zu bringen. So wurden Italiens Häfen zu Umschlagplätzen für Waren, die bis dahin über Südfrankreich transportiert worden waren. Aber beim Bau des Mont-Cenis-Tunnels kamen 177 Arbeiter ums Leben. Und über 600 starben an Lungenleiden, nachdem sie am Bau des fünfzehn Kilometer langen Gotthardtunnels mitgearbeitet hatten, der 1882 eröffnet wurde. Der längste Tunnel durch die Alpen war der Simplontunnel; mit zwanzig Kilometern Länge sollte er bis ins Jahr 1979 der längste Tunnel der Welt bleiben. Erst dann bauten die Japaner einen Tunnel, der anderthalb Kilometer länger ist. Was auch immer man über die Pünktlichkeit oder die Fahrkartenbürokratie sagen mag – vor dem Mut und der Genialität, mit der diese Bahnstrecken gebaut wurden, kann man nur den Hut ziehen. Und wenn einem jemand mit der Anrede Ingegnere vorgestellt wird – *Buon giorno, Ingegnere Rossi; piacere, Ingegnere Bianchi* –, dann sollte man einen gewissen Respekt zeigen.

Leider hat sich diese viele harte und grandiose Arbeit nur selten finanziell bezahlt gemacht, vor allem nicht kurz-

fristig. Die Eisenbahn ist der ultimative Test, ob ein kapi-
talistisches Modell im öffentlichen Transportsektor überhaupt funktionieren kann. Wenn wir Bahnlinien wollen,
müssen wir dafür bezahlen und können von den Zugrei-
senden nicht erwarten, dass sie die gesamten Kosten in den
ersten paar Jahren abbezahlen. Es handelt sich hier um eine
Investition, die sich erst nach Jahrzehnten, vielleicht gar
Jahrhunderten amortisiert. Das neu formierte Königreich
Italien wollte Eisenbahnen, und es wollte das Ansehen, das
die Eisenbahn mit sich brachte, in einer Zeit, als schneller,
pünktlicher Zugverkehr das sichtbarste Zeichen für kollektiven Wohlstand, Fortschrittlichkeit und Modernität war.
Aber es wollte nicht dafür bezahlen. Es hatte nicht genug
Geld dafür. Das kommt uns in vielen Ländern bekannt
vor; man denke nur an England, als der Kanaltunnel gebaut wurde. Die Unternehmen, an die die italienische Regierung die Rechte zum Bau und Betrieb der unterschiedlichen Bahnlinien vergab, Unternehmen, die oft Freunden
und Verwandten von Ministern gehörten, stellten fest, dass
sie letztendlich mit ihrer Investition nicht so attraktive Ge-
winne erzielen konnten, wie es den Engländern gelungen
war; sie hatten sich für *furbo* gehalten und abräumen wollen, doch stattdessen hatten sie dem Land einen großen
Gefallen getan und mussten selbst beträchtliche Verluste
hinnehmen. Aber auch wenn sie nicht reich werden würden, durften sie dennoch nicht versagen, denn die Züge
waren ein Teil des sozialen und wirtschaftlichen Systems
geworden, und sie zu verlieren hätte bedeutet, sich eine
ganz neue Zukunftsvision ausdenken zu müssen. Folglich
musste man alle möglichen raffinierten Buchhaltungstak-

tiken erfinden, um die Unterstützung der Regierung zu
bekommen. Es wurde zur absoluten Grundbedingung der
italienischen Eisenbahngesellschaften, ob öffentlich oder
privat, sich auf irgendeine Art, sei es nun offiziell oder in-
offiziell, vom Staat bezahlen oder doch zu großen Teilen
subventionieren zu lassen, und das ist bis heute so geblieben. Subventionieren von einem Staat, der selber hochver-
schuldet war und ist. Schon Mark Twain staunte 1869 über
dieses Phänomen:

> Es gibt eine ganze Menge Dinge an diesem Italien,
> die ich nicht begreife – und besonders kann ich nicht
> begreifen, wie eine bankrotte Regierung so palastar-
> tige Bahnhöfe und so wunderbare Chausseen besit-
> zen kann… Was die Eisenbahn anbetrifft – wir haben
> keine, die ihnen gleichkommt. Die Waggons gleiten so
> sanft dahin, als liefen sie auf Kufen… Diese Dinge neh-
> men mich mehr ein als Italiens hundert Galerien unbe-
> zahlbarer Kunstschätze, weil ich die einen verstehe und
> die anderen zu würdigen nicht berufen bin… Aber…
> dieses Land ist bankrott. Es ist keine echte Grundlage
> für diese großen Werke vorhanden. Der Wohlstand, den
> sie andeuten möchten, ist Schein. Es ist kein Geld im
> Schatzamt, daher schwächen sie das Land, statt es zu
> stärken.

Ende des 19. Jahrhunderts steckte Italien dann tatsächlich
in großen Schwierigkeiten; es gab Hungermärsche und
Massenproteste, die zumindest teilweise auf den leicht-
sinnigen Umgang mit öffentlichen Mitteln zurückzufüh-

ren waren, der Mark Twain so erstaunt hatte. 1905, inzwischen mit einer ernsthaften Wirtschaftskrise und großen Unruhen konfrontiert, war die Regierung schließlich gezwungen, die Eisenbahn zu verstaatlichen. Italien war das erste große Land, das diesen Schritt unternahm (nur die Schweiz hatte das schon früher getan), und die Eisenbahnen waren der erste Industriezweig, der in Italien verstaatlicht wurde. Die Verhandlungen waren gekennzeichnet durch den ersten landesweiten Streik einer großen, einflussreichen Gewerkschaft, und zwar weil die Bahnmitarbeiter sich weigerten, die Streikverbotklausel in den Verträgen öffentlicher Angestellter zu akzeptieren.

Zu diesem Zeitpunkt hatte die Bahn 102 000 Mitarbeiter, das waren mehr als die Gesamtzahl der italienischen Beamten, und verfügte über die bei Weitem größte Gruppe gewerkschaftlich organisierter Arbeitnehmer im Land. Und es war eine eng zusammengeschweißte Arbeiterschaft, man trug Uniform, war durch die langen, ungeselligen Arbeitszeiten gezwungen, Kameradschaftsgeist zu entwickeln, und man war stolz auf den hohen technischen Standard und die Verantwortung, die man trug. Im Laufe der folgenden Jahre, und besonders während des Ersten Weltkriegs, in dem die Eisenbahn eine bedeutende Rolle spielte, sollten diese Männer zu immer militanteren Sozialisten und schließlich zu Kommunisten werden. Nach der Verstaatlichung erstritten sie sich einen Acht-Stunden-Tag, der ihre neuen Arbeitgeber zwang, die Anzahl der Bahnmitarbeiter auf 226 000 mehr als zu verdoppeln. Rechnete man dazu noch die kräftigen Lohnerhöhungen, um diese gefährlich mächtige Gruppe zu befrieden, so war klar, dass die Eisenbahngesellschaften für die Steuerzahler über die nächsten Jahrzehnte eine große Belastung darstellen würden. 1914 schrieb der Rechtsexperte Giuseppe Cimbali in einem ausführlichen Beitrag über Aspekte der öffentlichen Verwaltung Italiens:

> In dem Bewusstsein, essenzieller Bestandteil der wichtigen, wundersamen Beweglichkeit des modernen Lebens zu sein, halten die Bahnangestellten sich für eine Stufe besser als alle anderen und glauben, sie hätten ein Anrecht auf uneingeschränkte Vergünstigungen und Privilegien. Sie zehren von der Kraft der neuen Dampflokomotiven und Elektroantriebe und verweigern sich jeder Art von Zügelung oder Einschränkung. Da sie gewohnt sind, mit atemberaubender Geschwindigkeit dahinzubrausen, reagieren sie sofort auf jeden Versuch, sie in die für die Allgemeinheit gültigen Schranken zu weisen.

Wenn man das liest, wird einem sofort klar, warum man selbst heute noch, sobald ein *capotreno* erscheint, um die Fahrkarten zu kontrollieren, den Eindruck gewinnt, es mit einem Polizeibeamten oder gar einem Soldaten zu tun zu haben. Offizielle Schilder weisen darauf hin, dass »der Fahrkartenkontrolleur ein Angestellter des öffentlichen Dienstes ist«, und Durchsagen im Bahnhof warnen, dass man »sich strafbar macht, wenn man sich weigert, ihm auf Verlangen einen gültigen Ausweis zu zeigen«. Das erklärt auch, warum es noch immer verboten ist, auf italienischen Bahnhöfen zu fotografieren; sie sind angeblich wichtige Einrichtungen der öffentlichen Sicherheit.

Im Krieg wurden von 1915 bis 1918 1196 Bahnmitarbeiter getötet und 1281 ausgezeichnet. Nach dem Waffenstillstand annektierte Italien die Eisenbahnen des Trentino, Südtirols und der nördlichen Adria bis nach Triest; das waren fast tausend Kilometer Bahnstrecke. Auch bei der gigantischen patriotischen Zeremonie zur Bestattung eines unbekannten Soldaten, die einen kathartischen Schlussstrich unter diesen ersten, traumatischen Krieg der neuen Nation ziehen sollte, der auf nationalem Gebiet ausgetragen wurde, spielte die Eisenbahn eine zentrale Rolle: Am 29. Oktober 1920 wurde ein Sarg mit dem Leichnam des Soldaten in Aquileia, einer kleinen Küstenstadt östlich von Venedig, in einer Gegend, in der sich italienische, österreichische und deutsche Truppen erbitterte Kämpfe geliefert hatten, in einen Zug verladen, der ihn nach Rom bringen sollte; unterwegs machte er auf jedem Bahnhof halt und wurde an jedem Bahnübergang bejubelt, ehe er nach vier Tagen am 2. November, dem Tag der Toten, in Rom eintraf. In Triumph und Trauer verschmolz das Bild der Eisenbahn mit dem Massenpatriotismus.

Fast auf den Tag genau zwei Jahre später wurde ein anderer Bahnreisender auf dem Weg von Nord nach Süd lautstark bei seiner Ankunft im Bahnhof Stazione Termini bejubelt: Benito Mussolini. Der Marsch auf Rom 1922 wurde von faschistischen Gruppen unter den Eisenbahnarbeitern, die für die Teilnehmer Sonderzüge von Norditalien in die Hauptstadt bereitstellten, maßgeblich unterstützt. Mussolini selbst hielt sich zurück und wartete, ob sein Coup gelingen würde, ehe er schließlich einen regulären Nachtzug bestieg, der um 20.30 Uhr aus Milano

Centrale abfuhr und am nächsten Morgen um 10.50 Uhr in Roma Termini eintraf, mit anderthalbstündiger Verspätung. In den nächsten zwanzig Jahren erhob der Duce die Pünktlichkeit der Bahn zum Maßstab der faschistischen Leistungsfähigkeit. Mit brutaler Härte gegenüber den linksgerichteten Gewerkschaften verringerte er die Belegschaft um über 50 000 Männer, wobei er sicherstellte, dass vor allem die militantesten gehen mussten, und führte eine Eisenbahnmiliz ein, die das Verhalten der Mitarbeiter überwachte. Diese Peitsche glich er mit einem paternalistischen Zuckerbrot wieder aus: medizinische Versorgung, billige Lebensmittel und günstiger Wohnraum machten die Eisenbahnangestellten zu einer privilegierten Gruppe. Erholungsstätten und Freizeitangebote wurden gefördert, ganz besonders die berühmte Organisation Associazione Nazionale Dopolavoro Ferroviario (Eisenbahner-After-Work), die Gruppenreisen und sportliche Aktivitäten anbot. 1928 konnte der Baedeker ausländischen Touristen versichern, dass die Züge in Italien größtenteils pünktlich fuhren.

Dennoch begann gerade unter dem faschistischen Regime der lange, langsame Niedergang. Ein drastischer Konjunkturrückgang im Jahre 1929 reduzierte die Zahl der Fahrgäste und das Frachtaufkommen. Die Straßen wurden allmählich zu einer echten Konkurrenz, eröffneten sie doch eine radikal andere Zukunftsvision. Einige kleinere Strecken wurden durch Buslinien ersetzt. Das Regime reagierte mit einem Hightech-Investitionsprogramm. Da Kohle ein teures und politisch sensibles Importgut war, eine Ressource, die ausländische Regierungen leicht zurückhalten konnten, falls es zu Sanktionen kam, beschleu-

nigten die Faschisten die Elektrifizierung der Hauptstre-
cken, vor allem in den nördlichen Bergregionen, wo sie die
vorhandene Energie aus Wasserkraft nutzen und dabei zugleich das Problem des Kohlenqualms in den Tunneln lin-
dern konnten. Italien war und ist anderen Ländern in der
Elektrifizierung der Bahnlinien voraus. Zwischen wichtigen Bahnhöfen wurden neue Strecken verlegt, um die Entfernungen zu verringern. 1937 gelang einer italienischen
Elektrolok auf einer planmäßigen Personenzug-Fahrt von
Bologna nach Mailand mit einer Durchschnittsgeschwin-
digkeit von 170 Stundenkilometern der Weltrekord für
einen kommerziell betriebenen Zug.

Das Problem bestand darin, die Leute dazu zu bringen, mit dem Zug zu fahren und hoffentlich auch einen
Fahrschein zu kaufen. Ausländische Touristen und Geschäftsleute nutzten unweigerlich die Hauptverkehrsstre-
cken, und Pendler waren mehr oder weniger gezwungen,
die Vorortstrecken zu nutzen. Aber was war mit den ländlichen Gebieten? Mussolini, der sich gerne persönlich in
alles einmischte, was mit der Eisenbahn zu tun hatte, versuchte zwei Fliegen mit einer Klappe zu schlagen, indem
er die sogenannten *treni popolari* einführte, die ausschließlich aus Waggons der dritten Klasse bestanden und die
arbeitende Bevölkerung an Feiertagen zu einem Bruchteil
des üblichen Fahrpreises ans Meer oder in die Skigebiete
brachten. Die Leute sollten das Regime lieben und ermu-
tigt werden, gesünder zu leben, indem sie am Wochenende
aufs Land fuhren. 1934 transportierten die *treni popolari*
über eine Million Fahrgäste und verhalfen vielen Italienern
zu ihrem ersten Bahnfahrerlebnis.

Am 14. Juni 1940, nur vier Tage nachdem der Duce Frankreich den Krieg erklärt hatte, nahm ein bewaffneter italienischer Zug, der die Costa Azzura entlangfuhr, französische Marineschiffe unter Beschuss. Die gesamten Kriegsjahre hindurch transportierten die Züge Truppen, Flüchtlinge, Waffen und Gefangene in großer Zahl. Schließlich wurde die Bahn von den Alliierten bombardiert und von den Deutschen auf dem Rückzug in die Luft gesprengt. Nach Italiens Kapitulation 1943 machten die Deutschen, die die Mitte und den Norden des Landes besetzt hatten, Verona zu ihrem Hauptverkehrsknotenpunkt, weil sich dort die Ost-West-Strecke (Mailand–Venedig) und die Nord-Süd-Strecke (Rom–Berlin) kreuzen. Von Verona aus, von denselben Bahnsteigen, von denen ich in den Zug der lebenden Toten einsteige, wurden also Juden und andere unerwünschte Personen in stickigen oder eiskalten Güterwaggons über den Brenner und weiter in die Gaskammern von Auschwitz und Birkenau verfrachtet. Einer dieser Waggons wird in Verona Porta Nuova verwahrt und jedes Jahr am Shoah-Gedenktag auf der Piazza Bra, dem Hauptplatz der Stadt, ausgestellt. Der Auschwitz-Überlebende Primo Levi schrieb dazu: »Kein Tagebuch und keine Geschichte derer von uns, die zurückgekehrt sind, kommt ohne ihren Zug aus, ohne die versiegelten Waggons, die Güterwagen, die zu mobilen Gefängnissen oder gar Todesinstrumenten gemacht wurden.«

Im Zweiten Weltkrieg starben 2104 Eisenbahner, 407 von ihnen im Widerstandskampf. Große Anerkennung gebührt den Arbeitern, die versuchten, die deutschen Kriegserfolge zu sabotieren, indem sie Stellwerke und Lokomotiven

zerstörten. Bei Kriegsende waren über 7000 Kilometer
Bahnstrecke auf die eine oder andere Art zerstört worden
und dazu noch 4750 Eisenbahnbrücken. Paradoxerweise
hat sich, obwohl das Schienennetz aus der Vorkriegszeit
nie gänzlich wiederhergestellt wurde, bis 1950 die Zahl der
Fahrgäste im Vergleich zum Ende der Dreißigerjahre verdoppelt, auch wenn die Menge der transportierten Güter
rapide sank. Diesen Wettbewerb gewannen die Straßen. In
den Fünfzigerjahren wurden wie wild Straßen gebaut. Niemand dachte an den Treibhauseffekt; niemand befürch-
tete, dass Benzin eines Tages knapp werden könnte. Staus
waren kein Grund zur Sorge, die Tausende von Verkehrs-
toten ebenso wenig. Was allein zählte, war die persönliche
Freiheit und der Traum, von Tür zu Tür fahren zu können.
Im April 1961 unterstützte das Automagazin *Quattroruote*
(Vier Räder) ein Rennen zwischen dem neuen elektrischen Schnellzug, dem Settebello, und einem Alfa Romeo
Giulietta auf der Strecke von Mailand nach Rom. Der
Zug schaffte es in sechs Stunden, siebenunddreißig Minuten. Der Alfa in fünf Stunden, neunundfünfzig Minuten.
Game over. Als der Autobahnbau so richtig in Schwung
kam, bluteten die Ferrovie dello Stato langsam aus; sie ver-
loren immer mehr Fahrgäste.

Zu diesem Zeitpunkt zeigte sich ohne Zweifel bereits
der Unterschied zwischen zwei Arten des Bahnreisens, der
heute immer deutlicher wird. Der größte Teil der Bahnfahrten ist zu einer Dienstleistung für autolose arme Leute
geworden, für Pendler, die keine andere Wahl haben, für
Rucksacktouristen und für Landstreicher, für die lebenden
Toten oder für Exzentriker wie mich, die das Autofahren

an sich hassen. Billige, langsame Nachtzüge mit schlechtem Service, die sogenannten *treni di speranza* (Züge der Hoffnung), fahren Arbeiter, Studenten und später Einwanderer zu Spottpreisen die sechshundert Kilometer von Süden nach Norden. Speckige Pendlerzüge bringen schlecht bezahlte Arbeiter nach Mailand, Rom und Genua, mit Jahreskarten zu einem Preis, für den man in Ländern nördlich der Alpen nicht einmal einen Monat lang Bahn fahren kann. Uralte Waggons werden nicht einmal abgestaubt, um Fußballfans zu Auswärtsspielen zu transportieren. Da hat man zwar der Tatsache Rechnung getragen, dass die Eisenbahnen eine wichtige soziale und wirtschaftliche Rolle spielen, über die allernötigsten Instandhaltungsmaßnahmen hinaus aber keine ernsthaften Investitionen getätigt. Das war und ist in Bezug auf die Bahn als Transportmittel eine Almosenpolitik. Wer etwas auf sich hält und ein Auto oder Flugticket bezahlen kann, fährt lieber Auto oder fliegt. Wie oft haben sich die Leute in beiläufigen Gesprächen schon gewundert, dass ich nicht mit dem Auto nach Mailand fahre.

Aber für die Geschäftsleute, die gehobenen Touristen und die Phobiker, die nicht fliegen können, hat man Luxuszüge eingerichtet; zuerst den Settebello, dann den Rapido und den Super Rapido, dann den Eurostar – Züge, bei denen man für Geschwindigkeit und Sauberkeit doppelt und dreifach zahlt. Jedoch war es auch hier von Anfang an schwer, mit einem Straßennetz zu konkurrieren, das 80 Prozent des öffentlichen Infrastrukturbudgets verschlang. Die Bombenanschläge, bei denen 1974 zwölf Menschen im Nachtzug von Florenz nach Bologna und

1980 noch einmal fünfundachtzig Menschen in der Wartehalle des Bahnhofs von Bologna ums Leben kamen, waren
da nicht gerade hilfreich. Am Tag des Anschlags in Bologna war ich gerade mit meiner Frau im Urlaub in Verona,
um ihren Bruder zu besuchen und zu überlegen, ob wir
eventuell dort hinziehen sollten. Es war mir damals nicht
bewusst, aber als ich mich 1981 in Italien niederließ, waren die Ferrovie dello Stato gerade auf dem Weg zu dem,
was ein endgültiger Niedergang hätte werden können; die
öffentlichen Mittel flossen spärlich, während die Regierung zugleich die Eisenbahngesellschaften zwang, mehr
Arbeiter einzustellen, als sie brauchten oder auch nur beschäftigen konnten. Selbst die Nostalgie, die sich im Hin-
blick auf das Bahnfahren entwickelte, war ein schlechtes
Zeichen. Nichts ist so veraltet wie die Zukunftsvisionen
von gestern.

Im Jahr 1985 kosteten Bahnfahrkarten unter Berück-
sichtigung der Inflation ein Drittel von dem, was sie Anfang des Jahrhunderts gekostet hatten, während die Lohn-
kosten sich versechsfacht hatten. Das Bahnfahren war fast
ein Geschenk an die Menschen, damit sie friedlich blieben. Zu dem Zeitpunkt wurde die Eisenbahngesellschaft
in einem Anfall von halbherziger Ernsthaftigkeit in eine
unabhängige Behörde umgewandelt, mit der Auflage, aus
den roten Zahlen herauszukommen. Es wurde viel davon
gesprochen, die Organisation vom Einfluss der Politiker zu
befreien und den Gesetzen des freien Marktes zu unterwer-
fen. In Wirklichkeit jedoch gehörte sie immer noch dem
Staat und wurde auch von ihm geleitet, womit die Verpflichtung, keine Verluste mehr zu machen, bedeutungslos

wurde; sie würde immer wieder entschuldet werden, ungeachtet der Höhe der Verluste, und konnte sich so weiterhin Anleihen sichern und Schulden anhäufen; Schulden, die letztendlich ein Teil der Staatsverschuldung blieben, auch wenn sie offiziell nicht mehr dazugehörten.

1992 wurden die FS, wie die Gesellschaft meistens genannt wird, erneut umgewandelt, diesmal in einen Privatbetrieb, bei dem allerdings der Staat Hauptaktionär blieb. Das bedeutete, man konnte jetzt nach Lust und Laune Einstellungen, Entlassungen und Investitionen vornehmen, mit öffentlichen Geldern, aber ohne öffentlich bestellte Kontrollinstanzen. Natürlich drängten die Politiker die Eisenbahner dazu, zu tun, was politisch für sie in ihren jeweiligen Wahlkreisen günstig war, und sehr bald gab es die ersten Korruptionsvorwürfe und juristischen Ermittlungen. In der Zwischenzeit bot die Regierung allen Eisenbahnern über vierzig an, vorzeitig in Pension zu gehen – ein Onkel meiner Frau hat auch davon profitiert –, um die Überbesetzung auszugleichen, und reduzierte die Belegschaft auf diese Weise von 216 000 auf 120 000, allerdings zu ruinösen Kosten für den Steuerzahler und ohne der Eisenbahn wirklich zu nützen, denn diejenigen, die gingen, waren die fähigeren Arbeiter, Männer, die zuversichtlich waren, auch woanders noch Arbeit zu finden, um ihre Pensionen aufzubessern, während die, die blieben und feststellten, dass sie nun mehr arbeiten mussten, sofort für höhere Löhne streikten; Ende der Neunzigerjahre zahlte die Gesellschaft für halb so viele Arbeitskräfte die gleiche Lohnsumme wie zuvor.

Mitte der Neunzigerjahre übte die Europäische Union

Druck auf ihre Mitgliedstaaten aus, den öffentlichen Transport dem privaten Wettbewerb zu öffnen. Daher wurde, wie bereits erwähnt, 1990 aus den Ferrovie dello Stato eine Unternehmensgruppe, die aus Rete Ferroviaria Italiana (RFI), die für das Schienennetz und die kleineren Bahnhöfe zuständig war, und Trenitalia bestand, die sich um die Züge kümmerte. In der Theorie stand dahinter der Gedanke, anderen Unternehmen die Möglichkeit zu geben, mit Trenitalia um die Nutzung der Strecken zu konkurrieren; aber da die Topmanager von RFI und Trenitalia jeweils weiterhin in den Aufsichtsräten des anderen saßen, war das unwahrscheinlich; im Großen und Ganzen wurde die Entwicklung als hässliche Verquickung von Bürokratie und kosmetischen Maßnahmen betrachtet. Von diesem Moment an bekamen wir auch immer diese spöttische Verabschiedung zu hören, wenn ein Zug seinen Endbahnhof erreichte: »Vielen Dank, dass Sie sich für Trenitalia entschieden haben.«

WAS STAND ZUR WAHL in Verona Porta Vescovo, wenn ich von diesem Bahnhof aus nach Mailand fahren wollte? Genau vier langsame, aber direkte Verbindungen am Tag – alles Interregionali – und eine hübsche Anzahl Regionali, die bis Verona Porta Nuova fuhren und zeitlich so getaktet waren, dass man mit keinem von ihnen einen Anschlusszug nach Mailand erreichte.

Blieben also vier Strafzüge: um 6.50 Uhr morgens, um 12.36 Uhr, um 16.36 Uhr und um 18.37 Uhr abends.

In Porta Vescovo gibt es keinen Fahrkartenschalter, aber

im Warteraum, durch den man hindurchmuss, um von der
Straße auf den Bahnsteig zu gelangen, steht ein alter grauer
Automat, der ausschließlich Regionaltickets ausgibt, das
heißt Fahrkarten für Strecken unter hundertfünfzig Kilometer. Er hat kein Touchscreen, sondern nur ein paar kleb-
rige alte Tasten. Alles ist zahlenverschlüsselt. Insbesondere
ist jeder Bahnhof, insgesamt Hunderte, mit einem dreistel-
ligen Zahlencode belegt, den man auf einer endlos langen
Liste an der Seite des Automaten ermitteln und dann über
die Tastatur eingeben muss. Aber keine Sorge: An fünf von
sieben Tagen ist dieser Automat außer Betrieb. Und dann
kann man seine Fahrkarte im Bahnhofscafé kaufen.

In Porta Vescovo gibt es das charmanteste Bahnhofscafé,
das ich kenne: alte Holzstühle und Tische mit rot-weiß
karierten Tischdecken, Spitzengardinen an den Fenstern,
die auf den Bahnsteig hinausgehen; zwei geschäftige Kell-
nerinnen mit schrillen Stimmen, die ihre Kunden bestens
kennen, denn kein Fremder würde je auf die Idee kommen, von Porta Vescovo aus einen Zug zu nehmen; dann
ihre beiden wohlproportionierten Töchter (nehme ich zumindest an), beide mit einem attraktiven, wenn auch sehr
unterschiedlich schiefen Lächeln, sowie ein uralter schwer-
mütiger Mann, dem die Frauen nichts weiter zutrauen, als
Kisten hin und her zu schleppen und vielleicht das Geld zu
kassieren, aber bestimmt nicht die Zubereitung des Cappuccino oder die Bedienung des Fahrkartenautomaten, der
hinter der Theke steht. Kommt man um sechs Uhr morgens ins Café, sorgen die Mädels dafür, dass man innerhalb
von dreißig Sekunden einen Kaffee vor sich stehen hat, begleitet von einem sündhaft kalorienreichen Croissant mit

klebriger Puddingfüllung. Kommt man gegen sieben Uhr abends zurück, schenken die Signoras einen gut gekühlten Custoza ein und setzen einem eine Schale Chips vor die Nase, alles zu einem Spottpreis von zwei Euro. Der größte Teil der Unterhaltung findet im Lokaldialekt statt, mit den Arbeitern aus dem nahe gelegenen Busbahnhof, die hier zu allen Tageszeiten auf ein herzhaftes Salamisandwich und ein Glas Rotwein vorbeischauen.

Am Sonntag allerdings ist das Café geschlossen. Und sonntags funktioniert der Fahrkartenautomat so gut wie *nie*. Neuerdings fahre ich am Sonntagnachmittag nach Mailand, um rechtzeitig zu einem Seminar am Montagmorgen vor Ort zu sein. Da ich jetzt nur noch einmal in der Woche pendle und zwei Nächte in Mailand verbringe, kaufe ich mir auch keine Jahreskarte mehr. Der oft kaputte Automat ist also ein Problem.

Laute Durchsagen schallen über die menschenleeren Bahnsteige in Porta Vescovo. Meine Lieblingsdurchsage ist die, die den zwei oder drei Wartenden mitteilt, sie mögen sich bitte über den ganzen Bahnsteig verteilen, um das Einsteigen zu beschleunigen. Eine andere gebieterische Stimme erklärt uns, dass wir verpflichtet sind, uns mit einem Fahrschein »zu wappnen« (*munirsi*), ehe wir in den Zug einsteigen; es ist strafbar, erinnert sie uns mahnend, in einen Zug einzusteigen, ohne sich zuvor mit einer Fahrkarte auszustatten.

Ich schaue mich um. Wer spielt diese Durchsagen ab? Befindet sich jemand im Bahnhof, oder werden sie ferngesteuert? Falls jemand hier ist, versteckt er oder sie sich vermutlich in dem winzigen Büro links neben der Wartehalle auf Bahnsteig eins, dessen Glastür mit Jalousien verdeckt ist. *Dirigenti* steht auf einem uralten Schild links über der Tür. Direktoren. Auf mein Klopfen kommt keine Antwort. Wissen die Direktoren, falls überhaupt noch welche da sind, dass der Fahrkartenautomat nicht in Betrieb ist? Ich habe nicht den Eindruck, dass ich einfach die Türklinke drücken, eintreten und jemanden zwingen sollte, mich zu beachten, denn ein Schild erklärt »VIETATO L'ACCESSO ALLE PERSONE *non autorizzate*« (KEIN ZUTRITT FÜR UNBEFUGTE). Es folgt noch die Warnung »Zuwiderhandlungen werden mit einer Geldbuße in Höhe von 258 Euro bis 1549 Euro geahndet«.

Zwischen 258 Euro und 1549 Euro besteht ein großer Unterschied. Das gibt einem Richter viel Spielraum zwischen zwei seltsam genauen Geldsummen. Hat man sie womöglich von den alten Lire direkt umgerechnet? Die Höhe der Geldstrafe wird nicht erläutert, aber wie immer in Italien werden wir darüber informiert, auf welchem Gesetz sie beruht: »*art. 19.3 DPR 753/80, artt.le 2 L. 561/93, 689/81 und s. m. i.*«

Ein DPR ist ein Erlass des Präsidenten der Republik. Ein L. ist nur ein schlichtes Gesetz, das heißt ein Erlass, der durchs Parlament gegangen und in ein Gesetz umgewandelt worden ist. Und s. m. i.? Ich habe wohl ein Dutzend Passagiere im Laufe mehrerer Monate danach gefragt, bis mir ein älterer Mann schließlich mit ganz ernster Miene erklärte: »*successive modifiche ed integrazioni*« (spätere Änderungen und Ergänzungen).

Ergänzungen!

Tatsache ist, dass trotz all dieser überflüssigen Informationen niemand da ist, den man fragen kann, was man tun soll, wenn man keinen Fahrschein kaufen kann. Ich kann mich nicht erinnern, dass mir das schon einmal passiert wäre. Vermutlich sollte ich direkt zum *capotreno* gehen und beichten. Wenn man allerdings in dem ständig überfüllten Sonntagabendzug nach Mailand den Luxus eines Sitzplatzes genießen will, dann muss man sich einen sichern, während die Leute in Verona ein- und aussteigen. Und das ist nur drei Minuten von Porta Vescovo entfernt. Wenn man nach Verlassen des Bahnhofs Porta Nuova noch nach dem *capotreno* sucht, muss man die zwei Stunden stehen. Setzt man sich hin, ehe man ihn erwischt hat, dann erwischt er einen seinerseits und brummt einem ein Bußgeld auf, weil man sich nicht die Mühe gemacht hat, ihn als Erster zu erwischen.

Offiziell ist der *capotreno* am Kopf des Zuges zu finden; dort hat er seine Sachen, seine kleine Reisetasche, die offiziellen Unterlagen und seine persönlichen Dinge. Ich positioniere mich also ganz vorne auf dem Bahnsteig. Der Zug ist lang. Als er kreischend zum Stehen kommt, warte ich einen Moment und schaue die Wagenreihe hinunter, um zu sehen, wo die Schirmmütze und die grüne Flagge, mit der der *capotreno* dem Lokführer, der das vermutlich im Spiegel beobachtet, mitteilt, dass er die Türen schließen und abfahren kann, wohl zum Vorschein kommen werden. Doch sobald die ersten Fahrgäste aussteigen, ist es natürlich schwer auszumachen, wo der Mann aufgetaucht ist. Am Kopf des Zuges jedenfalls nicht. Ein paar Leute sind herausgesprungen und zünden sich hastig eine Zigarette an, um ein paar heiß ersehnte Züge zu machen, ehe

der Zug weiterfährt. Dann, gerade als ich einsteigen will,
stolpern ein paar junge Japanerinnen mit riesigen Koffern
die Wagentreppe herunter. Ich erkenne sofort, dass diese
Mädchen hier falsch sind – in Porta Vescovo steigen nur
Einheimische aus. Die Mädchen haben die großen Schilder am Bahnsteig gelesen: VERONA PORTA VESCOVO. Sie
wissen, dass ihr Zug um 6.43 Uhr in Verona eintreffen
soll. Sie nehmen an, dass er drei Minuten zu früh dran ist.
Oder vielleicht ist es schon 6.50 Uhr; in dem Fall freuen
sie sich, dass ihr Zug nur sieben Minuten Verspätung hat.
Verständlicherweise drängen sie nach draußen.

»Das hier ist nicht Verona«, sage ich auf Englisch zu
ihnen.

Sie schauen mich mit einem vagen Lächeln an. Hinter mir hängt das riesige Schild: VERONA PORTA VESCOVO.

Jedes Mal, wenn ich von hier abfahre, wiederholt sich
diese Szene, mit englischen, deutschen, amerikanischen
oder skandinavischen Touristen.

»Das hier ist noch nicht Verona. Steigen Sie wieder ein.
Verona Porta Nuova ist erst die nächste Station, in drei
Minuten.«

Manche beachten mich gar nicht. Für sie bin ich eines
der vielen Schlitzohren, die Touristen ausnehmen wollen.
Die Damen vom Café haben mir erzählt, dass die einzigen
Fremden, die man in Porta Vescovo je zu sehen bekommt,
Leute sind, die versehentlich falsch ausgestiegen sind und
nun wissen wollen, wie sie in die Innenstadt von Verona
kommen. Warum, frage ich mich, unternimmt Trenitalia
nichts, um klarzustellen, dass dies nicht der Hauptbahnhof ist? Schließlich erklären sie uns ja auch genau, welche

Gesetze den Geldstrafen zugrunde liegen, die wir niemals riskieren würden. Man könnte den Bahnhof einfach nur Porta Vescovo nennen statt Verona Porta Vescovo.

»Hier ist nicht der Bahnhof von Verona.«

Versteht die Japanerin, mit der ich spreche, überhaupt Englisch?

Ihre schwachen Augen blinzeln, sie blickt sich auf dem kleinen Bahnsteig um, betrachtet die Abstellgleise mit den rostigen Güterwaggons und kommt zu dem Schluss, dass ich wahrscheinlich recht habe. Jetzt müssen die Koffer also wieder eingeladen werden. Ich helfe dabei. Der *capo-treno* wird ungeduldig und bläst in seine Pfeife. Wo ist er nur? Der schrille Ton kommt von weit weg – vom anderen Ende des Zugs, ganz hinten. Mein Schicksal ist besiegelt. Ich werde die ganze Fahrt über stehen müssen.

DAS KONNTE NICHT SO WEITERGEHEN. Da Fahrkarten für Regionalzüge zwei Monate gültig sind, schien es mir das einzig Vernünftige zu sein, gleich mehrere auf einmal zu kaufen, wann immer ich irgendwo an einem Fahrkartenschalter vorbeikam, damit ich auf jeden Fall immer eine hatte. Als mir das klar wurde, war es Januar. Karneval stand vor der Tür. Zur Karnevalszeit sind die Züge aus Venedig voll mit maskierten Damen, kleinen Pinguinen und d'Artagnans. Die schlimmste Zeit fürs Zugfahren. Ich beschloss, ausnahmsweise mal nicht zu geizen, und kaufte mir Erste-Klasse-Fahrkarten, um auf jeden Fall einen Sitzplatz zu bekommen.

Tatsächlich habe ich mich selber immer als Zweiter-

Klasse-Reisender gesehen. Zweifellos ein Überbleibsel aus meiner Kindheit, als meine autolosen Eltern sich kaum je eine Zugfahrt leisten konnten, geschweige denn eine in der ersten Klasse. Später, als ich genug Geld hatte, um zu reisen, wie ich wollte, beschloss ich, dass die Leute in der zweiten Klasse für einen Romanautor viel interessanter waren. Worauf sich diese Annahme stützte, vermag ich nicht zu sagen. Vielleicht hing es mit der Art der Romane zusammen, die ich schrieb. Wie auch immer, das Zweite-Klasse-Ticket nach Mailand kostete 9 Euro, das Erste-Klasse-Ticket 15 Euro. Ich blätterte das Geld für sechs Tickets hin in dem Gefühl, mir etwas Gutes zu tun.

Man geht über die Gleise zu Bahnsteig vier. Dort stehen ungefähr zehn Leute, über den etwa zweihundert Meter langen Bahnsteig verteilt. Die Erste-Klasse-Waggons befinden sich im vorderen Zugteil, aber nicht ganz an der Spitze. Die anderen Fahrgäste auf dem Bahnsteig können erkennen, dass man im Abschnitt der ersten Klasse steht. Ich bin der Einzige dort. Es ist gleichzeitig peinlich und erfreulich. Die Glocke fängt an, dringlich und beharrlich zu läuten. Der Zug kommt aus Richtung Venedig in Sicht. Die große, schmutzig blaue Lokomotive schleppt sich quietschend die Schienen entlang. Die alten Waggons sind voller Graffiti. Durch die Fenster sieht man, dass die Wagen gerammelt voll sind. Die Leute stehen, viele von ihnen in allen möglichen albernen Verkleidungen. Wie klug von dir, denke ich, einen Erste-Klasse-Fahrschein gekauft zu haben!

Als der Zug schließlich kreischend zum Halten kommt, gehe ich zur nächstgelegenen Tür, froh darüber, als Eingeweihter *genau* zu wissen, wo mein Wagen zum Stehen kommen wird. Die Tür geht auf, und eine Gruppe Australier steigt aus. »Falscher Bahnhof, Sie müssen noch eins weiterfahren«, sage ich zu einem strammen Jungen im Ritterkostüm. »Das hier ist nur ein Provinznest.« Sie lachen und steigen wieder ein. Jetzt habe ich zu allem Überfluss auch noch eine gute Tat getan. Ich klettere nach ihnen in den Zug, mein vorschriftsmäßig entwertetes Erste-Klasse-Ticket in der Tasche, und ...

Die erste Klasse ist voll. Geradezu überfüllt. Erdrückend. Kein einziger Platz ist frei. Die Leute stehen überall im Gang. Die Heizung steht auf Maximum, und die Luft ist so stickig, dass man kaum atmen kann. Bestürzt sehe ich ein, dass mir nichts anderes übrig bleibt, als mich zur Mitte des Wagens durchzuschlängeln und darüber zu lachen, dass ich Geld zum Fenster hinausgeworfen habe.

Ich versuche, im Stehen zu lesen. Es gibt Leute, die glauben, es lohnt sich immer, von einem Wagen zum nächsten zu gehen, egal wie voll der Zug ist und ob ihnen andere Leute in der gleichen vergeblichen Hoffnung entgegenkommen. Ich versuche, mich möglichst schlank zu machen, denn Rucksäcke drücken von hinten gegen mich. Der Zug leert sich nicht wie erhofft in Verona Porta Nuova. In Peschiera steigt fünfzehn Minuten später überhaupt keiner aus. Im Gegenteil, es steigen noch Leute zu, ganze Familien, die den sonnigen kalten Tag genutzt haben, um nach Gardaland zu fahren.

Dann, kurz vor Desenzano, gerät plötzlich alles in Aufruhr. Leute stehen auf. Leute drängeln in Richtung Tür. Wie seltsam, denke ich, dass in diesem kleinen Ort am See

so viele aussteigen. Hier muss irgendetwas los sein, eine
Karnevalsveranstaltung vielleicht.

Aber nein, es ist der Fahrkartenkontrolleur. Der Mann
mit der grünen Mütze ist soeben am Ende des Gangs aufgetaucht.

Zwei Minuten später sitze ich gemütlich in einem halb
leeren Wagen. »Die Fahrgäste werden gebeten«, kommt
eine übliche Ansage vom Band, »zu überprüfen, ob die
auf ihrem *documento di viaggio* angegebene Wagenklasse
mit der Wagenklasse ihres Sitzplatzes übereinstimmt.«
Das Erscheinen des Schaffners hat mindestens fünfzig
Leute dazu gebracht, diesem Rat zu folgen und sich da-
vonzumachen.

Nie war blasierte Selbstgerechtigkeit greifbarer als jetzt.
Eine grimmige Zufriedenheit macht sich breit auf den Gesichtern derjenigen, die geblieben sind, den Gesichtern
rechtschaffener Bürger, die tatsächlich für ihr Erste-Klasse-
Ticket bezahlt haben. Was mich betrifft, so bin ich froh,
endlich sitzen und arbeiten zu können, aber nicht ganz
sicher, ob es mir gefällt, wie das hier abläuft. Im Rest des
Zuges wird es jetzt noch überfüllter und stickiger sein. Unter den Geflohenen waren auch Alte und Schwache. Jetzt
fühle ich mich schuldig wegen des Luxus, den ich mir geleistet habe. Aber ein paar Minuten nachdem der Schaffner weg ist, kommen die Ersten aus der zweiten Klasse
zurück. Es ist skandalös, bemerkt eine ältere Dame selbstgefällig, während sie sich neben mir niederlässt, diese Sitze
frei zu lassen, wenn die Leute stehen müssen.

Dieses Szenario wiederholte sich bei drei der übrigen
fünf Anlässe, zu denen ich meine Erste-Klasse-Fahrkarten

benutzte. Die anderen beiden Male kam der Schaffner gar nicht vorbei, und ich stand die gesamte Fahrt über.

Auf einer Fahrt treffe ich jemanden mit einer interessanten Betrachtungsweise der Situation. Nachdem ich in Verona Porta Nuova einen Platz ergattert habe, biete ich dem Mädchen, das mir gegenübersitzt, an, ihm zu helfen, seine große Tasche auf die Gepäckablage zu hieven, da sie zwischen uns steht und wir unsere Beine nicht ausstrecken können. Sie schüttelt den Kopf. »Lohnt sich nicht«, sagt sie. Sie habe keine Erste-Klasse-Karte, erklärt sie, und werde deshalb vermutlich bald hier wegmüssen. »Nur leider gibt es im ganzen Zug sonst keinen Sitzplatz mehr.« Sie sagt das, als hätte sie persönlich in jedem einzelnen Wagen nachgesehen. Inzwischen stehen um uns herum mehrere Leute, von denen manche möglicherweise im Besitz eines Erste-Klasse-Fahrscheins sind. Aber das Mädchen ist hübsch, und ich beschließe, nichts zu sagen.

»Sie sollten mehr Interregionali einsetzen«, fährt sie fort, nicht um sich zu rechtfertigen; sie will nur anmerken, dass der Bedarf besteht und gedeckt werden sollte. »Der Intercity kostet doppelt so viel«, erklärt sie, als könnte jemand mit leicht ausländischem Akzent das nicht wissen.

»Sie setzen nicht mehr ein«, sage ich, »weil sie kein Geld verdienen würden, wenn jeder für 9 Euro nach Mailand fahren würde.«

»Das stimmt«, sagt sie gleichmütig.

»Deshalb bezahlen die Leute vermutlich ein bisschen mehr für die erste Klasse«, bemerke ich, demonstrativ, wie ich hoffe. »Um einen Sitzplatz zu bekommen.«

»Wenn sie sich Erste-Klasse leisten können«, sagt sie,

»dann verstehe ich nicht, warum sie nicht den schnelleren Zug nehmen.«

»Vielleicht hält er nicht in ihrem Bahnhof. In meinem hält er zum Beispiel nicht.«

»Ja, daran wird es liegen«, stimmt sie mir zu. Keiner meiner Einwände scheint ihr Vertrauen in das, was sie ursprünglich gesagt hat, zu erschüttern, obwohl sie zugegeben hat, dass ich nicht unrecht habe.

Der Schaffner erscheint, aber das Mädchen steht nicht auf und geht eilig weg wie die anderen. Ganz ruhig und selbstverständlich reicht sie dem Schaffner ihre Fahrkarte.

»Das ist ein Zweite-Klasse-Fahrschein, *signorina*«, stellt er fest, »und Sie befinden sich in der ersten Klasse.«

Das Mädchen schaut sich leicht erstaunt um.

»Ach so?«

Aber sie will ihn nicht wirklich täuschen. Die naive Geste wirkt aufgesetzt; sie reicht gerade, um dem Schaffner die Möglichkeit zu eröffnen, *so zu tun*, als habe sie nicht verstanden.

»Nun, *signorina,* ich muss Sie bitten, sich umzusetzen«, sagt er. Es macht ihm Spaß, sie *signorina* zu nennen. Das Mädchen steht halb auf, und der Schaffner geht weiter durch den jetzt angenehm leeren Wagen. Alle noch Anwesenden reichen ihm freundlich lächelnd ihre gültigen Erste-Klasse-Fahrscheine. Das Mädchen macht sich weiter an seinem Gepäck zu schaffen, holt etwas heraus, steckt es wieder ein, ordnet hier etwas und dann dort, bis es sich plötzlich wieder hinsetzt, tief in den Sitz rutscht, sodass sein blonder Kopf sich unterhalb der Rückenlehne befindet, und die Augen schließt.

»Er ist weg«, sage ich nach einer weiteren Minute zu ihr. Sie öffnet ein Auge, lächelt, öffnet das andere, lacht, streicht sich mit einer Hand durch das hübsche Haar und wühlt dann in ihrer Tasche, um ein Ökonomie-Lehrbuch herauszuziehen. Sie muss lernen.

Ich frage: »Was tun Sie, wenn er zurückkommt?«

Sie runzelt die Stirn. »Er wird eine Weile brauchen, bis er durch den Zug durch ist. Es ist ganz schön voll.«

»Er hat bestimmt einen Assistenten, der von der anderen Seite durchgeht.«

»Wir werden ja sehen«, sagt sie.

»Theoretisch könnte er ziemlich unangenehm werden.«

»Theoretisch ja«, gibt sie zu. »Aber ich rechne nicht damit.«

Mir wird klar, dass ich es mit jemandem zu tun habe, der in diese Gesellschaft besser integriert ist, als ich es je sein werde. »Warum nicht?«

»Sie nehmen das mit der ersten Klasse nicht so ernst, oder?«

Ich ziehe eine Augenbraue hoch.

»Wenn man ohne Fahrkarte mit dem Bus fährt, was passiert dann? Wenn ein Kontrolleur einsteigt, versperrt er den Ausgang, und jeder, der schwarzfährt, kriegt ein Bußgeld. Das ist ernst. Sie könnten leicht die beiden Kontrolleure hier im Zug an beiden Eingängen zur ersten Klasse postieren und jedem mit einem Zweite-Klasse-Fahrschein eine Geldstrafe aufbrummen.«

»Das stimmt.« Der Gedanke war mir nie gekommen.

»Wenn ich mich im Eurostar in die erste Klasse setzen würde, müsste ich sofort Strafe zahlen.«

»Aber hier nicht.«

»Hier nehmen sie es nicht so genau.«

»Aber warum nicht?«

Sie runzelt die Stirn. Sie ist eindeutig eine ernsthafte Studentin.

»Ich glaube, es wäre ihnen lieber, wenn all die Leute, die sich die erste Klasse leisten, die schnelleren Züge nehmen würden. Die *poveretti* hier und die *benestanti* dort.

Arm und reich.

Ich frage: »Warum gibt es dann hier überhaupt eine erste Klasse?«

»Die Waggons existieren nun mal. Irgendwelche Leute sind immer dumm genug zu bezahlen, selbst wenn sie nichts dafür bekommen.«

»*Grazie.*«

»*Prego*«, sagt sie lachend.

MAG SEIN, DASS MAN ES BEI DEN FS mit den Sitzplatzklassen in den Regionali nicht so genau nimmt, aber wenn man in Milano Centrale ankommt, dann wird nur allzu deutlich, worauf man wirklich Wert legt. Hier ist eine Revolution im Gange. Im Innern des Bahnhofs wurde soeben das Ergebnis einer größeren Renovierung enthüllt; direkt vor der Tür nähert sich ein dramatischer, schon ein Jahr währender Countdown seinem Ende. Und bei diesen Veränderungen ist in jeder Hinsicht spürbar, was das kluge Mädchen im Zug mit seinen Beobachtungen angedeutet hat: die entschiedene Zweiteilung der Eisenbahn in Wohlhabende und Habenichtse, die Benutzer der Regionali und die Benutzer des Eurostar oder noch besserer Züge.

Die Erhabenheit dieses Ortes habe ich bereits beschrieben, eines Gebäudes, das fast die doppelte Kubikmeterzahl des großen gotischen Duomo im Stadtzentrum umschließt, aber über die tiefe Melancholie seiner Vernachlässigung bis zum Jahr 2008 bin ich nicht hinweggekommen. Vor allem erinnere ich mich an die schwarzen Netze, die wie Trauerflore etwa zehn Meter über dem Boden von einem Ende der riesigen Eingangshalle (der sogenannten Scala delle Carrozze) zum anderen gespannt waren, vermutlich um die Tauben davon abzuhalten, in die Dachgewölbe zu fliegen. Mit der zunehmenden Schmutzansammlung fingen die Netze an durchzuhängen und raubten den Fahrgästen die atemberaubende Erfahrung der Höhe, die die Architekten einst geplant hatten, das Kathedralen-Gefühl, das einen einlädt, jeder Reise eine spirituelle Dimension zu verleihen. Tatsächlich verbreitete damals alles an dem Bahnhof, die vollgestopften Zeitungskioske und die verfallenen Sandwichtheken mit den Fertigprodukten, eine defätistische Atmosphäre. Routinemäßige Instandhaltung gehört eben nicht zu den Stärken der Italiener. Im Anstoßen spritziger Projekte sind sie gut, beim Bau des Gebäudes, beim Planen der Straßen, beim Anlegen der Blumenrabatten; sie lieben Eröffnungsfeiern und das Durchschneiden der Einweihungsbänder. Aber das große Ereignis frisch und strahlend zu erhalten ist schwierig; sein Glanz an sich wird zu einer Last, die sich im Alltag kaum auf Dauer tragen lässt, wie eine Romanze, die zu schön ist, um den alltäglichen Umgang in der Ehe zu überstehen. Mit kollektivem Achselzucken stellt man das, was als glamouröse Show begonnen hat, dem Verfall anheim. Seine Entwertung erzeugt sogar eine gewisse grimmige Befriedigung. Es hat zu viel Arbeit gemacht. Und *so* wichtig war es auch wieder nicht. Man lässt Gras wachsen, Staub sich sammeln, die Augen trübe werden. Während man zwischen der U-Bahn ganz unten und den Bahnsteigen ganz oben hin und her hastet, mag sich keiner an die Vision erinnern, als der Grundstein gelegt wurde, keiner an die bewegende Rhetorik der Einweihungsreden denken.

Bis der Tag kommt, an dem unbedingt etwas unternommen werden muss oder jemand es schließlich geschafft hat, die 120 Millionen Euro aufzutreiben, die es kosten wird. Im Jahr 2006 wurde mit den längst überfälligen Renovierungsarbeiten begonnen. Gerüste wurden hochgezogen, große Bereiche des Bahnhofs verschwanden unter Planen. Plötzlich waren mein Lieblingsimbiss und die vielen Dinge, an die ich mich im Laufe der Jahre gewöhnt hatte, nicht mehr da. Ich kann nur hoffen, dass die Leute nicht einfach gefeuert wurden. Zwei Jahre lang wurden wir mal hier entlang, mal dort entlang geschleust, immer zwischen vernagelten Wänden und farbbespritzten Plastikvorhängen hindurch. Ungefähr 350 000 Menschen durchlaufen täglich diesen Bahnhof. Ein Wunder, dass man ihn während der Renovierung offen halten und gleichzeitig nicht nur das Gebäude selbst, sondern vor allem auch, wie wir noch sehen werden, die Wegführung von Grund auf neu gestalten konnte.

Unterdessen wurde auch der große offene Platz vor dem Bahnhof, die Piazza Duca d'Aosta, aufgerissen. Sie gehört zu den klassischen urbanen Plätzen, die für Anarchie, Demonstrationen, Betrunkene, Fußballfans, Reisende ohne Geld für ein Hotel, Bettler, Taschendiebe, Prostituierte und Drogendealer vorgesehen sind; ein Wirrwarr aus ungepflegten Grasflächen, Zigarettenkippen und übel riechenden feuchten Ecken und Winkeln. Wenn es schnell gehen muss, bei Tageslicht und annehmbarem Wetter, kann man dort schon mal auf einer der niedrigen Mauern sitzen, um in Ruhe eine Zigarette zu rauchen oder ein Sandwich zu essen, während man zu der imposanten Bahnhofsfassade mit der seltsamen, zentral angebrachten, etwa einen Meter hohen Inschrift NELL'ANNO MCMXXXI DELL'ERA CRISTIANA (IM JAHRE 1931 DER CHRISTLICHEN ÄRA) hinaufschaut, einer gewieften Anspielung auf die Tatsache, dass die Italiener damals ein neues Regime aufbauten, von dem sie hofften, es könne das Christentum überdauern: die Ära des Faschismus. Es war das Jahr 9.

Auf der Piazza Duca d'Aosta haben einmal zwei Roma-Frauen versucht, mich zu überfallen. Wenn ich später darüber nachdachte, konnte ich nicht umhin, ihre Dreistigkeit zu bewundern. Sie kamen von links und rechts auf mich zu, jede fasste mich an einem Ellbogen und bat um Geld, während sie nach der Schultertasche griffen, die ich bei mir hatte. Ich musste in höchst unwürdiger Manier schreien und um mich schlagen. Danach gab ich schließlich klein bei und kaufte mir einen kleinen italienischen Rucksack, um meine Unterwäsche und die Studentenarbeiten zu transportieren, etwas, das mir zuvor immer widerstrebt hatte, weil ich bei Rucksäcken an Schulkinder und Packesel denken muss. Aber sie haben den Vorteil, dass man sie nicht so leicht klauen kann.

Arbeiter kamen und begannen damit, die Piazza zu erneuern. Das bedeutet heutzutage in Italien, sie komplett
zu neutralisieren und durch eine sauber gefegte, hygieni-
sche, weiß gepflasterte Fläche mit ein paar Stufen hier und
da zu ersetzen, um eine strenge, gleichförmige geometrische Form zu erzeugen. In diesen kargen Entwurf werden
dann kleine, klar eingegrenzte Rasenflächen und auch mal
ein, zwei Blumenbeete eingelassen – die Natur in ihrer re-
duziertesten, harmlosesten und kontrollierbarsten Form.
Das mag ganz praktisch sein, aber es fällt schwer, sich dafür zu begeistern, vor allem im Sommer, wenn die Sonne
knallt und es keinen Schatten gibt, in dem man sein Sandwich essen, etwas trinken oder die besagte Zigarette rauchen kann.

Dann wurde ganz unvermittelt im Dezember 2007 direkt vor dem Bahnhof ein Monolith errichtet. So jedenfalls
wurde er in Blogs und Zeitungen genannt: *Il monolite! Il
totem!* Zwanzig Meter hoch aufragender, glänzender Stahl
mit zwei etwa drei Meter breiten konvexen Flächen, auf
denen hoch oben eine Inschrift prangte: SEGUI IL CONTO
ALLA ROVESCIA. Verfolgen Sie den Countdown! Bis zu
welchem Ereignis? ALTA VELOCITÀ – lautete die Antwort
ein Stückchen tiefer: HOCHGESCHWINDIGKEIT. Genau
365 Tage nach Beginn des Countdown sollte ein Hoch-
geschwindigkeitszug Mailand in Richtung Bologna verlassen, der die 215 Kilometer in nur einer Stunde schaffte,
das war halb so lange wie zuvor. Auf einem alten Foto, das
ich von dem Monolithen habe, sieht man ein gigantisches
digitales Zählwerk in seiner Mitte, dessen rote Leuchtzif-
fern etwa auf der Höhe des dritten Stocks 237.5.56.11 anzei-

gen, was so viel bedeutete wie noch 237 Tage, 5 Stunden, 56 Minuten und 11 Sekunden bis zur Abfahrt des Zuges, der genau 60 Minuten später in Bologna eintreffen würde, wo ebenfalls vor dem Bahnhof ein Totempfahl errichtet worden war, der den Countdown bis zum orgiastischen Augenblick des pünktlichen Eintreffens dieses Wunderzuges anzeigte.

Es erfordert Mut, in einem Land, in dem bekanntermaßen *alles* in letzter Sekunde verschoben wird – die Steuerfristen, die Abgabetermine für Magisterarbeiten, der Bewerbungsschluss für Professuren –, ein Ereignis ein ganzes Jahr im Voraus vorherzusagen. Schaut man sich um, wenn man die neuerdings sterile Fläche der leeren Piazza überquert und die komplexe Baustelle betritt, in die der Bahnhof sich verwandelt hat (während ich dies hier niederschreibe, liegen die Arbeiten am U-Bahn-Eingang still, weil der Firma, die den Zuschlag erhalten hatte, Bestechung und Korruption vorgeworfen wird), sich dann einen Weg durch die Immigranten bahnt, die gefälschte Designertaschen verkaufen, den kleinen Hubschraubern, die arabische Verkäufer in die Luft steigen lassen, und den Seifenblasen ausweicht, die zwei Slawen ein paar genialen kleinen Apparaten entlocken, wie man sie sich als Kind gewünscht hätte, und womöglich noch den Blick von einem Leichnam abwendet, der unter Zeitungen verborgen an einer Säule lehnt, oder von einer alten Frau, die in der eigenen Pisse sitzend abgelaufene pharmazeutische Produkte verkauft, die sie auf einer schmutzigen Decke vor sich ausgebreitet hat, dann fragt man sich unwillkürlich, ob Hochgeschwindigkeitszüge im Moment wirklich zu den dringlichsten Anliegen unserer Gesellschaft gehören.

Tatsächlich fordert jeder große italienische Bahnhof – Neapel, Florenz, Turin – tagtäglich die Verdrängungsneigung des Mittelschicht-Pendlers heraus: Werden wir das Überschwappen von Menschen aus der ganzen Welt in unsere gemütliche italienische Welt auf Dauer ignorieren können? Können wir uns wirklich immer wieder davon überzeugen, dass diese in Lumpen gekleideten Männer, Frauen und Kinder auf dem Asphalt nicht unsere Nächsten sind? An den meisten Tagen, das muss ich schon sagen, sind wir dieser Herausforderung ganz gut gewachsen. Wir haben unsere iPods, unsere Handys. Wir können an den Hungernden vorbeigehen und Melodien von Beethoven oder dem Wutgeheul von Bruce Springsteen lauschen. Was sich seit 2005 am meisten verändert hat, sind vielleicht die wachsenden Fluten der Armen, der Arbeitslosen und Arbeitsunfähigen und die immer ausgeklügelter werdende Technik, die uns hilft, uns nicht mit ihnen zu beschäftigen und schneller von A nach B zu gelangen, ohne uns unterwegs in irgendeiner Weise die Hände schmutzig zu machen.

So gesehen steht der glänzende Monolith vor dem Bahnhof Milano Centrale definitiv auf der Seite der Verdrängung. Er sorgt dafür, dass man den Blick von der nutzlosen Masse am Boden erhebt. »Hochgeschwindigkeit bringt Menschen zusammen«, verspricht eine fromme Werbung, »für ein vereintes Italien«. Man kann sich von den am Boden Liegenden abwenden und sich dabei noch tugendhaft vorkommen. Nur noch 150 Tage. Jetzt nur

noch 100. Wir werden immer schneller reisen können – bis
zu 250 Stundenkilometer –, umgeben von Luxus sehen wir
immer weniger von der Landschaft, durch die wir sausen,
zu Preisen, die so hoch sind, dass die Bedürftigen außen
vor bleiben.

Apropos Luxus und Preise: An der Westseite der Piazza,
wo die Araber und die Afrikaner die Straßen bevölkern,
steht das Fünf-Sterne-Hotel Meridien Gallia, ein Dutzend
Stockwerke voller pompöser Dreißigerjahre-Extravaganz.
Mein italienischer Verleger hat mich dort einmal für eine
Nacht untergebracht. Was hat er sich bloß dabei gedacht?
Kaum hatte ich mein Zimmer betreten, schon erschien
ein Kellner mit einer Flasche Champagner, Geschenk des
Hauses. Ich sah mich um und erkannte, dass sich jeder
erdenkliche Luxus in Reichweite befand, Dinge, von denen ich mir nicht einmal einreden konnte, dass ich sie
brauchte: die flauschigen Hausschuhe, der weiche Bade-
mantel, ein Jacuzzi, glänzende Marmoroberflächen, Lei-
nenbettwäsche, kostbare Seifen. Ich hatte eigentlich keine
große Lust auf Champagner, aber ich machte die Flasche
trotzdem auf und trank ein Glas, während ich durch die
hochwertigen, doppelt verglasten und kristallklaren Fenster auf einen Platz im Schatten des Bahnhofs blickte, wo
dunkelhäutige Männer einen Ball hin und her kickten. Ich
hätte sie ebenso gut im Fernsehen sehen können. Kopf-
schüttelnd mimte ich einen Trinkspruch: auf die moderne
Isolation.

Aber der große Tag kam näher. Der erste Hochge-
schwindigkeitszug sollte mehr oder weniger mit der Neuer-
öffnung des frisch renovierten Bahnhofs zusammenfallen,

zu dem auch hundert Geschäfte, eine neue Schalterhalle, extra umgebaute »Hochgeschwindigkeitsbahnsteige« und vor allem ein gänzlich neues Wegesystem gehörte, auf dem die Menschen von U-Bahn, Bus oder Straßenbahn durch den Bahnhof zu den hoch oben gelegenen Bahnsteigen geschleust werden sollten oder umgekehrt.

Bis zu diesem schicksalhaften Tag funktionierte *la mobilità*, wie die Italiener es nennen, folgendermaßen: Zuerst nahm man zwei Rolltreppen oder rannte zwei Treppenabsätze hinauf, um vom U-Bahnsteig auf Straßenniveau zu gelangen. Wenn man aus der U-Bahn kam, war man nur ein paar Meter weit dem Wetter ausgesetzt, ehe man sicher in der Sala delle Carrozze – der Wagenhalle – ankam, einem riesigen, gewölbten Säulenvorbau, wo Taxis ihre Kunden einsammeln konnten, ohne dass diese hinaus in den Regen oder in die Sonne treten mussten. Von dort ging man durch eine der eindrucksvollen schmiedeeisernen Türen in die große Schalterhalle des eigentlichen Bahnhofs, wo man die Wahl zwischen zwei zentral gelegenen Rolltreppen hatte, die Seite an Seite nach oben in ein Zwischengeschoss führten, von dem aus wiederum zwei Rolltreppen in eine große Halle mit Kiosken und Cafés fuhren, an deren Ende sich schließlich die eigentlichen Bahnsteige befanden; alle zweiundzwanzig erstreckten sich dort unter einer Kuppel aus Eisen und Glas. Eine Alternative zu den Rolltreppen boten die breiten Granittreppen an beiden Seiten der Schalterhalle.

Warum, so fragt man sich, würde jemand diese Treppen nehmen, wenn das bedeutet, das Äquivalent von drei Stockwerken in einem Wohnhaus zu erklimmen, nachdem man bereits zwei Stockwerke von der U-Bahn nach oben gestiegen ist?

Hier will eine Eigenschaft der Italiener erwähnt sein, die sich tief in die nationale Psyche eingegraben zu haben scheint: Italiener laufen nicht auf Rolltreppen und stellen sich nur äußerst selten auf eine Seite der Stufe, damit andere vorbeikönnen. In den Großstädten Großbritanniens, Deutschlands und den USA stellen sich diejenigen, die eine Rolltreppe nicht hochsteigen möchten, auf die rechte Seite, sodass Eilige links an ihnen vorbeilaufen können. Um diese Überholspur nicht zu versperren, stellen sie ihre Gepäckstücke auf die nächsthöhere Stufe statt direkt neben sich. Das ist ausgesprochen rücksichtsvoll und zivilisiert von ihnen.

Die Italiener machen das nicht. Nicht weil sie rücksichtslos wären, sondern weil sie einfach gar nicht darauf kommen. Ein einzelner Italiener auf einer breiten, modernen Rolltreppe wird immer ganz nach Lust und Laune rechts oder links stehen, seinen großen Koffer unweigerlich neben sich auf derselben Stufe abstellen und so jedes eilige Erklimmen oder Hinunterlaufen der Rolltreppe unmöglich machen. Einmal, als ich verzweifelt versuchte, auf der aufwärts fahrenden Rolltreppe im Bahnhof Centrale an den einzigen zwei Leuten, die nach oben fuhren, vorbeizukommen – die Abfahrt meines Zuges war bereits angesagt worden –, wurde mir von einer nur leicht verärgert klingenden Stimme beschieden, wenn ich schon wie ein Wahnsinniger an allen vorbeirennen wollte, dann hätte ich doch wohl wirklich die Treppe nehmen sollen, nicht wahr, denn die ist wesentlich breiter. Es handelte sich um ein gutmütiges Paar mittleren Alters mit toskanischem Akzent. Sie rührten sich nicht. Als ich darauf hinwies, dass es, da die Rolltreppe den Vorteil hatte, sich aufwärts zu bewegen, während die Treppe bekanntermaßen stehen blieb, schneller ging, die Rolltreppe als die Treppe hinaufzurennen, belehrte mich der Mann, dass die Rolltreppe genau deshalb in Bewegung gesetzt wurde, damit die Reisenden eben nicht von einer Etage in die nächste laufen mussten. Er schien der Meinung zu sein, der Körper reagiere, sobald man auf eine Rolltreppe trat, selbstverständlich und ganz instinktiv mit der Einnahme der Ruheposition und jedes andere Verhalten sei pervers.

Als ich also anfing, den Bahnhof zu benutzen, lernte ich, die langsam aufwärts fahrenden Statuen auf den Rolltreppen links liegen zu lassen und nach rechts oder links abzubiegen, um über eine der pompösen Treppen aus Granit nach oben zu preschen – achtundvierzig Stufen, mit glänzenden Marmorbalustraden und Messinggeländern unter faschistischen Friesen, die eine beschleunigte Zukunft feiern, wie man sie sich in den 1920er-Jahren vorstellte – mit Dampfschiffen, Flugzeugen und Zügen, aber ohne Rolltreppen.

Jahrelang unterrichtete ich ein Abendseminar, das um 20.30 Uhr zu Ende war. Mir blieben nur fünfunddreißig Minuten, um den letzten Intercity nach Verona zu erwischen, der um 21.05 Uhr abfuhr, und fünfundzwanzig davon verbrachte ich in der U-Bahn. Nach einer Weile wurde mir klar, dass ich mein Älterwerden daran maß, mit wie viel Energie ich diese Treppen überwand. Mit fünfunddreißig nahm ich zwei Stufen auf einmal, zuerst von der

U-Bahn in die Schalterhalle und dann noch einmal von
der Schalterhalle bis zu den Bahnsteigen – insgesamt fünf
Stockwerke, würde ich sagen –, und kam schweißgebadet,
aber nicht besonders schwer atmend bei meinem Zug an.
Mit vierzig kam ich keuchend an, riss mich aber noch zusammen. Mit fünfundvierzig musste ich im oberen Abschnitt jede Stufe einzeln nehmen und immer noch fürchten, meine Beine könnten plötzlich einknicken oder mein
Herz explodieren. Ich sank mit rasendem Puls in meinen
Sitz und schmeckte Blut in der Kehle. Mit fünfzig hatte
ich das Abendseminar längst aufgegeben, stieg aber immer
noch zügig die Treppen hinauf und stellte fest, dass man,
selbst wenn man jede Stufe einzeln nimmt, immer noch
früher oben ankommt als die Rolltreppen-Zombies.

   Dann, als ich an einem ganz gewöhnlichen Abend Ende
2008 von Mailand nach Verona zurückfahren wollte, fand
ich mich unerwartet in einem Labyrinth wieder. Der Monolith hatte uns hinsichtlich der Abfahrt des ersten Hoch-
geschwindigkeitszuges auf dem Laufenden gehalten – alle
wussten ganz genau, wann es so weit war –, aber der neue
Bahnhof war so ganz nebenbei eröffnet worden. Von einem
Tag auf den anderen waren die Abdeckungen und Planen
plötzlich verschwunden. Als ich die U-Bahn-Sperren passiert hatte, immer noch eine Etage unter der Erde, öffnete
sich zu meiner Linken ein Tunnel, der vorher nicht da gewesen war. STAZIONE FERROVIARIA, winkte ein Schild.
Anstatt die Treppe zur Straße hinaufzusteigen, konnte
man jetzt direkt zum Bahnhof durchgehen. Wer würde ein
solches Angebot ablehnen? Am anderen Ende des Tunnels
hatte ich allerdings Schwierigkeiten, die Rolltreppe zu fin-

den, die mich nach oben zu den Bahnsteigen katapultieren sollte, wo ich und alle anderen hin wollten. Stattdessen gab es dort Geschäfte, die Sportartikel, Unterwäsche und Kosmetikprodukte verkauften. Die einzige Möglichkeit, nach oben zu gelangen, bot ein sehr langes, sehr glänzendes »Ding«, das weder eine Rolltreppe mit Stufen noch ein Trav-O-Lator war, einer dieser ebenerdigen rollenden Bürgersteige, die den Weg durch lange Flughafenflure beschleunigen, sondern vielmehr eine Kombination aus beidem, eine Art Förderband, das ganz langsam, mit einem Steigungswinkel von höchstens 10 Prozent aufwärts fuhr. Tatsächlich stellte ich nun, als ich aufblickte und mich umschaute, fest, dass es zwei von diesen Dingern gab. Das Merkwürdige war, dass beide sich nicht geradeaus bewegten, zu den Bahnsteigen über uns, sondern das eine nach rechts und das andere nach links abbog und quer zu der Richtung, in die wir wollten, weiterlief. Ich stellte mich auf das linke. Trotz der extrem langsamen Geschwindigkeit – ich habe seitdem die Zeit gestoppt und kam auf eine Minute fünfzig – standen alle nebeneinander und rührten sich nicht; es gab keine Möglichkeit, schnell vorbeizugehen.

Und dann brachte dieses *Ding*, das man üblicherweise im Französischen als *tapis roulant* bezeichnet, das ich aber auf der Website der FS auch unter dem Namen *treadmill*, Laufband, gefunden habe – dieses seltsame Ding aus silberfarbenem Metall und Glas –, die Massen von Reisenden und ihre zahlreichen Gepäckstücke nur bis in die Sala delle Carrozze. Das heißt, nachdem wir durch den Tunnel gegangen und mit dem *tapis roulant* gefahren waren, be-

fanden wir uns immer noch *vor* dem eigentlichen Bahnhof; dorthin gelangte man früher in zwanzig Sekunden,
indem man die Treppe nahm.

Jetzt lief ich eilig in den Bahnhof, wo ich mir eine Fahrkarte kaufen musste. Aber die letzten Fahrkartenschalter
neben der Treppe in der Haupthalle waren geschlossen
worden. Wieder öffnete sich ein Tunnel, wo vorher feste
Wände gestanden hatten; an ihm prangte ein Wegweiser
mit der Aufschrift BIGLIETTERIA E BINARI: Fahrkarten
und Gleise. Nach dem marmorgedämpften Tageslicht der
Haupthalle überwältigend grell beleuchtet, lag dieser unerwartete Gang links von den zentralen Rolltreppen, die nun
beide abwärts fuhren statt aufwärts. Komisch! Wie sollten
wir denn zu den Bahnsteigen gelangen?

Die Wände dieses neuen Tunnels bestanden aus fun-
kelnden Schaufenstern. Das ging etwa dreißig Meter so,
dann öffnete sich vor uns ein Hunderte von Quadratmetern großer Raum, den keiner von uns je gesehen hatte; es
war, als hätten wir Zugang zu einer fantastischen Höhle
tief im Innern eines Berges erhalten, dessen steile Hänge
wir in der Vergangenheit einfach außen erklommen hatten. Von diesem Raum aus führten zwei weitere *tapis
roulants* nach oben, ebenfalls im rechten Winkel zu der
Richtung, in die man eigentlich gehen wollte, und dahinter lud eine Reihe von vielleicht zwanzig Glastüren uns
in den Schalterraum ganz am Ende der Höhle ein. Jetzt
musste man also, nachdem man seine Fahrkarte gekauft
hatte, wieder zurück durch diese Glastüren zu den *tapis
roulants*, die einen mit unendlicher Trägheit weiter nach
oben brachten, nicht direkt zu den Gleisen, sondern in ein

komplettes Zwischengeschoss, eine weitere Neuerung, wo man stehen bleiben und eine weitere Schaufensterzeile betrachten oder aber eine Kehrtwendung machen und einen dritten *tapis roulant* besteigen konnte, der entgegengesetzt zum zweiten verlief, um einen endlich, völlig verwirrt und vor allem zu spät, auf das Niveau der Bahnsteige zu bringen.

Kurzum, ein Gebäude, das als riesiger Durchgang entworfen worden war und durch das man direkt vom Zug auf die Straße oder von der Straße zum Zug gelangen konnte und unterwegs noch, und zwar *ohne Umwege*, so simple Sachen wie Essen, Zeitungen und Fahrkarten erwerben konnte, war in ein unterirdisches Labyrinth verwandelt worden, wo im Zickzack angelegte Förderbänder immer in einem Neunzig-Grad-Winkel zur gewünschten Richtung verliefen und der allernötigste Reisebedarf tief in dunklen Winkeln verborgen lag.

Warum?

Ganz einfach. Um uns an den 108 Läden vorbeizulotsen, die neuerdings in der Stazione Centrale auf Kundschaft warten. Wir können also, während wir voller Unruhe daran denken, dass unser Zug jeden Augenblick abfahren kann, Designer-Sonnenbrillen, Damenunterwäsche, Badeanzüge, Bestseller, noch mehr Damenunterwäsche, den neuesten Mac, das neueste iPhone, den neuesten iPod oder PC, Turnschuhe, Sportkleidung, Herrenanzüge, noch mehr Damenunterwäsche und so weiter betrachten. Oder wir können, falls wir der Bilder von bunten Stoffen, die sich über prallen Hintern und drallen Brüsten spannen, überdrüssig werden (und wir gehören nun mal zu der ersten Generation, die solcher Bilder tatsächlich überdrüssig werden kann), nach oben schauen, wo die Bauarbeiter in der Tat Großes geleistet haben beim Reinigen der eleganten Steinbögen, Skulpturen und Mosaiken aus den 1920er-Jahren; obwohl auch hier wieder Bilder provokativ getragener Unterwäsche, die auf riesigen Plakaten von der Decke herabhängen, den schlichten Prunk unterbrechen, dessen Anblick einen sonst vielleicht darüber hinweggetröstet hätte, dass man seinen Zug verpasste.

Steckt Inkompetenz dahinter?

Nein. Verzweiflung.

Trenitalia hat massive Schulden in einer Gesamthöhe von über sechs Milliarden Euro. Die Sozialpolitik der Regierung, die hier Konzessionen vergibt, erlaubt es nicht, die Fahrpreise auf ein realistisches Niveau anzuheben, und sie haben bereits so viel Personal entlassen, wie politisch vertretbar ist. Einfallsreichtum war also gefragt. Man muss die Leute dazu ermutigen, das Geld, das sie bei den Fahrkarten sparten, für Warenprodukte auszugeben, vornehmlich für Luxusartikel, wobei die FS von jedem Verkauf einen Prozentsatz einstrichen. Ähnlich wie man im Internet, wenn man für den Inhalt einer Website nicht bezahlen will, warten muss, bis langweilige Werbeanzeigen aufgegangen und wieder verschwunden sind, musste man jetzt pro Bahnfahrt fünf zusätzliche Minuten einplanen, um sich so langsam wie möglich an bunten Schaufenstern vorbei zu seinem Zug leiten zu lassen.

Ob das funktionieren wird?

Ich fürchte nein. Bei meinem nächsten Besuch in Mailand studierte ich die Lage im Bahnhof eingehend: Auch

wenn die U-Bahn-Treppe, über die ich sonst auf Straßenniveau gelangt war, geschlossen worden war, gab es noch
eine weitere für die Leute, die von der Piazza aus in die
U-Bahn wollten. Es war also möglich, die Wegweiser und
den neuen Tunnel zu ignorieren, direkt auf die Straße zu
gehen und dann die achtundvierzig Granitstufen aus den
1920er-Jahren zu den Bahnsteigen hochzuklettern, ohne in
das darunter liegende Kommerzlabyrinth hineingezogen
zu werden. Tatsächlich wurden diese einst so abschrecken-
den Stufen auf einmal von viel mehr Leuten benutzt als je
zuvor; eine ganze Menge Menschen empfand eine Steintreppe plötzlich als Fortschritt. Etwa einen Monat nach
der feierlichen Enthüllung wurde eine neue Website prä-
sentiert, die Tipps gab, wie man in Milano Centrale seinen
Zug nicht verpasst; der nächstliegende Rat lautete: unterwegs nichts kaufen.

Viertes Kapitel

MAILAND — FLORENZ

K AUM HATTEN WIR UNS AN DIESE REVOLUTION IN
SACHEN *mobilità* oder des Mangels daran gewöhnt,
war plötzlich der Countdown draußen vor dem Bahnhof
beendet. Am 14. Dezember 2008 fuhr der viel gepriesene
Zug ab und traf tatsächlich schon eine Stunde später in
Bologna ein – peng, pünktlich auf die Minute. Schon bald
sollte er bis Florenz fahren, dann bis Rom, dann bis Neapel. Schon bald sollte er auch westwärts fahren, von Mailand nach Novara, dann bis Turin. 2010 fuhren die Züge
bereits stündlich von Mailand ab und rasten 480 Kilometer *nonstop* in zwei Stunden, fünfzig Minuten bis nach
Rom. Stellen Sie sich Boston–New York, von Stadtmitte
nach Stadtmitte, in einer Stunde fünfundvierzig vor oder
London–Edinburgh in drei Stunden, dann bekommen Sie
eine Ahnung. Vergessen Sie den Zug der lebenden Toten.
Vergessen Sie das Erste-Klasse-Fiasko im Interregionale
von Venedig nach Mailand. Das hier ist ernst! Urplötzlich warb Trenitalia wieder Fahrgäste vom Auto und Flugzeug ab.

Aber wie wurde das finanziert? Man schätzt, dass das

Legen der tausend Kilometer nahtloser Schienen von Neapel bis nach Turin, die nur von den Hochgeschwindigkeitszügen genutzt werden können, und der Bau neuer Tunnel und Überführungen ca. 150 Milliarden Euro gekostet hat, eine gewaltige Summe, die in keinem Haushaltsplan der Regierung je vorkam. Schließlich schaltete sich die Europäische Union ein und bestand darauf, dass die beträchtlichen Kredite, die von der Eisenbahngesellschaft aufgenommen worden waren, der italienischen Staatsverschuldung zugeschrieben und nicht als Privatschulden eines Unternehmens betrachtet wurden, da allgemein bekannt war, dass am Ende der Staat dafür bürgte. Abgesehen von den Krediten ist klar, dass ein Großteil der staatlichen Zuwendungen, mit denen eigentlich bescheidenere Bahnangebote von Bahnhöfen wie Porta Vescovo finanziert werden sollten, als Investition in das Hochgeschwindigkeitsprojekt floss und vermutlich auch in die Umwandlung von Milano Centrale in ein exklusives Einkaufszentrum. Die lebenden Toten werden also noch tiefer in ihre unruhigen Gräber gedrückt, um denen, die es sich leisten können, so schnell zu reisen, dass ihnen am Anfang und am Ende jeder Fahrt noch Zeit für einen Einkaufsbummel bleibt, Leben einzuhauchen und Flügel zu verleihen. Wer hat, dem wird noch mehr gegeben: und dem, der nichts hat, wird sogar das, was er hat – halbwegs akzeptable Regionalverbindungen, praktische Bahnhöfe mit vernünftiger *mobilità* –, wieder genommen.

Dennoch, wie Mark Twain am Ende seiner Betrachtung der wahnsinnigen italienischen Ausgaben für die Eisenbahn in den 1860er-Jahren bemerkte: »Das ist ein schlechter Wind, der keinem Gutes bringt.« Seit sie in Betrieb sind, werden die Hochgeschwindigkeitszüge von Tausenden benutzt und geschätzt und sind selbst die beste Rechtfertigung für ihre Existenz. Ich für mein Teil würde mir nie wünschen, sie wären nicht gebaut worden.

DIE ALTEN NAMEN SIND VERSCHWUNDEN. Das war unvermeidlich. Kein Gianduja mehr nach Venedig, kein Michelangelo nach Rom, kein Andrea Doria nach Genua. Keine stolzen Durchsagen hallen mehr durch die Bahnhöfe, keine wundersamen Wörter erscheinen auf den Anzeigetafeln. Jede bedeutsame Veränderung bei der Bahn bringt auch eine neue Nomenklatur und ein neues Ticketsystem mit sich. Die schreiend schnellen neuen Züge werden also *frecce* genannt, Pfeile. Der Wechsel zurück zum Italienischen lässt auf neu erwachten Stolz und Zuversicht schließen; der Frecciarossa, der Rote Pfeil, von Fiat und Partnern, schafft 300 Stundenkilometer und rollt nur auf eigens für ihn vorgesehenen Schienen. Außer dem Roten Pfeil gibt es noch den Frecciargento, den Silberpfeil, der mit 250 Stundenkilometer auf normalen und eigenen Schienen fährt, und den Frecciabianca, den Weißen Pfeil, der auf den alten, normalen Schienen, die wir so gut kennen, 200 Stundenkilometer schafft. Es war die Einführung des Frecciarossa, der einen in einer Stunde fünfundvierzig von Mailand nach Florenz bringt, und des Frecciargento, der anderthalb Stunden von Verona nach Florenz braucht, die mir im Jahre 2009 den großen Fehler ermöglichte, die Einladung anzunehmen, in Florenz eine Kunstausstellung zu kuratieren.

2005 hatte ich ein kleines Buch mit dem Titel *Das Geld der Medici* veröffentlicht, in dem ich über die Spannung sprach, die sich auf dem vieldeutigen, aber unbestreitbar wunderschönen Terrain der Renaissancekunst zwischen dem Geldverdienen und dem mittelalterlichen Christentum entwickelt hatte. Das Wucherverbot, ein Begriff, der sich zu der Zeit auf jeden Zins bringenden Kredit bezog, brachte die Ablehnung der Kirche gegenüber der Konzentration des Geistes auf Geld und sozialen Aufstieg zum Ausdruck. Die Menschen sollten ihre Stellung innerhalb der mittelalterlichen Ständegesellschaft ergeben annehmen und ihren Ehrgeiz auf das Leben nach dem Tod richten. Die Banker jedoch, oder zumindest einige von ihnen, zeigten den Leuten, dass es beim Reichwerden nicht nur um das Zählen von Florinen ging; sie investierten auch in Bildung, Kunst und Architektur und gewannen den Klerus durch die Finanzierung größerer Kirchenrestaurationen, in deren Verlauf sie einige der besten Gemälde und Skulpturen in Auftrag gaben, die je geschaffen wurden. Und so machte sich in den vormals kalten, kargen Räumen einer zeitlosen Liturgie allmählich ein unverwechselbar bürgerliches, gut gekleidetes, modisch anmutendes Ambiente breit, das niemand erwartet oder eingeplant hatte. Schließlich verschaffte sich die Spannung zwischen puristischen Christen, denen die geldgesteuerte Invasion ihrer Heiligtümer ein Dorn im Auge war, und der wohlhabenden Klasse, die der Meinung war, ihr guter Geschmack, ihre harte Arbeit und ihre Großzügigkeit müsse sie direkt in den Himmel befördern, zuerst in Savonarolas Fegefeuer der Eitelkeiten und dann in Luthers Reformation Luft.

Es ist komisch. Es besteht eine direkte Verbindung zwischen der Ablehnung sozialer Mobilität durch die Kirche des Mittelalters und der Ächtung der Eisenbahn als Teufelswerk durch Papst Gregor XVI. in den 1840er-Jahren. Im frühen 19. Jahrhundert gehörten die Kirchenstaaten in Mittelitalien zu den rückständigsten und stagnierendsten Gebieten Europas; sie standen der Welt der mittelalterlichen Grundherrschaft womöglich näher als unserem heutigen hochmobilen Kapitalismus. Der Zug, das verstand Gregor, würde den Menschen erlauben, sich fortzubewegen, von zu Hause an einen entfernt gelegenen Arbeitsplatz, oder von einer Stadt in die andere zu fahren. Dadurch würden sie den Kontakt zu ihrem eigentlichen Platz auf der Welt verlieren; befreit von den wachsamen Augen der Eltern, Partner und Kinder würden viele Männer und Frauen ein Doppelleben führen. Sie würden nicht mehr wissen, wer sie wirklich waren und wo sie hingehörten. Züge, entschied Gregor, und ganz allgemein die schnelle stetige Bewegung von einer Wirklichkeit in eine andere, waren *contro natura*, wider die Natur, und zwar genauso, wie Wucher, Gotteslästerung und Homosexualität in der Welt von Dantes *Inferno* als wider die Natur galten. Das waren schändliche Versuchungen, etwas anderes zu werden als das, wofür Gott uns vorgesehen hatte.

Der heutige Papst hat seinen eigenen Frecciarossa, wenn er auf Reisen geht. Ein Video auf YouTube zeigt Menschenmassen, die auf einem Bahnsteig in Spoleto, Umbrien, winken, als der Papstzug durchfährt, ohne anzuhalten. Das war im Jahr 2011. Es ist eine seltsame Begegnung von alt und modern. Der Freccia mit seiner windschnittigen Schnauze und den getönten, bruchsicheren Scheiben gleitet sanft vorbei, während ein Haufen Begeisterter, mit der Bürgermeisterin von Spoleto an der Spitze, ihm laut zujubelt. Die Kamera sucht die Fenster des vorbeirauschenden Zuges ab und entdeckt schließlich einen Mann in weißen Gewändern, der im Stehen gestützt wird – diese Züge können bei Bahnhofsdurchfahrten gefährlich schwanken – und mit erhobenem Arm Menschen grüßt, die er unmöglich sehen kann. Etwa eine Sekunde lang huscht dieser Geistergruß von links nach rechts durchs Bild, flüchtiger und unnatürlicher als jede Marienerscheinung. Die braven Bürger von Spoleto müssen sich gefragt haben, ob sie ihn tatsächlich gesehen hatten. Bei allem Spott, den er für seine Ablehnung einstecken musste, hätte Papst Gregor, da bin ich mir sicher, angesichts dessen doch das Gefühl gehabt, dass er Züge voll und ganz verstanden hatte.

WIE AUCH IMMER, mein Buch hatte zu der Einladung geführt, in Florenz am Palazzo Strozzi, einem massiven, bedrohlichen Gebäude aus dem 15. Jahrhundert, das in einer Donald-Trump-würdigen Zurschaustellung von Reichtum mit Geld aus der Bank der Strozzi-Familie erbaut worden war, eine Ausstellung zu kuratieren. Weil diese Aufgabe regelmäßige Fahrten nach Florenz erforderte, machte das Hochgeschwindigkeitswunder etwas möglich, das ich ein paar Jahre früher klugerweise abgelehnt hätte, denn es bedeutete eine totale Ablenkung von meinem sonstigen Leben. Urplötzlich war ich regelmäßiger Passagier eines Satanswerks, pendelte in teuflischem Tempo nach

Florenz und wieder zurück, um eine Ausstellung über ein weiteres von Satans Meisterwerken zu organisieren: die Bankingmethoden, die es den Medici et al. erlaubt hatten, das Wucherverbot zu umgehen und die Kirchen der Renaissance in ihre zweiten Wohnzimmer zu verwandeln, ganz ähnlich wie die nüchterne faschistische Raumgestaltung von Milano Centrale in einen Abklatsch von Macy's Warenhaus verwandelt worden ist.

Es fing schlecht an. Mein Frecciargento sollte planmäßig um kurz vor sieben von Verona Porta Nuova abfahren, an einem Februarmorgen, an dem die Temperatur bei fast siebzehn Grad minus lag, was in diesem Teil der Welt höchstens einmal im Jahr vorkommt. Als ich feststellte, dass viele Züge wegen vereister Weichen verspätet waren und für meinen Freccia eine halbe Stunde Verspätung angekündigt war, stieg ich die Treppe zum Bahnsteig hinauf, um nachzusehen, ob der Zug zufällig schon im Bahnhof stand und, hoffentlich, beheizt war. Keine Spur von ihm.

Die Luft war bitterkalt. Mein Mantel war dafür nicht gemacht. Ich ging wieder hinunter in die Halle, aber der Warteraum war noch nicht offen. Dieser Warteraum, der dafür bekannt war, dass man dort weder essen noch trinken durfte, eine Vorschrift, die in regelmäßigen Abständen von erstaunlich eifrigem Bahnhofspersonal durchgesetzt wurde, ist inzwischen geschlossen worden, um – welch Überraschung! – einer kleinen Ladenzeile Platz zu machen. Der Bahnhof wurde in der Zwischenzeit, wie viele Bahnhöfe in Norditalien, mit einer Unmenge von Fernsehbildschirmen ausgestattet. Es handelt sich um sehr schöne Flatscreen-Fernseher in blanken Metallgestellen, die zum Beispiel über allen drei Treppen, die jeweils von den zwölf Bahnsteigen nach unten führen, angebracht sind und nicht, wie man erwarten könnte, Informationen über abfahrende und ankommende Züge anzeigen, sondern vielmehr nonstop Werbespots präsentieren, von denen jeder Einzelne etwa dreißig Sekunden dauert. Als ich also um kurz vor sieben an diesem eisigen Morgen auf der Suche nach einem warmen Plätzchen zum Warten durch den Bahnhof lief, konnte ich wie immer sinnliche Nahaufnahmen von Damenunterwäsche, die eng an perfekter, parfümierter Haut anlag, Bilder von Pasta, die zwischen sinnlichen, perfekten weiblichen Lippen verschwand, die sinnlichen Brüste einer perfekten jungen Frau, die sich in einem Auto umzog, und Ähnliches betrachten. Außerdem waren viele große Plakate von Silvio Berlusconi an dünnen Ketten an der hohen Decke aufgehängt worden. Eine Wahl stand bevor. Die Regierung von Romano Prodi und seinem wackligen Mitte-Links-Bündnis hatte das Handtuch geworfen.

Die Anzeigentafel teilte mir nun mit, dass mein Zug achtzig Minuten verspätet war. Das hieß, ich konnte entspannt einen Kaffee trinken. Es gibt vielleicht keinen Warteraum, wenn man einen braucht, aber man hat die Wahl zwischen zwei Lokalen: einem normalen Trenitalia-Café auf der einen Seite des Bahnhofs und einem Restaurant, das ein italienisches Café und einen McDonald's-Imbiss miteinander kombiniert, auf der anderen Seite. Letzteres hat den großen Vorteil, dass man dort in Ruhe sitzen kann, und da achtzig Minuten nun mal achtzig Minuten sind, ging ich dorthin.

Ich holte mir meinen Cappuccino und ein Croissant,
setzte mich und dachte über Berlusconis Lächeln nach.
Wirklich eine seltsame Mischung, dachte ich, aus angenehmer Selbstzufriedenheit (ich bin ein äußerst erfolgrei-
cher Mann, auf mich ist Verlass) und Opfergebaren (ich
bin der Sündenbock, den man schlecht behandelt hat), so
als wäre er zugleich ein Erste-Klasse-Reisender im Freccia
und ein leidgeprüftes Opfer, das im Gang eines überfüllten Regionale stehen muss. Wie genau es Berlusconi gelingt, diese widersprüchlichen Eindrücke zu vermitteln,
weiß ich nicht, aber sie scheinen ein Paradox zu enthalten,
das für die zeitgenössische italienische Denkweise ganz wesentlich ist: Uns geht es gleichzeitig gut und gar nicht gut;
wir verdienen die besten Dienstleistungen, aber wir bezahlen schon jetzt zu viel dafür; wir sind souverän, *und* man
tut uns unrecht.

Dann war ich gezwungen, den Platz zu wechseln. Denn
da der Bahnhof offen, die Wartehalle aber geschlossen
war, fielen all die armen Leute, die irgendwie die eisige
Nacht draußen auf der Piazza überstanden hatten, ins
McDonald's ein, wo tatsächlich die Hälfte der Tische
mit einem Band abgesperrt war, zweifellos um dieses He-
rumlungern zu verhindern. Mir fiel eine Roma-Frau an
der Theke auf, die sich eine Flasche heißes Wasser holte
und dann um den Toilettenschlüssel bat. Die Benutzung
der Toiletten im Bahnhof kostet 1 Euro pro Person, aber
wenn man im Café etwas konsumiert, kann man um den
Schlüssel zu der kleinen Toilette dort bitten und die ganze
Familie umsonst mitnehmen. Ganz schöne Ersparnis.
Nicht dass diese Frau etwas konsumiert hätte; sie hat viel

mehr um den Gefallen gebeten, heißes Wasser zu erhalten, aber den Schlüssel hat sie trotzdem bekommen, und wer würde ihn ihr missgönnen? Sie hatte vier oder fünf Kinder im Schlepptau. Eine Welt ohne kostenlose öffentliche Toiletten ist in der Tat eine grausame Welt. Aber vielleicht ist die Welt einfach grausam, und damit basta. Fest steht jedenfalls, dass die fragliche Frau nichts zum Bau öffentlicher Toiletten beiträgt. All das ging mir durch den Kopf, als ein älterer Mann, der sich schwer auf den Stuhl neben mir fallen ließ, einen so starken Geruch verströmte, dass ich sofort aufstand und meine Tasse und die reslichen Krümel zu einem anderen Tisch trug, an dem zwei Studenten erstaunlicherweise um sieben Uhr morgens an einem eiskalten Montagmorgen genug Energie zum Knutschen und Fummeln aufbrachten. Ich überlegte kurz, ob ich noch einmal auf die Anzeigentafel schauen sollte – denn im Lokal gibt es keine Informationen, keine Durchsagen oder Bildschirme –, aber ich hatte ja viel Zeit.

Berlusconi, dachte ich. Dieses Lächeln. Nicht, dass er persönlich schuld ist an allem, was heute in Italien passiert – wie könnte ein Einzelner das je sein, ganz egal wie oft er Premierminister gewesen ist? Aber es gehört wirklich nicht viel dazu, eine Verbindung zu sehen zwischen dem Umstand, dass mit Berlusconi ein Mann an die Macht gekommen ist, der sein Vermögen mit dem Aufbau eines riesigen Fernseh- und Werbe-Imperiums gemacht hat, und einem Italien, in dem versucht wird, jeglichen Widerspruch zwischen dem, was die Leute erwarten, und dem, was sie dafür zu zahlen bereit sind, aufzulösen, indem man öffentliche Versorgungsbetriebe in Werbeflächen und

Einzelhandelsgeschäfte verwandelt. Manchmal, wenn ich mich durch einen italienischen Bahnhof oder Flughafen bewege, beschleicht mich das Gefühl, die Verkaufskraft von hübschen Pos, süßen Lippen und knackigen Brüsten ist das Einzige, was dem Zusammenbruch der italienischen Wirtschaft im Wege steht. Das ist ganz schön viel verlangt von den Mädels, finde ich.

Ich wischte die Krümel von meinem Mantel, wobei ich das Getue der beiden Jugendlichen neben mir gezielt ignorierte, und ging aus dem warmen Café hinaus in den kalten Bahnhof, um nachzusehen, wie es inzwischen um die Verspätung des Frecciargento bestellt war. Falls es über neunzig Minuten waren, würde ich nach Hause fahren, beschloss ich.

Der Zug kam auf der Anzeigentafel nicht vor. Das war seltsam. Andere Züge nach München, Triest, Turin, Mantua waren gelistet, aber der Zug nach Rom über Florenz um 6.55 Uhr nicht. Verwirrt lief ich nach oben zum Bahnsteig. Dort war niemand. Der Zug war nicht angekündigt. Ich ging hinunter in die Haupthalle, aber die Information machte erst um 8.30 Uhr auf, und vor dem Fahrkartenschalter standen lange Schlangen. Schließlich entdeckte ich einen uniformierten Mann, der nichts Besonderes zu tun zu haben schien.

Was war denn aus dem 6.55-Uhr-Zug nach Rom geworden?

Er nahm an, dass er mittlerweile abgefahren war. Es war immerhin schon 7.20 Uhr.

»Aber es war eine Verspätung von achtzig Minuten angekündigt.«

Er kniff die Augen zusammen und wurde vorsichtig.
»Wenn er achtzig Minuten Verspätung hätte, stünde er
noch auf der Anzeigentafel.«

»Die Verspätung war angekündigt, ich bin einen Kaffee
trinken gegangen, und jetzt steht er nicht mehr drauf.«

Er schüttelte den Kopf. Der Zug um 6.55 Uhr, sagte
er, wurde hier in Verona eingesetzt. Es war daher unwahrscheinlich, dass eine so große Verspätung angekündigt wurde, denn der Zug hatte die Nacht über hier im
Bahnhof gestanden. Es konnte höchstens sein, dass aufgrund der Kälte ein paar technische Dinge überprüft werden mussten.

»Es war eine Verspätung von achtzig Minuten angekündigt. Das habe ich mir nicht eingebildet.«

Er bemerkte meinen Akzent, schüttelte den Kopf und
sagte in gespielt schlechtem Englisch: »Vielleicht ’aben Sie
geirrt.«

»Ich lebe seit dreißig Jahren in Italien«, erklärte ich ihm.
»Es gab Zeiten, da habe ich praktisch in Trenitalia-Zügen
gewohnt. Ich habe mich auf keinen Fall geirrt.«

Er seufzte und setzte sich in Bewegung. Er hatte zu tun.
Wenn ich mich beschweren wollte, gab es dafür zustän-
dige Stellen.

Wütend, vor allem aber verwirrt fuhr ich nach Hause,
machte den Rechner an und gab Viaggio Treno ein. Das
ist eine der wirklich großen Neuerungen der letzten zehn
Jahre, und ich möchte bei dieser Gelegenheit die Person,
die das erfunden hat, grüßen und beglückwünschen: Viaggio Treno ist eine Seite auf der Website von Trenitalia, auf
der man sehen kann, wo jeder einzelne Zug im Land sich

gerade befindet. Eine Karte von Italien öffnet sich, auf der mit doppelten Strichen die Hauptbahnstrecken in beide Richtungen eingezeichnet sind; man kann die Region auswählen, die einen interessiert, und näher heranzoomen. Wenn die Linie dunkelblau ist, fährt gerade ein Zug dort entlang; ist sie hellblau, dann nicht. Man klickt auf die betreffende dunkelblaue Linie, und eine kleine Tabelle geht auf, die die verschiedenen Züge auf der Strecke sowie deren derzeitige Position und eventuelle Verspätungen anzeigt. Kurzum, es ist, als hätte man im Wohnzimmer eine riesige Spielzeugeisenbahn stehen, auf der alle Frecce und Intercitys und Interregionali herumfahren, die auf der gesamten italienischen Halbinsel unterwegs sind.

Tatsächlich, die Strecke Verona–Bologna war dunkelblau. Ich klickte sie an. Der Frecciargento 9461 hatte soeben Poggio Rusco durchfahren, mit einer Verspätung von nur zehn Minuten. Er musste auf dem Gleis eingefahren und wieder abgefahren sein, als ich mich gerade im Café niederließ. Leider war meine Fahrkarte nur für diesen Zug gültig. Konnte ich mein Geld zurückverlangen, wenn der Zug mehr oder weniger planmäßig abgefahren war? Nein. Konnte ich beweisen, dass eine achtzigminütige Verspätung angezeigt worden war? Vermutlich nicht. Konnte ich beim Palazzo Strozzi die Erstattung des Fahrpreises für eine Zugfahrt verlangen, die ich nicht angetreten hatte? Wohl kaum. Aber das Seltsamste war, fiel mir jetzt auf, dass ich anscheinend *der einzige* Mensch im ganzen Bahnhof war, der diesen Zug verpasst hatte, der Einzige, der um 7.20 Uhr verärgert und panisch von hier nach dort gelaufen war. Dafür gab es zwei mögliche Erklärungen: Erstens, dass die anderen Fahrgäste immer noch im McDonald's saßen und warteten, bis die achtzig Minuten um waren, oder zweitens, dass die anderen Fahrgäste nicht so dumm gewesen waren, der Verspätungsanzeige zu trauen, und, da sie wussten, dass der Zug in Verona eingesetzt wurde, auf dem kalten Bahnsteig ausgeharrt hatten oder zumindest irgendwo in der Nähe geblieben waren, wo sie die Abfahrtstafel sehen und die Bahnhofsdurchsagen und vor allem die *coincidenze* hören konnten, was man, wie gesagt, im McDonald's nicht kann. Von den beiden Vermutungen gefiel mir die erste weitaus besser, aber all meine Erfahrung sagte mir, dass die zweite zutreffen musste. Bei Trenitalia muss man einfach immer misstrauisch bleiben.

AM NÄCHSTEN TAG stieg ich um 6.45 Uhr in den gleichen Zug, verbrachte eine ereignislose Reise und konnte mich selbst davon überzeugen, dass der Frecciargento die zweihundert beschwerlichen Kilometer tatsächlich in anderthalb Stunden schaffte. Der Zug rast durch die Poebene und über den breiten Strom hinweg gen Süden bis nach Bologna, braust im Apennin durch einen Tunnel nach dem anderen und erreicht dabei Geschwindigkeiten von 300 Stundenkilometern. Entfernungen, für die Garibaldi bei seinem revolutionären Hin und Her über dieses Gebirge im Jahre 1848 Wochen brauchte, werden innerhalb von Minuten überwunden. Das ist eine fantastische Errungenschaft.

Die Frau, die mir im Gang gegenübersaß, fand das auch. Als der Schaffner kurz vor Bologna zur Fahrkartenkontrolle kam, konnte sie keine Fahrkarte vorweisen. Sie war etwa Mitte sechzig, ihre Kleidung schick, aber leicht verschlissen, und sie hatte ihren dunkelroten Mantel nicht ausgezogen, obwohl sehr gut geheizt war. Sie beteuerte empört, sie habe eine Fahrkarte; sie müsse irgendwo sein. Ihr Sohn hatte sie für sie gekauft. Sie hatte sie in ihre Handtasche gesteckt. Das wusste sie noch genau. Der Schaffner war geduldig, aber es lag etwas in der Stimme der Frau, das allmählich verriet, dass sie nicht gänzlich *compos mentis* war. »Dauernd belästigen Sie mich«, erklärte sie unvermittelt. Ihr Mund wirkte seltsam groß und undefiniert, als wären ihre Züge ähnlich ausgefranst wie ihr Mantel. »Das ist das Problem in diesem Land. Ehrliche Leute werden schikaniert, und die Reichen, die Betrüger, die Dreisten, die Steuerhinterzieher, die kommen ungeschoren davon.«

Unnötigerweise bemerkte der Schaffner, es sei wichtig, dass die Fahrgäste für ihre Reise bezahlten, denn sonst würde die Bahn pleitegehen. Die Frau antwortete darauf mit einer weiteren Schimpftirade. Warum glaubte er ihr nicht, dass sie eine Fahrkarte hatte? Hielt er sie etwa für eine Lügnerin? Ihre Stimme wurde schrill vor gerechter Empörung. Je lebhafter sie wurde, desto offensichtlicher wurden die Spuren des Verfalls in ihrem Gesicht. Der Schaffner fing an, ein Formular auszufüllen. Es war ein langes Formular; von 60 Euro war die Rede. Zusätzlich zum Fahrpreis. Die Schaffner müssen immer wieder ihr Durchschlagpapier auf einem Buch oder einer Tasche glatt streichen und ihre schlecht schreibenden Kugelschreiber anlecken, während der dahinrasende Zug mit all den revolutionären technischen Neuerungen hin und her schwankt und beschleunigt und bremst. Die Frau wirkte erschrocken, und ihre Stimme wurde beinahe hysterisch. Sie würde nie im Leben eine Strafe zahlen, schrie sie, nie und nimmer. Sie *hatte* schließlich eine Fahrkarte, sie konnte sie bloß nicht finden. Inzwischen tat sie gar nicht mehr so, als würde sie suchen.

»Ich sage Ihnen meinen Namen nicht«, verkündete sie barsch, als der Schaffner sie danach fragte. Sie verschränkte defensiv die Arme. »Ich habe keinen Ausweis dabei.«

Mittlerweile schauten alle zu. Ich hatte versucht zu arbeiten, mir für das Arbeitstreffen, das vor mir lag, Notizen zu machen, aber das war unmöglich. Der Schaffner erklärte ihr, dass sie in dem Fall in Bologna aussteigen müsste.

Nein, sagte sie. Sie hatte eine Fahrkarte nach Rom. Sie fuhr nach Rom.

»Wenn Sie eine Fahrkarte haben, dann zeigen Sie sie mir«, sagte der Schaffner.

Das ging nicht; sie hatte sie verloren, sagte sie rundheraus. »Sehen Sie das nicht?« Ihr dickes weißes Haar, durch das sie sich immer wieder mit den Fingern strich, entpuppte sich jetzt als wirr, ungewaschen und ungepflegt. Nachdem sie zunächst wie eine gewöhnliche Reisende gewirkt hatte, wurde jetzt deutlich, dass sie zu den Ausgestoßenen gehörte. Sie sollte nicht unter uns sein.

»Ich werde diesen Zug nicht verlassen!«, brüllte sie.

Vielleicht wegen dieser Veränderung ihrerseits änderte sich das Verhalten des Schaffners von bewundernswert geduldig in pervers gemein, und er genoss es, die Sache in die Länge zu ziehen, indem er die Maßnahmen, mit denen sie zu rechnen hatte, mit äußerster Ausführlichkeit schilderte. Wenn sie ihm keine Fahrkarte vorweisen konnte, war er gezwungen, einen Strafzettel auszustellen. Wenn sie den Fahrpreis plus die Strafe in Höhe von 60 Euro nicht unverzüglich zahlen konnte oder wollte, dann musste er sie auffordern, den Zug beim nächsten Halt zu verlassen und von zu Hause aus eine Strafe in Höhe von 200 Euro zu zahlen. Wenn sie sich weigerte auszusteigen, dann würde er in Bologna zwei Polizisten bitten, an Bord zu kommen und sie mit Gewalt aus dem Zug zu entfernen.

Die Frau wandte sich nun bittend an die anderen Reisenden. Es gab Leute in diesem Land, rief sie, die tagtäglich Hunderttausende von Euro aus den öffentlichen Kassen stahlen, und dieser unverschämte Mann drangsalierte eine arme Rentnerin, die nach Rom fuhr, um ihre kranke alte Tante zu besuchen. Ein Skandal war das.

Wie immer in Italien bietet die wohlbekannte Gesetzlosigkeit der herrschenden Klasse kleineren Kriminellen eine exzellente Ausrede. Einer der Gründe, warum man ständig aufs Neue korrupte Politiker wählt, besteht darin, dass die eigenen Missetaten vergleichsweise trivial erscheinen.

»Diese Haie sind alle Schmarotzer, aber auf einer alten Frau, die ihren Fahrschein verloren hat, hackt man herum«, jammerte sie.

Niemand wollte sich einmischen. Es ist ein Geschäftszug für Geschäftsleute.

»Meine arme Tante liegt im Sterben.« Die Frau fing jetzt an zu weinen. »Sie ist zweiundneunzig.« Ihr Gesicht verriet eine Verzweiflung, die viel weiter reichte als jedes Buß-

geld oder verlorene Zugticket oder selbst eine sterbende
Tante. Sie hatte schlicht und einfach etwas mit Würde und
Demütigung zu tun. »Was spielt es schon für eine Rolle,
ob ich im Zug sitze oder nicht? Es sind noch jede Menge
Plätze frei. Es kostet sie keinen Cent mehr, nach Rom zu
fahren, bloß weil ich auch drin bin.«

Das stimmte natürlich, aber man begab sich damit auf
gefährliches Terrain.

»Zwei Polizisten werden Sie entfernen«, versicherte ihr
der Schaffner, der beeindruckend unbeeindruckt von ihrem
Getue blieb. Er ging weiter den Gang entlang, während
sie hinter ihm herbrüllte. Ich fragte mich, ob er vielleicht
bluffte. Immerhin hatte er sich nicht die Mühe gemacht, in
ihrer Anwesenheit die Polizei anzurufen. Aber nachdem sie
die verbleibenden Minuten bis Bologna ihrer Empörung
noch lautstark Luft gemacht hatte, stand die Frau plötzlich
auf, sammelte äußerst geschickt drei kleine Taschen zusammen und stieg völlig entspannt aus dem Zug aus, ganz so,
als wäre sie eine gewöhnliche Reisende, die froh war, ihr
Fahrziel erreicht zu haben.

»Das kommt fast täglich vor«, erklärte der Schaffner, als
er das nächste Mal vorbeikam. »Sie steigen ein, lassen sich
am nächsten Bahnhof wieder hinauswerfen, steigen dort in
den nächsten Zug, der sie umsonst zum nächsten Bahnhof
bringt, und so weiter, bis sie am Ziel sind. Man kann sie
nicht aus dem Fenster werfen, man kann sie nicht zwingen, Geld zu bezahlen, das sie nicht haben, und die Polizei hat Besseres zu tun, als sie einzusperren. Da die schnellen Züge nur in Bologna und Florenz halten, wird sie es
heute noch bis Rom schaffen, wenn sie tatsächlich dort hin

will. Aber vielleicht will sie auch nur im Warmen sein und steigt gleich in den nächsten Zug irgendwo anders hin. Oder fährt zurück nach Verona.«

Beim Eintreffen in Florenz stellte ich fest, dass der Zug nicht, wie ich erwartet hatte, in Santa Maria Novella hielt, dem Hauptbahnhof der Stadt, von wo es nur fünf Minuten zu Fuß bis zum Palazzo Strozzi sind, sondern auf dem traurigen kleinen Vorortbahnhof Firenze Campo Marte. Konnte ich, fragte ich einen *capotreno*, der eilig den Bahnsteig entlanglief, meine Freccia-Fahrkarte benutzen, um einen Regionalzug nach Santa Maria Novella zu nehmen, oder musste ich mir dazu erst am Schalter ein neues Ticket kaufen?

»Gleis eins«, sagte er, während er winkte. »Die Züge fahren oft.«

»Aber brauche ich eine neue Fahrkarte? Ich komme gerade mit dem Frecciargento aus Verona, aber wie ich sehe, gilt die Fahrkarte nur bis Campo Marte.«

Er ging bereits weiter und rief mir über die Schulter zu. »Sie werden kein Bußgeld zahlen müssen«, sagte er mit einem geheimnisvollen Lachen.

Aha, dachte ich, meine Fahrkarte galt zwar offiziell nicht bis Santa Maria Novella, aber niemand würde sich trauen, mich dafür zu belangen, denn ich hatte eine Menge Geld in den Frecciargento investiert, der mich eigentlich nach Florenz und nicht in irgendeinen Außenbezirk bringen sollte. Ich gehörte zu denen, die sich glücklich schätzen dürfen. Wer hat, dem wird gegeben …

DIE GLÜCKLICHEN können Englisch. Sie sind kreditwür-
dig. Sie kaufen ihre Fahrkarten online. Sie sprechen keinen Dialekt, sondern reines, akzentfreies Italienisch. Ihre
Werte sind Sauberkeit und Tempo. Ich glaube, es war dort
auf dem Bahnsteig in Firenze Campo Marte, dass ich zum
ersten Mal die neuen Ansagen gehört habe, die inzwischen auf allen Bahnhöfen, großen wie kleinen, zu hören
sind und die das neue, weltläufige Trenitalia-Gefühl auf
der gesamten Halbinsel verbreiten; zuerst eine männliche
Stimme, italienisch, jung, gebildet und einschmeichelnd,
ohne jeden regionalen Einschlag, und dann eine weibliche
Stimme auf Englisch. Auch sie wirkt jung, effizient, klug
und ist regional nicht einzuordnen.

Das heißt, nicht einzuordnen innerhalb Englands, aber
dennoch sehr englisch, nicht amerikanisch oder gar trans-
atlantisch. Das Seltsame ist, dass sie die italienischen Namen der Bahnhöfe vorliest – Roma statt wie im Englischen
Rome, Firenze anstelle von Florence, Napoli statt Nap-
les –, sie jedoch mit einem starken, sogar übertriebenen
englischen Akzent ausspricht und keinerlei Zugeständnisse
an den Klang der italienischen Vokale oder das gerollte r
macht. Wir hören also Roe-mah, Nä-poe-lie, Mi-lah-noe,
Fi-ren-say und so weiter. Die Wirkung ist urkomisch, aber
am witzigsten ist ihre Aussprache des Wortes Trenitalia,
das sich bei ihr auf *genitalia* reimt – auf die Genitalien. Da
jeder weiß, dass man das a in Italy wie das a in *fat* ausspricht und nicht wie das in *fate*, ist es schwer vorstellbar,
wie jemand diesen Fehler machen kann. Es kommt einem
fast so vor, als machte sich die Ansagerin absichtlich lustig über die berüchtigte Unfähigkeit der Engländer bzw. in

diesem Fall Engländerinnen, fremde Sprachen zu sprechen. Oder ein Mitarbeiter in der PR-Abteilung, der auf irgendeiner schicken Sprachschule das Englisch der Queen gelernt hat, glaubt, dass die Engländer die Namen nur wiedererkennen, wenn sie auf diese Weise ausgesprochen werden, obwohl die englischen Durchsagen nicht nur für britische Touristen, sondern für alle ausländischen Bürger ohne Italienischkenntnisse gedacht sind. Jedenfalls bin ich davon überzeugt, dass diese Frau sehr wohl die richtige Aussprache kennt und nur so tut, als ob. Es macht ihr Spaß. Und ganz offensichtlich machte es einer Reihe von italienischen Reisenden ebenfalls Spaß. Sie freuen sich, wenn die Sprecherinnen dieser weltweit so dominanten Sprache sich lächerlich machen. Trenitayliah five seven zero to Ve-ne-ziaah … Trenitayliah two one nine to Pad-you-ah, Trenitaylia eight six one to Doe-moe-dossoe-lah …

NATÜRLICH KAM Trenitalias Umstrukturierung des Bahnangebots in eine Welt mit Bürgern erster und Bürgern zweiter Klasse nicht ohne eine Generalüberholung des Preissystems aus, das meine Fahrten nach Florenz neuerdings total bestimmt. In den 1990er-Jahren herrschte die größtmögliche Vermischung und Flexibilität von Zügen und Menschen, so als gehörten die Fahrgäste eines Regionale von Bergamo nach Treviglio tatsächlich der gleichen Spezies an wie die *signore* und *signori*, die mit dem Super Rapido von Mailand nach Turin reisten. *Alle* Fahrkarten waren 60 Tage lang gültig, und *alle* ließen sich mit Zuschlägen aufwerten. Jetzt haben wir stattdessen die größtmögliche Trennung und Unflexibilität; aber das geschah alles so klammheimlich, so allmählich, dass die Logik des Ganzen erst deutlich wurde, als alles längst gelaufen war.

Für mich kam der Moment des Wandels oder vielmehr des endgültigen Erwachens eines Morgens im Jahr 2008 in einem Intercity von Verona nach Mailand. Ich war in der super angenehmen Lage, mir ein Abteil mit einem Mann und einer Frau zu teilen, die beide ebenso erpicht darauf waren zu lesen und zu arbeiten wie ich. Dann, urplötzlich, Kinderlärm! Von englischen Kindern! Ein ganzer Haufen. »Still, Kinder! Ruhe!« Ein Mann in Pfadfindershorts und Sandalen mit Socken spähte in unser Abteil. Er fing an, auf eine Fahrkarte zu schauen und die Nummern darauf mit den Platznummern unseres Abteils zu vergleichen. Die klebrigen Finger und roten Nasen seiner Schützlinge pressten sich neben ihm gegen die Scheibe. Aber ich war mir meiner Sache sicher. Es hatten keine Karten in den Schlitzen gesteckt, die Reservierungen anzeigten. Mit so etwas bin ich vorsichtig. Das Abteil war die ganze Strecke über frei.

Aber Mister Sandalen mit Socken macht die Tür auf und teilt uns in stockendem Italienisch mit, dass unsere Plätze alle reserviert sind. »PRI-NOE-TAA-TI«, sagte er. *Prenotati* = reserviert. Dem armen Mann schien es peinlich zu sein, uns das sagen zu müssen. »*Noy*« – er zeigte mit dem Finger auf sich und die Kinder, die hinter der Scheibe Grimassen schnitten, »gebucht, pri-noe-taa-ti.«

Ich lächelte nicht. Der Pfadfinderchef bestand darauf, uns seine Gruppenkarte zu zeigen. Tatsächlich, sie hatten reserviert. Aber wie konnte das sein? »Das ist die neue Regelung«, sagte die Frau grimmig, während sie ihre Papiere einsammelte. »Sie stecken keine Reservierungskärtchen mehr hinein. Seit ungefähr zwei Wochen.«

»Und woher weiß man dann, wo man sich hinsetzen kann?«, fragte ich.

»Weiß man nicht«, sagte sie. »Man setzt sich hin, bis man vertrieben wird.«

Der *capotreno* kam. Ich fragte ihn, ob es stimmte, dass man nicht mehr wusste, wo man sitzen konnte, dass die reservierten Plätze nicht mehr gekennzeichnet wurden. »Offenbar lesen Sie nicht die Aushänge, auf denen wir die Regelungen erklären«, sagte er. Als ich mich durch den überfüllten Gang von einem Wagen zum nächsten zwängte, hatte ich nun Gelegenheit, einen dieser Aushänge zu lesen. Er war nur auf Italienisch. »Die Plätze 71–86 jedes Wagens (zwei Abteile) sind nicht reservierbar«, stand dort. Alle anderen Plätze konnten reserviert werden, aber es wurden keine Reservierungskärtchen mehr eingesteckt. Eine Erklärung für diese Änderung gab es nicht. Die Fahrgäste wurden freundlich gebeten, ihre Plätze unverzüglich für Personen mit einer Reservierung freizugeben.

Über Nacht war also aus jemandem, der keine 3 Euro Reservierungsgebühr bezahlte, ein Bürger zweiter Klasse geworden. Er konnte nicht mehr erkennen, ob ein Platz frei war oder nicht, es sei denn, er war bereit, im Getto von Abteil sechs und sieben zu sitzen, die natürlich immer voll waren. Zwei Jahre später wurde ihm auch dieses dürftige Dasein verwehrt. Alle Intercitys, Eurostars und jetzt Frecce sollten *a prenotazione obbligatoria* werden, reservierungspflichtig. »*La comodità è d'obbligo*«, verkündete ein Trenitalia-Slogan. »Komfort ist ein Muss.« Die Implikation war natürlich, dass die Regionalzüge nicht komfortabel waren, denn dort konnte man keine Plätze reservieren, selbst wenn man es wollte. Vielleicht als Ausgleich dafür wurde der alte Interregionale plötzlich in Regionale Veloce, Regionalschnellzug, umbenannt. Angesichts der ganzen Kosten für das Umspritzen der Waggons, die Neuaufnahme der Durchsagen und den Neudruck der Fahrpläne nur wegen dieser sinnlosen Veränderung steht man fassungslos da.

Von nun an musste man also immer genau wissen, welchen Zug man nehmen wollte, selbst beim Intercity, und den dann buchen; ein Riesenverlust an Flexibilität. Da Menschen, die teure Züge nehmen, nicht gerne anstehen, war man mehr oder weniger gezwungen, online per Kreditkarte zu buchen. Selbstverständlich wurden die Preise angepasst, um den alten Reservierungszuschlag einzuschließen. Dann kam das, was die Italiener *beffa* nennen, ein einziges Wort, das »der Trick, der einer Verletzung noch eine Beleidigung hinzufügt« bedeutet. Wenn man 25 Prozent Aufschlag für ein sogenanntes Flexiticket zahlte, dann erwarb man den Luxus, falls man den gebuchten Zug verpasste, ohne Bußgeld oder Aufschlag den nächsten nehmen zu dürfen. Sonst wurde automatisch ein Zuschlag in Höhe von 8 Euro fällig; seltsamerweise sind 25 Prozent einer teuren Fahrkarte oft mehr als 8 Euro.

Rekapitulieren wir also: Während man früher größtmögliche Flexibilität zum Preis X genoss, bei einem kleinen Risiko, keinen Sitzplatz zu finden, ein Problem, das man leicht lösen konnte, indem man, wenn man wusste, man würde zu einer der Stoßzeiten fahren, zusätzlich eine

Reservierung zum Preis Y kaufte, zahlt man jetzt immer X+Y und hat immer einen Sitzplatz, aber gar keine Flexibilität, es sei denn, man zahlt Preis X+Y+Z – dann hat man einen Sitzplatz und ein bisschen Flexibilität, aber nicht im Entferntesten die Vorteile, die man vor ein paar Jahren hatte, wenn man nur X bezahlte.

Es läuft darauf hinaus, dass Trenitalia computererfahrene Kreditkarteninhaber bevorzugt, die in sauberen, modischen, sehr schnellen Zügen reservierte Plätze besetzen und ihre Fahrkarten sogar als PDF auf ihrem Laptop vorzeigen dürfen oder als SMS auf ihrem Handy, während Menschen ohne Kreditkarten draußen im Dunkeln stehen müssen, wo es viel Heulen und Zähneklappern gibt. 2011 wurden die alten Fahrkartenautomaten im Bahnhof Porta Vescovo durch die neuen, ziemlich schönen und wunderbar effizienten, nur mit Kreditkarten benutzbaren Touchscreen-Automaten ersetzt; die Geschwindigkeit der Abwicklung und die Auswahl an klug präsentierten Optionen sind schlicht beeindruckend. Die reizende *barista* in dem kleinen Bahnhofscafé erzählt mir allerdings, dass der Fahrscheinverkauf in ihrem Lokal sich seit der Einführung dieser bahnbrechenden Automaten mehr als verdoppelt hat, weil die Fahrgäste, die von Porta Vescovo abfahren – Schulkinder, Studenten, Gastarbeiter –, alle keine Kreditkarten besitzen. Aber diese Leute nehmen natürlich auch keine teuren Züge, daher ist Trenitalia an ihnen nicht interessiert. Meistens sind diese großartigen Automaten ohnehin außer Betrieb, weil jemand den Schlitz, in den man die Kreditkarte steckt, böswillig zerstört hat.

ABER ICH SOLLTE MICH NICHT BEKLAGEN; ein Mann, der
eine Ausstellung über Banker mit Gemälden von Botticelli
und Fra Angelico kuratiert, gehört eindeutig zu den Privilegierten und Glücklichen und ist daher vor dem Fegefeuer
der Fahrkartenautomaten gefeit. Wie Cosimo de' Medici
& Co. hat er seinen Platz im Paradies bereits erstanden.
Von allen Einschränkungen befreit – geradezu körperlos,
so scheint es manchmal –, reise ich zwischen Verona oder
Mailand und Florenz und Florenz und Mailand oder Verona hin und her, mit außergewöhnlicher Geschwindigkeit und bemerkenswert pünktlich, und zeige dem Schaffner meine Erste-Klasse-Fahrkarte, die mir der Palazzo
Strozzi großzügigerweise per E-Mail auf meinen Laptop
geschickt hat. In der ersten Klasse habe ich beim Einsteigen die Wahl zwischen Orangensaft, Wein oder Kaffee. Es
gibt dort auch eine Steckdose für meinen Laptop. Die Klimaanlage ist verlässlich. Die Toiletten sind relativ sauber.
Was will man mehr?

Natürlich gewöhne ich mich schnell an diese Segnun-
gen. Ich probiere eine Fahrt nach Rom aus und stelle fest,
dass der Zug es tatsächlich in weniger als drei Stunden von
Mailand nach Rom schafft. Urplötzlich hat das Zugfahren
einen Sinn. Das hier fühlt sich kein bisschen nach Italien
an, sage ich mir. Die Regionali und die armen Leute, die
sie benutzen, nehme ich gar nicht mehr wahr. Welche Erleichterung. Ich kann lesen, ich kann arbeiten, *ernsthaft*
arbeiten, und ich kann schneller als im Auto oder Flugzeug
von Stadtzentrum zu Stadtzentrum fahren, zu günstigeren
Preisen und ohne oder fast ohne Stress.

Ich kann mich sogar noch *tugendhaft* fühlen. »Herz-

lichen Glückwunsch«, sagt mein Ticket. »Mit Ihrer Entscheidung, den Zug zu nehmen, haben Sie zur Reduzie-
rung des CO_2-Ausstoßes beigetragen.« Es folgen einige
Beispiele. Wenn ich von Neapel nach Mailand reise, verur-
sache ich Emissionen von 31.

31 was? Das steht nicht dabei. Vermutlich 31 schlechte
Sachen. Mit dem Auto hätte ich 76 schlechte Sachen aus-
gestoßen, im Flugzeug 115. Es steht nicht dabei, ob sich das
auf volle Flugzeuge oder leere bezieht oder auch volle oder
leere Autos. Es steht nicht dabei, ob es eine Rolle spielt,
ob ich erster oder zweiter Klasse reise. Hauptsache, ich
fühle mich tugendhaft — wohlhabend und tugendhaft —,
so wie die alten Banker in der Renaissance. Darum geht
es schließlich im Bürgertum, oder? Eine Geisteshaltung,
die im Florenz des 15. Jahrhunderts erfunden wurde: der
tugendhafte, verzeihlich selbstgefällige Geschäftsmann.
Während damals die Banker Unsummen für den Bau gran-
dioser Kirchen zur Verfügung stellten und wunderbare Gemälde in Auftrag gaben, sparen wir heute CO_2-Emissionen
und leisten unseren kleinen Beitrag zu einer der teuers-
ten Eisenbahnstrecken der Welt. In beiden Fällen geht das
Geld nicht an die vielen Leute, die durchaus der Meinung
sein könnten, sie hätten ein größeres Anrecht darauf. Das
Gleiche sagte man über die verschwenderischen Ausgaben
der Medici und der Strozzi für ihre prunkvollen Palazzi.

Wie auch immer, vermutlich war es diese Behaglich-
keit und Überlegenheit, die zu meinem letzten und größten Krach mit einem *capotreno* geführt hat. Ich zögere, davon zu erzählen, denn die Geschichte lässt mich in einem
ziemlich schlechten Licht dastehen, und überdies hat der

Leser vielleicht mittlerweile genug von den *capotreni*. Aber
es war ein prägender Moment, sowohl für mein Verhältnis
zu Italien als auch für mein Verständnis der neuen Trenitalia. Ich werde die Geschichte erzählen und verspreche
Ihnen, dass es danach keine weiteren solchen geben wird.
Ein leicht zu haltendes Versprechen, denn dieser Krach
war mit Sicherheit mein letzter. Ich werde mich nie wieder
auf einen Streit mit einem *capotreno* einlassen.

Im Grunde bestand mein unverzeihlicher Fehler darin,
mich in einem proletarischen Regionale wie ein privile-
gierter Freccia-Benutzer zu verhalten; ich habe versucht,
die beiden Welten zusammenzubringen. Aber lassen Sie
mich erklären.

Bis zum Sommer 2012 konnte man online nur Trenita-
lia-Fahrkarten für schnelle Züge mit Reservierungspflicht
kaufen. Die Fahrkarten für den Regionale und den Regionale Veloce gab es nur im Bahnhof; sie waren zwei Monate gültig und mussten am Reisetag entwertet werden. Die
Intercitys waren zu dieser Zeit überwiegend aus dem Verkehr gezogen worden, jedenfalls im Norden des Landes. Als
ich also zu meinem bescheidenen Porta-Vescovo-Leben zurückkehrte, musste ich mich weiterhin mit der Idiotie von
Fahrkartenautomaten und Schaltern herumschlagen. Stellen Sie sich also meine Freude vor, als ich irgendwann im
Frühjahr 2012 entdeckte, dass man nun auch online Fahrkarten für Regionalzüge erwerben konnte. Es gab allerdings
keine Werbung dafür, weit gefehlt, keine offene Aufforderung, diese billigen Züge zu benutzen; mir fiel nur eines
Tages, als ich den Online-Fahrplan studierte, plötzlich auf,
dass man dort jetzt den kleinen Kreis anklicken kann, um

online einen Fahrschein zu kaufen. Man muss natürlich den Zug auswählen, Abfahrtszeit und Datum; die stehen dann auf dem PDF, das man geschickt bekommt, und das »Ticket« wird als bereits entwertet und nur für diesen Zug gültig betrachtet. Also keine zweimonatige Gültigkeit, aber was macht das schon, wenn man es so einfach kurz vor Abfahrt des Zuges kaufen kann? Sofort kaufte ich mir mein Ticket für den Regionale Veloce und lud es als Hintergrund auf meinen Laptop, um es dem Schaffner zu zeigen, *genau wie ich es immer mache, wenn ich mit den Frecce fahre.*

Ja, das ist wirklich großartig; ich klopfte mir selbst auf die Schulter, während ich mich auf den Weg zum Bahnhof machte. Schon bald werde ich mich nicht mehr über Trenitalia beklagen können, denn sie bieten mir einen tollen Service zu sehr günstigen Preisen. Ich kann mich glücklich schätzen. Ich fahre gern mit dem Zug, ich lebe in einem Land, das über eine Eisenbahn verfügt und in dem die Leute hart und auf höchstem Niveau arbeiten, um die Nutzung der Züge für alle zu vereinfachen.

Ich begrüße das und ziehe den Hut vor diesen Leuten.

Ich begrüße sogar die verrückten neuen Ansagen, die sie kürzlich eingeführt haben, um die frühere Warnung vor der Einfahrt eines Zuges zu ersetzen:

»*Trenitalia Regionale Veloce 2106 proveniente da Venezia Santa Lucia e destinato a Milano Centrale arriva* e *parte dal binario quattro.*«

»Tränitayliah Fast Regional 2106 from Veneziah Santa Luciah with terminus at Milahno Sentralay arrives *and* departs from platform four.«

Trenitalia Regionalschnellzug 2106 von Venezia Santa

Lucia zur Weiterfahrt nach Milano Centrale fährt ein *und* ab auf Gleis vier.

Fährt ein *und* ab!

Wer hat sich das ausgedacht? Wenn der Zug auf Gleis vier einfährt, wie kann er dann von woanders abfahren? Hochgeschwindigkeitstechnik, Internetverbindungen und allgemeine Modernisierung scheinen das gelegentliche Durchscheinen des Absurden in keinster Weise zu verhindern.

Ich steige also in meinen Zug ein, der tatsächlich auf Gleis vier ein- und abfährt. Zum Glück finde ich fast sofort einen Sitzplatz in der zweiten Klasse; ich sitze neben ein paar fleißigen jungen Studenten, die alle in ihre Bücher vertieft sind. Als mir einfällt, dass es in diesem Zug keine Stromanschlüsse gibt, beschließe ich, den Code meines-Tickets zu notieren für den Fall, dass mein Computer nicht mehr genug Akku hat. Ich suche nach einem Zettel und schreibe den Code auf: PCWNG2. Wieder werde ich von Freude und tiefer Zufriedenheit erfüllt bei dem Gedanken, dass ich nach zwanzig Jahren *endlich von den Fahrkartenschlangen und Fahrkartenautomaten bei Trenitalia befreit* bin. Ich kann mir jetzt alle Fahrkarten online kaufen. Ich bin Herr der Lage, bin ermächtigt worden, habe mein Leben unter Kontrolle.

Der Schaffner kommt kurz vor Peschiera. »Hier noch jemand, dessen Fahrkarte ich noch nicht gesehen habe?«

Was für eine freundliche Ansprache seiner Klientel! Vermutlich hat er in diesem Waggon schon einmal kontrolliert und erkundigt sich jetzt nur, ob jemand seit der letzten Kontrolle noch zugestiegen ist. Unser Schaffner ist ganz entspannt. Im Netz gibt es etliche Chatrooms, wo die verschiedenen Methoden diskutiert werden, in Trenitalia-Zügen ums Bezahlen herumzukommen. Sensibilität für die Laune des Schaffners gilt als entscheidend.

Normalerweise arbeite ich in solchen Fällen einfach weiter und tue so, als sei meine Fahrkarte schon kontrolliert worden. Natürlich lese ich gerade. Genau genommen habe ich Unmengen zu lesen, weil ich bei einem Literaturpreis, dem International Booker Prize, als Juror fungieren soll. Aber heute ist ein großer Tag: die erste Reise mit einem elektronischen Ticket im Regionale. Daher sage ich: »Meine haben Sie noch nicht gesehen.«

Und ich zeige ihm den Code auf dem Zettel.

Natürlich kenne ich inzwischen alle Fahrkartenkontrolleure auf dieser Strecke. Dieser ist ein älterer Mann – zugleich der *capotreno* –, mit tiefen, staubigen Falten und Wimpern voller Spinnweben, trockener Pergamenthaut und einem schlauen, berechnenden Blick. Ich habe einmal mitbekommen, wie er mit einem slawischen Mädchen, das behauptete, es habe keine Fahrkarte gekauft, weil der Automat nur Kreditkarten nahm, ziemlich harsch umging. Andererseits drückt er bei Schmarotzern in der ersten Klasse regelmäßig ein Auge zu.

»Die Fahrkarte muss *in una stampa* sein«, sagt er. Ausgedruckt.

Um uns herum werden Augenbrauen hochgezogen. Im Laufe der Jahre werden die Fahrgäste zu Kennern auf dem Gebiet der Fahrscheinkomplikationen, und womöglich erleben sie jetzt zum ersten Mal jemanden, der versucht, mit einem online gekauften E-Ticket den Regionale Veloce zu benutzen.

Ich beschließe, nichts zu sagen.

»Ich muss alle Details sehen«, sagt er. »Ihren Namen und einen Ausweis.«

»Im Freccia gebe ich auch immer nur die Buchungsnummer an. Dort scheint das auszureichen.«

»Dies hier ist kein Freccia, *signore*. Oder sieht das hier aus wie ein Freccia? Ich habe keinen schicken kleinen Computer bei mir, um Ihre Buchungsnummer zu überprüfen. Ich kann nicht feststellen, ob die Details stimmen.«

»Aber die Details habe ich auf dem Bildschirm.«

Ich klappe meinen Rechner auf, der sich im Ruhezustand befindet, und warte darauf, dass er hochfährt. Alle schweigen gespannt. Der Schaffner, der so gelassen gewirkt hatte, als er sich einfach nur erkundigte, ob noch jemand zugestiegen war, kommt mir jetzt beunruhigend grimmig und entschlossen vor, so als habe er mitten auf heimischem Gebiet ganz unerwartet ein Nest feindlicher Truppen entdeckt. Vielleicht ist er Traditionalist und ganz und gar gegen die Einführung elektronischer Tickets. Er fürchtet, diese Fahrkarten könnten seinen Arbeitsplatz eines Tages überflüssig machen, so wie sie bereits die Stellen Tausender Fahrkartenverkäufer überflüssig gemacht haben. Mir kommt der Gedanke, dass ich vielleicht lieber nicht erwähnt hätte, dass ich regelmäßig mit dem Freccia fahre. Vielleicht hat der Schaffner jetzt das Gefühl, dass dieser wohlhabende ausländische Geizkragen in seinem Regionale Veloce, der eine Sozialleistung für ärmere Reisende ist, nichts zu suchen hat. Vielleicht ist er ein Kommunist alten Schlages.

Wie nicht anders zu erwarten, braucht der Computer

unverschämt lange, um hochzufahren. Der Zug rattert dahin. Da die Klimaanlage nicht funktioniert, sind alle Fenster offen, und im ganzen Waggon flattern und bauschen sich die blauen Vorhänge. Es sieht aus wie in einem Cinema-vérité-Film aus den Fünfzigerjahren.

»Ich muss einen Ausdruck sehen«, wiederholt der Schaffner. »Auf Papier.«

Warum wartet er dann auf das, was ich ihm am Bildschirm zeigen will? Wieder beschließe ich, nichts zu sagen, aber ich merke, dass ich nervös werde. Meine rechte Hand zittert. Das ist ja lächerlich! Es ist doch bloß eine Fahrkartenkontrolle.

Der Bildschirm leuchtet auf, und schon erscheint auch das PDF. Mit Datum und Abfahrtzeit des Zuges, Start- und Zielbahnhof. Die Klasse. Zweite.

»Sehen Sie«, sage ich zu ihm, »hier steht mein Name, Sie können ihn mit dem auf meinem Ausweis vergleichen.«

Ich ziehe meinen Ausweis, meinen italienischen Ausweis, aus der Tasche und reiche ihn ihm. Er weigert sich, ihn anzuschauen.

»Die Fahrkarte gilt nur für diesen Zug, ich könnte sie also nicht noch einmal benutzen«, erkläre ich ihm. »Wie könnte ich da schummeln?«

»Die Fahrkarte muss ausgedruckt sein«, sagt er.

Ich wende ein, dass von einem Ausdruck nirgends die Rede ist. Gäbe es einen gravierenden Unterschied zwischen diesem und den anderen Online-Fahrscheinen, dann müsste das doch irgendwo stehen.

»Natürlich steht es da. Lesen Sie mal unter Punkt drei nach.«

Er steht im Gang und beugt sich über meinen Rechner, der auf meinen Knien liegt. Es macht ihm inzwischen Spaß, er ist sich seiner Sache ganz sicher, wie jemand, der gute Karten beim Pokern hat und nur auf den Moment des Triumphes wartet, und besser noch, auf die Verzweiflung im Gesicht seines Gegners.

»Wo steht Punkt drei?«

Er seufzt, als ob er wünschte, er hätte es mit einem kompetenteren Gegner zu tun.

»Scrollen Sie nach unten ans Ende der Seite.«

Ich gebe zu, das habe ich noch nie gemacht. Wenn es auf meinem Bildschirm erscheint, endet das PDF mit einer langen und undefinierten Codenummer, KK8-9EY-U5K-UVJ. Ich scrolle nach unten. Tatsächlich, dort steht in wesentlich kleinerer Schrift die Überschrift AVVERTENZE. Hinweise, Warnungen.

Punkt eins besagt: »Dieser Vertrag unterliegt den Beförderungs- und Tarifbestimmungen für den Personentransport mit den FS, die unter www.ferroviedellostato.it und www.trenitalia. it – Beförderungsbedingungen nachzulesen sind.«

Punkt zwei besagt: »Die Fahrkarte gilt nur für Sie persönlich und ist nicht übertragbar. Sie gilt als bereits entwertet und kann vom auf diesem Beleg angegebenen Datum und Zeitpunkt an vier Stunden lang benutzt werden.«

Punkt drei besagt: »Auf Verlangen des Zugpersonals ist dieser Beleg zusammen mit einem gültigen Ausweisdokument vorzuweisen.«

Erster Sieg für mich. »Ich kann hier nichts von einem Ausdruck finden«, sage ich triumphierend. »Ich zeige Ihnen den Beleg als PDF, und hier ist mein Ausweisdokument, auf dem, wie Sie sehen werden, derselbe Name steht wie auf dem Beleg, Timothy Parks.«

Ein krasser Fehler meinerseits, so verdammt selbstgefällig zu klingen.

»Lesen Sie Punkt vier«, sagt er unbeirrt.

Ich scrolle noch mal.

Punkt vier lautet: »Der Fahrkarteninhaber darf die Reise nicht vor dem auf diesem Beleg angegebenen Zeitpunkt antreten.«

Ich lese es vor und mache mir nicht die Mühe, zu bemerken, dass er sich offensichtlich vertan hat. Ich habe meine Reise genau zu dem auf dem Beleg angegebenen Zeitpunkt angetreten, obwohl diese Regel in der Tat die interessante Frage aufwirft, ob man berechtigt ist, einen Zug zu nehmen, der zu früh abfährt.

Die Studenten kauen auf ihren Bleistiften und stoßen sich gegenseitig in die Rippen. Mein Stil gefällt ihnen. Der Gedanke, dass ein Beamter Lügen gestraft wird, ist einem Italiener immer angenehm. Und das scheint grade zu passieren. Erst im Nachhinein wurde mir klar, dass der Schaffner mich die irrelevanten Regeln nur vorlesen ließ, um die Sache in die Länge zu ziehen, meine Hoffnung zu schüren und meine Hybris anzustacheln, damit es mich schließlich umso härter treffen würde.

»Lesen Sie Punkt fünf«, sagt er.

Vielleicht sollte sich der Leser an dieser Stelle daran erinnern, dass der Mann einen Job hat, der darin besteht, in einem extrem vollen Zug die Fahrkarten zu kontrollieren. Es dürfte mittlerweile glasklar sein, dass ich für meine

Fahrkarte bezahlt habe und sie weder wiederverwenden noch in sonst einer Weise betrügerisch nutzen kann. Warum wendet er sich also nicht wieder seiner Arbeit zu? Aber natürlich weiß ich warum. Tief im Innern wissen wir alle, dass die Regeln gemacht wurden, um genau solchen Auseinandersetzungen den Boden zu bereiten, und wenn sie dann stattfinden, sind sie unendlich viel wichtiger, als einfach nur zu prüfen, ob die Leute den Fahrpreis bezahlt haben oder, was mich betrifft, irgendeinen Roman lesen.

Regel fünf besagt: »Der Reisende ist nicht berechtigt, den Fahrschein umzutauschen oder die gewählte Klasse zu ändern.«

Auf den Gesichtern meiner Mitreisenden zu beiden Seiten des Mittelgangs macht sich langsam ein Grinsen breit.

»Bleibt also noch Regel sechs«, sagt er mit einem Seufzer. Etwas an seinem Tonfall veranlasst mich, zu ihm hochzuschauen. Unsere Blicke treffen sich. Seine welken Lippen haben sich zu dem triumphierenden Lächeln der italienischen Bürokratie verzogen, die mal wieder einen Sieg feiert.

Ich lese Regel sechs vor. Sie lautet: »Ein Fahrgast, der keinen Ausdruck dieser Quittung vorweisen kann oder kein gültiges Ausweisdokument bei sich hat, gilt als Reisender ohne Fahrschein und wird nach den geltenden Bestimmungen (Fahrpreis + 50 Euro oder das regional übliche Bußgeld) *regolarizzato* – gemaßregelt.«

Mit einem weiteren Seufzer sagt er: »Sie haben keinen Ausdruck. Also haben Sie keinen Fahrschein.«

Von hier an fällt es mir schwer, mich an den genauen

Wortlaut des Dialogs zu erinnern, weil ich schlicht und einfach ausgerastet bin. Ich bebte plötzlich vor Wut. Meine Reaktion stand in keinem Verhältnis mehr zu dem, um was es ging. Warum wurde eine so entscheidende Änderung vorgenommen, verlangte ich zu wissen, ohne die Reisenden angemessen darüber zu informieren? Nicht bloß in einer klein gedruckten Regel, die nicht mal auf dem Bildschirm erscheint, es sei denn, man scrollte bis ganz nach unten? »Ein PDF *ist* ein *stampa*, ein Ausdruck«, erklärte ich ihm. »Wenn ich auf meinem Rechner den Befehl Drucken wähle, fragt er mich, ob ich wirklich ein PDF ausdrucken will.« Wie unterschied sich ein Ausdruck auf dem Bildschirm von einem Ausdruck auf Papier? Welche Information würde ihm das Papier liefern, die er nicht auch vom Bildschirm bekam? Keine. Null.

»Für mich bedeutet ein Ausdruck Papier«, sagte er.

»Wissen Sie noch, als Sie fragten, ob hier jemand noch nicht kontrolliert wurde, habe ich mich freiwillig gemeldet. Ich hätte mich auch einfach still verhalten können. Das zeugt doch wohl von meinem guten Willen.«

Er schüttelte den Kopf. »Ohne Ausdruck auf Papier haben Sie keinen gültigen Fahrschein.«

Meine Stimme fing an zu zittern, vermutlich wurde mein Italienisch schlechter, der Engländer kam durch. Als Schaffner ist man solche Konfrontationen gewöhnt. Als Fahrgast nicht. Man ist der Amateur, der für fünf Minuten mit einem Profiboxer in den Ring steigt. Ich fragte ihn, ob er nicht dieses eine Mal, weil die Regularien erst kürzlich geändert worden waren und mein Fehler doch verständlich war, ausnahmsweise ein Auge zudrücken könnte. Er sagte darauf gar nichts. Er guckte mich nur an, als wäre ich inzwischen einer Antwort nicht mehr würdig.

»Ich zahle auf keinen Fall ein Bußgeld«, sagte ich.

»Sie haben keinen Fahrschein«, erklärte er mir. Er musste meine Situation »regeln«. Das war seine Pflicht.

»Ich steige am nächsten Bahnhof aus«, sagte ich. Das ist, wie wir bereits gesehen haben, auch eine Art, das Fahrscheinproblem zu lösen, ohne offiziell ein Bußgeld zu verhängen. Natürlich hätte der Mann auf dem Bußgeld bestehen können, aber er hatte noch nicht angefangen, das Formular auszufüllen.

»Na schön«, sagte er. »Sofern Sie es tatsächlich tun.« Während er sich schon abwandte, fügte er noch mit einem leisen Lächeln hinzu: »Und lesen Sie nächstes Mal die Regeln, ehe Sie mit Trenitalia reisen.«

Kaum hatte er uns den Rücken gekehrt, fingen die Leute um mich herum wie wild an zu plappern. Das Mädchen neben mir wollte sofort das PDF sehen.

»Da steht gar nichts von Papier«, sagte sie. »Nur *stampa*.« Ein Ausdruck.

»Auf den Onlinetickets für die Frecce gibt es auch keine *avvertenze*«, sagte jemand mitfühlend. »Warum sollten Sie also beim Regionale danach suchen.«

»Wenn Sie ein hübsches Mädchen wären«, sagte der Junge auf der anderen Seite des Gangs lachend, »wäre das kein Problem gewesen.«

»Der Typ ist einer von den schlimmsten *pignoli*«, pflichtete jemand anders ihm bei.

In dem Moment kam der Inspektor, vermutlich weil er

die entrüsteten Stimmen gehört hatte, wieder zurück, um sich zu verteidigen. »Wenn Sie nur…«, fing er an.

»Wer zum Teufel *sind* Sie eigentlich?«, wollte ich wissen. Ich war völlig außer mir. Die Kids um mich herum starrten mich an. Vor allem dem Jungen gegenüber stand der Mund offen.

»Sie sind doch der Schaffner, oder?« Meine Stimme war plötzlich unangenehm schrill. »Ich habe mich bereit erklärt auszusteigen, oder? Damit ist das Gespräch beendet. Kontrollieren Sie gefälligst weiter die Fahrkarten. Dafür werden Sie schließlich bezahlt.«

»Alle wollen sich ständig beschweren, aber…«

»Schluss jetzt!«, brüllte ich. »Sie haben kein Recht, ein Gespräch zwischen Fahrgästen im Zug zu unterbrechen. Wir wollen uns ungestört unterhalten. Wir mögen Sie und Ihre Regeln nicht. *Wir wollen nicht mit Ihnen reden.* Ich habe mich bereit erklärt auszusteigen, und damit *basta*!«

Der Mann schaute mich an, überdachte die Situation, schürzte die Lippen. Er hatte eine Schwäche gezeigt, und es war ihm bewusst. Zuerst hatte er sich unbeugsam gegeben, dann hatte er signalisiert, dass er nicht wollte, dass man schlecht von ihm denkt; er wollte mich von seinen üblichen Regionale-Fahrgästen, wie er sie sah, abspalten. Das war ein Fehler.

»Sie haben kein Recht dazu«, wiederholte ich. »Wir möchten nicht mit Ihnen sprechen.«

Er betrachtete uns alle. Mich und sieben Studenten, alle mit Büchern und Laptops auf dem Schoß, mit vollem Haar, in luftiger Sommerkleidung, alle instinktiv gegen ihn. Mich beschlich das Gefühl, dass er uns jetzt alle als

privilegiert betrachtete, während er einer älteren, ehrlicheren Welt entstammte, in der Arbeiter lange Arbeitstage absolviert und den Partito Comunista Italiano gewählt hatten und nun Schutz vor Ausländern und elektronischen
Tickets verdienten. Mit einer spöttischen Verbeugung
sagte er »*Chiedo scusa, signore*« und stolzierte von dannen.

Die jungen Leute waren voller Hochachtung. Kaum
war der Konflikt vorbei, war ich allerdings angewidert.
Warum beiße ich bloß auf solche Köder an, fragte ich
mich. Warum war ich so unhöflich und laut geworden?
Ich stand auf, um meine Tasche von der Gepäckablage zu
nehmen. Ich bin krank, dachte ich.

»Sie wollen doch wohl nicht tatsächlich aussteigen«, protestierte jemand. Alle wirkten sehr erstaunt, als ich stehen
blieb und meine Tasche herunterholte.

»Aber Sie haben Ihre Fahrkarte doch bezahlt!«

»Das kann nicht Ihr Ernst sein. Was soll er denn machen, die Polizei rufen? Die werfen einen Blick auf das
PDF und lachen ihn aus.«

»Er traut sich garantiert den Rest der Fahrt nicht mehr
hierher, er wird einfach ans andere Ende des Zugs gehen
und mit seinem Assistenten abhängen.«

Ich setzte mich mit der Tasche auf den Knien hin und
dachte darüber nach. All diese jungen Leute, diese jungen
Italiener hatten mein Angebot auszusteigen also nicht als
echtes Angebot, sondern als Mittel betrachtet, den Streit
zu beenden, einen ehrwürdigen Ausweg zu schaffen, damit der Schaffner weiter Fahrscheine kontrollieren und ich
in Ruhe sitzen bleiben konnte und am Ende alle zufrieden waren. Aber so hatte ich es nicht gemeint. Und ich

war mir nicht sicher, dass der Schaffner es so verstanden
hatte. Vor allem nach seiner Rückkehr und meinem un-
entschuldbaren Ausbruch. Er würde bestimmt zugreifen,
wenn ich ihm eine Gelegenheit zur Revanche bot.

Der Zug näherte sich Peschiera. Ein paar Leute, die ins
Gardaland wollten, erhoben sich. Sollte ich bleiben oder
gehen? Wenn ich bleibe und er nicht wiederkommt, werde
ich die nächsten anderthalb Stunden so angespannt sein,
dass ich nicht dazu kommen werde, etwas für den Booker-
Preis zu lesen. Wenn ich bleibe und er doch wiederkommt,
könnte es zu einem heftigen Showdown kommen, der
womöglich rechtliche Folgen hätte. Mir war klar, dass ich
mich für meine Reaktion nicht verbürgen konnte.

Aber es gab noch etwas, das tiefer saß: Diese ganze Kultur der uneindeutigen Regeln, dann der heftige Streit darüber ohne klares Ergebnis schienen nur dem Zweck zu
dienen, die Menschen mit Rachegelüsten und Groll zu erfüllen, die einem die Energie für alle anderen Lebensbe-
reiche raubten. Man wird in dem Maße zu einem Teil der
Gesellschaft, in dem man sich bedrängt und ungerecht behandelt fühlt. Aus reiner Lust am Vergnügen stellen andere
sich gegen einen oder rotten sich zusammen. Fast jeder
hat irgendeinen Feind, den er am liebsten fertigmachen
würde. Die Leute werden besessen. Sie sprechen ständig
über die Bürokratie. Die italienischen Universitäten sind
voll mit solchen Leuten, mit Leuten, denen wegen irgendeiner obskuren Regel die Beförderung verweigert wurde,
Leuten, die zusehen mussten, wie andere an ihrer Stelle
befördert wurden, weil sie irgendeinen dubiosen Paragra-
fen der Universitätssatzung nicht erfüllten, tatsächlich aber

nur, weil die beförderte Person der Freund eines Freundes des stellvertretenden Rektors ist. Die gesamte italienische Fußballszene ist in dieser Hinsicht ein einziges Schmierentheater, eine kitschige Bühne für schlecht inszenierte Stammeskriege. Jetzt im Zug auszuharren, um entweder vor einem dankbaren Publikum damit anzugeben, dass ich den Schaffner ausgetrickst oder heruntergeputzt hatte, oder schlimmer noch, um mich in einen Konflikt zu stürzen, der mich über Monate beschäftigen würde, bedeutete, definitiv und unwiderruflich italienischer zu werden. Daran bestand kein Zweifel. Und all die jungen Italiener um mich herum wollten das. Sie konnten sich nicht vorstellen, dass ich in diesem Moment irgendetwas anderes tat. Sie wollten das Drama bis zum Ende erleben, die Niederlage eines Beamten auskosten oder die Bestätigung dafür erhalten, dass die Karten gezinkt sind und der Einzelne in seinem Kampf gegen den Staat keine Chance hat. Mein Traum aber war es immer gewesen, einen Fahrschein zu kaufen, ihn zu benutzen, auf die Art relativ bequem zu reisen und im besten Fall unterwegs ein bisschen von meinem Lesepensum zu erledigen.

Der Zug verlangsamte vor Peschiera seine Fahrt. Auf dem Bahnsteig waren Micky Maus und Dagobert Duck auch nach zwanzig Jahren noch in ihre Knallerei verwickelt. »*Buon viaggio e buona giornata*«, wünschte ich meinen entsetzten Fans und ging in Richtung Tür. Am Fahrkartenschalter bezahlte ich doppelt so viel, wie mein ursprüngliches Ticket gekostet hatte, für einen Platz im nächsten Frecciabianca, der nur zwanzig Minuten später auf Bahnsteig zwei eintraf und abfuhr, und nach einer

ereignislosen Fahrt, die ich mit der Lektüre von Rohin-
ton Mistrys ausgezeichnetem Roman *Das Gleichgewicht
der Welt* verbrachte, traf ich etwa fünf Minuten vor dem
Regionale Veloce, aus dem ich mich so schmachvoll abge-
setzt hatte, in Milano Centrale ein. So hatte ich noch eine
letzte Gelegenheit, auf den Zug zu warten und meinem
Kontrahenten noch einmal entgegenzutreten, vielleicht
um ihm mitzuteilen, dass ich vorhatte, über den Vorfall
in einem Buch zu berichten, und sicherstellen würde, dass
er dabei extrem schlecht wegkam. Etwa dreißig Sekunden lang dachte ich in der großartigen Ankunftshalle von
Milano Centrale tatsächlich über diese Möglichkeit nach.
Ich schaute nach oben und betrachtete die Friese von Krie-
gern, die sich gegenseitig umbrachten, ein riesiges Wer-
beplakat von Nike mit dem ominösen englischen Slogan
HOW FAR CAN YOU RUN? und ein weiteres Poster, das mich
einlud, auf meinem Handy um Bargeld zu spielen. Das
Beste war wohl, entschied ich, mich schnellstens auf den
Weg zur Universität zu begeben und mit meinem Leben
als Engländer in Italien weiterzumachen.

III

BIS ANS ENDE DES LANDES

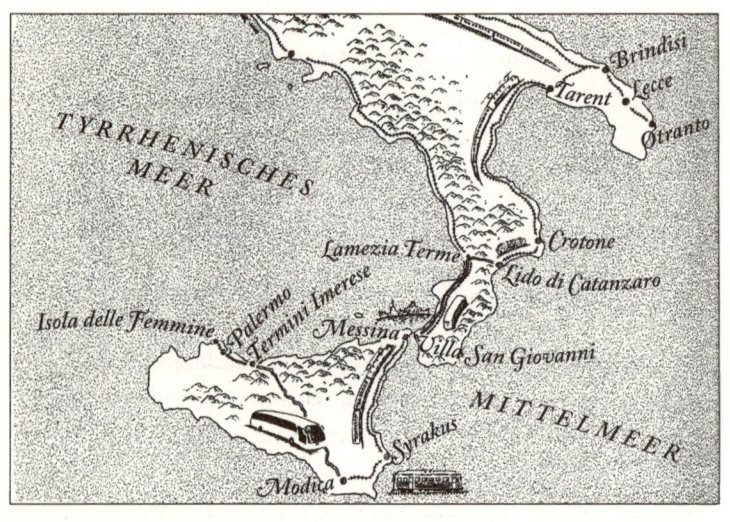

Fünftes Kapitel

MAILAND — ROM — PALERMO

ICH WEISS INZWISCHEN KAUM NOCH, welcher Nationalität ich eigentlich angehöre. Ich weiß nur, dass ich seit dreißig Jahren in Norditalien lebe und arbeite und wie die meisten Leute um mich herum wenig vom Süden des Landes weiß, obwohl der Süden in unseren Köpfen als Vorstellung immer präsent ist – meist als keine sehr gute. Die Nachrichten, die uns aus dem Süden erreichen, machen ihn uns nicht gerade sympathisch. Er ist Sodom und Gomorra, durch und durch korrupt, frisst unsere Steuergelder auf, und wo die Korruption nicht herrscht, da herrscht der Aberglaube, da ist man primitiv, sentimental und schmierig. Die vielen Süditaliener auf den Straßen Mailands und an unseren Arbeitsplätzen, die geflohen sind, um an einem seriösen Ort zu arbeiten, bestätigen diesen Eindruck nur. Und diese Leute sind, nachdem sie die Reise in den Norden auf sich genommen haben, verständlicherweise erpicht darauf, sich selber zu bestätigen, dass es die richtige Entscheidung war; und so sprechen sie nur selten wohlwollend von ihrer Heimat, und wenn doch, dann immer mit einem kleinen Seufzer, der einen daran erinnern soll, dass sie, so schön es auch war, unmöglich dort bleiben konnten. Die Tatsache, dass so viele Politiker aus dem Süden stammen, ist auch nicht hilfreich; italienische Politiker sind in der Regel ohnehin nicht gerade vertrauenerweckend. Wenn jemand aus dem Norden also in den Süden fährt, dann tut er das meistens mit einem gewissen Gefühl der Beklommenheit, so als betrete er eine andere Zone oder gar ein anderes Land. Ich weiß noch, wie auf einer Fahrt nach Neapel zum Auswärtsspiel von Hellas Verona ein älterer Fan, als der Zug neben einer Reihe von Polizisten mit Schlagstöcken zum Stehen kam, warnend zu mir sagte: »Bei uns kämpft man mit den Fäusten, aber hier haben sie Messer.«

Dennoch hatte ich urplötzlich große Lust, in den Süden zu reisen. Vielleicht lag das am 150sten Jahrestag der italienischen Einheit, der 2011 begangen wurde. Während der Feierlichkeiten hätten die Leute in Mailand und Verona kaum desinteressierter sein können, von Partystimmung ganz zu schweigen. Die Lega Nord, eine mächtige xenophobe und separatistische Partei in Norditalien, stellte Garibaldi als Banditen dar, als Terroristen, dessen glorreicher Zug der Tausend zur Einnahme Siziliens und Süditaliens im Jahr 1860 dem Norden bloß eine ungewollte Last und eine ständige Quelle kultureller Kontamination aufgebürdet hatte. Jeder sprach von Föderalismus und Autonomie. Gleichzeitig sorgte David Gilmours Buch *Auf der Suche nach Italien* für Aufruhr. Gilmours gelehrte Schlussfolgerung lautet, das Risorgimento sei ein Riesenfehler gewesen und Italien ließe sich weitaus besser regieren, wenn es wieder in ein Dutzend Stadtstaaten zerfiele. Offen gesagt, halte ich das für eine völlige Fehlinterpretation der inneritalienischen Streitereien durch einen viel zu textgläubigen Akademiker – wie wenn jemand meint, ein befreundetes Ehepaar solle sich trennen, nur weil die beiden oft streiten und von Trennung sprechen. In Wirklichkeit erkennt man gerade an der Art, wie die Italiener sich untereinander streiten, dass sie ein Volk sind, denn die unterscheidet sich sehr von der Art, wie sie sich mit Fremden streiten. Es ist einfach ihre Form des Zusammenlebens. Gilmour unterschätzt zudem eine unterschwellige Strömung des nationalen Idealismus, die vom italienischen Zynismus überdeckt wird. Diesen Idealismus verkörperte Garibaldi. Ich für mein Teil habe von seinem Erbe enorm profitiert, denn ich durfte fast mein gesamtes Erwachsenenleben in einem friedlichen, vereinten und letztendlich doch recht wohlhabenden Italien verbringen.

Aber genug der schönen Worte, ich wollte jedenfalls, warum auch immer, unbedingt in den Süden fahren. Der Juli 2012 war dafür genau der richtige Zeitpunkt und die Eisenbahn das perfekte Verkehrsmittel. Was könnte ein besserer Maßstab sein als die Bahn, um festzustellen, ob der Süden tatsächlich ein Teil der Nation war? Ich wollte zunächst hinunter nach Sizilien fahren, mit Palermo anfangen, dann Arbeit und Urlaub verbinden, die Insel entlang der Küste umrunden und anschließend nach Kalabrien zurückkehren, um von Westen nach Osten um Spitze, Spann und Absatz des Stiefels herumzufahren. Das hieß, Städte wie Reggio Calabria, Crotone und Tarent einzubeziehen und auch das wundervolle, aus gelbem Tuffstein gebaute *centro storico* von Lecce im fernen Apulien, wo Trenitalia schließlich auf den letzten Prellbock trifft. Es würde

sich zeigen, ob die FS im äußersten Süden die gleichen guten alten FS waren, die ich vom Zug der lebenden Toten
kannte.

Dennoch begann ich meine Reise nicht mit der staatlichen Eisenbahn. Denn endlich sind die Worte »Danke,
dass Sie Trenitalia gewählt haben« zumindest auf einer
Teilstrecke kein reiner Hohn mehr: Von Turin über Mailand nach Rom und weiter nach Neapel kann man inzwischen auch mit Italo reisen.

Kurz gesagt war es die Fertigstellung der Hochgeschwindigkeitsstrecke, die endlich ein bisschen echten Wettbewerb brachte. Die Gründe liegen auf der Hand: Die Investitionen in die Infrastruktur waren so hoch, dass die
Regierung und die FS dringend Partner suchten, die bereit
waren, für ihre Nutzung zu bezahlen. Freie Kapazitäten
gab es reichlich. Die Hochgeschwindigkeitsstrecken waren
mit einer neuen Form der Stromzufuhr ausgestattet, die
normale Güter- und Personenzüge nicht nutzen konnten.
Und Trenitalia besitzt einfach nicht genügend Frecce, um
die Strecke auszulasten. Hier bot sich also die perfekte Gelegenheit für einen ehrgeizigen Unternehmer, ins Bahnge-
schäft einzusteigen.

Aber das ging natürlich nicht ohne Kontroversen ab.

Nuovo Transporto Viaggiatori (NTV) eröffnete sein
neues Reisezentrum, die Casa Italo, in einem renovierten
Flughafenterminal, der neben den Bahnschienen in Roma
Ostiense gebaut worden war, einem zweitrangigen Bahnhof im Westen der Stadt. Das attraktive Gebäude, das Julio
Lafuente für die Fußball-WM 1990 entworfen hatte, be-
herbergte bereits eine Unternehmensgruppe namens Eat

Italy, in der achtzehn Restaurants und eine ganze Reihe von Lebensmittelläden untergebracht sind, die traditionelle italienische Produkte verkaufen.

Der Grundgedanke war, dass die Fahrgäste des neuen privaten Bahnanbieters auf dem großen angrenzenden Parkplatz parken oder einfach aus der Metro steigen, in diesem sauberen, modernen Gebäude ihre Fahrscheine kaufen und dann direkt in den Italo, NTVs neuen und ziemlich schönen kastanienbraunen Zug, Inhaber des weltweiten Geschwindigkeitsrekords, steigen konnten, der von dem frei zugänglichen Bahnsteig gleich neben dem Gebäude abfährt und die Strecke bis nach Mailand in zwei Stunden und fünfundvierzig Minuten zu bewältigen verspricht.

Ein Traum.

Am Abend vor der Eröffnung jedoch wurde zwischen dem Reisezentrum und dem Zug, für den man dort Fahrkarten kaufen konnte, ein zwei Meter fünfzig hoher Stahlzaun hochgezogen. Die Fahrgäste mussten folglich – und müssen bis heute – zwei Treppen nach unten steigen (oder die Rolltreppe nehmen) und fast dreieinhalb Kilometer durch unterirdische Gänge laufen, ehe sie über weitere Treppen (oder eine weitere Rolltreppe, auf der mit Sicherheit alle stillstanden) nach oben steigen konnten, um zum Zug zu gelangen, der nur ein paar Meter von dem Schalter entfernt ist, an dem sie ihre Fahrkarte gekauft haben.

Wer könnte etwas so Dummes getan haben? Rete Ferroviaria Italiana natürlich, der Zweig der FS-Gruppe, der für die Infrastruktur zuständig ist und tatsächlich 140 Millionen Euro jährlich an der Nutzung seiner Hochgeschwindigkeitsstrecke durch Italo verdienen kann. Aber RFI und Trenitalia arbeiten natürlich immer noch Hand in Hand, und obwohl man Italos Geld gerne kassiert, wäre es doch ungünstig, zu erlauben, dass der Neuling ein attraktiveres Angebot als die Frecce bietet. Als RFI vorgeworfen wurde, den freien Wettbewerb zu unterlaufen, veröffentlichte man eine Erklärung, in der auf die Notwendigkeit einer Abgrenzung zwischen Eisenbahneigentum und öffentlichen Wegen hingewiesen wurde – eine Notwendigkeit, die erst an dem Tag akut wurde, an dem man erstmalig eine Fahrkarte für einen Zug der Konkurrenz erwerben konnte. Die Firma lenkte schließlich ein und stellte in Aussicht, dass ein Tor im Zaun geöffnet werden könnte, aber das ist nie geschehen. Die Italo-Fahrgäste laufen unnötig in den Tunneln hin und her und stehen hinter den Trenitalia-Fahrgästen auf den Rolltreppen herum. Wie auch immer, die Errichtung dieses Zauns, mal wieder ein typisches Beispiel für die Art und Weise, wie die Dinge in Italien funktionieren oder eben nicht funktionieren, in Verbindung mit meinem peinlichen Zusammenstoß mit dem Schaffner, der mein E-Ticket nicht anerkennen wollte, war der Grund für meine wilde Entschlossenheit, die erste Etappe meiner Reise in den Süden mit dem Italo zurückzulegen.

Es versteht sich von selbst, dass man Italo nicht gestattete, Milano Centrale anzufahren, sondern die Züge stattdessen Mailands hässlichen, etwa achthundert Meter entfernten zweitrangigen Bahnhof Porta Garibaldi benutzen müssen. Wenn auch die Geschichte des Revolutionskämpfers bemerkenswert ist, vor allem wegen seiner Klarheit, seines flamboyanten Idealismus und seiner konsequenten Zielstrebigkeit, zum Beispiel als er 1859 nach dem Sieg über die Österreicher am Comer See genau an dieser Stelle ruhmreich nach Mailand einmarschierte, ist Stazione Garibaldi bloß ein gestaltloses, ausuferndes Chaos. Und während Garibaldi der Held ohne Zweifel als jemand gilt, dessen Geistesadel der Grandeur von Milano Centrale ebenbürtig ist, stellt Garibaldi FS die Heimat des Stumpfsinns dar, den Ankunftsort Zehntausender gähnender Pendler, die Tag für Tag in endlosen Schlangen von armseligen Regionali aus dem Norden und dem Westen hierher gebracht werden.

Hier ist nichts, das sich als Haupteingang zu erkennen gibt. Das nichtssagende Gebäude entlässt die Reisenden wie einen Blutstrom aus mehreren offenen Wunden in die umliegenden Straßen. Um die Fassade aus Glas und Beton herum verläuft die Viale Don Luigi Sturzo, eine unscheinbare Schnellstraße mit direktem Anschluss an die noch schnelleren, noch unscheinbareren Autobahnen, die aus der Stadt herausführen. Don Luigi Sturzo war der sizilianische Priester, der 1919 den Partito Popolare Italiano gründete, einen Vorläufer der Christdemokratischen Partei. Er setzte sich dafür ein, dass sich die Katholiken in der Politik als Gruppe mit einer eigenen Agenda engagierten, die natürlich nicht unbedingt mit der nationalen Agenda übereinstimmen musste. Garibaldi hätte eine solche Idee verabscheut. Manchmal ist mir schon der Gedanke gekommen, dass die Ferrovie dello Stato eine Art katholische Kirche sind. Sie besitzen den erdrückenden Monopolstatus von etwas, das wichtiger ist als seine angeblichen Prinzipien und Ziele, sie sind »ein Staat im Staate«, wie ein

Politiker bereits im Jahr 1870 sagte. In dem Fall könnte
Italo ein gehässiger, nonkonformistischer, frei denken-
der Rebell sein, Überbringer der Botschaft von der echten Wettbewerbsfreiheit. Jedenfalls erscheint es mir wie ein
gutes Omen für meine Reise nach Sizilien und Süditalien,
vom Bahnhof Porta Garibaldi abzufahren.

Lustigerweise kreuzt die Viale Don Luigi Sturzo auf der
Ostseite des Bahnhofs die Piazza Sigmund Freud. Ich be-
zweifle, dass der österreichische Therapeut mit der durch
die Namen Garibaldi und Sturzo beschworenen zerrütte-
ten nationalen Familie sehr weit gekommen wäre. Tatsächlich ist die Piazza inzwischen ein mit Bauschutt bedeckter
Trümmerhaufen in dem andauernden Sanierungsprozess,
der diesen Teil von Mailand zum modernsten, unbewohn-
barsten und unbegehbarsten Bezirk gemacht hat. Als ich
eines Abends aus Florenz zurückkam, hielt mein Zug
überraschend in Porta Garibaldi statt in Milano Centrale.
Er fuhr noch weiter bis nach Turin, und Garibaldi hat den
Vorteil, dass die Züge dort durchfahren können, ohne
umgedreht werden zu müssen. Als ich auf den Bahnsteig
trat, war nicht gleich erkennbar, in welche Richtung ich
gehen musste, um zum Ausgang des Bahnhofs zu gelangen. Ich ging eine Treppe hinunter und befand mich unten in einem Korridor, sah allerdings keine Schilder oder
Wegweiser. »Wo ist die Metro?«, fragte ich das Mädchen,
das hinter mir die Treppe herunterkam. Da es spätabends
war, schien sie zu befürchten, ich wolle sie anbaggern. Wie
konnte es sein, dass in einem großen Bahnhof der Weg zur
U-Bahn nicht ausgeschildert war? Sie blickte sich um und
runzelte die Stirn.

Zwei Männer kamen jetzt die Treppe herunter. »Wissen Sie, wo es zur U-Bahn geht?« Wussten sie nicht. Sie suchten ebenfalls nach der U-Bahn. »Ich glaube, hier geht's lang«, sagte einer von ihnen. Wir gingen den Tunnel entlang, bogen um eine Ecke, standen vor weiteren Tunneln und Rolltreppen. Dort waren Straßennamen angegeben, auch Bahnsteignummern, aber es gab kein Schild zur U-Bahn. Schließlich stiegen wir eine Treppe hinauf, die uns auf einen asphaltierten Bürgersteig brachte, der entlang einer Mauer unterhalb einer erhöhten Autobahn verlief. Alle vier, inzwischen durch unsere gemeinsame Verachtung für die für *la mobilità* im Bahnhof Porta Garibaldi verantwortliche Person zusammengeschweißt, waren wir der Ansicht, wir sollten nach rechts gehen. Nachdem wir fünf Minuten in diese Richtung gelaufen waren, gaben wir auf, kehrten um und liefen zehn Minuten in die entgegengesetzte Richtung, wo wir dann endlich, gut zwanzig Minuten nachdem unser Zug uns auf einem tristen Bahnsteig ausgespuckt hatte, die sogenannte Vorderseite des Bahnhofs sowie den Eingang zur Metro entdeckten. Garibaldi, das muss hier mal gesagt werden, war berühmt dafür, seine Männer selbst nachts schnell und zielsicher durch beschwerliches und unerforschtes Gelände zu führen.

Als ich also den Italo nehmen wollte, machte ich mich wesentlich früher auf den Weg, als theoretisch nötig gewesen wäre. Das war auch gut so. Die RFI hatten Italo unter einem Gewirr von Rolltreppen auf einem Bahnsteig im Untergeschoss versteckt. Wie ich bald herausfinden sollte, ist auf allen Bahnhöfen, auf denen Italo operiert, die Spannung zwischen dem Bedürfnis des neuen Unternehmens, sein Angebot sichtbar zu machen, und der Entschlossenheit der alten Bahngesellschaft, ihm die Entwicklung eines eigenen Profils auf keinen Fall zu gestatten, deutlich zu spüren. Kann ein Schild, das darauf hinweist, wo ein Zug abfährt, bereits als Werbung bezeichnet werden? Wenn man von Anfang an nicht will, dass es diesen Zug überhaupt gibt, vermutlich schon. Die italienischen Taxifahrer sind ja auch dafür bekannt, dass sie an den Flughäfen die Schilder wegräumen, die anzeigen, wo man einen günstigen Bus in die Stadt nehmen kann.

Ich fuhr weder zweiter Klasse noch erster Klasse, noch Business Class, ich fuhr »Smart«. Mit dieser englischen Bezeichnung, von deren zahlreichen Bedeutungen und Nuancen die Italiener keine Ahnung haben, wurde das beschämende Wort *seconda*, zweitklassig, vermieden. Interessanterweise hat man für die erste Klasse das italienische *prima* beibehalten. Stolz drücken wir gern in unserer eigenen Sprache aus; für weniger dankbare Sachen tut es auch ein smartes Wort aus einer smarten internationalen Sprache. Es gibt auch noch »Club«. Zur Bezeichnung des Allerbesten nehmen wir Flughafen-Englisch. Wie auch immer, aus dem Preis meiner Fahrkarte, nur 45 Euro, geht eindeutig hervor, dass ich zweiter Klasse reise.

Auf der Fahrt wollte ich mir ein paar Notizen machen, um die Besonderheiten dieser neuen Italo-Züge gegenüber den Frecce festzuhalten: die großzügigen Wagen, die breiter und höher sind als die der Frecce, die stilvollen Kunstledersitze in Grau und Orange; die ungewöhnlich sauberen – genau genommen blitzblanken – Toiletten; der Kinowagen – man stelle sich vor! –, in dem ein aktuel-

ler Spielfilm auf relativ großen Bildschirmen gezeigt wird;
ganz allgemein ein sanfteres, wesentlich stabileres und definitiv ruhigeres Fahrgefühl. Aber schon bald legte ich den
Stift weg. Der wahre Unterschied einer Fahrt mit dem
Italo hängt mit einer Abwesenheit zusammen, die eine
seltsame Leichtigkeit erzeugt: *Es gibt keine Trenitalia-Mitarbeiter und keine Trenitalia-Durchsagen.* Die junge Frau
im schicken kastanienbraunen Blazer, die vorbeikam, be-
nahm sich eher wie eine Stewardess als wie eine Schaffne-
rin; ich bildete mir sogar ein, sie sei da, um mich zu bedienen. Als ich auf die Toilette ging, wandte sich ein Mann
vor mir um und wollte mich vorlassen. »Nein, nein, schon
gut«, sagte ich. Erst dann wurde mir klar, dass sein Anzug
eine Art Uniform aus grauem Kattun war. Er überprüfte
offenbar *en voyage* den Zustand der Toiletten. Kaum zu
glauben.

Das WLAN ist umsonst, also rief ich die Website von
Italo auf und gab *personale a bordo* ein, Zugpersonal. Sie
hatten die Trenitalia-Terminologie vermieden, indem sie
englische Berufsbezeichnungen gewählt hatten: train ma-
nager, train specialist (mein Toilettenwart) und, ja, die
Hostess oder den Steward. Von Fahrkartenkontrolle war
nirgends die Rede. Einer der Stewards war schwarz; endlich.

Ich gab Italo bei Google ein und fand einen Artikel im
Economist, in dem der berüchtigte Zaun in Rom-Ostiense
erwähnt wurde, der die Italo-Fahrgäste von ihren Zügen
fernhält. »Die Italiener sollten sich«, meinte der englische
Journalist, »mit ihrer tief sitzenden Wettbewerbsfeindlichkeit auseinandersetzen.« Ich finde einen solchen Kom-

mentar goldrichtig, aber auch vollkommen verfehlt, als
könne die Regierung das Problem durch ein Gesetz lösen,
als wäre die Wettbewerbsfeindlichkeit nicht Teil eines ein-
gefleischten Ethos, das sich in diesem Land ohne einen
massiven nationalen Umbruch niemals ändern wird. Die
Italiener schaffen einfach immer wieder solche monolithi-
schen Organisationen – die katholische Kirche, die Ferrovie dello Stato oder auch den Staat selbst –, mit denen
sie sich einerseits identifizieren, denen sie aber andererseits
feindselig gegenüberstehen. Die gesamte Nachkriegszeit
über expandierte der italienische Staat in alle möglichen
Bereiche der Industrie, führte einige der größten Mono-
polfirmen Europas und gönnte sich die großzügigsten Pensionen und Sonderzuwendungen der Welt. Auf der lokalen
Ebene sind immer noch ganze Städte bereit, ihr Schicksal
in die Hände eines einzigen Mannes oder einer einzigen
Firma zu legen, wie es zum Beispiel in Turin mit Fiat geschehen ist oder in Parma mit den Tanzis oder auch eine
Zeit lang in Mailand mit Berlusconi. Dem zugrunde liegt
die Angst, dem Wettbewerb ausgesetzt zu sein, und ein
überwältigendes Bedürfnis nach Schutz; diese mächtigen
Männer oder Unternehmen werden für uns sorgen. Unsere
Identität liegt in unserer Zugehörigkeit zu ihnen und in
unserer Verachtung für sie; wir akzeptieren den Überfluss,
den sie uns bescheren, und sind zugleich ungehorsam, hinterziehen die Steuern, reisen ohne Fahrkarten und wählen sie dennoch immer wieder. Wenn Trenitalias Freccia
und NTVs Italo auf den Hochgeschwindigkeitsstrecken
zwischen Mailand und Rom aneinander vorbeirasen und
unterwegs noch Cosimos Florenz einbeziehen, dann be-

wegen sie sich zwischen dem Bedürfnis nach Schutz und dem Traum von Freiheit. Das Verhältnis oder Missverhältnis zwischen diesen beiden Impulsen lässt sich gut an der Größe der beiden Unternehmen ablesen: NTV besitzt fünfundzwanzig Züge, wenn auch mit neuester Ausstattung in italienisch-französischem Design. Trenitalia hat Tausende.

Der Hauptbegründer von NTV ist Luca Cordero di Montezemolo, Erbe einer alten Adelsfamilie, die seit Generationen dem Königshaus Savoyen nahesteht. Montezemolo ist Präsident von Ferrari, war Verwaltungsratsvorsitzender bei Fiat, Präsident von Confindustria, dem größten italienischen Arbeitgeberverband, und Aufsichtsratsmitglied in mehreren großen Unternehmen. Sein Juniorpartner, mit dem zusammen er die Mehrheitsbeteiligung an NTV innehat, ist Diego Della Valle, Erbe eines Schuh-Imperiums und Besitzer des florentinischen Fußballvereins Fiorentina. Das ist altes norditalienisches Big Business, zu 20 Prozent von der französischen Eisenbahn abgesichert. Montezemolo und Della Valle müssen alte Bekannte der Männer an der Spitze von Trenitalia und RFI sein. Letztendlich haben die Ferrovie dello Stato von ihnen nichts zu befürchten, ähnlich wie die Faschisten von den großen italienischen Industriellen der Zwanziger- und Dreißigerjahre nichts zu befürchten hatten. Solange man diese Männer ein Stück weit gewähren lässt, werden sie die Pferde nicht scheu machen.

Dennoch, sie müssen für ihre Profite irgendwie büßen. Italo wurde die Nutzung des Bahnhofs Roma Termini versagt, dem Knotenpunkt aller Verkehrslinien der Stadt. Stattdessen stieg ich in Tiburtina aus, einer kleineren, trau-

rigeren Version von Mailands Porta Garibaldi. Ich machte
ein Foto von unserem Zugführer, wie er aus seiner futu-
ristischen Lokomotive ausstieg. Er schien sich zu freuen,
mit diesem technischen Wunderwerk abgelichtet zu werden. Zehn Minuten später machte ich, wie immer entsetzt
von der trostlosen Schäbigkeit der U-Bahn in Rom, ein
Kontrastfoto. Sofort kam ein uniformierter U-Bahn-Ange-
stellter herbeigeeilt, wedelte in typischer Beamtenattitüde
mit dem Zeigefinger und warnte mich in radebrechendem
Englisch: »No photo, no photo. Forbidden!«

Wie kommt es, dass die Italiener immer genau wissen,
dass ich kein Italiener bin, *schon bevor ich den Mund auf-
mache*? Schließlich gibt es jede Menge Italiener mit blauen
Augen und hellbraunem Haar. Ich kann nur vermuten,
dass es subtile Signale im Gang und in der Körpersprache
gibt, die sie unbewusst wahrnehmen. Das Traurige daran
ist, dass ich nie die Gelegenheit bekomme, meine Aussprache zu perfektionieren, weil die Leute mich bereits ein-
geordnet haben, ehe ich etwas sagen kann. Nach dreißig
Jahren im Land ist das frustrierend. Ob das Fotografieren
auf U-Bahnhöfen ebenso wie auf Bahnhöfen tatsächlich
verboten ist, weiß ich nicht. Im Grunde ist es egal. Ich
wartete, bis der Mann weg war, knipste noch ein paar Bilder und machte mich dann auf den Weg, um ein ruhiges
Wochenende bei Freunden zu verbringen.

»DU BRAUCHST MIR NICHTS ZU ERKLÄREN.« Der junge
Mann schüttelt den Kopf. »Nicht nötig.«

In einem hatte ich mich getäuscht. Es gibt noch Abteile.

Südlich von Rom. Das war die große Entdeckung, als ich in Roma Termini in den 11.39 Uhr nach Palermo einstieg. In den folgenden Tagen sollte sich das noch weiter bestätigen. Im Süden haben sie noch Abteilwagen; dort fahren noch die alten Intercity-Züge. Sie heißen sogar Intercitys. Tatsächlich gibt es im Süden noch viele alte Sachen und Namen, die wir in Mailand schon längst vergessen haben. Aus unerfindlichen Gründen versetzt mich das in Hochstimmung, ähnlich wie die Entdeckung, dass ein bestimmter Autotyp, den man vor zwanzig Jahren gefahren ist, oder ein Wort, das man gerne verwendet, aber vergessen hat, in einem fremden Land noch existiert und in Gebrauch ist.

Irgendwo zwischen Neapel und Reggio Calabria gerät man in eine Zeitschleife.

»Denk, was du willst«, sagt der Junge neben mir. »Ist mir egal.«

Er ist groß und auf eine lässige südländische Art gut aussehend; sein schlanker Körper ergießt sich wie Kupfer über den Sitz, er hat die Beine gespreizt, sein linker Ellbogen schiebt meinen von unserer gemeinsamen Armlehne, und mit der rechten Hand kratzt er sich träge im Nacken. Das Telefon hält er, ohne Hände, zwischen Kinn und Schulter fest, und wenn er hineinspricht, sieht es aus, als wolle er an seiner Achselhöhle schnuppern.

»Aber das ist meine Sache«, sagt er ruhig, »das geht dich nichts an.«

Sein Platz ist an der Tür, vor der jetzt drei Freunde auftauchen, zwei Mädchen und ein Junge, so wie er um die zwanzig. Sie wollen, dass er mit ins nächste Abteil kommt, wo noch ein Platz frei ist. Ohne eine Erklärung ins Telefon abzugeben, bedeckt er das Mikrofon mit einer Hand, seufzt und schüttelt den Kopf: »Ich muss telefonieren«, sagt er zu ihnen.

Fünf der sechs Plätze sind besetzt, und ich bin der Einzige, der nicht telefoniert. Das Mädchen links von mir ist peppig und scheint sich sehr zu gefallen.

»Ich hab was total Verrücktes gemacht!«, sagt sie. Sie hat ihre Sonnenbrille oben auf ihre ausgefranste Dauerwelle geschoben. Kichernd sagt sie: »Das ist die Millionenfrage.«

Der Mann mir gegenüber ist übergewichtig, vielleicht Mitte fünfzig, hat einen runden, kahlen Kopf, und seine fleischige rote Haut glänzt über dem feuchten weißen Hemd vor Schweiß. Busse und U-Bahnen in Rom sind heute Morgen im Streik. Vielleicht ist er wie ich zu Fuß zum Bahnhof gelaufen. Es ist heiß draußen. Hier drinnen auch. Die Klimaanlage ist noch nicht an; der Intercity Roma–Palermo fährt erst in fünf Minuten ab.

»Messe ist also um sieben?«, fragt der fleischige Mann. Er hat die Wirtschaftszeitung *Il Sole 24 Ore* und einen schwarzen Aktenkoffer bei sich. Er wirkt offensichtlich interessiert an der Tatsache, dass ich schnell auf meiner Laptoptastatur tippe. Die Italiener scheinen sich oft über Leute zu wundern, die mit mehr als zwei Fingern tippen.

»Nein, der Monsignore!«, sagt er und fängt an zu lachen. Ich sehe, dass er oben nur einen Schneidezahn hat. Seltsamerweise lässt er mich während der ganzen Unterhaltung nicht aus den Augen, als erwarte er, dass ich mitlache, so als wären wir Verbündete. Ob er Priester ist? Sagt ihm eine Eingebung, dass mein Vater ebenfalls Geistlicher war? Vielleicht ist er einer von den Bankern des Vatikan, die zurzeit wegen korrupter Machenschaften in die Schlagzeilen geraten sind. Aber dann hätte er sicher mehr auf seine Zähne geachtet und wäre in einer klimatisierten Limousine zum Bahnhof gekommen. Wie ich sehe, trägt er das Zifferblatt seiner Armbanduhr auf der Innenseite seines Handgelenks, eine Angewohnheit, die ich schon immer merkwürdig und geheimniskrämerisch fand.

»Du hast ja keine Ahnung, wie viel Geld ich ausgegeben habe«, sagt das Mädchen neben mir triumphierend.

»Es ist meine Sache, und ich habe mich entschieden«, sagt der Junge bestimmt. Zuerst dachte ich, er spricht mit seiner Mutter, denn mir ist aufgefallen, dass viele junge Italiener es angebracht finden, ihre Mütter anzurufen, sobald sie in einem Zug sitzen. Vielleicht erinnert Trenitalia sie an Mamma. Aber jetzt wird mir klar, dass er gerade seiner Freundin den Laufpass gibt, er teilt ihr mit, dass er nicht weiter über die Trennung reden will. »Immer noch die alte Leier?«, fragt er kühl, als hätte er sie für klüger gehalten. So entspannt, wie er ist, scheint er geboren zu sein für die Art von Gesprächen, vor denen ich immer den totalen Horror hatte. Er betrachtet eine Weile seine linke Hand, dreht und wendet sie, während er sich ihr Gejammer anhört.

Nur die fünfte Person im Abteil, eine gut gekleidete Frau in mittleren Jahren, die dem jungen Mann gegenüber und neben dem fast zahnlosen Bankerpriester sitzt, wirkt ein bisschen nervös. Sie hat ihrem Gesprächspartner mitgeteilt, dass sie den Zug erwischt hat, jetzt in einem überhitzten Abteil sitzt und wenn alles gut geht gegen neun Uhr abends zu Hause eintreffen wird; allerdings bezweifelt sie, dass alles gut gehen wird, man kennt ja die Bahn, und ja, sie wäre froh, wenn sie am Bahnhof abgeholt würde, und dass sie Rom noch nie so furchtbar fand wie dieses Mal, dass sie in ihrem ganzen Leben noch nicht so schlecht behandelt worden ist, dass sie ganz bestimmt nie wieder hinfahren wird, aber ja, sie weiß, das hat sie schon öfter gesagt. »Ja, ja, tut mir leid. Ich hör ja schon auf.«

Sie beendet das Telefonat und holt zwei Zeitschriften aus ihrer Tasche. *Dipiù* und *Zero*. *Dipiù* ist ein Klatschblatt. Das Titelbild zeigt den nackten Oberkörper eines unrasierten jungen Mannes, der grinst, als sei er selber überrascht, wie gut er aussieht. An seiner Halskette hängt ein Ring, und man hat ihm, ganz offensichtlich durch Fotomontage, eine glamouröse Frau an die Seite gestellt. »Mein Enkel verliebt in Emma«, sagt die Schlagzeile. »Großvater des Schauspielers packt aus«. Während die Frau die Zeitschrift stirnrunzelnd aufschlägt, betrachte ich das Bild, und irgendetwas daran kommt mir seltsam vor, aber ich weiß nicht genau, was es ist.

»Mach, was du willst«, sagt der junge Mann. Sein Knie zuckt leicht. »Das ist echt nicht mein Problem.«

»Ich *muss* einfach tanzen«, sagt das Mädchen am Fenster. »Das ist die Wahrheit, was soll ich machen?«

Der fleischige Mann hat einen Ring weißer Haare über den Ohren, und weiteres Haar sprießt aus seinem Ausschnitt, aber sein Kopf ist kahl. Ich versuche, über Kopf zu lesen, was auf dem Papier steht, das er jetzt studiert, und kann die Anrede des Briefes entziffern: »Reverendo Monsignor Don Andrea la Regine.«

Dipiù bringt ein Feature mit dem Titel »*Il Mammone*

più bello – Das schönste Muttersöhnchen«. Unter dem briefmarkengroßen Foto eines jungen Mannes mit hellblondem Bart steht als Untertitel: »Warum ich selber keine Frau finde«.

»Denk, was du willst«, schnurrt der junge Mann neben mir.

Der Zug fährt an, nur wenige Minuten verspätet. Eigentlich hatte ich unterwegs arbeiten wollen. Immerhin muss ich elfeinhalb Stunden herumkriegen. Aber plötzlich bin ich einfach zu froh. Was für ein Glück, wieder in einem Abteil zu sitzen! Wie schön es doch ist, von so viel *Leben* umgeben zu sein und auch noch alles zu verstehen, was diese Leute sagen. Es wird ständig davon gesprochen, wie unverständlich die jeweiligen italienischen Dialekte für Außenstehende sind, aber ich verstehe jeden Einzelnen dieser vier Menschen. Den Jungen, der eindeutig Sizilianer ist, das Mädchen links von mir, das aus der Gegend von Piacenza stammen könnte, wie man an seinen Vokallauten hört. Die Frau in der Ecke ist ebenfalls Sizilianerin. Der Mann eindeutig Römer. Alle haben einen Akzent, aber alle sprechen verständlich – alle sind, ob es Ihnen gefällt oder nicht, Professor Gilmour, sehr italienisch.

Und zweifellos hat der Zug, insbesondere das Zugabteil, zu dieser allmählichen Angleichung der Sprache beigetragen. Neue Akzente habe ich in den meisten Fällen zum ersten Mal in einem Zug gehört. Besonders deutlich erinnere ich mich daran, wie entsetzt ich war, als ich einmal eine Gruppe Jugendlicher aus Bergamo hörte. Ich glaubte tatsächlich, es handle sich nicht um eine indogermanische Sprache. Erst in Zügen und Bussen mit den *Brigate*

Gialloblù lernte ich die Feinheiten des Veroneser Dialekts. Millionen von Italienern ist es zweifellos ähnlich ergangen: In Zugabteilen mit Leuten aus anderen Teilen des Landes gefangen, haben sie begonnen, einander verstehen zu lernen.

Ich schließe die Augen und sauge alles ein, als bekäme ich an diesem Morgen eine unerwartete Belohnung für die dreißig Jahre, die ich in diesem Land verbracht habe. Ab und zu bin ich mir für ein bisschen Sentimentalität nicht zu schade. Das Mädchen beklagt sich jetzt darüber, dass es nur anderthalb Stunden geschlafen hat, von fünf bis halb sieben. »Er hat mir ein echtes Scheißbett gegeben. Das kannst du dir nicht vorstellen.« Von ferne höre ich einen Verkäufer, der aus voller Kehle mit nasaler Stimme seine Waren anpreist:

»*Aranciata, coca, birra, panini, acqua, acqua, acqua, panini!*«

»Immer noch das alte Lied«, sagt der Junge. Er schüttelt den Kopf.

»*Caffè, acqua, panini!*«

»Ich hab dir die Wahrheit gesagt, weißt du.«

»*Coca cola, caffè, acqua, birra.*«

Die Stimme kommt näher, der Sprecher zählt seine fünf, sechs Waren in jeder erdenklichen Reihenfolge auf, immer mit der gleichen wahnsinnigen Dringlichkeit. »*Panini, acqua, acqua, birra, caffè.*«

»Ich hab gar nichts gemacht! Es war nur ein Witz.«

Eine Hand berührt meine, und ich öffne die Augen. Es ist eine junge Roma, die mir eine bedruckte Karte in den Schoß legt. Sie hat einen Stapel davon bei sich und

geht weiter den Gang entlang, um die restlichen zu verteilen. In ein paar Minuten wird sie zurückkommen, um
zu sehen, ob jemand von uns ihr etwas geben will. »Ich
bin eine arme Frau aus Bosnien«, fängt der Text an, »ob-
dachlos, mit zwei kleinen Kindern…« Er geht noch ein
paar Zeilen lang weiter. Alles ist ordentlich getippt, und es
gibt keine Rechtschreib- oder Grammatikfehler. Vermutlich benutzen alle Roma in einer bestimmten Gruppe denselben Vordruck; sonst wären die Kosten zu hoch.

»Das ist heute Vormittag schon die Dritte«, bemerkt die
Frau, die Geschichten über die Stars liest.

Der Mann, der mit dem Monsignore kommuniziert,
schüttelt den Kopf und zieht dann ein zerknittertes weißes Taschentuch hervor, um sich den Schweiß abzutupfen.
Männer, die echte Stofftaschentücher benutzen, gefallen
mir sehr.

»*Vabbè*«, sagt der Junge kraftlos. »Okay. Okay. Okay.«

Das Telefonat ist offenbar beendet, denn er zieht plötzlich das Telefon unter dem Kinn hervor, schaut es an, dreht
und wendet es ein paar Mal in den Händen, wie einer, der
soeben einen Revolver benutzt hat und jetzt den rauchen-
den Lauf untersucht. Dann drückt er sich noch tiefer in
seinen Sitz und fängt an zu summen. Ich kenne die Melo-
die. Was ist es nur? Ach, »New York, New York«.

»Du alter Aufschneider!«, dröhnt eine Stimme. Zwei
männliche Schaffner, beide etwa Mitte fünfzig, stehen
draußen vor dem Abteil und ziehen sich gegenseitig auf.
Sie sprechen mit starkem süditalienischen Akzent.

»*Coca, caffè, panini, panini!*«

Der Verkäufer taucht auf. Zwei Kühlboxen schlagen

gegen seine behaarten Beine. Er trägt eine weiße Weste und unterhalb eines stolz vorgereckten Bauches ein paar geräumige Shorts. Er grinst.

»*Un abusivo*«, bemerkt der eventuelle Priester in dem Versuch, mich in ein Gespräch zu verwickeln. Er meint damit, der Mann ist nicht der offizielle FS-Verkäufer mit richtiger Minibar und obligatorischem Quittungsblock. Wie dem auch sei, der *abusivo* lächelt den Schaffnern zu, sagt etwas und spricht sie mit Namen an. Dann steckt er den Kopf in unser Abteil und fängt gerade an zu rufen, »*arranciate, coca, birra*«, als er mich sieht.

»Bia«, sagt er. »Sanwidsche. Sohda.«

Sogar die Erfrischungsvorlieben eines Engländers unterstellt man mir.

»*No grazie*«, erwidere ich, mache so wenig Worte wie möglich und bemühe mich um einen perfekten Akzent.

Wieso ist der Priestertyp so interessiert an mir? Er starrt mich förmlich an.

Da die Schaffner und der Snackverkäufer den Eingang blockieren, muss die Roma-Frau warten, ehe sie hereinkommen und ihre Bettelkarten wieder einsammeln kann. Sie kennt die beiden Schaffner nicht und grüßt sie auch nicht, aber sie lassen sie in Ruhe. Ist das Betteln in Zügen erlaubt? Ich weiß es nicht, vermute aber nein. Der Junge kauft eine Orangenlimonade. Die besorgte Frau kauft einen Kaffee. Niemand gibt der Roma-Frau auch nur einen Cent, aber manche Leute müssen wohl etwas geben, sonst würde sie nicht tun, was sie tut. Hat sie eine Fahrkarte? Die Schaffner fragen nicht danach, aber einer von ihnen kommt jetzt herein, um unsere zu kontrollieren. Ich bin der Einzige, der sein *documento di viaggio* online gekauft hat, der Einzige, der sein Ticket auf dem Bildschirm vorzeigt. Der Schaffner studiert das PDF, gibt den Ticketcode in sein Palmtop ein und akzeptiert es. Ich bin erleichtert, obwohl ich, ganz klar, diesmal für alle Fälle einen ordentlichen Papierausdruck in der Tasche hatte, auch wenn das theoretisch nicht verlangt wird. Wieder schaut der Priester mich mit unverhohlener Neugier an. Irgendetwas an mir hat sein Interesse geweckt. Aber ich habe beschlossen, nicht mit ihm zu reden; was immer er über mich wissen will, ich werde es ihm nicht verraten.

Etwa fünfzehn Minuten hinter Rom kommt eine Willkommensdurchsage vom *capotreno*, der alle Halte unsere Zuges aufzählt, uns mitteilt, wo sich der Speisewagen befindet und welche Wagen nach Syrakus und welche nach Palermo fahren, denn der Zug wird nach der Überfahrt nach Sizilien geteilt. Das Ganze betet er in vier Sprachen herunter, immer mit der gebotenen Verve.

Die sitzen gelassene Freundin ruft den sizilianischen Jungen erneut an. Er hört eine ganze Weile geduldig zu, ehe er fragt: »Habe ich etwas Falsches gesagt?« Das Mädchen auf der anderen Seite neben mir, das eine unruhige Nacht hatte, ist eingeschlafen. Ihr Kopf rollt hin und her.

»Ich hatte einfach Lust dazu«, sagt der Junge. Er ist so geduldig und so skrupellos. »Ich hatte Lust dazu und hab's gemacht, und damit basta. Das nennt man Freiheit.«

Beim Aufschreiben dieser Worte ist man versucht, noch etwas im Sinne von »sagte er mit unvermittelter Feindseligkeit« oder »Endgültigkeit« hinzuzufügen; aber so war es nicht. Er sagt alles im gleichen Tonfall, allerhöchstens mal mit einem Hauch der jeweils angemessenen Emotion, einer kaum merklichen, ausgewaschenen Färbung.

»*In bocca al lupo*«, sagt er jetzt. »Viel Glück mit allem.«

Jetzt höre ich eine erhobene Stimme am anderen Ende der Leitung.

»*Basta*«, sagt er. »Genug. Ich habe mich entschieden, und das war's.«

Er beendet den Anruf, legt das Telefon in seinen Schoß und öffnet und schließt abwechselnd die Finger wie ein Boxer, der zu lange die Faust geballt hat. Ein paar Minuten lang verzieht er den Mund. Dann beginnt er wieder zu summen. Draußen ziehen die kargen Hügel von Kampanien vorüber. Während ich über Stimmen und Dialekte und schwierige Gespräche mit Mädchen nachdenke, fällt mir das letzte Mal ein, als ich diese Strecke mit dem Zug gefahren bin und diese Hügel betrachtet habe. Das war, als ich mit den Fußballfans zum Spiel von Hellas Verona in Neapel unterwegs war. Die drei Jungs, die mit mir fuhren, verbrachten diesen Teil der Reise damit, ein römisches Mädchen anzuquatschen, das übers Wochenende zu ihrem neapolitanischen Freund fuhr. Sie stellten ihr alle peinlichen, unverschämten Fragen, die eine Gruppe von Jungs einer jungen Frau nur stellen kann, und sie ging damit ausgesprochen cool und trocken um, machte sich sogar die Mühe, ihnen zu sagen, sie finde ihren Akzent süß.

»*Evviva Verona!*«, riefen die Jungen. »Heimat von Romeo und Julia, Stadt der Romantik.« Sie versuchten, sie dazu zu bringen, mit ihnen Hellas zu brüllen, den Namen des Veroneser Fußballvereins: »HEEELLLLLLAAAAS!« Sie gaben ihr eine blau-gelbe Hellasfahne und fragten, ob sie sich darauflegen würde, wenn sie und ihr Freund miteinander schliefen. Sie lächelte und sagte Ja. »Dann bist du eine *buteleta*«, sagten sie, ein kleines Mädchen (auf Veronesisch), ein Hellasmädchen. Das wäre sie gern, sagte sie. Sie wiederholte das Wort *buteleta* mit ihrem römischen Akzent, und die Jungen lachten alle und wollten es ihr mit dem richtigen Veroneser Akzent beibringen. Je unbeeindruckter sie war und je bereitwilliger sie mitspielte, desto kruder wurden ihr Dialekt und ihre Forderungen. Sie sollte Hellaaaaaaaaaaaaaaaaaaaaas schreien, wenn sie mit ihrem Freund zum Höhepunkt kam, riefen sie. Ganz ernst sagte sie: Ja, vielleicht. Sie müsste darüber nachdenken.

»Warum willst du überhaupt mit einem Neapolitaner schlafen«, fing einer der Jungs an. »Wie wär's mit mir? Findest du mich nicht gut?« Die Veroneser seien super Liebhaber, sagte er. »Vielleicht irgendwann mal«, sagte sie. »Zeig uns eine Brustwarze«, bat einer. »Nur eine, bitte.« Sie lächelte und schüttelte den Kopf. »Dann einen BH-Träger, bitte einen BH-Träger.« Sie überlegte. Sie war sehr zierlich, niedlich, gut gebaut, mit feinen, wohlgeformten Zügen. »Na gut«, sagte sie und schob ihr T-Shirt über die Schulter, um einen beigefarbenen BH-Träger zu zeigen. Die Jungs grölten.

So bringen die Züge die Italiener zusammen, überlege ich jetzt, als ich an diese Unterhaltung zurückdenke, die sowohl vollkommen spontan als auch wie aus einem Drehbuch wirkte und sich so leicht einprägte, als wäre sie schon tausend Mal geführt worden und würde auch in Zukunft noch tausend Mal geführt werden, ähnlich wie das unendliche Telefonat zwischen dem Jungen neben mir und dem

Mädchen, das er gerade verlässt. Sie ruft wieder an. Er hört
zu. Nach einer Weile sagt er:

»Das ist doch ganz normal. Alle machen das.«

Und nach ein paar weiteren Minuten:

»*E vabbè communque.*« »Trotzdem okay.«

Diesmal war das Gespräch endgültig zu Ende, denn er
schaltete sein Telefon aus und war kurz darauf schon eingeschlafen. Ich hatte jetzt also auf jeder Seite einen jugendlichen Kopf, der wie im Comic hin und her rollte, langsam
nach unten sank, plötzlich auf die Brust fiel, mit einem
Ruck wieder hochschnellte, dann erneut langsam absank.
Eisenbahnschlaf. Der Freund des Monsignore lächelte, um
mir zu zeigen, dass ihm das auch aufgefallen war und wie
liebenswert das war. Ich enttäuschte ihn, indem ich meinen
Laptop wieder aufklappte. Als die Frau neben ihm umblät-
terte, konnte ich die Überschrift des Artikels sehen, den sie
las: »Schwiegermutter wurde aus Hass zur Mörderin«.

NACH SIEBEN STUNDEN wurde der Zug in Villa San Giovanni, einem nördlichen Vorort von Reggio Calabria, geteilt und auf die Fähre verfrachtet. Ich hatte angenommen,
wir würden aussteigen, auf die Fähre gehen, von der Fähre
gehen und in einen anderen Zug einsteigen, so wie wir
es als Kinder immer machten, wenn wir von Dover nach
Calais übersetzten. Ich hatte es nicht geglaubt, als eine Studentin mir erzählte, dass der Zug tatsächlich aufs Schiff
verladen wurde; ich dachte, sie müsse falsch informiert
sein. Aber nein, sie machen das tatsächlich. Die eigentliche
Überfahrt von der kalabrischen Küste nach Messina im

äußersten Nordosten Siziliens dauert etwa dreißig Minuten. Das Teilen des Zuges und das Rangieren der Waggons,
um sie in den Bauch des Schiffes zu rollen, dauert etwa
eine Stunde. Und dann noch mal eine Stunde, um sie wieder auf die Strecke zu verschieben und sie mit zwei Loks
zu verbinden, von denen die eine mit vier Waggons nach
Palermo fährt, die andere mit vier Waggons nach Syrakus.
Während dieses Vorgangs, der mit beträchtlichem Ruckeln
und Schienenknirschen verbunden ist, wird die Klimaanlage abgeschaltet.

Wir kamen um halb sieben Uhr abends am Dock in
Villa San Giovanni an. Der Zug stand in der prallen
Sonne. Die Temperatur betrug etwa 35 Grad. Die Fens-
ter waren verschlossen. Sehr bald öffnete die Frau mit den
Klatschzeitschriften einen großen rosafarbenen Fächer.

Die Besetzung unseres Abteils hatte sich leicht verändert. Das tanzende Mädchen zu meiner Linken und der
Bankerpriester mit der Zahnlücke waren beide vor Neapel
ausgestiegen. Mir gegenüber saß jetzt eine mollige, aber
attraktive Frau Mitte vierzig, die ihren Mann ständig per
Telefon über ihre *giramenti di testa* – Schwindelanfälle –
und unsere eventuelle Ankunftszeit in Messina auf dem
Laufenden hielt. Sie wirkte kultiviert, kompetent und völlig auf das Wohlergehen ihres großen, leicht feuchten Kör-
pers konzentriert.

Neben mir am Fenster saß eine weitere junge Frau, der
diesmal ihr Freund gegenübersaß, auf dem vormals freien
Platz. Kaum war dieses glückliche Pärchen eingestiegen,
stellten sie eine riesige Kühltasche zwischen sich und fingen an, vierhändig zwischen Einwickelpapier und Colafla-

schen herumzukramen und Kräcker, Minipizzen, Schin-
kenbrote und Küchlein in der Runde anzubieten. Alle
lehnten lächelnd ab, nur der Junge, der seiner Freundin
den Laufpass gegeben hatte, nahm eine Minipizza. Mit
der Attitüde einer Frau, die an die Rolle der Gastgeberin
intimer Dinnerpartys gewöhnt ist, bemerkte die mollige
Dame, sie habe gleich gewusst, dass die beiden aus dem
Süden stammen, denn nur Leute aus dem Süden böten
ihren Mitreisenden etwas von ihrem Essen an, im Gegensatz zu den knauserigen, miesepetrigen Norditalienern. Sie
lächelte zufrieden. Eine offensichtlichere Einladung zum
selbstgefälligen Plaudern hätte man sich kaum vorstellen
können, denn es war klar, dass der neben mir ausgestreckte
Junge und die dauergewellte Frau mit den Zeitschriften
eindeutig süditalienische Züge hatten. Ich fiel aus dem
Rahmen, und sie war offensichtlich zu dem Schluss gekommen, dass ich nicht beleidigt sein würde, wo ich auch
herkam.

Von diesem Augenblick an wurde das Abteil zum Salon.
Das junge Paar, sie mit einem bezaubernd langen Hals von
der Art, wie man ihn auf etruskischen Vasen sieht, er mit
einem Jungmännerbart, den er beim Essen immer wieder nach Krümeln durchkämmte, erzählten, wie verrückt
ihre Reise im Grunde war: Ein Onkel holte sie in Palermo
ab, um sie in sein Strandhaus unterhalb von Trapani zu
bringen. Aber sie hatten nur das Wochenende! Am Sonn-
tagabend würden sie also bereits wieder in Palermo den
Nachtzug besteigen, der sie hoffentlich rechtzeitig zum Ar-
beitsbeginn am Montagmorgen zurück nach Neapel bringen würde. Echt anstrengend!

»Ehrlich gesagt kann ich nicht fliegen«, gestand das Mädchen und lächelte seinem Freund so verführerisch entschuldigend zu, weil er ihretwegen sein Wochenende im Zug vergeuden musste, dass er sich vorbeugte und beide Hände um den langen Hals legte, um ihr zu vergeben. Der große, ausgestreckte frischgebackene Single zu meiner Rechten drehte immer wieder in einer Hand sein Telefon hin und her.

Dann hatten auf einmal alle das Bedürfnis, zu erklären, warum sie etwas so Exzentrisches machten wie *mit dem Zug* zu fahren, und dann noch ausgerechnet nach Sizilien. Die dauergewellte Frau, die ihre Zeitschriften studierte, als lerne sie für ein Examen, erklärte, sie wohne nur ein paar Hundert Meter von dem kleinen Bahnhof in Castroreale entfernt, daher war es für sie so am bequemsten, obwohl der Bus billiger und schneller war und das Flugzeug wesentlich schneller. Die Mollige sagte, sie dürfe wegen ihrer Blutdruckprobleme nicht fliegen und finde den Bus unbequem, die Sitze dort seien nicht breit genug, und es würde zu sehr ruckeln. Der Junge erzählte uns, dass er sich gerade in der Grundausbildung beim Militär befand. Er hatte nur drei Tage frei. Normalerweise hätte er den Bus genommen, aber seine Eltern hatten ihm das Zugticket gekauft. Die anderen Zuhörer waren so erfreut, einen jungen Soldaten unter sich zu haben, noch dazu einen so gut aussehenden, dass sie vergaßen, mich zu fragen, oder es ihnen erspart blieb, mich zu fragen, was ich in diesem Zug machte, und das war mir nur recht, denn ich gehe der öden Diskussion über mein Fremdsein und meine Schreibwut aus dem Weg, wann immer ich kann. Der Junge beschrieb

mit einer Lebhaftigkeit, die er während des langen Telefo-
nats mit seiner Freundin nicht ein Mal an den Tag gelegt
hatte, ausführlich die Torturen seines Ausbildungslagers,
vor allem die Märsche bei großer Hitze, auf denen sie eine
über 30 kg schwere Ausrüstung tragen mussten.

»Möchten Sie gerne nach Afghanistan geschickt werden?«, fragte die Frau mit den *giramenti di testa*, ganz
offensichtlich besorgt.

»Ja«, sagte der Junge. Sein Tonfall war jetzt feierlich.
Aber er glaubte, es sei wahrscheinlicher, dass er nicht so
weit weg kämpfen würde. »Die Revolution ist jetzt nicht
mehr weit«, erklärte er uns. »Bei der Wirtschaftskrise und
allem. In Griechenland und Spanien hat sie bereits begonnen.«

So wie er davon sprach, wurde nicht deutlich, auf welcher Seite der Revolution er sich vorstellte zu stehen, wenn
denn die Kämpfe tatsächlich begannen, nur, dass er sich
darauf freute, weil es in seinen Augen die Gelegenheit war,
erwachsen zu werden. Seine Oberlippe war seltsam gekräu-
selt, fast wie zu einem spöttischen Lächeln; er war begierig,
sich überlegen zu fühlen, wusste aber, dass er daran arbeiten musste; er musste trainieren, um ein guter Soldat zu
werden, dann hätte er sich das Gefühl erhabener Distan-
ziertheit verdient, das es ihm erlaubt hatte, seine Freundin
so seelenruhig abzuservieren. Er war gerade zwanzig geworden, sagte er.

»Nach einer Weile können Sie sich zurück nach Palermo
versetzen lassen«, riet ihm die Mollige. »Dort gibt es eine
große Kaserne.«

Man hatte ihm bereits angeboten zurückzugehen, sagte

der Junge und fügte stolz hinzu: »Viele meiner *compagni* hätten Ja gesagt, aber ich bin nicht so. Ich möchte neue Orte kennenlernen.«

»Aber wenn Sie freihaben, fahren Sie nach Hause, selbst wenn es nur für drei Tage ist.«

»Meine Mutter hat mir die Fahrkarte bezahlt«, sagte er mit einem Achselzucken. Alle lachten.

IN DEN LANGEN STUNDEN, in denen wir die Küste entlangrauschten – Salerno, Sapri, Paola, links von uns die grauen Hügel, rechts das leuchtende Meer –, machten *Dipiù* und *Zero* die Runde. Der sechsundsechzigjährige Schauspieler und Regisseur Michele Placido wollte eine Achtundzwanzigjährige heiraten. Model Raffaella Fico hatte verkündet, sie sei schwanger von dem verrückten Außenseiter Mario Balotelli, dem ersten wirklich schwarzen Italiener, der in der Fußballnationalmannschaft spielte. Balotelli, kohlrabenschwarz und ständig in Schwierigkeiten, verlangte einen Vaterschaftstest.

»*Furbe, queste ragazze*«, bemerkt die kräftige Frau, die die Unterhaltung führt.

Der junge Soldat nickt wissend. »Und ob.« Das junge Paar beugt sich vor und reibt die Nasen aneinander. Ihre Augenbrauen sind zu feinen, wie mit Bleistift gestrichelten Bögen gezupft. Er trägt Shorts, und seine Beine, die auf ihren liegen, sind zottig behaart.

»Sie brauchen bloß zu warten, bis es auf der Welt ist, dann wird man gleich sehen, ob es seins ist«, bemerkt die Frau in der Ecke.

»Er ist nicht der einzige Schwarze auf der Welt.«

»Aber der einzige, mit dem Fico je gesehen wurde.«

»Sie sind ja gut informiert«, bemerkt die pummelige Frau, die die ganze Zeit schon eine gewisse Verachtung für die Klatschzeitschriften gezeigt hat, so als störten sie bei der Ausübung ihrer selbst gewählten Rolle als Gastgeberin.

Schließlich landet die Zeitschrift in meinen Händen. Der Akku meines Laptops ist längst leer. Zu meiner Überraschung entdecke ich ein Interview mit dem früheren Premierminister Romano Prodi und ein Editorial, in dem die Notmaßnahmen der gegenwärtigen Regierung, die Renten und andere Ausgaben gekürzt hat, kritisiert werden. Und dann gibt es Artikel, bei denen hat man den Eindruck, sie werden jedes Jahr entstaubt und wieder gedruckt: »Mittelmeerdiät macht gute Laune«; »Meine Freundin soll wie meine Mutter sein«. Ich blättere das Magazin einmal durch und gebe es dann mit einem Lächeln seiner Besitzerin zurück.

Die dicke Frau fragt geradeheraus: »Und wo kommen Sie her?«

Ich hatte mich schon gefragt, wann es so weit sein würde. Das Zugabteil ist wirklich ein ganz besonderes Umfeld. Der Tag, an dem es gänzlich abgeschafft wird, wird ein trauriger Tag sein. Da die Reisenden sich gegenübersitzen, jeweils drei auf einer Seite, mit kaum genügend Platz dazwischen für die Beine, wirkt es allem entgegen, womit wir uns abschotten wollen, den Handys, den MP3-Playern, den Computerbildschirmen. Früher oder später ist man in einem Abteil einfach gezwungen, die Anwesenheit der anderen im Hier und Jetzt anzuerkennen, denn man ist für die Dauer dieser Reise ganz offensichtlich eine Gruppe.

»Ich lebe in Mailand«, sage ich und schaue ihr lächelnd direkt in die Augen.

Alle hören zu. Allen ist bewusst, dass ich es mit dieser Formulierung vermieden habe zu sagen, woher ich komme. Interessant, wie neugierig wir werden, wenn wir ein bisschen Zeit miteinander verbringen, obwohl es für uns vollkommen unwichtig ist, woher die anderen kommen. Aber andererseits brauchen wir auch nicht unbedingt zu wissen, dass Raffaella von Balotelli schwanger ist.

»Was führt Sie nach Sizilien, das Vergnügen oder die Geschäfte?«

Ich würde ja gern freizügig darauf antworten, aber ein Schriftsteller sollte eins auf keinen Fall tun, nämlich verraten, dass er Schriftsteller ist.

»Vergnügliche Geschäfte.«

Die Frau verzieht enttäuscht die Lippen zu einem schiefen Schmollmund.

»Okay, okay«, sagt sie. »Er will es nicht verraten.«

»Aber woher kommen Sie ursprünglich?«, fragt der junge Liebhaber. Ich könnte ihn umarmen, denn er scheint tatsächlich ratlos zu sein. Er hält mich nicht für einen Engländer.

»London.«

Wir rasen an der Küste entlang. In weniger als hundert Meter Entfernung sieht man Leute baden. Und Segelboote. Links von uns erheben sich die Berge in den vor Hitze flirrenden blauen Himmel. In der Ferne glitzern

Dörfer. Hier im Abteil klingen die beiden monotonen Silben von »London« wie entfernte Pistolenschüsse.

»Dachte ich mir«, sagt die mollige Frau mit einem Lächeln.

NACH EINER HALBEN STUNDE Aufenthalt in Villa San Giovanni bemerkt dieselbe Frau: »Es ist immer dasselbe. Bis Neapel Durchsagen, Höflichkeit, Schaffner, mehr Informationen, als man haben will. Ab Neapel nur noch Schweigen.«

Das stimmt. Seit der Zug in Neapel gedreht wurde, gab es keine einzige Durchsage.

»Warum ist das so?«, frage ich, da ich jetzt offiziell am Gespräch teilnehme. »Es ist doch derselbe Betreiber. Trenitalia.«

»Man lässt uns im Stich«, sagt sie pathetisch.

Die Frau neben ihr stimmt ihr zu. »Der Staat lässt den Süden im Stich.«

»Als würden sie plötzlich einen Kunden bedienen, der nicht so wichtig ist.«

Alle Frauen fächeln sich jetzt Luft zu. Die Frau in der Ecke hat ihren pinkfarbenen, ordentlichen Fächer; die Pummelige hat inzwischen doch noch *Dipiù* schätzen gelernt – die Seiten klackern leise; das Mädchen mit dem langen Hals wedelt einfach mit einladenden Handbewegungen die Luft zu sich heran.

Und unser Waggon wird jetzt zurückgesetzt. Er hält, fährt wieder an, hält erneut. Als wir schließlich in den dunklen Laderaum des Schiffes gerollt werden, ist die Luft zum Ersticken. Zum Glück dürfen wir nach oben an Deck gehen. Alle stehen auf, abgesehen von der älteren Sizilianerin in der Ecke. »Ich kann auf die Sachen aufpassen«, bietet sie an. Sie selbst und die dicke Frau haben riesige Koffer dabei. Es könnte etwas gestohlen werden.

»Aber dann sehen Sie das Meer gar nicht«, protestiere ich. Ich biete an, sie irgendwann abzulösen.

»Ich wohne am Meer.«

Um auszusteigen, muss man zwei Wagen weiter gehen, wo eine Zugtür und eine Treppe, die aufs Deck führt, aufeinandertreffen. Ohne Bahnsteig geht es ganz schön tief nach unten. Die Luft ist voller Abgase. Die Stufen sind schmal und steil und nur dürftig beleuchtet. Die Ecken und Windungen, die schmalen Durchgänge und Schiffskorridore sind verwirrend. Oben an Deck ist das Schiff halb leer. Es sind Zugpassagiere da, ein paar Autofahrer und eine Gruppe Busreisende, die in Villa San Giovanni ihren Bus verlassen haben und in Messina einen neuen besteigen werden. Seltsam, dass der Zug auf die Fähre gerollt wird, der Bus aber nicht. »So geht es viel schneller«, versichert mir einer der Busreisenden. »Wir gehen über die Gangway, und dort erwartet uns schon der abfahrbereite Bus.«

Die Bar ist eine trostlose Angelegenheit; zwei junge Männer verkaufen sichtlich lustlos Kaffee in Plastikbechern. Das Essensangebot besteht ausschließlich aus *arancini*, frittierten, gefüllten Reisbällchen, eine sizilianische Spezialität. Ich verzichte.

WÄHREND ICH ALS SCHWARZE SILHOUETTE vor einer tief hängenden, aber noch glühenden Sonne an Deck stehe und zuschaue, wie die Küste von Kalabrien oder vielmehr die nichtssagenden Fassaden des Hafenviertels von San Giovanni kleiner werden und die sizilianische Küste näher kommt, frage ich mich, warum um alles in der Welt der Zug auf das Schiff verladen wird. Vielleicht hatte es früher, als die Personenwaggons noch mit Güterwaggons gemischt waren, einen Sinn, die Fracht, die nicht aussteigen und laufen konnte, an Bord zu rollen.

Aber wozu jetzt noch, wo wir doch alle so daran gewöhnt sind, unser Gepäck selber zu tragen – Gepäckträger gibt es auf italienischen Bahnhöfen nicht –, und Güter- und Personenzüge getrennt fahren?

Es muss um den Erhalt von Arbeitsplätzen gehen.

Obwohl die Fähre im Großen und Ganzen ziemlich trostlos aussieht, fast wie ein riesiges Floß aus dem Metallbaukasten, und die Toiletten zumindest an dem Tag, an dem ich gereist bin, überschwemmt waren, sind der Schornstein und der obere Rumpf kürzlich frisch gestrichen und der Schornsteinschaft mit dem RFI-Logo geschmückt worden: Rete Ferroviaria Italiana. Mal wieder Namen. Image. Beim Blick über das Kielwasser des Schiffes hinweg sehe ich andere, modernere Fähren hin- und herfahren, zweifellos mit viel freiem Platz für die Bahnreisenden aus unserem Zug. Der Wasserstreifen ist nur gut drei Kilometer breit. Eine Woche nach dieser Reise sollte ich erfahren, dass die RFI im Jahr 2010 eine neue Fähre für die Überfahrt bestellt hat, wieder mit der Kapazität zum Verladen von Eisenbahnwaggons. Der Auftrag ging an

Nuovi Cantieri Apuania, eine Firma mit Sitz in Ligurien, in der Nähe von Genua. Damals kommentierte der Firmenleiter die erfolgreiche Akquise des 49-Millionen-Euro-Auftrags gegen internationale Konkurrenz und betonte, wie sehr er sich freue, dass seine Männer nach einer Periode der Stagnation und der Entlassungen nun wieder richtig arbeiten konnten. Da fragt man sich, ob die Firma den Zuschlag auch bekommen hätte, wenn die auftraggebende Organisation nicht so eng mit dem italienischen Staat verbunden wäre. Wie auch immer, das neue Schiff war jetzt einsatzbereit, aber die Werftarbeiter weigerten sich, es zu Wasser zu lassen, ehe sie die Garantie erhielten, nicht unmittelbar im Anschluss entlassen zu werden. Es liegt nahe, das Problem zu lösen, indem die RFI noch einmal 49 Millionen Euro für ein weiteres Schiff ausgibt.

AM ENDE DER HAFENMAUER stehen unter einer dreißig Meter hohen Säule, die von einer bronzenen Madonnenstatue gekrönt wird, in riesigen Lettern die Worte:

VOS ET IPSAME CIVITATEM

BENEDICIMUS

Während ich im Licht der sinkenden Sonne Fotos machte, erklärte eine Mutter neben mir ihrem kleinen Sohn, warum Messina eine *città Mariana* war. Die Madonna hatte zu ihren Lebzeiten einige Männer getroffen, die von Messina nach Palästina geschickt worden waren, und ihnen einen Brief geschrieben, den sie mit heim nach

Sizilien nehmen sollten und der mit diesen Worten endete, auf Lateinisch: »Ich segne Euch und Eure Stadt.« Solche Geschichten sind natürlich wesentlich attraktiver als Gedanken über die Wirtschaftlichkeit von Fährschiffen.

Auf dem Weg zurück zum Zug hatte ich einen Moment der Panik. Man sollte meinen, es sei ganz leicht, einen Zug im Bauch eines Schiffes wiederzufinden, aber das ist es nicht. Es gab eine Unmenge von Treppen und Korridoren und keine Schilder, die den Fahrgästen den Weg wiesen; so als hätten wir unsere Abteile vielleicht gar nicht verlassen dürfen. Alle vorhandenen Schilder zeigten an, wo es zum Autodeck ging. Schließlich gelang es mir, meinen Weg zu rekonstruieren, und ich stieß unten im Frachtraum auf eine Gruppe von Leuten, die sich unsicher waren, welcher der beiden Zugteile, die jetzt nebeneinander standen, welcher war – einer fuhr nach Syrakus, der andere nach Palermo. Schließlich entdeckte ich den lässigen jungen Soldaten und folgte ihm zurück zu unserem Abteil. Der Gedanke, dass er eine bessere Orientierung besaß als ich, spornte mich an.

Dann begann eine lange Wartezeit. Unser Wagen kroch aus dem Schiff heraus auf ein Abstellgleis und stand dort eine Stunde lang. Es gab keine Erklärung und keine Informationen. Meine Mitreisenden wurden wütend. Ich fragte mich, ob man im Hotel mein Zimmer freihalten würde. Es wurde langsam dunkel. »Im Stich gelassen«, verkündete die mollige Frau erneut. »Sizilien wird komplett im Stich gelassen. Sie können uns nicht leiden.« Wieder rief sie ihren Mann an und berichtete von ihren *giramenti di testa*, obwohl sie den ganzen Nachmittag über während unseres

Gesprächs in guter Verfassung zu sein schien und trotz der
drückenden Hitze im Zug kein Wort über ihre gesundheit-
lichen Probleme verloren hatte. Dann riefen alle Mitreisenden ihre Verwandten an und warnten sie, nicht zu früh
zum Bahnhof zu fahren. Ich war anscheinend der Einzige,
der nach unserer Ankunft auf eigene Faust weiterziehen
wollte. Ich hatte eine solche Verspätung schon befürch-
tet und vorsorglich ein Hotel reserviert, das nur hundert
Meter vom Bahnhof entfernt lag.

Schließlich verlor die mollige Frau die Geduld, sprang
auf und rannte ohne jedes Anzeichen von Schwindel auf
den Bahnsteig hinaus, wo sie den *capotreno* entdeckt hatte.
Seltsamerweise begleitete er sie zurück zum Abteil, steckte
den Kopf herein und erklärte, *una collega*, eine Schaffne-
rin, habe sich verspätet, weil der Zug aus Palermo anderthalb Stunden Verspätung hatte. Unser Zug war der letzte,
der heute Abend von Messina nach Palermo fuhr, deshalb
wartete man mit der Abfahrt auf sie, damit sie noch nach
Hause kam.

Während der onkelhafte Mann in seiner Respekt einflößenden Uniform mit der grünen Krawatte uns das mit
ruhiger Stimme erklärte, erschien es vollkommen vernünftig und fast unvermeidlich. Erst als er weg war, stellte das
junge Mädchen mit dem etruskischen Nacken die Frage,
warum zweihundert Leute auf eine einzige Person warten
mussten, die noch dazu bei der Eisenbahn arbeitete und
vermutlich wenn nötig in einem Hotel untergebracht werden konnte.

»Wenn wir endlich in Trapani ankommen, ist es schon
wieder Zeit für die Rückfahrt«, jammerte sie.

»*Una collega*«, sagte die Frau mit dem rosa Fächer schnippisch. »Sie warten auf eine Frau.«

»Die Ehefrau des *capotreno*«, warf ich ein.

»Oder die Geliebte«, mutmaßte die dicke Frau.

»Oder die Tochter«, sagte jemand anders nachsichtig.

Wie dem auch sei, es war ein Skandal.

Als der Zug schließlich ruckelnd wieder anfuhr, kam es mir so vor, als würden wir sechs uns seit Jahren kennen. »Mein Mann ist so ein Langweiler«, beklagte sich die Frau, die zweihundert Meter vom Bahnhof entfernt wohnte. »Immer versucht er sich davor zu drücken, mich abzuholen.«

Die Mollige lächelte selbstgefällig, als wolle sie sagen, warum erzählst du ihm nicht, dass du Schwindelanfälle hast? Der Junge neben mir nahm zum x-ten Mal einen Anruf seiner Mutter entgegen, die auf den neuesten Stand gebracht werden wollte. »Woher soll ich denn wissen, wo wir sind?«, rief er und starrte in die Dunkelheit draußen. »Anscheinend sind sie schon in Palermo auf dem Bahnsteig«, erklärte er uns. »Sie werden stundenlang warten müssen.«

Dann hielt der Zug auf dem kleinen Bahnhof von San Piero Patti.

Und fuhr nicht weiter.

»Eigentlich sollten wir hier doch gar nicht halten, oder?«, fragte ich.

»Wir müssen warten, bis der entgegenkommende Zug durch ist«, sagte der Soldat.

»Oh, das war dem Engländer natürlich nicht klar!«, rief die Mollige merkwürdig triumphierend. »Denken Sie etwa, Mister, wir hätten hier zwei Gleise? In Sizilien?!«

Und so erfuhr ich, dass die Ferrovie dello Stato zwar 150 Milliarden Euro in eine Hochgeschwindigkeitsstrecke zwischen Rom und Mailand investiert hatten, es aber nicht für nötig befunden hatten, auf der Strecke nach der fünftgrößten Stadt Italiens, der Hauptstadt von Sizilien, eine doppelte Gleisspur zu verlegen. Wir kamen um kurz vor Mitternacht in Palermo an, und ich wurde Zeuge, wie der Soldatenjunge auf einem Bahnsteig voller Palmen von Mama abgeküsst wurde. Die Revolution konnte warten.

»POSSO DARE UN'OCCHIATA ALLA *sua mappa*?«

Unter der Abfahrtafel in Palermo Centrale stand am Samstagmorgen nur eine Person, eine Frau Mitte dreißig mit vorstehenden Wangenknochen und flachsblondem Haar, das sie straff zu einem kleinen Pferdeschwanz zurückgebunden hatte. Ich sprach sie auf Italienisch an, aus einem Respekt heraus, der mir selber nur selten zuteilwird, aber ich dachte mir schon, dass eine Unterhaltung wohl nur auf Englisch stattfinden würde. Und richtig, als sie mich verständnislos anschaute und ich fragte: »May I take a look at your map?«, reichte sie mir ihre Landkarte.

Mein Problem war, dass die Zielorte auf der Abfahrtafel mir alle nichts sagten. Ich wollte nach Trapani an der westlichen Spitze der Insel fahren und hatte vor dem Verlassen des Hotels auf der Website von Trenitalia nachgesehen. Es gab eine Verbindung um 10.39 Uhr, die um 13.28 Uhr ankam: zwei Stunden neunundvierzig Minuten für hundert Kilometer. Mit zwei Mal Umsteigen. Das erschien übertrieben, aber ich dachte, ich kann ja unterwegs lesen. Oder einfach Leute beobachten. Nur leider wurde auf der Abfahrtstafel im Bahnhof jetzt kein Zug angezeigt, der um 10.39 Uhr abfuhr, und keiner der angegebenen Zielbahnhöfe schien zu einer Fahrt nach Trapani zu passen. Ich musste mir zunächst ein Bild machen, wo diese Orte lagen.

Die herbe blonde Frau sprach ein seltsames Singsang-Englisch voller Fehler, die mir ungewöhnlich vorkamen, wohl weil es nicht die gleichen Fehler waren, die ich so oft bei den Italienern höre. Sie wollte auch den Zug nach Trapani nehmen, erzählte sie, das war das beliebteste Touristenziel. Man hatte ein natürliches Verlangen, bis ans Ende des Landes zu fahren. »Ich komme aus Lettland«, fügte sie hinzu, als wolle sie damit ihre Orientierungslosigkeit erklären.

Die Karte war nicht sehr hilfreich. Ich suchte die Küste nördlich und westlich von Palermo ab. Cinisi, wo drei Züge hinfuhren, war nirgends zu entdecken. Aber mein Blick fiel auf einen kleinen Küstenort im Westen namens Isola delle Femmine – Insel der Mädchen oder Frauen. Das könnte ein hübsches Plätzchen zum Schwimmen sein, dachte ich.

Wir schauten uns nach Hilfe um. Betritt man in Norditalien an einem Samstag- oder Sonntagmorgen einen der größeren Bahnhöfe, dann findet man dort ein Gewühl von Menschen vor – Familien, die übers Wochenende wegfahren, Wanderer, Mountainbiker, lärmende Fußballfans, die beharrlichen Japaner, Afrikanerinnen, ruhige Paare mit reichlich Lesestoff für die Fahrt, unterwegs zu Kunstausstellungen, Gruppen von Mädchen und Jungen in Pfadfinderuniformen, die um Berge von Rucksäcken herumsitzen. Die Information ist geöffnet, an den Schaltern sitzen etliche Fahrkartenverkäufer, und auch an den teuren neuen Fahrkartenautomaten stehen die Leute Schlange. Die Cafés sind voller Menschen, die schnell einen Cappuccino trinken, andere erklären den Barmännern genau, wie viel *grappa* sie in ihren Espresso *corretto* haben wollen. Es herrscht ganz allgemein eine sehr gesellige und vergnügte Stimmung.

Hier stand das eine Dutzend Leute, das sich in der ziemlich großen Schalterhalle befand, ausnahmslos am einzigen geöffneten Fahrkartenschalter an. Hinter ihnen gaben Glastüren den Blick in eine luxuriöse Kapelle frei, mit schimmerndem Holz, glänzendem Marmor und bequemen Polsterstühlen für ungefähr vierzig Personen; alle dunklen Stühle waren auf ein düsteres Kruzifix und eine zuckerweiße Madonnenfigur ausgerichtet, zu deren Füßen sich ein Arrangement von elektrischen Kerzen befand. Hier war großzügig investiert worden, aber niemand betete dort. Und niemand benutzte die beiden brandneuen Fahrkartenautomaten; sie waren von der Sorte, die nur Kreditkarten nimmt. Ganz offensichtlich kein Ort, an dem irgendjemand ein Einkaufszentrum errichten wollte.

Ich ging zu einem der Fahrkartenautomaten, berührte den Bildschirm und tippte dann T R A P A N I ein. Pflichtschuldig schlug das Display mir den gleichen Zug vor wie mein Computer, den um 10.39 Uhr. Wieder schaute ich auf die Abfahrtstafel: kein Zug um 10.39 Uhr. Aber mir fiel etwas Seltsames auf. Die Züge wurden nicht in zeitlicher Reihenfolge angezeigt, der früheste ganz oben, der späteste ganz unten. Ein Zug um elf Uhr irgendwas erschien über einem zehn Uhr irgendwas. Ich schüttelte den Kopf und las noch einmal alle Züge durch. Drei davon standen nicht in der »richtigen« Zeile. Das hatte ich noch nie erlebt. Vielleicht hatten sie hier ein anderes System.

Ich spielte noch ein bisschen am Automaten herum, fragte nach Abfahrtszeiten in unterschiedliche Richtungen und stellte schon bald fest, dass die Datenbank sich auf ein virtuelles Eisenbahnnetz bezog, das wenig zu tun hatte mit dem, was an diesem Samstagmorgen in Palermo Centrale passierte, mal angenommen, es passierte hier überhaupt irgendetwas. Es war einer dieser faszinierenden Momente, in denen einem klar wird, dass die üblichen Verbindungen zwischen den Informationssystemen, in denen wir uns geistig bewegen, und der realen Welt, mit der sich unsere Füße wohl oder übel auseinandersetzen müssen, nur unter großer Anstrengung herzustellen sind. Die Landkarte ist nicht die Landschaft, wie der Philosoph Alfred Korzybski es ausdrückte.

Wir gingen durch zu den Bahnsteigen, wo zwischen Palmen in riesigen Töpfen fünf oder sechs alte Regionali standen, als befänden wir uns in einer Episode von *Thomas & seine Freunde*, in der die Lokomotiven auf eine exotische Urlaubsreise gehen dürfen. Schließlich fanden wir zwei FS-Mitarbeiter, die vor der Gepäckaufbewahrung standen und rauchten. Sie schüttelten den Kopf. »Trapani mit dem Zug? Am Wochenende?« Amüsant, dass jemand auf so etwas kommen konnte. »Nehmen Sie den Bus«, rieten sie uns. »Es fahren ständig Busse. Ist viel schneller.« Sie fingen an, uns den Weg zum Busbahnhof zu erklären. Ich verstand allmählich, warum Trenitalia sich für die Hoch-geschwindigkeitsstrecke Rom–Mailand entschieden hatte statt für einen zweiten Schienenstrang auf Sizilien. Auch doppelläufig würde er womöglich gar nicht benutzt.

Wir kauften Fahrkarten nach Isola delle Femmine. Die ernste und ernsthaft verblüffte Lettländerin, die Zane (Sah-ney ausgesprochen) hieß, hatte gefragt, ob ich etwas dagegen hätte, wenn sie mitkam. Sie arbeitete in Oslo, sagte sie. Aus einer spontanen Laune heraus hatte sie einen Flug nach Sizilien gebucht. Sie dachte, es würde ihr Spaß machen, sich zwei Wochen lang hier alles anzuschauen. Stattdessen verstand sie rein gar nichts, die Hitze brachte sie um, und sie hatte ständig Angst, übers Ohr gehauen zu werden. Die Läden und die öffentlichen Einrichtungen erinnerten sie an Osteuropa vor dem Mauerfall. Es war beklemmend. Sie war schockiert.

Ich hatte Mitleid, schlüpfte in die Rolle des Bescheid-wissers und schlug einen Orangensaft vor, bis unser Zug abfuhr. Frisch gepresster Orangensaft gehört zu den Sommerspezialitäten in italienischen Cafés, erst recht in Sizilien, dachte ich, wo die Orangen wachsen.

»Eis?«, fragte der Barkeeper.

Ich nehme normalerweise kein Eis, erklärte ich Zane, weil der Saft dann verwässert schmeckt. Auf der Ecke der Theke lag ein riesiger Berg Orangen, die sehr durst-löschend aussahen. Der Mann schlug mit einem Messer vier oder fünf davon in der Mitte durch und fing an, sie auszupressen.

Als er uns die Gläser überreichte, hatte der Saft nicht nur Zimmertemperatur, er war nicht nur warm, sondern schlichtweg heiß. Wie Tee. Diesmal war ich schockiert. Die Lettländerin wollte wissen, ob die Leute hier ihren Saft immer so warm tranken. Ihr Akzent vermischte sich seltsam mit Tönen totaler Ungläubigkeit. Ich starrte den Orangenstapel an, konnte mir aber nicht erklären, wie die Früchte so heiß geworden waren. Hatte man sie eben erst aus der Sonne gezogen? Oder im Backofen gelagert? Und ich verstand auch nicht, warum der Barkeeper uns nicht darauf hingewiesen hatte. Nicht, dass ein paar Eiswürfel hier viel ausgemacht hätten. Wie auch immer, Mr Experte war seinen Ruf los.

Egal. Orangensaft ist und bleibt Orangensaft. Also runter damit. Als wir aus dem Bahnhofscafé kamen, bemerkte ich gleich daneben einen McDonald's, wo etwas mehr Betrieb war. Ein McDonald's im Bahnhof von Palermo. Zweifellos für Leute, die wollten, dass ihr Essen und Trinken genau so war, wie sie es kannten. Die allgemeine Atmosphäre war jetzt die eines trägen Stauwassers, in dem ein paar Kanuten eine Pause machten, im vollen Bewusstsein, dass die eigentliche Action woanders wartete.

DER ZUG NACH ISOLA DELLE FEMMINE war allerdings zu meiner Überraschung brandneu, ein Modell mit zwei Wagen, das Minuetto heißt, wie ich inzwischen herausgefunden habe. Wer denkt sich diese Namen aus? Die hellblauen Sitze waren so sauber und der Fußboden so makellos, dass es sich tatsächlich so anfühlte, als seien die lettische Dame und der englische Gentleman die allerersten Passagiere, die der Zug je transportiert hatte. Jedenfalls waren wir die Einzigen, die an diesem Samstagmorgen reisten. Der Schaffner kam mit einem fröhlichen Lächeln zu uns, wie es jemandem geziemt, der feststellt, dass er fürs Nichtstun bezahlt wird. Er war jung, feist und freundlich, und über dem Kragen seines vorschriftsmäßigen FS-Hemds wallte eine bemerkenswerte Menge dichtes schwarzes Haar. Auf die vorschriftsmäßige rote FS-Krawatte hatte er verzichtet. Vielleicht werden die Vorschriften bei über 35 Grad laxer gehandhabt.

»Die Fahrscheine bitte«, sagte er sofort, auf Englisch. Er drehte sie um und stellte anerkennend fest, dass wir sie *regolarmente* entwertet hatten. Er vollendete das Ritual, indem er zwei quadratische Löcher hineinknipste. Da er anscheinend nicht viel anderes zu tun hatte, fragte ich ihn, ob er zufällig wisse, ob man von Isola delle Femmine nach Trapani weiterfahren könne, denn beide Bahnhöfe schienen an der Strecke nach Westen zu liegen. Sofort holte er einen Palmtop aus seiner Tasche, und zwar genau so einen, mit denen die Regionalzugschaffner nach Aussage des *capotreno* im Zug von Verona nach Mailand nicht ausgestattet waren. Konnte es sein, dass Sizilien dem Rest des Landes in dieser Sache voraus war, selbst wenn es hier kaum Fahrkarten zu kontrollieren gab? Er tippte abwechselnd auf den Bildschirm und kratzte sich dann mit dem kleinen Eingabestift den geröteten Nacken, schüttelte den Kopf, grunzte und fing noch einmal von vorne an, sah zunehmend erstaunter aus und erklärte schließlich, dass wir in der Tat heute noch in Trapani ankommen könnten.

»Um 20.55 Uhr«, verkündete er uns um 10.30 Uhr vormittags. Er wirkte sehr angetan, dass Trenitalia diesen

Service bieten konnte. Ich ersparte ihm die Mühe nachzusehen, ob wir, falls wir diese Gelegenheit ergriffen, am selben Tag noch nach Palermo zurückfahren konnten.

Die Küste im Nordwesten der Stadt wäre unglaublich
schön, gäbe es dort nicht ein heruntergekommenes Indus-
triegebiet mit schlecht laufenden oder bereits aufgelassenen
Betrieben. Isola delle Femmine lag nur etwa 15 Kilometer
entfernt und entpuppte sich als idyllisches kleines Fischerdorf, dessen Transformation in einen Satellitenvorort offensichtlich schon vor einigen Jahren gestoppt worden war. Es
stagnierte. Ich fragte eine junge Frau, wo wir schwimmen
gehen könnten, und sie wies mir den Weg durch den kleinen Hafen mit den Fischkuttern und Luxusjachten, entlang einer stark befahrenen Straße ohne Bürgersteig oder
Fußweg, am Strand entlang. Nur Pflaster, Steine und Meer.
Ein endloser Strom von Autos fuhr an uns vorbei, alle mit
Nummernschildern aus Palermo; vermutlich wollten die
Insassen nicht die 2,25 Euro für den Zug ausgeben. Die
Hitze war erdrückend.

In Anlehnung an die Gepflogenheit der Amerikaner,
ihren Hurrikanen Namen zu geben, haben die Italiener
neuerdings damit begonnen, die Hochdruckgebiete zu per-
sonifizieren, die von Afrika nach Norden ziehen und hier
in den Sommerwochen für sengende Hitze sorgen. Die
Namen werden aus Mythologie und Geschichte entlehnt.
Caronte – das ist Charon, der Fährmann des Todes – war
vor ein paar Wochen die Küsten der Halbinsel hinaufge-
wandert. Und jetzt hatten wir es mit Kretas brutalem Ty-
rannen Minos zu tun, der uns alle mit Temperaturen bis
an die 40 Grad quälte.

Namen für die Züge und jetzt Namen für das Wetter; immer dieses Bedürfnis, alle möglichen Phänomene zu dramatisieren und in eine menschliche Geschichte zu verwandeln – als wären rauschender Verkehr auf der einen und glitzerndes Meer auf der anderen Seite bei 37 Grad nicht schon verwirrend genug. Ich hatte langsam das Gefühl, dass es in Sizilien ganz normal sein musste, unter *giramenti di testa* zu leiden. Kaum waren die Steine in Kiesel übergegangen und wirkten badefreundlich, gab es Cafés und Hotels, deren Betreiber den Zugang zum Meer versperrt und den Strand zum »Privatstrand« erklärt hatten. Wir waren schon anderthalb Kilometer gelaufen, ehe ein kleines Stück unbeanspruchter Felsbrocken und Kies so aussah, als könnten wir dort endlich ins Wasser gehen. Schatten gab es keinen. Die Lettin stellte erneut fest, dass es eindeutig ein Fehler gewesen war, nach Sizilien zu fahren.

Auf der Rückfahrt nach Palermo am frühen Abend mussten wir stehen. Und so fanden wir heraus, wer tatsächlich mit der Bahn fuhr. Abgesehen von ein paar sonnentrunkenen Tagesausflüglern war der Wagen vollgestopft mit *extracomunitari*, die große rote Holztafeln bei sich hatten, auf denen sie den Nippes ausstellen, den sie am Strand verkaufen: Perlenketten, Armbänder, Haarspangen, Stirnbänder, billigen Schmuck und kleines Spielzeug, alles aus Plastik, alles Made in China, damit es an italienischen Stränden von Afrikanern verkauft werden kann, außerhalb des Steuersystems, aber unter Nutzung der günstigen Fahrpreise von Trenitalia, um die Waren zum Markt zu bringen.

In der folgenden Woche, als ich die Küsten von Sizilien, Apulien und Kalabrien abfuhr, sollte ich noch viel
mehr davon zu sehen bekommen. Schlanke schwarze
Männer in Jeans und T-Shirt schleppten diese schweren
Tafeln zum Wohle der weißen italienischen Badegäste hin
und her. Obwohl Trenitalia grundsätzlich keine *extracomunitari* einstellt, scheint die Aufnahme der afrikanischen
Einwanderer in die italienische Gesellschaft doch unweigerlich über die Bahn zu laufen: die Prostituierten im Norden, die zwischen den verschiedenen Innenstädten hin
und her kutschiert werden, und im Süden an der Küste
diese Wanderverkäufer. Wie sie so plaudernd im Zug stehen, bemüht, ihre Tafeln so zu halten, dass sie die Türen
und Durchgänge nicht komplett blockieren, alle im Besitz von ordnungsgemäß entwerteten Fahrkarten, wirken
diese Männer gar nicht so unglücklich mit ihrem Schicksal. Vielleicht gibt es Schlimmeres, als den Tag damit zu
verbringen, zwischen Leibern in spärlichen Badeanzügen
herumzustaksen.

MEIN HOTEL IN PALERMO verlangte Barzahlung im Voraus
und stellte keine Quittungen aus. Aber sie warnten mich,
dass ich den Bus nehmen müsste, wenn ich an einem
Sonntag nach Modica an der Südküste Siziliens fahren
wollte. »Auf Sizilien fahren sonntags keine Züge«, erklärte
man mir. »Sie sollten möglichst früh am Bus sein, denn er
könnte voll werden.«

Unsinn, war mein erster Gedanke. Dieses Hotel war im
vierten Stock und wurde von einem Paar geführt, das aus-

sah wie die sizilianische Ausgabe von Norman Bates und seiner Mutter, die sich in dämmrigem Mahagoni-Licht zwischen verstaubten Kruzifixen und Keramikmadonnen hin und her bewegten. In Sizilien ist Keramik äußerst beliebt, und an religiösen Ikonen wird nicht gespart. Ich eilte in mein Zimmer, rief die Buchungsseite von Trenitalia auf und gab Palermo nach Modica ein. Mit dem Auto sind das etwa 200 Kilometer. Und schon wurde ein Zug angezeigt, der um 8.49 Uhr abfuhr und um 16.11 Uhr ankam. Sieben Stunden zweiundzwanzig Minuten Fahrzeit, drei Mal umsteigen. Verflixt.

Aber immerhin, es *gab* einen Zug.

Dann bemerkte ich einen kleinen Stern hinter 8.49. Der Stern – auf den muss man achten, denn er ist sehr klein und wirkt ganz harmlos – bedeutet: »*la soluzione si riferisce al giorno successivo*«; diese Reisemöglichkeit bezieht sich auf den Folgetag. Statt anzuzeigen, dass am Sonntag kein Zug verkehrte, erschien der *einzige* Zug am darauffolgenden Montag.

Man ist so daran gewöhnt, dass zwischen den Städten Züge verkehren, zumindest innerhalb Europas, dass man nur selten auf eine Eisenbahnkarte schaut, um sich anzusehen, was überhaupt möglich ist und was nicht. Das war offensichtlich in meinem Fall ein Fehler gewesen. Ich fand im Internet eine Eisenbahnkarte von Sizilien und studierte sie. Sofort wurde deutlich, dass das spärliche Liniennetz im Landesinnern nichts mit modernen Touristenströmen oder schnellen Verbindungen zwischen Siziliens großen Geschäftszentren zu tun hatte. Diese Linien waren im 19. Jahrhundert gelegt worden, um Schwefel und Salz aus

den Minen in den Bergen hinunter an die Küste zu transportieren. Sizilien deckte damals fast den gesamten europäischen Schwefelbedarf, und das industrielle England war
der Hauptabnehmer. Don Luigi Sturzo, dessen Straße an
Garibaldis Bahnhof in Mailand vorbeiführt, hatte sich für
die Beschränkung der Kinderarbeit in den Minen eingesetzt, wo die furchtbaren Arbeitsbedingungen herrschten, die Giovanni Verga in seiner Novelle *Rosso Malpelo*
schildert, in der es um einen verrohten, gewalttätigen Jungen geht, der in einem Salzstollen einfach verschwindet.
Die meisten dieser Stollen wurden Anfang des 20. Jahrhunderts geschlossen; seitdem scheint sehr wenig investiert worden zu sein, um die Eisenbahn für andere Zwecke umzugestalten. Sizilien hat einfach keine Bahnkultur.
Vielleicht braucht ein effizientes Bahnsystem einen starken Zentralstaat, der entschlossen ist, alle Teile eines Landes in seine Kommunikationsnetzwerke einzubeziehen.
Die Abwesenheit der Staatsgewalt, die auch das Florieren
der Mafia gefördert hat, geht mit dem schwachen Bahn-
angebot einher. Wenn ich an einem Sonntag nach Modica
reisen wollte, musste ich einen Bus nehmen, der von den
sizilianischen Kommunen betrieben wurde und daher unter dem wachsamen Schutz lokaler Politiker stand. Während ich dies schreibe, wurde der Präsident der Region
Sizilien soeben zum Rücktritt gezwungen, hauptsächlich
wegen der grotesken Überbesetzung aller öffentlichen Behörden, die die Region an den Rand des Ruins getrieben
hat.

DA MAN MIR GERATEN HATTE, FRÜH da zu sein, traf ich
um 8.00 Uhr in der Big Bus Bar ein, die nur einen Steinwurf vom Bahnhof in Palermo entfernt ist, um den Bus
um 8.45 Uhr zu nehmen. Ja, in der Big Bus Bar. Das Englische ist allgegenwärtig. Die Fahrkarten werden zusammen
mit Kaffee und Arancini verkauft. Aber nein, Kreditkarten
wurden nicht akzeptiert, sagte der Mann, obwohl er ein an-
geschlossenes Kreditkartenlesegerät direkt vor sich stehen
hatte, das einladend blinkte. Er nahm mein Bargeld, gab
mir eine Fahrkarte und kam freundlicherweise mit nach
draußen vor die Tür und wies die Straße hinunter, um mir
zu zeigen, wo ich auf den Bus warten konnte.

»Bei der Bank dort«, sagte er. »Da hält der Bus.«

Busse brauchen viel weniger Infrastruktur als Züge.
Keine Bahnhöfe, Schalterhallen, Bahnsteige oder spezielle
Gleise. Nur eine alte Bank auf einem kaputten Bürgersteig.

Der Sitz der Bank bestand aus Holzplanken, die an
einem Rahmen aus Eisenrohren befestigt waren. Sie war
leer. Ich dachte, ich setze mich dort hin und lese. Unter
der Bank lagen Plastikbecher, eine Bananenschale, eine
blaue Plastiktüte, eine rechteckige Schnapsflasche. Am
einen Ende der Bank lagen zwei zerbrochene Eierschalen auf dem Sitz, und zwei Planken waren mit Eiweiß be-
schmiert. Das andere Ende sah sauber aus. Ich setzte mich
hin und stand sofort wieder auf. Jemand hatte dort hin-
gepinkelt. Der Morgen war bereits warm. König Minos,
unser netter Hitzewellenpatron, war früh aufgestanden,
obwohl die Bank im Schatten stand. Nachdem ich ihn
einmal bemerkt hatte, wurde der Geruch überwältigend,
deshalb ging ich weg und lehnte mich etwa zehn Meter

entfernt an einen Pfosten. Wenn sich andere Fahrgäste ver-
sammelten, konnte ich ja wieder zurückgehen, dachte ich.

Zwei Frauen kamen an, eine ältere und eine jüngere;
sie setzten sich auf die saubere Seite der Bank, hielten
etwa zwei Minuten durch, standen dann auf und gingen
weg. Drei oder vier andere Leute wiederholten das Expe-
riment. Dann kam ein Mann in einer grünen Leuchthose,
blauem Hemd und weißen Plastikhandschuhen, der einen
Reiserbesen und ein Kehrblech bei sich hatte. Er fing an,
um die Bank herum zu fegen, und leerte sein Kehrblech
in eine Mülltonne auf Rollen. Er ging dabei weder träge
noch emsig vor. Er erledigte stur seine Arbeit, schien aber
der Meinung zu sein, dass zu viel Gründlichkeit unangemessen wäre. Nachdem er um die Bank herum redlich
gut gefegt und den Besen auch ein Stückchen – sagen wir
zwanzig Zentimeter ungefähr – daruntergeschoben hatte,
ließ er den restlichen Müll unter der Bank einfach, wo er
war. Vielleicht war ihm der starke Uringeruch zu viel. Er
konnte nichts dafür, dass er nicht dafür ausgestattet war,
ihn wegzuspülen. Falls er die Eierschalen auf dem Sitz gesehen hatte, unternahm er jedenfalls nichts, um sie zu beseitigen. Vielleicht fiel Schmutz auf der Bank statt unter der Bank in den Zuständigkeitsbereich eines anderen.
Jedenfalls schien er mit dem Ergebnis seiner Bemühungen
so weit zufrieden zu sein, dass er fröhlich vor sich hin pfiff,
als er mit seiner Mülltonne weiterzog.

Die Sonne wurde stärker und mit ihr der Gestank. Ein
stattlicher alter Fiat 132 kam an und brachte zwei Nonnen
in Weiß. Die Jüngere der beiden, ungefähr Ende sechzig,
parkte den Wagen etwa einen Meter vom Bordstein ent-

fernt, zwei Meter vor der Bank und direkt an einer Ecke. Nachdem die beiden eine schwere Tasche ausgeladen hatten, diskutierten sie darüber, ob der Wagen dort stehen bleiben konnte. Sie kamen zu dem Ergebnis, dass er das nicht konnte. Man darf nicht direkt an der Ecke parken, und schon gar nicht so weit vom Bordstein entfernt. Die jüngere Nonne stieg wieder ein, ließ den Motor an, runzelte die Stirn, stellte den Motor wieder ab und stieg aus. Sie hatten sich geirrt, meinte sie, das Auto konnte so stehen bleiben. Es gab noch ein kurzes Hin und Her darüber, aber schließlich stand die Entscheidung, und die beiden weiß gekleideten Nonnen bezogen Stellung neben der Bank, genau dort, wo eine Viertelstunde später der Bus halten sollte. Sogar ihre Sandalen waren weiß, fiel mir auf. Der Uringestank schreckte sie nicht ab. Vielleicht waren sie nach Jahren der Selbstkasteiung gegen so etwas immun. Die Nonne, die gefahren war, stand mit den Händen hinter dem Rücken da; ihre Finger waren durch den Schlüsselring des Autoschlüssels verbunden, auf dem sie die vier oder fünf Schlüssel hin und her schob, als bildeten sie einen Rosenkranz. Ob sie dazu die Lippen bewegte, konnte ich nicht sehen. Je höher die Sonne stieg, je mehr Minuten vergingen, desto beeindruckter war ich von ihrer Tapferkeit. Ein Dutzend andere Reisende hielten gebührenden Abstand. Aber die Nonnen zeigten keine Spur von Unbehagen – jedenfalls nicht, bis ein junger Mann eintraf und sich vor die beiden auf das Pflaster stellte, noch näher an den zu erwartenden Bus als sie. Das veranlasste sie, aufgeregt von einer weißen Sandale auf die andere zu hüpfen.

Dann fragte mich, äußerst ungewöhnlich, das Paar links

von mir *auf Italienisch* mit lokalem sizilianischem Akzent,
der fast schon wie ein Dialekt klang, um wie viel Uhr genau der Bus eintreffen sollte, und ich antwortete in meinem Norditalienisch, dass er vor einer Minute hätte kommen sollen. Sie bedankten sich und meinten, das hätten sie
sich schon gedacht, mal wieder typisch, und ich sagte, ja,
wirklich, aber so früh am Tag sollte man nicht schon anfangen, sich zu beschweren. Sie stimmten mir lachend zu *und
schienen gar nicht zu bemerken, dass ich kein Italiener war.*
Hatte der inzwischen überwältigende Uringeruch meine
Fremdheit überdeckt? Der Leser wird längst gemerkt haben, dass ich von diesem Thema besessen bin, aber es ist
und bleibt mir ein Rätsel, wie und wann die Leute die Signale, die ich anscheinend unbewusst aussende, empfangen
oder eben nicht empfangen. Wie dem auch sei, ich freute
mich plötzlich. Nein, es war mehr als Freude, ich war ge-
rührt. Ich war in meiner Adoptivheimat, in einem abgelegenen Teil des Landes, in den ich mich noch nie vorgewagt
hatte, der mir immer zu gefährlich erschienen war, Sizilien, der Süden, die Mafia, ein heißes Pflaster, und plauderte seelenruhig mit ganz normalen Leuten, verstand und
wurde verstanden, ganz so, als wäre ich tatsächlich Italiener. Fantastisch. Ich beschloss, das weitere Geschehen um
die beiden Nonnen und den dreisten Vordrängler genüsslich zu beobachten.

Der Bus kam eine Viertelstunde zu spät. Eine kleine
Gruppe von etwa zwanzig Personen hielt kollektiv den
Atem an und näherte sich der urinverseuchten Bank. Die
weiße Tür des weißen Busses begann ihre ruckartigen
automatischen Türöffnungs-Bewegungen, schob sich zu-

erst nach außen und glitt dann seitlich nach hinten. Der freche junge Drängler an der Spitze der Schlange machte einen Schritt vorwärts, um einzusteigen, und... genau in dem Moment schoss die ältere der beiden weiß gekleideten Nonnen, die, die nicht Auto fuhr und so gewirkt hatte, als befände sie sich in der Obhut ihrer rüstigeren Gefährtin, an ihm vorbei und hob ihren linken Arm so, dass ihr Ellbogen direkt in seine Brust stach und ihn mit Macht zurückstieß. Er war gestellt und geriet ins Stolpern. Und schon waren die beiden Bräute Jesu, Weiß nach Weiß, die Stufen hochgeklettert und hatten die erste Reihe in Beschlag genommen.

DAS SCHÖNE AM BAHNFAHREN ist, dass man unterwegs lesen kann. In seinem Buch *Le ferrovie* behauptet Stefano Maggi, dass mit der Erweiterung der Eisenbahnlinien im späten 19. Jahrhundert auch deutlich mehr gelesen wurde, da die Zeitungshändler in allen Bahnhöfen neue Kioske eröffneten, in denen sie Bücher und Zeitschriften als Reiselektüre anboten. Leider kann man im Bus nicht lesen. Ich jedenfalls nicht. Wenn ich es versuche, wird mir schon nach kurzer Zeit übel. Und ich fühle mich auf meinem Platz gefangen. Es ist nicht so, dass ich mich unbedingt bewegen will, aber ich habe gern das Gefühl, dass ich es könnte, so wie man sich in einem Zug normalerweise bewegen kann. Im Italo zum Beispiel habe ich es sehr genossen, bis ganz vorne zur Lok und wieder zurück zu laufen.

Weil er verspätet war, hatte der Fahrer es eilig. Die Fahrt dauerte viereinhalb Stunden. Ohne Gespräche, die ich be-

lauschen konnte, denn fast alle saßen einzeln, und Busse
sind ohnehin lauter als Züge, blieb mir nichts anderes übrig, als aus dem Fenster zu schauen. Niedrige Hügel; verdorrtes braun-grünes Gras; ausgeblichene weiße Pfade;
kleine stachelige Bäume und staubige Ranken. Ich musste
an das einzige andere Mal denken, als ich tief ins Innere Siziliens gereist war. Die Werbeabteilung von United Colors
of Benetton wollte junge Leute in Corleone fotografieren,
im Herzen des Herzens des Landes, um das Image einer
Stadt aufzubessern, die ungerechtfertigt, wie sie fanden, als
ein Ort gesehen wurde, der ausschließlich von Mafia, Verbrechen und Steuerhinterziehung geprägt war, und zwar
dank der *Paten*-Filme. War ich interessiert daran, mitzu-
fahren und darüber zu schreiben? Sie boten mir mehr Geld
an, als ich gewohnt war. Ich sagte Ja, unter der Bedingung,
dass ich schreiben durfte, was ich wollte, und ich sagte ihnen ganz offen, dass mir die opportunistische Benetton-
Mischung aus Frömmelei und Werbung missfiel. Sie ver-
sicherten mir, ich sei ganz frei in dem, was ich schrieb;
sie seien moderne Menschen, die für Ehrlichkeit und freie
Meinungsäußerung eintraten. Die Kinder im drückend
heißen Corleone, die (sehr sorgfältig) für die Fotos aus-
gewählt worden waren, wollten unbedingt in der Benet-
ton-Werbung erscheinen; sie hofften, das würde ihnen eine
Möglichkeit eröffnen, von dort wegzukommen. Beim Mittagessen erzählte der neue Bürgermeister, der wegen seines Antikorruptions-Programms gewählt worden war, dass
man ihm kürzlich einen abgeschlagenen Ziegenkopf auf
die Türschwelle gelegt hatte. Als die Gruppe durch die
Straßen und über die Piazza der kleinen Stadt zog, woll-

ten die alten Leute, die auf alten hölzernen Küchenstühlen an die Hauswände gelehnt saßen, nicht mit uns sprechen. Am Ende einer Restaurantmahlzeit, die endlos erschien, weil der Besitzer darauf bestand, dass wir jedes Gericht auf der Karte probierten, gab man uns zuerst die Rechnung und erkundigte sich dann, welche Summe wir gern auf der offiziellen Quittung haben wollten; falls wir Spesen geltend machen konnten, würde man den Rechnungsbetrag mit Vergnügen um 50 Prozent erhöhen. So viel Großzügigkeit konnte natürlich nur bedeuten, dass manche Kunden überhaupt keine Quittung erhielten, denn sonst würde Geld fehlen, um das abzudecken. »Dabei haben wir ihnen gesagt«, erzählte mir eines der Werbemädchen, »dass wir das Image der Stadt verändern wollen.«

»Vermutlich empfinden sie eine kreative Buchführung nicht wirklich als Verbrechen«, sagte ich lachend.

Nach etwa einer Stunde Fahrt nahm der Bus eine Reihe von Haarnadelkurven in Angriff, die auf eine Anhöhe hochführten. Kurz darauf ging es wieder bergab, mit einer Geschwindigkeit, die einfach unklug sein musste. Bei der dritten oder vierten Kurve trat der Fahrer heftig auf die Bremse, und mein Kopf flog nach vorne bis an die Rückenlehne des Sitzes vor mir. Ich dachte mir nichts weiter dabei. Er musste diese Straße wie seine Westentasche kennen. Ein paar Kurven weiter bremste der Bus, geriet ins Schleudern und kam dann abrupt in der Biegung der Haarnadel zum Stehen, wobei alle möglichen Gepäckstücke, Telefone, MP3-Player, Brieftaschen und Bücher zu Boden geschleudert wurden. Wir standen nur Zentimeter vor einer Leitplanke, die uns vor dem tiefen Fall in eine felsige Schlucht bewahrte. Die stämmige Frau, die auf der anderen Seite des Ganges neben mir saß, bekreuzigte sich. Die Dame hinter mir, eine ernste, professionell wirkende Frau, die versuchte, ein bisschen Arbeit auf ihrem Computer zu erledigen, fragte, ob bei mir alles in Ordnung sei. Sie hatte gesehen, wie mein Kopf nach vorn flog. Ich fragte sie, ob das immer so war, warum der Fahrer es so eilig hatte.

»Er hat seine Frau dabei«, sagte sie.

Ich muss verwirrt ausgesehen haben, denn sie fügte hinzu: »Die Frau, die auf dem Platz hinter ihm sitzt.«

»Ja, und?«

»Er will schnell ankommen und sich zum gemütlichen Sonntagsessen an den häuslichen Tisch setzen.«

Das schien mir eine sehr freizügige Erklärung dafür zu sein, dass ein Mann die Anwesenheit seiner Frau zum Anlass nahm, wie ein Wahnsinniger zu fahren. Jedenfalls zeigte sich hier klar die Überlegenheit der Bahn. Moderne Signalsysteme verhindern das Rasen, und im Führerstand eines Zugs gibt es keinen Platz, auf dem die Ehefrau des Lokführers sitzen könnte. Oder der Ehemann der Lokführerin, denn es gibt mittlerweile bei Trenitalia auch eine Frau, die die Ausbildung zum Fahren der Frecce absolviert hat. Statistiken über weibliche Lokführer im Allgemeinen habe ich nicht finden können, aber es gibt sie, und es gibt sogar ein paar exzentrische Websites, die ihnen gewidmet sind. Fest steht, dass mehr Frauen in den Führerhäusern der Züge zu finden sind als Schwarze, egal welchen Geschlechts.

Während der Bus weiterrumpelt, bemerke ich einige

alte, kaputte, von Unkraut überwucherte Eisenbahngleise. Hier und da sind nicht mehr benutzte Eisenbahnbrücken in die steinernen Wasserrinnen gestürzt. Die Städte, deren Häuser sich oben auf den einsamen Bergkuppen Schutz suchend zusammendrängen, wurden eindeutig nicht von Menschen gebaut, die Eisenbahnen im Sinn hatten oder überhaupt irgendein schnelles Transportsystem. Die Landschaft, von der Sonne gebeutelt, durstig, zerklüftet und von stacheligen Kakteen übersät, ermuntert nicht gerade zur Fortbewegung.

Schließlich kamen wir nach Ragusa, einer spektakulären Stadt, die auf einem hohen Bergkamm thront, eine Art barocker Lavastrom, der sich durch eine ausgedörrte Schlucht voller Kakteen und vertrockneter Gräser nach Modica und weiter nach unten zur Küste ergießt. Ich war verwirrt. Ich wusste, dass Ragusa einen Bahnhof mit einer Verbindung nach Modica hatte, aber wie war das möglich? Diese Landschaft war viel zu steil. Ich wandte mich zu der Frau hinter mir um, die erstaunlicherweise immer noch mit ihrem Computer beschäftigt war, trotz der vielen Kurven, ganz zu schweigen von dreieinhalb Stunden Akkubetrieb. War sie schon mal mit dem Zug von Ragusa nach Modica gefahren?, wollte ich wissen.

»Vor Jahren«, sagte sie. »Als Kind mit meinen Eltern.« Aber das war inzwischen zu unbequem geworden, viel zu langsam, und die Züge fuhren viel zu selten.

»Und am Sonntag fahren sie gar nicht.«

»Nein.«

Der Bus fuhr jetzt wieder einen wilden Zickzackkurs; es ging den Hang hinunter ins Tal. Die Häuser von Ragusa zu unserer Linken schienen eins über dem anderen gebaut worden zu sein, so steil fiel der Berg ab.

»Wo verläuft denn die Bahnstrecke?«, fragte ich. »Ich fahre zu gerne mit dem Zug. Das ist bestimmt ein Erlebnis.«

Sie runzelte die Stirn, wie um sich zu erinnern, und sagte: »Ja, die Strecke ist berühmt. Sie führt durch einen Spiraltunnel im Berg.«

Ich wusste nicht, was sie meinte.

Sie klappte ihren Laptop zu; die Fahrt war fast zu Ende. Der Bus kurvte durch die letzten Haarnadelkurven nach unten, als wäre rein gar nichts dabei. Der Fahrer roch wohl schon den Sonntagsbraten.

»Der Tunnel windet sich spiralförmig aufwärts. Wenn ich mich recht entsinne, gibt es darüber auch eine Geschichte. Lassen Sie mich überlegen.«

Ich betrachtete den Berg. Die rauen, hellen Felsen waren derart zerklüftet und uneben, die Fassaden wie Kraut und Rüben, dass allein der Bau der Stadt schon wie ein Wunder wirkte, ganz abgesehen von einem Eisenbahntunnel, der sich zu ihr hinaufwindet. Und das im 19. Jahrhundert.

Bei der fleißigen Frau Mitte vierzig, die jetzt ihren Computer in der Laptoptasche verstaute, handelte es sich ganz offensichtlich um eine Person, die sich aus der Provinz ins Berufsleben der Stadt gerettet hatte und nun am Sonntag einen Besuch bei der Familie machte. Sie erweckte den Eindruck, als fahre sie die Strecke regelmäßig, aus Pflichtgefühl.

»Ich hab's!«, sagte sie lächelnd. »Der Tunnel wurde von

beiden Seiten aus gleichzeitig gegraben, oben von Ragusa aus, unten von Modica. An dem Tag, an dem die Arbeiter den Durchbruch machen und aufeinandertreffen sollten, lud der Ingenieur alle lokalen Würdenträger ein, dabei zu sein. Aber leider trafen sich die beiden Stränge nicht, und er war so verstört, weil er sich verrechnet hatte, dass er sich noch in derselben Nacht umbrachte. So geht jedenfalls die Geschichte.« Sie schien selber nicht ganz sicher zu sein, ob das stimmen konnte. »Am nächsten Tag trafen die Tunnel dann doch noch aufeinander. Hierzulande mögen die Leute solche Unglücksgeschichten.«

Welch südländische Leidenschaft, dachte ich. Welch Stolz auf den eigenen Sachverstand, welch närrisches Ehrgefühl, sich wegen eines Fehlers umzubringen. Ohne zu überprüfen, wie groß der Fehler eigentlich war.

Eine andere Unglücksgeschichte beschwor der Name des Platzes herauf, an dem der Bus schließlich etwas außerhalb von Modica seine Endhaltestelle erreichte: Piazza Falcone e Borsellino. Giovanni Falcone und Paolo Borsellino waren zwei Untersuchungsrichter, die 1992 von der Mafia getötet wurden, und heute sind zahllose Plätze, Straßen, Gebäude und Schulen in Sizilien und auch auf dem italienischen Festland nach ihnen benannt. Dahinter steht der Wunsch, sie für ihren außergewöhnlichen Mut und ihr Engagement zu ehren, aber ich frage mich manchmal, ob dadurch nicht eher andere, die in ihre Fußstapfen treten wollen, entmutigt werden.

Anders als der Zug nach Palermo war der Bus nach Modica eine volle halbe Stunde zu früh an seinem Ziel angekommen. Unter Lebensgefahr für uns. Der Fahrer jagte

uns aus dem Fahrzeug und rauschte mit seiner Frau davon. Das Licht war blendend hell. Es gab keinen Schatten,
wie es ihn selbst in den kleinsten Bahnhöfen im Warteraum oder der Schalterhalle gab. Ich sollte hier von einem
Hotelbesitzer abgeholt werden, der mit einem meiner
Kollegen an der Universität von Mailand verwandt war.
In der Zwischenzeit konnte ich mir, mit über die Augen
gelegter Hand, eine barocke Kirchenfassade anschauen,
die auf einem eindrucksvollen Hügel lag. Alles hier ist barock, denn die Altstädte von Ragusa und Modica wurden
bei einem Erdbeben im Jahre 1693 fast vollständig zerstört und dann im Stil der Zeit wieder aufgebaut. Während ich wartete, versuchte ich, ein paar bunt gemischte
Eindrücke von diesem sizilianischen Barock festzuhalten:
eine Verquickung des Ornamentalen und des Religiösen,
selbstherrlich, sentimental, das Pathos der Leiden Christi
auskostend, aber zugleich prahlerisch extravagant und demonstrativ reich. Irgendwo bestand ein Zusammenhang
zwischen diesem Stil – den blutenden Herzen, den wei-
nenden Madonnen, dem Geld – und der Selbstgefällig-
keit einer Person, die verkündet: »Der Staat hat uns im
Stich gelassen, die Eisenbahn hat uns im Stich gelassen«,
obwohl sie genau weiß, dass sie in ein schönes Zuhause
zurückkehrt und ihr Mann sie in einem nagelneuen Auto
erwartet.

Kaum war ich in meinem Hotelzimmer angekommen,
ging ich online und suchte nach der Geschichte dieses
Tunnels. Er wurde 1896 fertiggestellt. Der Ingenieur hatte
sich »*vermutlich*« umgebracht, nicht weil er fürchtete, seine
Berechnungen seien falsch gewesen, sondern weil er über-

zeugt war, dass die sizilianischen Arbeiter seine Anweisungen nicht genau befolgt hatten; er war nämlich Engländer. Das rückte die Sache in ein ganz neues Licht.

»UND, PROFESSOR PARKS, WAS führt Sie hierher?«

An dem Abend war ich nach dem Schwimmen und dem Sightseeing zum Essen auf eine Terrasse draußen auf dem Land eingeladen. Mein Hotelier Giuseppe, ein Mann in meinem Alter, und seine Frau Concetta aßen jeden Sonntag, so erzählten sie mir, mit einer Gruppe von vier, fünf Freunden gemeinsam zu Abend. Das war eine unveränderliche Gewohnheit. Wollte ich sie begleiten? »Solange ich kein Fleisch essen muss«, sagte ich. Denn auch das hat sich geändert, seit ich den ersten Teil dieses Buches geschrieben habe: Ich bin Vegetarier geworden, obwohl ich diesen Begriff nicht gern benutze. Die Leute denken immer gleich, man wolle predigen. Wenn man sagt, man mag dieses oder jenes nicht, dann ist man einfach nur wählerisch, und das ziehe ich vor. Wie dem auch sei, als wir dann gemeinsam am Tisch saßen, erregte meine Weigerung, Fleisch zu essen, eine gewisse Bestürzung. Die Sizilianer sind daran nicht gewöhnt. »Betrachten Sie es als Rätsel«, sagte ich. »Sizilien ist voller Rätsel. Die Eisenbahn ist auch voller Rätsel. Versuchen wir nicht, es zu erklären.«

Die Luft lag warm auf den Bergen und Dünen. Wir waren nah am Meer. Die Wände strahlten noch die Hitze des Tages ab. Es gab Fledermäuse, Bougainvilleen, Junikäfer und Grillen. Und Düfte von Pflanzen und Gräsern, die ich nicht kannte.

»Die Eisenbahn?«

Sie wollten wissen, warum ich nach Modica gekommen war, und vor allem, warum ich, da ich schon mal da war, nur so kurze Zeit bleiben wollte. Giuseppe hatte ihnen erzählt, dass ich am nächsten Morgen abreisen wollte, um kurz nach acht. Mit dem Zug! Vom Bahnhof in Modica! Zwei der sechs Anwesenden wussten gar nicht, dass es in Modica einen Bahnhof gab, der in Betrieb war. Wo war der?

»Es ist kein Buch über Italien vom Zugfenster aus betrachtet«, stellte ich richtig. »Kein Reisebericht. Und auch kein Buch über Züge als solche.«

»Was denn dann?«

Mir wurde klar, dass es einfacher gewesen wäre, zu erklären, warum ich Vegetarier war.

»Nun, ich bin der Meinung, dass eine Kultur, ein System« – ich zögerte – »der Kommunikation, wenn Sie so wollen« – sie schauten mich mit dem scheelen, skeptischen Blick an, mit dem man einen ausländischen Professor gern betrachtet – »sich in allem manifestiert, was die Menschen aus diesem Kulturkreis tun. Nicht wahr?«

Sie lächelten nachsichtig. Ich war immerhin bei ihnen zu Gast.

»Zum Beispiel dieses Sonntagsessen, zu dem sich jede Woche dieselben Freunde auf der warmen Terrasse treffen, das Essen, das Sie zubereiten, wie Sie es servieren, die Gesprächsthemen, sogar die Tatsache, dass Sie einen ausländischen *professore* wie mich dazu einladen. Aus diesen Informationen könnte man ganz Italien herauskitzeln, wenn man sie gründlich auswerten würde – die Kleidung,

die Sie tragen, die Art und Weise, wie Sie den Tisch gedeckt haben, Ihre Freude am Kochen, die Weingläser.«

Einer der Männer, der eine halb geraucht, aber ausge-
gangene Zigarre zwischen den Lippen hatte, hob jetzt fra-
gend eine Augenbraue. Ein Auto brauste durch die schmale
Gasse am Ende des kleinen Gartens, beschleunigte jäh und
drosselte kurz vor der Kurve ebenso jäh wieder das Tempo.

»Die Art und Weise, wie die Leute Auto fahren.«

Giuseppe lachte. »Und?«

»Na ja, wenn man also dumm genug ist, über ein Land
und sein Volk schreiben zu wollen, dann stellt sich die
Frage, wo man anfängt. Man könnte überall anfangen,
denn der typische Volksgeist manifestiert sich in allem, was
die Menschen tun.« Ich weiß nicht, ich schaue mich um.
»*Le strisce*, zum Beispiel.«

Die *strisce* sind Zebrastreifen oder Fußgängerüberwege.

»Was ist denn mit *le strisce*?«

»Wenn man in England über einen Zebrastreifen gehen
will, bleibt man am Straßenrand stehen, und die Autos
halten an. Garantiert. Es ist gesetzlich vorgeschrieben, dass
sie halten müssen, und das tun sie auch. Wenn man in
Mailand an einem Zebrastreifen stehen bleibt, und ich
glaube nicht, dass es hier viel anders ist, dann fahren die
Autos einfach weiter. Hier muss man auf den Zebrastreifen treten und losgehen, erst dann bleibt das Auto stehen,
stimmt's? Womöglich muss es hart bremsen, und man
wird verflucht. Man muss mutig sein.«

Nickende Köpfe. In diesem Fall stimmten sie mir zu.
Concetta klagte, das sei eine Schande. Man könnte auf die
Zebrastreifen ebenso gut verzichten, denn sie wartete jedes

Mal, bis es eine große Lücke im Verkehr gab, ehe sie sich traute.

»Und in gewisser Weise sagt das alles über Gesetz und Recht in Italien. Sie existieren, man hat Rechte, aber man muss sie sich erkämpfen; sonst wird man einfach ignoriert. Genauso ist es, wenn man einen ärztlichen Untersuchungstermin haben möchte. Wenn man nicht laut brüllt, muss man warten, bis es längst zu spät ist.«

»Sie wollen doch wohl nicht ein ganzes Buch über *le strisce* schreiben!«

»Nein. Aber man will auch nicht nur allgemein über ein ganzes Land schreiben, denn es gibt so viel zu sagen, und das Geheimnis liegt immer im Detail verborgen und darin, wie ein Detail mit einem anderen verknüpft ist. Ich meine, zum Beispiel kann die Art, wie eine Frau sich am Strand bewegt, mit der Art zusammenhängen, wie sie in der Kirche niederkniet. Sozusagen.«

Man hörte Seufzen am Tisch. Jemand fing an, Wein nachzuschenken. Aber sie waren selber schuld; sie hatten mich gefragt, warum ich hier war.

»Okay, sagen wir einfach, ich schreibe darüber, wie der Zugverkehr in Italien einfach irgendwie *passiert*. Verstehen Sie?«

Es sah nicht so aus.

»Oder eben auch nicht«, fügte ich mit einem kleinen nervösen Lachen hinzu.

Sie lächelten nachsichtig, verzeihend und aßen ihren Prosciutto mit Melone. Ich hatte Mozzarellascheiben bekommen. Der Wein war ein starker Rotwein aus der Region, der aus einer Flasche ohne Etikett eingeschenkt wurde.

Es trat ein kurzes Schweigen ein. Schließlich verkündete eine der anwesenden Damen mit ernster Stimme: »Ich fahre nie mit dem Zug.«

»Ich auch nicht«, sagte eine andere.

Sie wollten mir damit sagen, dass ich mir ein schlechtes Thema ausgesucht hatte. Ich schrieb über etwas, mit dem die Sizilianer nichts anfangen konnten. Giuseppe sagte, er holte oft Hotelgäste vom Bus ab, so wie mich, oder er erklärte ihnen, wo sie am Flughafen ein Auto mieten konnten. Sie kamen nie mit dem Zug.

»Nie«, wiederholte er. »Noch kein einziges Mal.«

Eine Frau sagte, sie reise regelmäßig aus geschäftlichen Gründen nach Rom und Mailand. Sie flog immer billig mit Wind Jet. Wusste ich, dass es in Sizilien die erste Billigfluggesellschaft Italiens gegeben hatte? Das war ein interessantes Thema.

Ihr Begleiter warf ein, dass Wind Jet von Antonino Pulvirenti geleitet wurde, dem auch der Fußballklub von Catania und außerdem noch die gesamte Forté-Gruppe gehörte. Die Fährschifflinien und einige der Busunternehmen gehörten ebenfalls einflussreichen Leuten, die alle Interesse am langsamen Tod der sizilianischen Eisenbahnlinien hatten.

»Dann ist das eigentlich Interessante vielleicht, dass man sich überhaupt die Mühe macht, die Eisenbahn zu erhalten«, sagte ich, »wenn kaum jemand sie nutzt.«

»Der Staat tut gern so, als sei er auch da präsent, wo er es nicht ist. Die Politiker benehmen sich so, als wäre Sizilien genauso wie der Rest des Landes und alles wäre unter Kontrolle. Ist es aber nicht. Und natürlich können sie

über die Eisenbahn ein paar Arbeitsplätze vergeben, und
das bringt ihnen Wählerstimmen.«

Ich erkundigte mich, was sie von einer viereinhalb
Kilometer langen Brücke über die Straße von Messina
hielten, die Sizilien direkt mit dem Festland verband.
Das war ein grandioses Lieblingsprojekt von Berlusconi,
als er noch im Amt war; er hat es immer gern aus der
Tasche gezogen, wenn er als Visionär Eindruck schinden
wollte, als ein Mann, der wichtige Dinge anpackt und er-
ledigt. »Es ist machbar«, sagte ich. »Es gibt etliche weitaus längere Brücken auf der Welt. Warum sollte Sizilien
keine bekommen? Wenn über die Brücke auch Züge fahren würden, könnte das den Verkehr hier revolutionie-
ren.«

Meine Gastgeber lächelten so, wie man ein Kleinkind
anlächelt. Es ging nicht darum, sagten sie, ob man für oder
gegen eine Brücke war – wer würde sich so etwas nicht
wünschen? –, man *wusste* einfach, dass eine solche Brücke
niemals gebaut werden würde. Man würde das nicht *zulassen.*

»Es werden endlose Tunnel durch die Alpen gegraben«,
widersprach ich, »unter riesigem finanziellem Aufwand;
ganz zu schweigen von den vielen Viadukten, die man für
die Hochgeschwindigkeitsstrecke zwischen Mailand und
Rom gebaut hat.«

»Genau. Mailand–Rom, Turin–Lyon; *nicht* Palermo,
nicht Sizilien.«

»Sizilien wird immer im Stich gelassen!«

Da: Jemand hatte es ausgesprochen.

»Und wohin wird *il professore* Parks morgen reisen?«

Jemand wollte mich festnageln. »Schon so früh am Morgen?«

»Crotone.«

Reihum wurde hörbar eingeatmet. Crotone liegt an der kalabrischen Küste, aber nicht auf der sizilianischen Seite, am Zeh, sondern gegenüber, Richtung Golf von Tarent, wo der Spann des berühmten italienischen Stiefels beginnt.

»Aber warum das? Warum nicht nach Reggio? Oder Catanzaro? Die sind doch nicht weit weg.«

Weil ich schon zwei Mal in Reggio gewesen war. Weil ich nicht genug Zeit hatte, um überall hinzufahren, und weil die zehn Stunden zwanzig Minuten dauernde Reise mit drei Mal Umsteigen, einer Fähre und einer Busverbindung die Effizienz der Eisenbahn aufs Äußerste ausreizen würde.

»Zehneinhalb Stunden für vierhundert Kilometer«, sagte eine der Damen lachend.

»Vierhundertfünfzig«, korrigierte ich sie.

Dann erklärten mir diese guten Sizilianer alle im Chor, dass die Ferrovie dello Stato mich *nie und nimmer* in einem Tag nach Crotone bringen würden. *Nie und nimmer.* Einfach undenkbar. Das war keine Hauptstrecke. Ich wollte quer durch Kalabrien fahren, während alle anderen nur die Küste hinauf- und hinunterfuhren. In Kalabrien war alles noch ineffizienter als in Sizilien. Das machten sie sehr deutlich. Viel ineffizienter. Das berühmte Internet, in das ich so viel Vertrauen hatte, behauptete vielleicht, dass ich nach Crotone fahren konnte, aber aus Freundschaft mussten sie mich warnen, dass das ein reiner Wunschtraum war.

Am Ende würde ich in irgendeinem Bahnhof übernachten
müssen, würde ausgeraubt werden oder noch Schlimmeres.

»Die Wette gilt«, sagte ich. »Ich werde Ihnen das Gegenteil beweisen.«

Sechstes Kapitel

CROTONE — TARENT — LECCE

Trotz meiner Zuversicht beim Abendessen muss ich zugeben, dass ich die Fahrt nach Crotone mit großer Beklommenheit antrat. Alles, was ich über den Ort gehört hatte, war negativ. Die stillgelegte Chemiefabrik nördlich der Stadt gehörte angeblich zu den schändlichsten Anblicken des gesamten Südens. Sie war außerdem berühmt-berüchtigt für einen der größten Giftmüllskandale, mit 350 000 Tonnen Zink, Blei, Arsen, Quecksilber und und und. Andererseits wusste ich, dass Crotone auch eines der großen Zentren der Magna Graecia gewesen war. Vor etwa zweitausendsiebenhundert Jahren brachen in den verschiedenen griechischen Städten kleine Gruppen von Männern und Frauen – auf der Flucht vor lokalen Konflikten und Nahrungsmangel und aus Abenteuerlust, Ehrgeiz und zweifellos auch Gier – nach Süditalien auf, um an den Küsten von Kalabrien und Apulien eine Reihe von Kolonien zu gründen. Diese Kolonien, die sich oft untereinander bekämpften, die Einheimischen unterdrückten und einen blühenden Handel trieben, indem sie Getreide und alle möglichen Handwerkserzeugnisse und

Skulpturen in ihre Heimatregionen exportierten, wurden mit der Zeit so groß und wohlhabend, so kultiviert und erfolgreich, dass sie sich als größer denn Griechenland selbst betrachteten, und daher stammt der Name, den sie selber geprägt haben: Magna Graecia, Großgriechenland. Kroton, das heutige Crotone, im 4. und 5. Jahrhundert vor Christus zwanzigmaliger Sieger der Olympischen Spiele und damit in dieser Hinsicht nur hinter Sparta zurückstehend, war Standort eines riesigen Tempels zu Ehren der Hera, der auf einer nach Osten übers Meer in Richtung ihrer Heimat Hellas zeigenden Landspitze errichtet wurde. Es ist schon komisch, wie wenig bei all der Bewunderung für das antike Griechenland in unseren Schulen und Universitäten von Magna Graecia die Rede ist; und es würde hochinteressant sein, dachte ich, zu sehen, wie die Überreste des alten Glanzes mit den seltenen und hässlichen Meldungen zusammenpassen, die uns heute von dort erreichen.

Nachdem er mich zuerst bekniet hatte, meinen Aufenthalt in Modica zu verlängern, und zwar mit einer solchen Hartnäckigkeit, dass ich mich schon fragte, ob er mich kidnappen wollte, bestand mein Hotelier, Giuseppe, schließlich darauf, mit mir ein frühes Frühstück einzunehmen und mich dann zum Bahnhof am unteren Ende der Stadt zu fahren. Als wir eintrafen, wollte er unbedingt, mit fast schon kindlichem Eifer, mitkommen, um sich den Fahrkartenschalter und den Bahnsteig anzusehen, so als wäre der Bahnhof eine Art Riesenspielzeug. Der Schalter, ein Konstrukt aus Holz und Milchglas, das augenscheinlich aus den Fünfzigerjahren stammte, war nicht mehr in

Betrieb, sondern wie überall durch einen schicken neuen
Credit-Cards-Only-Automaten ersetzt worden. Daneben stand eine von den alten Personenwaagen, die man in
Bahnhöfen aufstellte, bevor die meisten Leute sich eigene
Waagen zu Hause im Badezimmer leisten konnten. Ich
forderte Giuseppe heraus, indem ich ihn fragte, ob er sich
in der Schalterhalle eines Provinzbahnhofes etwas Nutz-
loseres vorstellen konnte, aber er wies zu Recht darauf hin,
dass das Ding durchaus einmal nützlich gewesen war: an
der Seite der Waage befand sich ein Maßstab, an dem man
seine Körpergröße messen konnte. Die Regierung hatte die
Eisenbahn dazu benutzt, die Leute zu motivieren, ihr Ge-
wicht im Verhältnis zu ihrer Größe zu überprüfen. Waren
sie unterernährt? Waren sie übergewichtig? Das war Teil
einer allgemeinen Gesundheitswelle, die mit den Faschisten begonnen hatte. Aus ähnlichen Gründen steht seit ungefähr 2010 in jedem Bahnhof in Italien eine ausgeklügelte
Mülltonnen-Einheit, die aus einem Stahlgerüst und drei
Behältern besteht – einem grünen, einem gelben, einem
weißen – für Biomüll, Plastikmüll und Papier, damit die
Leute sich an *la raccolta differenziata* gewöhnen – an die
Mülltrennung, ein Konzept, das man in Neapel bis heute
nicht vollständig verstanden hat. Die Eisenbahn ist eindeutig weit mehr als eine Transportgesellschaft; sie ist
Teil eines Zugehörigkeitsprozesses und des Konformitäts-
drucks, der in jeder Gemeinschaft besteht.

Draußen auf dem einzigen Bahnsteig hing eine schöne
alte Uhr, über deren Zifferblatt ein weißer Zettel mit der
in großen Buchstaben getippten Aufschrift GUASTO klebte.
KAPUTT. Die Bahnhofsuhr ist heutzutage nicht mehr so

wichtig, aber in den frühen Tagen der Eisenbahn war die
Uhrzeit in den verschiedenen italienischen Städten noch
nicht gleichgeschaltet, jede Stadt entschied anhand von
Sonnenauf- und Sonnenuntergang eigenmächtig, wie spät
es war. Erst die Einführung des Zugverkehrs und die daraus folgende Notwendigkeit, überregional gültige Fahrpläne zu erstellen, führte zur Synchronisation. Im Jahr
1866 erging ein Beschluss, dass alle Städte ihre Uhren nach
der römischen Zeit zu stellen hatten, und das zu einer Zeit,
als Rom noch nicht zum Königreich gehörte und schon
gar nicht die Hauptstadt war. So gesehen war es eine Botschaft, die das frisch vereinigte Italien an den Papst sandte,
der immer noch das Recht beanspruchte, der weltliche
Führer der Stadt zu sein, nämlich dass die römische Zeit
auch die italienische Zeit war und dass aus den beiden
Staaten bald ein einziger werden musste.

Abgesehen von der Waage und der kaputten Uhr sah
dieser kleine Bahnhof am quasi südlichsten Punkt Siziliens *haargenau* so aus wie jeder beliebige kleine Bahnhof
an der nördlichen Grenze zur Schweiz. Es gab die gleichen
blauen Hinweis- und Warnschilder wie in anderen Bahnhöfen, alle brandneu, alle mit der gleichen Schrifttype be-
druckt. *Vietato l'accesso* ging hier mit den gleichen Bußgel-
dern einher wie in Porta Vescovo. Die Fenster hatten die
gleichen hässlichen Metallrahmen, auf dem Bahnsteig war
der gleiche gelbe Strich auf dem Boden, begleitet von dem
Hinweis: *Non oltrepassare la linea gialla*, und auf Englisch:
Do not go beyond the yellow line. Nicht über die gelbe Linie
treten. In dieser Hinsicht einen die Ferrovie dello Stato tatsächlich das Land, überziehen es mit einem Netz, dessen

Knoten sich von Bruneck in Südtirol bis hinunter in die
Zehenspitze von Kalabrien gleichen. Das war sowohl beru-
higend als auch enttäuschend.

Ein Zug kam in der Kurve in Sicht. In Wirklichkeit war
er nur zehn Minuten verspätet, aber er sah aus, als käme
er aus einer anderen Zeit: ein einziger, dieselbetriebener
Waggon, der mindestens vierzig Jahre alt war. Die Strecke ist noch nicht elektrifiziert. Es roch stark nach Diesel,
und die laut ratternde Klimaanlage schaffte es gerade so,
die Temperatur erträglich zu halten. Die Sitze waren relativ neu, aber alles andere war noch unverändert. Am Ende
des Wagens befand sich hinter einer Glasscheibe ein kleiner Bereich mit acht Plätzen, der als *Prima Classe* ausgewiesen war. Es war schwer zu sagen, inwiefern er sich von
der zweiten Klasse unterschied. Die Schrift der Warnung
an der Führertür, VIETATO L'INGRESSO, stammte eindeutig aus den Sechzigerjahren, und statt ganz oben, über dem
Französischen und dem Deutschen, wie es heute üblich
ist, stand die englische Übersetzung ganz unten und erinnerte daran, dass Englisch damals noch nicht jedermanns
Zweitsprache war. NO ADMITTANCE stand dort anstatt wie
heutzutage NO ENTRY. Kein Zugang. Die altmodische Formulierung und die altertümliche Schrift versetzten mich
in Hochstimmung. Bestimmte Zuginterieurs geben mir
sofort das Gefühl, geschützt zu sein, zumindest für die
Dauer der Reise. Ich bin fast wieder in der Zeit meiner
Kindheit. Nichts kann passieren. Vielleicht weil dieser Ort
im Grunde nicht Teil der modernen Welt ist.

VON MODICA AUS MACHTE DER ZUG einen ausschweifen-
den Umweg in Richtung Süden, nach Scicli, ehe er nach
Osten abbog und die Küste entlangfuhr. Der Schaffner
versteckte sich die meiste Zeit über beim Fahrer in der
Lokführerkabine. An jedem Bahnhof kam er heraus, ein
unauffälliger Mann etwa Mitte vierzig, schaute rechts und
links den leeren Bahnsteig entlang und signalisierte dann
mit seiner grünen Fahne dem ganze zwei Meter entfernten Zugführer, dass er die Türen schließen konnte. Zwei
Männer und ein Fahrzeug aus den Sechzigerjahren, um
ein halbes Dutzend Leute in anderthalb Stunden siebzig
Kilometer weiter zu bringen. Als er sich schließlich ent-
schloss, mich aufzusuchen, und ich ihm das Blatt Papier
mit meinem Internetticket zeigte, das Giuseppe freundlicherweise auf dem Hotelcomputer für mich ausgedruckt
hatte, wurde er plötzlich munter. Er schaute es an wie
etwas, vor dem man ihn immer gewarnt hatte, das ihm bisher aber glücklicherweise erspart geblieben war. Er starrte
eine Weile darauf, bat mich dann, einen Moment zu warten, und nahm es mit, um es dem Zugführer zu zeigen.
Zehn Minuten später war er wieder da; er runzelte die
Stirn, reichte mir das Blatt und sagte nichts weiter dazu.

Die Landschaft im südöstlichen Winkel Siziliens ist
flach und fruchtbar: Olivenhaine, Bambus, Kiwis; lange
graue Gewächshäuser, einige in Benutzung, andere verlassen. Hier und da war die Erde stark zerfurcht von ausge-
trockneten Flussbetten – *torrenti*, wie die Italiener sie nennen. Ich las auf meinem Kindle und fotografierte veralteten
Schnickschnack auf den Bahnhöfen. Auf einem Bahnsteig
stand ein antiker Laternenpfeiler, der mit einer Art Pumpe

kombiniert war, stark verrostet, aber irgendwie würdevoll und elegant, sicherlich wertvoller als so manche moderne Skulptur. Entlang der Strecke wuchsen Kakteen, wie man sie aus den Italo-Western kennt, und als wir die Ecke der Insel abschnitten und nach Norden abbogen, konnte man immer wieder über die Ebene hinweg das Meer sehen. Auf einem Bahnhof namens Avola hatte jemand *Tanto il resto cambia* an die Wand gekritzelt (»Schließlich verändert sich alles andere«). Der mittlere Bahnsteig war dort so schmal, dass zwischen den gelben Linien, die einen von den Bahnsteigkanten fernhalten sollten, nicht mal genug Platz zum Stehen war.

Eine beleibte Frau stieg jetzt zu, ein Typ Frau, wie man ihn im Norden nicht antrifft. Sie war sehr braun und sehr dick, Mitte fünfzig vielleicht, aber glamourös. Ihr weißes Haar war blond gefärbt und mit einem hellroten Kamm hochgesteckt. Ihr weit geschnittenes Kleid hatte ein Blumenmuster in leuchtendem Grün, Türkis und Weiß. Auf der Nase trug sie eine große, sehr modische, fast freche Sonnenbrille, und an ihren Ohren baumelten schwere Silberohrringe mit riesigen Tropfen aus rotem Strass daran. Kaum hatte sie sich gesetzt, holte sie auch schon einen schwarzen Fächer mit Goldrand hervor und fing an, sich ganz langsam und methodisch Luft zuzufächeln, so als sei das eine ernsthafte Arbeit.

Obwohl sie auf der anderen Seite des Ganges Platz genommen hatte, war ihre Gegenwart sofort deutlich zu spüren. Meine Vierersitzgruppe war leer; ihre ebenfalls. Im Zug hat man die Möglichkeit, die Gegenwart der anderen zu spüren. Sie fächelte sich Luft zu und schaute mir zu,

wie ich las. Als der Zug um eine Kurve fuhr und die heiße
Sonne ihr auf die Schulter schien, setzte sie sich sofort auf
die andere Seite des Gangs zu mir in die Vierergruppe. Ich
blickte auf. Sie lächelte und schaute mir tief in die Augen,
zog die schwarzen Brauen, die nicht zu dem blonden Haar
passten, hoch, als wolle sie mir die Gelegenheit geben, zu
sagen, was gesagt werden musste. Ihre Wangen waren dunkel, und sie hatte die großporigen Stellen mit Make-up
überdeckt.

»*Buon giorno*«, sagte ich.

»*Il sole*«, erklärte sie. Die Sonne.

»*Già*«, stimmte ich zu.

Sie verzog den Mund noch etwas weiter und be-
schränkte sich dann darauf, mich zu beobachten, während
ich zu meinem Kindle zurückkehrte und sie sich im gleichen bedächtigen Rhythmus wie vorher Luft zufächelte.
Dann fuhr der Zug erneut um eine Kurve, und die Sonne
war wieder auf unserer Seite. Sie wand sich einen Augenblick lang, seufzte, erhob sich schließlich und hievte ihren
massigen Körper zurück auf die andere Gangseite. Wieder
blickte ich auf, und wieder lächelte sie mir zu. Irgendwie
fühlte es sich an wie eine bedeutsame und äußerst befrie-
digende Begegnung.

IN SYRAKUS, AN DER OSTKÜSTE DER INSEL, waren wir
schon wieder in der echten Zivilisation angekommen. Die
Architektur des Bahnhofs hier ist die gleiche wie in Brescia
oder tausend anderen Städten; eckige Säulen, mit billigem
poliertem Kalkstein verkleidet, auf denen die Betonüber-

dachungen der Bahnsteige ruhen. Aber es ist ungewöhnlich, dass man einen Warteraum antrifft, der als Prima Classe ausgewiesen ist und angelegt wurde wie für eine Totenwache in den 1920er-Jahren, mit Bänken, die aus Särgen geschnitzt zu sein scheinen, und einem schlicht gerahmten Spiegel, in dem die Reisenden überprüfen können, ob ihr Spiegelbild noch da ist. Die Fassade draußen, wo die Taxis standen, war erst kürzlich in honiggelbem Stuck mit leuchtend weißen Kanten renoviert worden. An dieser frisch renovierten Fassade entdeckte ich eine Plakette mit der Aufschrift:

VON DER STAATLICHEN EISENBAHN
UND DER STADT SYRAKUS
gewidmet Sebastiano Vittorini, 1883–1972
DEM LITERATEN UND EISENBAHNER DER
BAHNHOFSVORSTEHER DIESES BAHNHOFS WAR
AUF DEM DER SCHRIFTSTELLER ELIO
ROSA QUASIMODO KENNENLERNTE
SYRAKUS 2007

Das Charmante daran war die Annahme, dass der Passant, der diese Plakette las, wusste, dass mit »der Schriftsteller Elio« der berühmte oder früher berühmte Elio Vittorini gemeint war, der Romancier, Essayist und Übersetzer (von D. H. Lawrence, Poe und Faulkner). Was Rosa Quasimodo angeht, hatte ich selber keine Ahnung, wer das war, bis ich im Internet nachsah und erfuhr, das sie sowohl die Schwester des Dichters und Nobelpreisträgers Salvatore Quasimodo als auch Elio Vittorinis Ehefrau gewesen

ist. Es war also eine Plakette für die Öffentlichkeit, aber
für ein *lokales* und *literarisch bewandertes* Publikum, nicht
eine für die Ungebildeten oder die neugierigen Touristen,
die in diese Stadt kamen und sich vermutlich eine Erklärung wünschten. Die Eisenbahn machte Syrakus der Welt
zugänglich, aber mit dieser Plakette feierten nur die gebil-
deten Syrakuser ihre Stadt. Später recherchierte ich noch
ein bisschen weiter. Rosas Vaters war offenbar, ebenso wie
Elios Vater, Eisenbahner gewesen. So hatten ihre Kinder
sich kennengelernt. Die beiden mussten heiraten, weil
ihre Eltern herausfanden, dass sie eine Nacht im selben
Bett verbracht hatten. Das war im damaligen Sizilien die
Regel: automatische Eheschließung. »An einem Abend im
August«, schrieb Rosa, »erwartete er mich wie verabredet
an seinem Schlafzimmerfenster, und ich zog meine Schuhe
aus, stieg auf das Bahnhofsdach und kletterte zu ihm hinüber.«

WARUM MÜSSEN MANCHE LEUTE immer in Fahrtrichtung sitzen, während es anderen, so wie mir, völlig egal
ist, in welcher Richtung sie sitzen – vorwärts, rückwärts
oder seitwärts? Während der Intercity die Küste in Richtung Norden umrundete, nach Catania und Messina –
pünktlich auf die Minute, wie ich zufrieden feststellte –,
kam ein älteres Ehepaar in das Abteil, das ich bis dahin
mit einem jungen Mann geteilt hatte. Beide waren sehr
klein, der Mann schon auf den ersten Blick als Jammer-
lappen erkennbar, eine elende Seele mit tiefen, hängenden
Falten um den Mund, einem langen schmalen Gesicht,

weißen Haaren, die über eine kahle Stelle frisiert waren, einem vogelähnlich aufgeplusterten Körper mit zu großer Brust, aber knochigen Schultern und spillerigen Beinen. Anfangs wusste er nicht, welche Plätze für ihn und seine Frau reserviert waren, und er wurde deswegen ärgerlich, weil er annahm, ich oder der andere Mann, der neben mir am Fenster saß, ebenso wie ich in Fahrtrichtung, hätte ihre Plätze beansprucht. Sie hatten Nummer dreiundfünfzig und fünfundfünfzig, sagte er. Warum standen die Nummern nicht deutlich dran? Er und seine Frau hätten extra um Plätze in Fahrtrichtung gebeten.

Ich wies ihn darauf hin, dass die Platznummern an der Scheibe zum Gang angezeigt wurden. »Es gibt ein kleines *schema*, wenn sie vom Gang aus hereinschauen.« Er ging nach draußen, um nachzusehen. Seine Frau war klein, verschreckt und schrumpelig.

Er kam nicht zurecht. Er sah die Nummern, aber er verstand nicht, welche Nummer zu welchem Platz gehörte. Ich stand auf, um zu helfen.

»Sehen Sie, *signore*«, sagte ich. »Es ist eine perspektivische Darstellung. Die Plätze vorne liegen weiter auseinander und die hinteren dichter zusammen. Einundfünfzig und zweiundfünfzig sind also die Gangplätze, fünfundfünfzig und sechsundfünfzig die Fensterplätze. Das kleine Viereck zwischen den Sitzen ist das Fenster. Ungerade Nummern haben die Lokomotive im Rücken, gerade Nummern haben sie vor sich.«

Er geriet außer sich vor Wut. Weil er es nicht verstanden hatte. Weil ein Ausländer es ihm erklärt hatte. Vor allem aber wegen der Plätze, die man ihnen gegeben hatte.

»Meine Frau muss in Fahrtrichtung sitzen! Wir haben extra um Plätze in Fahrtrichtung gebeten.«

Der junge Mann rechts von mir bemerkte, dass der Zug im Laufe der Reise zweimal gedreht wurde und deshalb kein Platz die ganze Zeit über in Fahrtrichtung zeigen konnte.

»Da neben mir niemand sitzt«, sagte ich und zeigte auf den Platz zu meiner Linken, »könnte *la signora* sich vielleicht dort hinsetzen.«

Der Gedanke gefiel ihnen nicht. Ihnen lag offensichtlich daran, auf den Plätzen zu sitzen, die man ihnen zugewiesen hatte. Was, wenn jemand kam und sich auf ihre Plätze setzte, während sie woanders saßen? Andererseits konnte seine Frau nicht mit dem Rücken zur Lok sitzen. Das ging einfach nicht.

»Wir sollten eigentlich zusammen sitzen.« Der Mann hatte einen Tonfall kultiviert, der zugleich feindselig und klagend war.

»Ich kann mich gern umsetzen«, sagte ich.

Aber das wollte der Mann nicht. Ich saß, wo ich sitzen sollte, und dort sollte ich auch bleiben. Er konnte nicht die Verantwortung dafür übernehmen, dass ich umzog.

Bis jetzt hatte die kleine Frau noch kein Wort gesagt. Er hatte die ganze Zeit für sie gesprochen. Schließlich setzte sie sich neben mich, während ihr Mann zwei gigantische, nagelneue grüne Lederkoffer hereinschleppte und dann zuerst die Koffer und anschließend die Gepäckablage über unseren Köpfen anschaute. Der junge Mann neben mir hatte sich wieder seinem Laptop zugewandt. Ein Blick auf seinen Bildschirm verriet mir, dass er in hochkomplexe technische Dokumente vertieft war.

Ich bot an, dem Mann mit den Koffern zu helfen, doch er lehnte ab. Beim Zusehen, wie er sich abmühte, einen Koffer hochhob, ins Wanken geriet, ihn wieder fallen ließ, muss ich plötzlich daran denken, wie oft die Menschen sich beim Einsteigen in ein Flugzeug von ihrer schlechtesten Seite zeigen, wenn es darum geht, alle Gepäckstücke in den Fächern über den Sitzen zu verstauen. Die Stewardess prüft die Bordkarte, und man will zu seinem Platz, nur um festzustellen, dass der Gang minutenlang verstopft ist, weil die Leute verzweifelt versuchen, übergroße Taschen in Fächern unterzubringen, die früher eingestiegene Fluggäste bereits mit Mänteln, Tüten, Gitarren und Regenschirmen vollgestopft haben. Es wird gedrängelt, man wird laut. Der Pilot sagt an, dass man die Starterlaubnis verlieren wird, wenn das Einsteigen nicht schnell genug geht. Die eigentlich einfache Prozedur des Einsteigens in ein Fahrzeug zieht sich hin und wird zu einer nervenaufreibenden Zerreißprobe.

Im Zug passiert das nicht, denn der fährt einfach los, selbst wenn das Gepäck noch überall herumsteht. Aber zuweilen muss ich befürchten, jemand, der einen schweren Koffer nach oben hievt, könnte ihn auf mich oder meinen Laptop fallen lassen. Dies war so ein Moment.

»Bitte lassen Sie mich doch helfen.«

Mr Misery sagte erneut Nein. Er hatte den riesigen Koffer jetzt auf Schulterhöhe gehoben, brachte aber nicht genug Kraft auf, ihn über seinen Kopf zu stemmen, und fing an, im Abteil, das sich jetzt in Bewegung befand, hin und her zu schwanken. Unvermittelt ließ er den Koffer auf seine Füße fallen.

Der junge Mann neben mir bot an, ihn hochzuheben.

»Nein.« Er war finster entschlossen.

In diesem Augenblick kam der Schaffner herein. Er sah, dass die Neuankömmlinge ihr Gepäck noch unterbringen mussten, und sagte, er würde später wiederkommen.

»Nein!«, rief der Mann. Er fing an, seine Taschen abzutasten. Die Jackentaschen, dann die Hosentaschen.

»Ich will meine Fahrkarten gestanzt haben«, sagte er.

»Ich komme noch mal wieder«, versicherte ihm der Schaffner.

»Bitte stanzen Sie meine Fahrkarten«, forderte der Mann.

Das war mir neu. Ich dachte, nach dreißig Jahren Bahnfahren in Italien hätte ich alles gesehen, aber offenbar irrte ich mich. Hier war ein Mann, der darauf bestand, dass seine Fahrkarte nicht nur kontrolliert, sondern auch gestanzt wurde.

Während er seine Taschen durchsuchte und der Schaffner ihm erstaunt zusah, stellte der junge Mann neben mir seinen Laptop beiseite, stand auf, griff sich den nächsten der beiden grünen Koffer und schwang ihn ohne ersichtliche Anstrengung auf die Gepäckablage. Der Mann starrte ihn böse an, war aber jetzt besorgt, dass er seine Fahrkarten verloren hatte.

»*Grazie.*« Die Frau hatte ihre Stimme wiedergefunden. Dann sagte sie: »Vielleicht sind sie in meiner Handtasche.«

Waren sie. Der Schaffner stanzte sie.

Kaum war er gegangen, verkündete Mr Misery zornig: »Es ist ein lange Fahrt. Wenn wir die Fahrkarten nicht gleich zu Anfang stanzen lassen und sie später noch einmal kontrolliert werden, dann sehen sie, dass sie nicht gestanzt sind, und denken womöglich, wir hätten versucht, der Kontrolle aus dem Weg zu gehen. Das ist mir schon passiert.«

So fasziniert ich auch bin von allem, was zwischen Fahrkarteninhaber und Fahrkartenkontrolleur so schiefgehen kann – eine Beziehung, die für mich mittlerweile fast eine metaphysische Bedeutung bekommen hat –, in diesem Fall beschloss ich doch lieber, die Gesprächseinladung nicht anzunehmen. Mein Nachbar mit dem Computer reagierte ebenso wenig.

Aber ein paar Minuten später sprach der junge Mann mich an. War ich Engländer?, wollte er wissen. Er hatte gesehen, wie ich auf Englisch etwas in meinen Laptop tippte. Dann erklärte er mir, dass er in ein paar Monaten nach Australien wollte, auswandern. Sein Onkel war vor dreißig Jahren dort hingegangen, nach Melbourne, und jetzt wollte er auch dahin. Er kam aus Ragusa, sagte er, hatte in Rom Architektur studiert und mit einer Diplomarbeit über Gebäude mit neutraler CO_2-Bilanz abgeschlossen.

»Dann saßen wir also die ganze Zeit im selben Zug«, sagte ich und erklärte, dass ich aus Modica kam.

Er lachte. Er war schließlich kein Masochist. Er hatte sich von seinen Eltern nach Syrakus fahren lassen. Das dauerte halb so lange.

»Halb so lange für Sie, aber nicht für Ihre Eltern.«

»Stimmt«, gab er zu.

»Ganz abgesehen von der CO_2-Bilanz.«

»*Già.*« Er gestand, dass die Arbeitserfahrung, die er zuzeit in einem Architekturbüro in Velletri sammelte, ihn doch sehr skeptisch gemacht hatte, was die Möglichkeit einer neutralen CO_2-Bilanz betraf. Ein Gebäude, das diese Bilanz tatsächlich erreichte, wäre viel zu teuer im Bau.

Die Zugfahrt von Modica nach Syrakus hatte 7 Euro gekostet.

Ich fragte ihn, ob es in Ragusa keine Arbeit gab. Wollte er deshalb weggehen? Aber er sagte Nein, es gab schon Arbeit, es gab in Ragusa sogar ein Architekturbüro, das ihn einstellen würde, ein ziemlich gutes. Er hielt inne. Allerdings, wenn man einmal aus einer Stadt wie Ragusa weggegangen war, dann konnte man unmöglich dorthin zurück. Hätte er dort bleiben wollen, dann hätte er in der Nähe studieren müssen, in Catania oder in Syrakus.

»Man kann nicht nach Sizilien zurückkehren«, sagte er. »Wenn man einmal weg ist, ist man weg.«

In Catania stieg ein Mann zu, der den Platz neben mir reserviert hatte, auf dem die ängstliche Ehefrau saß. Sie ging hinaus. Ich hatte ihr Richtungsproblem völlig vergessen und dachte mir zunächst nichts dabei, doch dann wurde mir klar, dass sie draußen im Gang stand, leidgeprüft und etwas unsicher auf den Beinen. Ihr Mann saß mit gerunzelter Stirn über sein Kreuzworträtsel gebeugt.

Ich ging hinaus und sagte: »Bitte, setzen Sie sich auf meinen Platz.«

Sie zögerte. »Aber Sie haben sich doch mit dem netten jungen Mann unterhalten. Ich möchte Sie nicht stören.«

»Bitte«, sagte ich. »Setzen Sie sich auf meinen Platz.«

ICH BLIEB EINE WEILE DRAUSSEN im Gang. Ich hatte vergessen, dass in den alten Intercitys unter den Flurfenstern, knappe anderthalb Meter über dem Boden, eine Stange angebracht ist. Sie befindet sich genau auf der richtigen Höhe, um sich mit beiden Händen daran festzuhalten, während man mit dem Rücken zu den Abteilen nach draußen schaut und die vorbeifliegende Landschaft betrachtet.

Wir kamen am Ätna vorbei. Seine perfekte Vulkanform sah im hellen Sonnenschein hinter der Lava-Stadt Catania wunderschön aus. »Es scheint, als könntet ihr sie mit den Händen greifen«, fängt Giovanni Vergas Erzählung *Malaria* an, »– als steige sie vor euren Augen dort aus der fetten, dampfenden Erde, überall, rundherum um die Berge, die sie von Agnone bis zum schneebedeckten Mongibello einschließen.«

Er wurde dort in der Nähe geboren, im Malaria-Land. Es war die Krankheit, die dampfend aus den Eingeweiden der Erde aufstieg. Ich lasse diese Textpassage manchmal von meinen Studenten bearbeiten. Ebenso die ersten Absätze von Vergas Geschichte *Schwarzbrot*, die davon erzählen, wie ein alter Mann aus Gier weiterhin die fruchtbaren Hänge unterhalb des Ätna beackert, obwohl alle wussten, dass man sich unweigerlich mit der Krankheit ansteckte und starb, wenn man länger dort arbeitete.

Ich liebe Verga. In *Malaria* wird der Gastwirt des Ortes, dessen fünf Ehefrauen alle an Malaria gestorben sind, zum Eisenbahnfanatiker, als ihm klar wird, dass die Leute, die in den Zügen vorbeifahren, nicht an der Krankheit leiden. Er bringt die Malaria mit dem Rauch des Vulkans in Zusammenhang, während die Eisenbahn für ihn zum Syno-

nym für Wohlstand und Gesundheit wird. Doch da irrte
er. Eine der ersten Studien zur Untersuchung des Zusam-
menhangs zwischen der Malaria und den Mücken wurde
mithilfe der staatlichen italienischen Eisenbahn durchge-
führt. Die Bahn hatte ein Problem mit den Arbeitern, die
in den billigen Eisenbahnerwohnungen nördlich von Rom
lebten; diese Männer wurden ständig krank. Jemand hatte
die gute Idee, an den Schlafzimmerfenstern Netze anzu-
bringen, damit die Mücken sie nicht belästigen konnten,
wenn sie im Sommer bei offenem Fenster schliefen. Damals war es eine bloße Hypothese, eine vage Vermutung.
Der Gesundheitszustand der Eisenbahner besserte sich
umgehend.

Züge erwiesen sich auch während des Erdbebens im Jahr
1908, das Catania in Schutt und Asche legte, als hilfreich.
Wir fuhren gerade durch die Vororte, die eine nüchterne
Anhäufung von Beton und Palmen darstellen. Die Über-
lebenden des Bebens wurden damals in Hunderten von
Eisenbahnwaggons untergebracht, die von der soeben ver-
staatlichten Eisenbahngesellschaft eilig herbeigeholt worden waren. Quasimodo, damals sieben Jahre alt, schrieb
später ein Gedicht darüber, in dem er sich an die Nächte
in den Güterwaggons erinnert, wo Horden von Kindern
Mandeln und getrocknete Äpfel kauten, während sie von
Leichen und Schutt träumten.

Beim Gedanken an Verga bekam ich plötzlich Lust,
etwas von ihm zu lesen. Ich ging zurück ins Abteil und
googelte *Malaria*. Es ist das erste Mal, dass ich unterwegs
die ganze Zeit online sein kann. Mir war nicht bewusst
gewesen, wie viel Spaß es machen würde, unmittelbar

Bücher aufrufen zu können, die ich kannte und in denen die Landschaft und die Orte beschrieben wurden, in denen ich mich gerade aufhielt. Kurz darauf las ich die folgende Passage aus *Malaria*:

> …sah er jetzt zweimal täglich die lange Reihe der mit Menschen vollgestopften Wagen an sich vorüberbrausen… manchmal einen Bauernburschen, der auf seiner Bank dritter Klasse hockte und mit gesenktem Kopf Ziehharmonika spielte; schöne Damen, die sich an den Fenstern zeigten, den Kopf mit einem Schleier umwickelt; das Silber und den blitzenden Stahl der Koffer und Reisetaschen, die im Scheine der geputzten Lampen funkelten; die hohen, gepolsterten und mit Spitzen bedeckten Rückenlehnen. Ach, wie herrlich musste es sein, dort drinnen zu reisen und ein Schläfchen zu machen! Es war ihm, als zöge ein Stückchen Stadt an ihm vorbei mit hell erleuchteten Straßen und schimmernden Läden. Dann verlor sich der Zug in dem endlosen Abendnebel. Der arme Teufel zog die Schuhe einen Augenblick von den Füßen und murmelte auf der Bank sitzend: »Nein, für die dort gibt's weiß Gott keine Malaria!«

Mit Spitzen bedeckte Rückenlehnen! Schöne Damen mit verschleierten Gesichtern. Davon war heute im Intercity 724 von Syrakus nach Rom nichts zu sehen. Die ängstliche Ehefrau hielt auf meinem Platz ein Schläfchen. Ihr Mann schnaubte und keuchte über seinem Kreuzworträtsel. Ich lächelte. Der Zug trug offenbar nicht nur zur Einheit Italiens bei, sondern stellte auch eine Art Katalysator

dar, der all meine Gedanken über das Land zusammen-
führte, all meine Lektüre und meine Reisen der vergange-
nen dreißig Jahre. Als wir nach Messina hineinfuhren, fiel
mir ein, dass ich dort einmal Hellas Verona hatte spielen
sehen und die Verona-Fans, mit denen ich unterwegs war,
nicht mehr als eine Handvoll, mit ihrem Schlachtruf *Forza
Etna!* – nichts wie ran, Ätna! –, der so viel heißen sollte wie
»begrab sie unter heißer Lava«, für Aufruhr gesorgt hatten. Das führte dazu, dass sie am Ende des Spiels um Poli-
zeischutz bitten mussten, um vor den Horden von Sizili-
anern gerettet zu werden, die fest entschlossen waren, die
barbarischen Norditaliener windelweich zu prügeln. Wir
mussten schließlich fast zwei Stunden nach Spielende noch
im Stadion ausharren, bis ihr Zorn sich in Langeweile verwandelt hatte und wir unbehelligt gehen konnten.

WÄHREND DER ÜBERFAHRT AUF DER FÄHRE stand es bereits sehr gut um meine Wette mit den skeptischen Sizi-
lianern; wir hatten nur etwa zwölf Minuten Verspätung.
Nicht der Rede wert. Auch noch, als der Zug in den absolut nichtssagenden Bahnhof von Lamezia Terme einfuhr.
Jetzt wurde es allerdings heikel. Umsteigen in den Bus.
Zwischen Lamezia Terme an der Westküste Kalabriens und
Catanzaro kurz vor der Ostküste, am Golf von Tarent, war
vor einigen Monaten eine Brücke eingebrochen, nur wenige Sekunden nachdem ein Zug sie passiert hatte. Der
Zug entgleiste, als die Brücke einstürzte, aber die Passagiere waren noch einmal davongekommen und fanden
sich unvermittelt in einer Situation wie im Kinofilm wie-

der – ihr Zug war zwar entgleist, aber in Sicherheit, während direkt hinter ihnen die Brücke in sich zusammenfiel. Die offizielle Ursache waren schwere Regenfälle, nach denen ein Bergbach so stark angeschwollen war, dass er sein Flussbett verlagert und das Fundament eines Brückenpfeilers unterhöhlt hatte. Vielleicht lag es aber auch an mangelnder Instandhaltung. Die Brücke war schon vor dem Krieg gebaut worden. Wie dem auch sei, fast ein Jahr später war die Strecke immer noch gesperrt, und ein Ersatzverkehr mit Bussen war eingerichtet. An diesem glühend heißen Julinachmittag versuchten etwa hundert Leute, sich in einen Bus für siebzig Fahrgäste zu zwängen. Busse sind kleiner als Züge.

Aus Angst, sie würden die Türen schließen, sobald alle Plätze besetzt waren, und den Rest von uns zwingen, auf den nächsten Bus zu warten, wodurch ich meinen nächsten Anschluss verpassen und die Wette, die ich albernerweise unbedingt gewinnen wollte, verloren hätte, ergriff ich unehrenhafte Maßnahmen, um rechtzeitig an Bord zu kommen, und schaffte es so tatsächlich, mir einen der letzten freien Sitzplätze zu sichern. Wie sich herausstellte, hatte der Fahrer absolut keine Bedenken, dass Leute standen. Krüppel, alte Damen, schwangere Frauen, alle wurden aufgenommen und in den stickigen Gang gequetscht. Die Fahrt wurde noch unangenehmer durch eine Gruppe wilder junger Albaner, die um mich herumsaßen und sich über die Köpfe der Leute hinweg zubrüllten. Sie wirkten leicht bedrohlich und extrem unruhig, sie standen auf, um jemandem etwas zuzurufen, und ließen sich dann hart wieder auf ihren Sitz fallen, und sie hüpften und tanzten jeder für sich zu der Musik, die sie jeweils gerade über Kopfhörer hörten. Die Straße war auch nicht die beste. Der stark übergewichtige Mann, der neben mir im Gang stand, schwankte hin und her, hielt sich mal hier, mal dort fest, je nachdem, in welche Richtung das Fahrzeug sich neigte. Der Bus war nicht für stehende Fahrgäste ausgelegt, es gab keine Griffe oder Halteschlaufen. Nach einer Weile fiel mir auf, dass der Mann auf Englisch mit zwei jüngeren Männern neben ihm sprach, mit australischem Akzent. Wie sich herausstellte, war er mit seinen Söhnen von Melbourne hierhergekommen, um den Geburtsort seines Vaters zu besuchen, Catanzaro. Bemerkenswert, dass ich am selben Tag einen Italiener getroffen hatte, der nach Melbourne auswandern wollte, und dann die Nachfahren eines Emigrierten, die aus Neugier zurückgekehrt waren. Als ich mich an die Woche erinnerte, die ich einmal in Melbourne verbracht hatte, kam mir die Befürchtung, die Jungen könnten von Catanzaro enttäuscht sein.

Die Außenseite des Bahnhofs Catanzaro Lido war komplett neu gestaltet worden und sah aus wie ein Schwimmbad oder ein Freizeitzentrum. Überall Glas und glänzende Oberflächen, ein kühler, klimatisierter Look, nur leider ohne tatsächliche Klimaanlage. In der Schalterhalle, die den ganzen Tag der gleißenden mediterranen Sonne ausgesetzt gewesen war, herrschte eine erstickende Hitze. Es war 17.45 Uhr. Mein letzter Zug an diesem Tag wartete am Bahnsteig. Langsam wünschte ich, wir hätten um Geld gewettet.

DAS VERHÄLTNIS EINER STADT ZUR EISENBAHN hängt
ganz wesentlich von der Lage ihres Bahnhofs ab. Im Idealfall hält der Zug kurz vor der Altstadt, wo er nichts zerstört und dem Reisenden erlaubt, vom Bahnhof in wenigen Minuten zu Fuß ins Zentrum zu laufen. So ist die
Stadt ans nationale Netz angeschlossen, ohne etwas von
ihrer Intimität zu verlieren. Italien verfügt über etliche Beispiele für diesen Idealfall. Die Situation in Venedig ist perfekt. Man überquert den Damm, steigt aus dem Zug und
ist gleich im alten Venedig, das unbeeinträchtigt erscheint.
In Palermo ist der Bahnhof auch nicht schlecht platziert,
zentral, aber unaufdringlich, und er wirkt elegant und
nüchtern, ohne pompös zu sein. Die Bahnhöfe von Turin,
Florenz und Rom liegen ebenfalls in direkter Nähe zum
Stadtzentrum, ohne wichtige Verkehrsadern zu blockieren.
In kleineren Städten ist die von Platanen gesäumte Sackgasse mit dem verschlafenen kleinen Bahnhof am Ende die
typische Lösung. Porta Vescovo, Peschiera, Desenzano und
etliche andere Bahnhöfe entsprechen diesem charmanten
Modell. Es besteht hier eine seltsame Analogie zum Friedhof, dem Aufbruchsort zu einer ganz anderen Reise, den
man in Italien ebenfalls oft hinter einer stillen Mauer am
Ende einer baumgesäumten Sackgasse findet. Man kann
seinen Platz im Voraus buchen oder alles dem Zufall über-
lassen, ganz wie man möchte. Aber wenn man kein gültiges *documento di viaggio* bei sich hat, hat man keine Möglichkeit mehr, beim ersten Halt auszusteigen, um dem
Ingrimm des Kontrolleurs zu entgehen. Wie hoch das
Bußgeld auch sein mag, es muss bezahlt werden.
    Dort, wo der Zug einen nicht bis in fußläufige Entfer-

nung von seinem Lieblingscafé bringen kann, spielt der
öffentliche Nahverkehr die entscheidende Rolle. In Verona
liegt der Hauptbahnhof auf der falschen Seite von zwei
stark befahrenen Ringstraßen und einem Netz aus Zu-
bringern für den Schnellverkehr aus der Stadt heraus. Kein
günstiger Standort. Aber alle paar Minuten fährt ein Bus,
der einen direkt zum großen römischen Amphitheater auf
dem zentralen Platz bringt. Der Fahrkartenerwerb ist un-
kompliziert, und es herrscht ein reger und sofort erkenn-
barer Austausch zwischen Stadt und Eisenbahn, der auf ein
gesundes Verhältnis zwischen individuellen Bedürfnissen
und kollektivem Unternehmen hinweist.

Nicht so in Crotone.

»Kennen Sie sich in Crotone aus?«, fragte ich das hübsche Mädchen, das mir gegenübersaß. Ich hatte auf Google
gesehen, dass der Bahnhof ein gutes Stück außerhalb der
Stadt lag.

Sie sagte Ja. Sie wohnte nur ein paar Kilometer entfernt.

»Wissen Sie, wie ich vom Bahnhof ins Zentrum komme?«

Sie runzelte die Stirn und überlegte. »Ich glaube, es
fährt ein Bus«, sagte sie. »Ich glaube, man muss ein Stück
laufen, und dann kommt man zu einer Bushaltestelle.«

Das klang nicht gerade ermutigend.

Die ältere Frau neben ihr beugte sich vor.

»Manchmal steht ein Taxi da.«

Man stelle sich vor!

Aber ich hatte meine Wette gewonnen. Als die Räder
quietschend zum Halt kamen, schickte ich eine SMS:
»Caro Giuseppe, der Engländer hatte recht! Bin in Crotone. Nur zwanzig Minuten Verspätung. *Evviva!*«

Seine ominöse Antwort lautete: »Carissimo Tim, bei Ankunft in Crotone ist jeder Grund zum Feiern, so klein er auch sein mag, willkommen. *Buona fortuna!*«

So viel also zu meinem Triumph über die Sizilianer.

Der Zug mit seinen zwei Waggons fuhr weiter am Golf von Tarent entlang bis zu dem kleinen Küstenort Sibari etwa achtzig Kilometer weiter nördlich. Die Handvoll Leute, die in Crotone ausstiegen, wurden auf dem Bahnsteig von wartenden Verwandten empfangen. Die Bänke waren auch hier von den üblichen Immigranten bevölkert. Mir war nicht klar, worauf sie warteten, denn nach unserem würde so schnell kein Zug mehr kommen. Die Bahnhofsgebäude sind unerwartet groß, und es gibt einen ausgedehnten Bereich von unkrautüberwucherten Abstellgleisen voller verrosteter Güterwaggons. Früher muss hier einiges los gewesen sein, als das Chemiewerk an der nahe gelegenen Küste noch in Betrieb war; es ist eines der größten in ganz Italien gewesen. Aber jetzt waren die Gleise verrostet, die Waggons standen still vor einem Hintergrund aus steilen, spärlich bewachsenen rot-braunen Bergen. Im Innern des Gebäudes hing an einem modernen Fahrkartenschalter ein Schild mit dem Hinweis »Vorübergehend geschlossen«. Wer eine Fahrpreiserstattung geltend machen wollte, wurde angewiesen, ein Call Center anzurufen und dort eine Adresse zu erfragen, an die man einen schriftlichen Antrag schicken konnte, dem man den Originalfahrschein beifügen sollte. Vermutlich gibt es Leute, die so etwas tatsächlich machen, aber die Anweisung klingt eher wie eine Aufforderung, die Sache auf sich beruhen zu lassen.

Den Bereich vor dem Bahnhof als Piazza zu bezeichnen wäre geschmeichelt. Es war ein verlassener Parkplatz mit aufgebrochenem Pflaster, der weniger für den Bahnhof gedacht war als für die Firmen in den umliegenden niedrigen Industriebauten. Ein brauner Bus mit der Aufschrift FERROVIE DI CALABRIA wirkte so, als sei er hier auf unbestimmte Zeit geparkt, um nicht zu sagen zurückgelassen worden. Es gab keine Haltestelle, keinen Fahrplan, keine Erklärung, keinen Fahrer. Ich drehte mich um und wollte das einzige Taxi nehmen, das am Bahnhofsausgang stand, musste aber mit ansehen, wie es gerade mit einer jungen schwarzen Frau, die sehr schick in Weiß und Violett gekleidet war, auf dem Rücksitz davonfuhr.

Ich machte mich also zu Fuß auf den Weg in Richtung Stadt. Links von mir, an einer Betonwand mit einem blauen Geländer darauf, war, vielleicht in den 1970er-Jahren, auf einem Eisengestell ein Metallschild angebracht worden. Die Oberfläche des Schildes war weiß, und es gab Hinweise, dass vor langer Zeit nützliche Informationen darauf gestanden hatten. Im oberen Teil war etwas, was einmal eine Karte gewesen sein dürfte, so stark verblichen, dass man rein gar nichts mehr erkennen konnte, aber weiter unten – vielleicht wo die Legende gestanden hat – konnte ich die Worte MUSEO, CHIESA, PALAZZO, CASTELLO, RESTI ARCHEOLOGICI entziffern. Passenderweise wurde Crotone ganz oben in ausgefallener Schriftart mit seinem antiken Namen bezeichnet: KROTON. Nur ein winziges Viereck der ganzen, etwa vier Quadratmeter großen Fläche war immer noch farbig und lesbar: das Logo des italienischen Energiekonzerns *Agip*, ein schwar-

zer Löwe auf gelbem Grund. Offenbar waren alle hand-
festen Beziehungen zwischen der Stadt und dem Bahnhof
gekappt worden, als das Unternehmen sein Werk hier geschlossen hatte. Ich erklomm eine Brücke und überquerte
einen stinkenden, stehenden Bach, auf dessen dunkler
Oberfläche das ungeklärte Abwasser allzu sichtbar war. Es
war Abend, aber noch immer herrschten 34 Grad. *Benvenuto a Crotone.* Die Sizilianer mochten sich in Sachen
Eisenbahn geirrt haben, aber so langsam fürchtete ich, sie
könnten recht gehabt haben, was Crotone anging.

DENNOCH WAR ICH EINE STUNDE SPÄTER ein glück-
licher Mensch. Nach einem Spaziergang durch depri-
mierende Vororte entpuppte sich die Altstadt sofort als
eine faszinierende Wabe aus Gassen, die sich einen steilen, zylinderförmigen Berg hinaufwanden. Über jeder
Straße hing auf im Zickzack angebrachten Leinen trock-
nende Wäsche, und unten saßen die Bewohner auf Stüh-
len draußen vor den schweren Perlenvorhängen, die die
Fliegen von ihren Hauseingängen fernhalten sollten. Die
Menschen aßen, tranken, rauchten, spielten Karten, lasen
Zeitung oder waren einfach mit ihren Handys beschäftigt.
Vor einem Haus lief draußen auf der Straße ein Fernseh-
apparat. Woanders schärfte ein Mann Messer mit einem
Schleifstein, den er mit Pedal und Kette betrieb. Oben
auf dem Hügel stand eine Burg, in der ein Museum mit
griechischen und römischen Kunstgegenständen untergebracht war. Jetzt war es geschlossen, aber morgen früh
würde ich es mir auf jeden Fall anschauen. Es gab auch

eine öffentliche Bibliothek mit dem erstaunlichen Namen Biblioteca A. Lucifero. Vor allem aber gab es auf der
anderen Seite des Hügels ein warmes Meer, in dem man
schwimmen konnte. Ich ging eilig zu meinem Hotel, um
meine Tasche loszuwerden.

Ich hatte im Hotel Concordia reserviert, mehr oder
minder dem einzigen Hotel im Zentrum. Draußen an der
Hauswand, neben einem gut besuchten Café, teilte mir
eine Plakette mit, dass vor mir schon andere hier gewesen
waren: George Gissing 1897, Norman Douglas zehn Jahre
später. Noch ehe ich festgestellt hatte, wo genau sich der
Eingang befand, rief eine schallende Stimme: »*Benvenuto
Miester Parkus.*«

»*Buona sera*«, sagte ich.

»Sie haben via Booking dot com reserviert«, sagte er auf
Englisch.

»Richtig.«

Ich war offensichtlich nicht nur als Engländer erkennbar, sondern der einzige Engländer hier musste auch
zwangsläufig Mr. Parkus sein.

Der Besitzer, der dem Leben auf dem Bürgersteig vor
seinem Hotel zuschaute, konnte einen stattlichen Bauch
vorweisen und besaß das Gebaren eines Mannes, der alles
weiß, was es über die zwei Quadratkilometer, auf denen er
lebt, zu wissen gibt.

»Wo ist Ihr Wagen?«, wollte er wissen.

»Ich bin mit dem Zug gekommen.«

Das haute ihn um.

»*I treni fanno schifo*«, verkündete er sofort – die Eisenbahn ist widerlich –, und als fürchte er sich vor Verunreini-

gung, machte er eine seltsame kleine Bewegung – vielleicht war es auch ein Tick –, so als wasche er sich die Hände.

Ich erklomm eine steile Steintreppe, stellte meine Tasche in dem winzigen Zimmer ab, das die gelangweilte Tochter des Besitzers mir zuwies, und ging schnell wieder nach draußen, um noch schwimmen zu gehen, während die Sonne hinter den Hügeln im Westen der Stadt versank. Am Wasser herrschte eine angenehme Betriebsamkeit in den zahlreichen Cafés, in denen hauptsächlich einheimische Strandbesucher vor dem Abendessen noch schnell einen *aperitivo* tranken. Eine kleine Band schrappte fröhlich alte Coverversionen herunter. Ich schwamm ein Stück hinaus, um einen guten Blick auf die Promenade zu haben, und drehte mich auf den Rücken. Das Wasser ist in diesem Teil der Erde so ruhig, dass man sich einfach treiben lassen kann. Ich muss sagen, ich war ausgesprochen zufrieden mit mir, zufrieden, es bis hierher geschafft zu haben, zufrieden, dass meine sizilianischen Freunde sich Crotone betreffend ebenso geirrt hatten wie beim Zugverkehr, zufrieden, dass die Süditaliener sich ganz allgemein als viel weniger bedrohlich entpuppten, als ich gedacht hatte. Mein Adoptivland war größer als erwartet, wurde mir klar, größer als Verona und Mailand, größer als Florenz und Rom. Es reichte bis hierher. Ich hatte eine lange Reise hinter mir und war immer noch zu Hause. Die Füße aufs offene Meer gerichtet, lag ich still und ließ den Kopf in das warme Wasserkissen sinken. Hinter mir erhoben sich zu beiden Seiten der Stadt die Berge, Aufschlüsse rötlichen Gesteins, bedeckt mit den Gelb- und Grüntönen durstiger Vegetation. Rechts lag Kap Colonna, wo man den großen

Tempel zu Ehren der Hera, der Ehefrau des Zeus, errichtet hatte. Vielleicht reichte mein Land auch bis in die Vergangenheit, dachte ich. In dieser Bucht, genau hier, wo ich schwamm, hatten zu Zeiten der Magna Graecia reihenweise Schiffe vor Anker gelegen. So hatten die Griechen ihre Eroberungen gemacht und Handel getrieben, genau wie die Briten über zweitausend Jahre später auch, indem sie Waffen und Güter über weite Entfernungen per Schiff transportierten. Jetzt gab es hier nur ein paar Fischerboote und die Klänge der Band, die gerade »Fernando« spielte. Ich richtete mich mit einem Planscher auf und trat eine Zeit lang Wasser, während ich alles auf mich wirken ließ. Eine junge Frau in einem weißen Kleid schwebte die Promenade entlang, aufmerksam begleitet von zwei Männern. Es stimmt nicht, dass die Eisenbahn widerlich ist, schalt ich meinen Wirt. Es stimmt ganz und gar nicht. Sie hat mich an einen wunderschönen Ort gebracht, heil und unversehrt und absolut pünktlich.

DIE EISENBAHN HATTE AUCH Gissing und Douglas hierhergebracht, vor über hundert Jahren. Nachdem ich in dem Restaurant unterhalb des Concordia sehr schlecht gegessen hatte, kehrte ich auf mein Zimmer zurück, ging online und lud mir Gissings *Am Ionischen Meer* herunter. Er hatte ebenfalls sehr schlecht gegessen, erzählte er. Und auch er hatte das Flüsschen am Bahnhof »fast stehend und völlig verseucht« vorgefunden. Ich lud *Reisen in Süditalien* von Douglas herunter und fand dort die gleiche Beobachtung, was den Fluss anging, obwohl Douglas den Eindruck hatte, das Essen sei seit Gissings Besuch zehn Jahre zuvor deutlich besser geworden. Beide Autoren verbrachten den größten Teil ihrer Zeit in Crotone mit der Betrachtung, wie ein Ort, der einmal die Hauptstadt der Magna Graecia war und für sein gesundes Klima berühmt ist, eine Stadt, die einst zwanzig Quadratkilometer ummauerte Behausungen und einen riesigen Tempel zu Ehren der Göttin Hera besaß, zu kaum mehr als einem ärmlichen Fischerdorf verkommen konnte. Gissing schimpft über einen gewissen Erzbischof Antonio Lucifero, ja genau, derselbe, nach dem die Bücherei benannt wurde, die mir aufgefallen war, der anscheinend im 15. Jahrhundert mit dem Abbau des Hera-Tempels begonnen hatte, um die Steine für den Bau seines Bischofssitzes zu verwenden. Douglas wird ironisch und dankt Lucifero, weil er zwei der achtundvierzig Säulen des Tempels stehen ließ, obwohl er auch alle hätte nehmen können.

Beide Autoren lieferten immer wieder hübsche Eisenbahn-Anekdoten.

Hier kommt Gissings Kommentar zu seiner Abreise aus Tarent auf dem Weg nach Metaponto. Ich würde schon bald die gleiche Reise in umgekehrter Richtung machen.

In den amtlichen Monatsfahrplänen war ein Zug angegeben, der um 4.56 Uhr nach Metapont abfuhr, und diesen beschloss ich zu nehmen. Falls sich, wie ich annahm, ein Aufenthalt von wenigen Stunden als ausreichend erwies, würde ich somit in der Lage sein, meine Reise vor Einbruch der Nacht fortzusetzen. Ich bat den Kellner, mich um Viertel vor vier zu wecken. Mitten in

der Nacht (so schien es mir) riss mich ein Klopfen aus
dem Schlaf, und ich hörte den Kellner rufen, dass ich,
wollte ich frühestmöglich nach Metapont, schleunigst
aufstehen solle, da die Abfahrt des Zuges auf 4.15 Uhr
vorverlegt worden sei – es sei jetzt halb vier. Es folgte
eine Auseinandersetzung, die meinerseits eher von dem
Wunsch in Gang gehalten wurde, an einem so kalten
Morgen im Bett zu bleiben, als aus dem geringsten Vertrauen in die Vernünftigkeit der Eisenbahngesellschaft.
Das müsse ein Irrtum sein! Auf dem *orario* für diesen
Monat sei 4.56 Uhr angegeben, und die Abfahrtszeit
eines Zuges könne doch nicht ohne öffentliche Ankün-
digung geändert worden sein! – Sie sei aber geändert
worden, beharrte der Kellner. Das sei schon vor einigen Tagen geschehen, doch hier im Hotel habe man
erst heute Morgen davon erfahren. Verärgert und frös-
telnd kleidete ich mich an und ließ mich zum Bahnhof
fahren. Dort stellte ich fest, dass eine plötzliche Fahr-
planänderung ohne jede Rücksicht auf Bahnreisende,
die sich auf die offiziellen Angaben verließen, als völlig
normal empfunden wurde.

Und hier Douglas, ebenfalls verärgert über verfrühte statt
verspätete Züge, als er von einem Tagesausflug nach Grot-
taglie nach Tarent zurückfährt:

Ein bezeichnender Vorfall. Ich hatte meine Zeit sehr
genau eingeteilt, um den Zug zurück nach Tarent erreichen zu können. Groß war meine Überraschung, als
ich, erst auf halbem Wege zum Bahnhof, den Zug mit

voller Geschwindigkeit nahen sah. Ich rannte los, und
es gelang mir, just in dem Augenblick, als der Zug sich
in Bewegung setzte, noch aufzuspringen. Der Schaffner
verlangte sogleich meine Fahrkarte und, da ich keine
vorweisen konnte, eine Geldbuße für die Benutzung
des Zuges ohne Fahrausweis (Rückfahrkarten werden
aus gewichtigen Gründen »innerer Verwaltung« nicht
verkauft). Ich schaute auf meine Uhr, die anzeigte, dass
wir sechs Minuten vor der fahrplanmäßigen Zeit abgefahren waren. Er schaute auf seine, sie stimmte mit meiner überein. »Das ist egal«, sagte er, »ich bin nicht verantwortlich für die Launen des Lokomotivführers, der
vermutlich dringende persönliche Angelegenheiten in
Tarent zu erledigen hat. Die Buße muss gezahlt werden.« Ein Mitreisender sah die Sache in einem etwas
milderen Licht. Er äußerte die Vermutung, es könne ein
Streckenaufseher mit im Zuge sein und der Lokomo-
tivführer sei in Kenntnis dieser Tatsache verständlicherweise von dem Ehrgeiz gepackt, zu zeigen, wie schnell
er fahren könne.

Trotz alldem, was mir hier so bekannt vorkommt, ist es
doch erstaunlich, dass die Uhr des Schaffners mit der von
Douglas »übereinstimmte«.

Aber die Anekdote, über die ich mich in den Schlaf
lachte, eine Zuggeschichte, mit der ich eindeutig niemals
werde mithalten können, war dieses Juwel, das Gissing in
einem religiösen Pamphlet entdeckt hatte, das von einem
Wanderprediger in Tarent verteilt wurde.

Vor einigen Tagen – so begann nach einer frommen Einleitung die Erzählung – tauchte an einem Bahnhof in jener Region Italiens, die man die Marken nennt, ein Kapuzinermönch von ernstem, nachdenklichem und melancholischem Aussehen auf. Er flehte den Bahnhofsvorsteher an, ihn umsonst mit dem in Kürze abfahrenden Zug mitfahren zu lassen, da er unbedingt am selben Tag den Wallfahrtsort Loreto erreichen wolle und kein Geld habe, um den Fahrpreis zu entrichten. Der Bahnbeamte verweigerte ihm schnöde diesen Wunsch und schenkte den flehentlichen Bitten des Mönches kein Gehör, der allerlei religiöse Beweggründe vorbrachte, damit seinem Ersuchen stattgegeben werde. Die zwei Lokomotiven des Zuges (der sehr lang war) schienen abfahrtbereit – aber, siehe da, *con grande stupore di tutti* rührten sich die Waggons nicht vom Fleck! Kurz darauf wurde eine dritte Lokomotive angekoppelt, doch alle Bemühungen, den Zug in Gang zu setzen, blieben vergeblich. Als Einziger von allen, die Zeugen dieses unerklärlichen Ereignisses wurden, zeigte sich der Mönch darüber nicht erstaunt. Solange man ihm die Mitfahrt verweigere, bemerkte er gelassen, werde sich der Zug nicht von der Stelle bewegen. Schließlich löste *un ricco signore* das Problem, indem er dem Mönch einen Fahrschein dritter Klasse kaufte. Nachdem der Mönch ein tadelndes Wort an den Bahnhofsvorsteher gerichtet hatte, nahm er seinen Platz ein, und der Zug fuhr los.

Doch damit war die Sache natürlich noch nicht zu Ende. Entrüstet, entgeistert und in dem Bestreben, sich an diesem *frataccio* zu rächen, telegrafierte der Bahnhofsvorsteher nach Loreto, dass in einem bestimmten Wagen eines bestimmten Zuges ein Mönch sitze, den man tunlichst verhaften solle, da er die Abfahrt des besagten Zuges nicht nur um fünfzehn Minuten verzögert, sondern auch verbotenerweise im Bahnhofsbereich gebettelt habe. Also rückte die Polizei von Loreto an, um den Missetäter festzunehmen, doch das Abteil, in dem er gesessen hatte, war leer. Nur ein Brief folgenden Wortlauts lag darin: »Der Mann, der in Gestalt eines demütigen Mönches in diesem Abteil saß, ist nunmehr in die Arme seiner *Santissima Madre Maria* aufgefahren. Er wollte den Menschen demonstrieren, wie leicht es für ihn sei, den Stolz Ungläubiger zu brechen oder jene zu belohnen, welche die Religion respektieren.«

Sonst sei nichts zu entdecken gewesen. Die Kirchenlehrer – *i dotti della chiesa* – seien deshalb zu dem Schluss gekommen, dass es sich bei der Person, die da in der Verkleidung eines Mönches erschienen sei, in Wahrheit um »N. S. G. C.« gehandelt habe.

Nostro Signore Gesù Cristo. Mir kommt der Gedanke, dass ich diese kleine Geschichte wieder ins Italienische, in dem Gissing sie vorgefunden hat, zurückübersetzen und sie jedem Schaffner aushändigen könnte, der mir das Leben schwer macht.

MARK TWAIN MUSS GELOGEN oder es zumindest ironisch gemeint haben, als er behauptete, er bewundere die Italiener mehr für ihre Eisenbahn als für ihre Antiquitäten und

Kunstschätze, denn Letztere sind in wirklich beeindru-
ckender Fülle und Überzeugungskraft vorhanden. Schon
ein Besuch im archäologischen Museum in Crotone führt
jeden Gedanken eines Fortschritts bei menschlichen Er-
rungenschaften, zumindest im Bereich der Kunst und des
Kunsthandwerks, ad absurdum. Wir mögen uns auf techni-
schem Gebiet immer weiter entwickeln, aber die Fähigkeit,
den gewöhnlichsten Materialien Ideen und Visionen aller
Art zu entlocken, war vor Tausenden von Jahren schon so
ausgeprägt, wie sie nur sein kann. Und Twain sollte nicht
so tun, als verstünde er nichts davon; man braucht dazu
bloß ein Mensch zu sein. Fast das Erste, was man sieht,
wenn man von der Eingangshalle um die Ecke in die Aus-
stellungsräume tritt, ist eine hohe Henkelvase mit eleganten, suggestiv femininen Rundungen; der schlanke obere
Teil ist ebenso wie der schmale Sockel schwarz, und dazwischen liegt um den vollen, ausladenden Bauch herum
ein breiter Gürtel in kräftigem Orange. Dieses leuchtende
Feld wird von einer Reihe anmutiger schwarzer Krieger im
Kampf bevölkert; einer fällt rückwärts auf sein Knie, als
ein anderer seinen Speer über ihn erhebt, und weitere warten hinter ihnen darauf, sich ebenfalls ins Gefecht zu stürzen; ihre Helmfedern sehen so edel aus wie gekämmte und
geflochtene Pferdemähnen; ihre Gürtel und Riemen, die
Panzer, die Schilde, die Falten ihrer Röcke und die Details
ihrer Waffen sind mit feinen orangefarbenen Linien darge-
stellt, welche die tiefschwarzen Gestalten durchziehen, und
dem aufmerksamen Betrachter wird klar, dass dieses komplexe Bild aus einer verschachtelten, hochstilisierten Anordnung von glasierten schwarzen Formen auf dem leuch-

tenden Hintergrund besteht, die ineinandergreifen, ohne sich jedoch zu berühren. Das Orange der Vase glüht vor dem Schwarz wie die glühend heiße mediterrane Sonne, unter der diese Krieger gekämpft haben; sie stechen klar hervor, ihr Ruhm und ihre Herrlichkeit sind eingestanzt in das undifferenzierte Licht der Ewigkeit. Aber durch diese hellen Linien, die ihre Leiber durchschneiden, scheinen sie zugleich ein Teil dieses Lichts zu sein oder an ihm teilzuhaben, so als wären sie daraus entstanden und könnten jederzeit auseinanderbrechen, um sich wieder darin aufzulösen, als wäre das ganze Leben ein Wechsel zwischen Schwarz und Orange, eine lebhafte, kurze Erscheinung in einem flammend roten Lichtkreis. Das ist das Reich Apollos, Ästhetik und Philosophie zugleich. Natürlich reden wir hier von Gewalt. Wir reden von Waffen und Schmerz und Tod in der sengenden Sonne. Die Kunst versucht nicht, das zu verstecken, sondern es zu transformieren. Man kann diese Glorifizierung des Kampfes missbilligen, aber die künstlerische Leistung und der Eindruck, den sie hinterlässt, lassen sich nicht leugnen. Das kann man nicht nicht verstehen.

Wie reich bestückt dieses Provinzmuseum ist. Es gibt hier wunderschöne Basreliefs von Gesichtern, geflügelte Pferde, eine Meerjungfrau, ein winziges Kaninchen mit nach hinten gelegtem Kopf, damit der Hals die Tülle für das kosmetische Öl bilden kann, das darin aufbewahrt wurde. Fein gezinkte, aus Elfenbein geschnitzte Kämme, Broschen, Gürtelschnallen und Spiegel aus Bronze. All das wurde in unmittelbarer Nähe der Stadt gefunden, alles hergestellt von den Kunsthandwerkern der Magna

Graecia. Eine Speerspitze trägt die Gravur »Acanthropos
Sohn des Theognis«; es gibt verzierte Axtköpfe, Rüstzeug,
Kampfwagenmodelle, ein hochstilisiertes Bronzepferd, das
zugleich animalisch und abstrakt wirkt, ein Modellschiff,
das als Lampe dient. Es gibt Votivgaben aus Terrakotta,
Gegenstände, die man in die Tempel stellte, um seinen
Gebeten Nachdruck zu verleihen, Vorboten der gleichen
Tradition in der katholischen Kirche. Es gibt geflügelte
Mädchen aus Bronze, die zu vollbusig und zu fröhlich aus-
sehen, um Engel zu sein, vollendet harmonische Terra-
kotta-Büsten in perfekter Haltung mit heiteren, feierlichen
Gesichtern, monströse Tierköpfe, Gürtel aus geflochtenen
Ketten, Ringe, Broschen, Ohrschmuck, Armbänder. Am
strahlendsten ist ein goldbeschichtetes Diadem in Form
eines Kreises aus Blättern und Beeren, dem Emblem der
Göttin Hera; vielleicht ein überaus großzügiges Geschenk
für einen Olympiasieger.

Doch all diese wunderbaren Kunstgegenstände befinden
sich in einem völlig unscheinbaren, niedrigen Gebäude an
einem öden Platz oberhalb der Altstadt, wo kaum jemand
vorbeikommt. Als ich eintrete – der Eingang ist unpas-
senderweise mit der italienischen und der EU-Flagge geschmückt –, wirken die beiden Angestellten überrascht,
dass man sie wegen einer Eintrittskarte stört; während ich
dort war, kam kein weiterer Besucher, und kein Wärter
folgte mir, um sicherzugehen, dass ich nichts beschädigte
und nicht fotografierte. Die Ausstellungsstücke sind alle in
hohen Glasvitrinen auf schweren schwarzen Sockeln untergebracht – zweifellos praktisch, aber von einer Rigidität
und brutalen Rechteckigkeit, die in starkem Gegensatz zu

den anmutigen, flüssigen Formen der zur Schau gestellten Kunst steht. Die Schildchen und Informationstafeln, auf denen erklärt wird, dass die Achaier die Kolonie Kroton gegründet haben, nachdem sie das Orakel von Delphi konsultiert hatten, dass Pythagoras hier im 5. Jahrhundert vor Christus seine Schule gegründet hat, dass Kroton für seine Ärzte, seine Künstler und vor allem für seine Sportler berühmt war und wie der große Hera-Tempel mit seinen Schätzen ausgegraben wurde, sind gewissenhaft verfasst, aber ein bisschen langweilig, zu lang, zu lahm, zu verstaubt und akademisch. Das ist ein ewiges Dilemma in Italien: wie wird man einer so reichhaltigen Tradition im Alltag gerecht, wie kann man die Schönheit erhalten, ohne in der Vergangenheit gefangen zu sein, wie schafft man es, sie nicht durch eine ermüdende Schulausflugs-Atmosphäre auszulöschen. Und doch, wenn man sich bückt und diese reich verzierten Ohrringe, diese winzigen bronzenen Tiere aus der Nähe betrachtet, die Fische mit den zugepfropften Mäulern, die Öle für die Haut einer schönen Frau enthielten, dann wird einem staunend klar, dass diese Menschen tatsächlich vor vielen vielen Jahren hier gelebt haben, an der Südküste Italiens, und dass sie Stil hatten. Jede Menge. Dann, um 290 v. Chr., kamen die Römer, und von da an waren die Einheimischen nicht mehr Herren ihres Geschicks; sie wurden von etwas Größerem vereinnahmt. Zwei große Marmorbecken und der Sockel einer Statue künden von den Ankömmlingen aus dem Norden. Es fiel mir schwer, das nicht als eine traurige Entwicklung zu sehen. Als ich das Gebäude verließ, verspürte ich ein starkes Bedürfnis, schnell ans Wasser hinunterzulaufen, um

vor meiner nächsten Verabredung mit Trenitalia noch einmal schwimmen zu gehen. Und das tat ich auch.

WIE EIN RIESIGES AN DEN STRAND geschwemmtes Meer-
ungeheuer verunstaltet das stillgelegte Chemiewerk nördlich von Crotone die Küste: ein weiterer fehlgeschla-
gener Versuch, aus dem Süden etwas zu machen. Es ist
und bleibt ein Rätsel, warum es dem Süden so schwer-
fällt, aus seinen durchaus vorhandenen Vorzügen tatsächlich Kapital zu schlagen. Es gibt hier kluge Menschen, eine
außergewöhnliche Landschaft, eine wunderschöne Küste,
Strände, Buchten, Kunstschätze. Warum kommen dann
so wenige Touristen? Wo sind die Schwärme von Engländern, die Horden von Deutschen, die regelmäßig in die
spanischen Küstenorte einfallen? Anstelle des Hotelbaus
hat man hier versucht, eine riesige chemische Industrie
aufzubauen. Ohne Erfolg. In Tarent, gleich auf der anderen Seite des Golfs, hat man eine Stahlfabrik errichtet, die
jetzt die größte in ganz Italien ist; die Behörden wollen
sie schließen, weil die Umweltverschmutzung katastrophal
hoch ist. Ehe ich heute Morgen in den Zug stieg, habe ich
in der Zeitung gelesen, dass Wind Jet, die sizilianische Bil-
ligfluglinie, von der einer meiner Gastgeber beim Abendessen in Modica so schwärmte, nicht mehr fliegt und Hunderte Passagiere festsitzen. Sie ist pleite. Man kann nicht
konkurrieren. Man hat zu viel Geld für die falschen Sachen
ausgegeben. Die Züge fahren noch, sind aber überwiegend
leer; sie kosten die Fahrgäste so gut wie gar nichts, aber
sie kosten den Staat ein Vermögen. Ein Streckenabschnitt

zwischen Metaponto und Tarent, meinem nächsten Ziel, ist schon seit über einem Jahr stillgelegt. Schäden durch Erdrutsche. Das bedeutet eine weitere Busfahrt.

Egal, sage ich mir. Lehn dich zurück, schau aus dem verschmierten Fenster und genieß die Reise.

Strände. Schneeweiße Flussbetten. Kilometerweit Olivenhaine. Der Golf von Tarent, menschenleere Sandflächen und klares blaues Meer. Kiwi-Plantagen, eine Reihe an der anderen, endlos. Felder und abermals Felder. Bröckelnde Mauern. *Stazione di Torre Melissa.* Weinberge. Landzungen aus grauem Fels im blauen Meer. *Stazione di Cirò.* Der *capotreno* pfeift. Ein uralter Turm auf einem kleinen Hügel. Plumpe, schlicht gemauerte Häuser. Verlassene Fabriken. Kakteen und verdorrtes Gras. *Stazione di Crucoli.* Graffiti: »*Ti penso sempre, amore mio.*« Immigranten, die mit ihren billigen Waren ein- und aussteigen und zwischen den Schwingtüren stecken bleiben. Ein untersetzter Slawe auf dem Platz hinter mir, der sie einteilt. Steig hier aus. Und du da. *Stazione di Cariati.* »*Anna e Giulia troie*« (Schlampen). Weit und breit kein Bahnmitarbeiter.

Auf der anderen Seite des Gangs sitzen vier Kinder mit Strandtaschen, Handtüchern und Schnorcheln. Die kalabrische Eisenbahngesellschaft bietet anscheinend in ausgewählten Regionalzügen für unter Achtzehnjährige kostenlose Fahrkarten in die Küstenorte an. Man füllt ein Formular aus, zeigt einen Ausweis vor und bekommt einen Fahrschein; ganz schön viel Aufwand, um ein paar Euro zu sparen.

Stazione di Mandatoriccio Campana. Eine durchdringende Klingel kündigt den entgegenkommenden Zug an.

Sobald er an uns vorbei ist, können wir unsere Fahrt auf der einspurigen Strecke fortsetzen. KM 173+863 steht auf einem Schild. Ein Triebwagen, ein winziges Bahnhofsgebäude, ein sehr langer Bahnsteig. Eine Landepiste für Außerirdische. *Stazione di Calopezzati.* Außer ihren großen Brettern voller Plunder haben die Wanderverkäufer noch Rucksäcke mit Nachschub dabei. Man hofft, dass sie auch Wasser dabeihaben. Ihre Tage müssen unerträglich heiß sein. Es sind schon wieder über 35 Grad. *Stazione di Mirto Crosia.* »*Katerina ti amo.*« »*Piccola, perdonami*«. Verzeih mir. *Stazione di Rossano.* Gelbe Plastiktische auf dem Bahnsteig, mit Wein trinkenden Männern. Bei der Hitze. »*Domani sarà tardi per rimpiangere*«. Morgen ist es zu spät, um zu bereuen.

EIN UNTERSETZTER MANN UND seine untersetzte Frau steigen ein; die beiden sind gesund, stämmig und sonnengegerbt. Er fragt, warum ich die Bahnhöfe fotografiere. Die Graffiti. Ich sage es ihm. Er sagt, er sei Albaner. Er ist seit fünfzehn Jahren in Italien. Er ist Lastwagenfahrer in Tarent. Jetzt gibt es wegen der Wirtschaftskrise keine Arbeit. Vor allem keine Arbeit für Albaner. Nach fünfzehn Jahren im Land wird er immer noch nicht als gleichwertig akzeptiert. Aber das macht ihm nichts mehr aus. Er ist illegal eingereist, mit einem Schlauchboot, aber schließlich hat er es geschafft, Papiere zu bekommen. Heutzutage ist das schwieriger. Er hat Glück gehabt. Seine Frau nickt lächelnd zu allem, was er sagt. Sie sprechen mit mir Italienisch und miteinander Albanisch. Jetzt will er meine

Kamera sehen. Es ist eine billige Digitalkamera von Olympus. Er dreht sie in haarigen Händen hin und her; sein Unterarm ist mit einem verschwommenen Cupido tätowiert. Er fragt mich, wie hoch die Speicherkapazität der Kamera ist. Ich habe keine Ahnung. Ich frage nicht nach solchen Sachen. Sie haben bei ihrem Sohn Ferien gemacht, sagt er. In Catanzaro. Er hat vier Söhne. Zehn Enkel. Drei Urenkel. Ah. Das wollte er mir also erzählen. Er ist stolz auf seine Familie.

»Raten Sie mal, wie alt ich bin«, sagt er herausfordernd.

Seine Frau lächelt selbstgefällig. Ich habe keine Ahnung. Ich bin ziemlich verblüfft, dass er angeblich schon Urenkel hat. So alt sieht er nicht aus. In welchem Alter kann man frühestens Urenkel haben?

»Ich würde sagen, Sie sind fünfundsechzig.«

»Siebenundfünfzig«, sagt er mit einem triumphierenden Grinsen.

Er ist so alt wie ich! Ich fange an zu rechnen. Durchschnittliches Alter beim ersten Kind zwischen achtzehn und neunzehn.

»Mein erstes habe ich mit siebzehn bekommen«, sagt die Frau.

»Dagegen kann man nichts machen«, sagt er lachend. »Das ist das Leben!«

Er scheint glücklich und zufrieden mit seinem Los zu sein.

»Manche versuchen es«, sage ich. »Etwas dagegen zu machen, meine ich.«

»Kann man aber nicht.« Er schüttelt den Kopf. »Narren. Das ist das Leben.«

IN SIBARI STEIGEN WIR in einen anderen Zug um, ehe
wir den Abschnitt bis Metaponto zurücklegen; das heißt,
wir tauschen den einen stark bekritzelten, schlecht belüfteten Ein-Waggon-Diesellokzug gegen einen anderen stark
bekritzelten, schlecht belüfteten Ein-Waggon-Diesellokzug. Der Zug kommt auf Touren, und die Abgase werden heftiger. Die Klimaanlage arbeitet gerade genug, dass
wir nicht durchdrehen. Gerade so. Ein Pfiff und ein Ruck.
Normalerweise ist man auf Zugfahrten sehr besorgt um
die Zeit oder sich ihrer zumindest sehr bewusst. Werden
wir pünktlich abfahren? Sind wir pünktlich? Werden wir
pünktlich ankommen? Werde ich meine Wette gewinnen?
»Unser Regionale hat zurzeit eine Verspätung von elf Minuten. Trenitalia bittet Sie für eventuelle Unannehmlichkeiten um Entschuldigung.« »Unser Interregionale Veloce
erreicht in wenigen Minuten den Bahnhof Verona Porta
Nuova. Fahrplanmäßig! Unser Zug endet dort. Wir bedanken uns für Ihre Reise mit Trenitalia.« Zeit, Zeit, Zeit.
Aber heute habe ich beschlossen, der Zeit keine Beachtung
zu schenken. Ich werde gar nicht daran denken. Ich weigere mich. Schließlich fährt nur ein einziger Zug in nord-
östlicher Richtung am Golf von Tarent entlang, ratternd
und schwankend und nach Diesel stinkend. Unser Zug.
Es gibt keine Nebenstrecken. Keine Auswahl zwischen Regionale, Regionale Veloce oder Intercity, keinen Eurostar,
keinen Frecciarossa. Man kann nirgendwo hinfahren außer dorthin, wo wir hinfahren, entlang der zeitlosen Mit-
telmeerküste.

Ich bin fest entschlossen, während der gesamten vier-
stündigen Fahrt nicht auf die Uhr zu schauen. Ich befinde

mich im Urlaub, in einem Teil meines Landes, den ich noch nie besucht habe. Aber es fällt mir schwer. Schwer, nicht auf die Uhr zu schauen, schwer, einfach hier zu sein, an einem beliebigen Punkt der Reise, ohne gespannt auf das Ende zu warten, ohne mir zu wünschen, dass unterwegs etwas passiert, mit dem ich mich beschäftigen und über das ich schreiben kann. Kauf von jetzt an jeden Tag deine Fahrkarte, sage ich mir, warte auf den Zug und steig ein. Rechne nicht mit Gesellschaft während der Reise. Rechne nicht damit, zu verstehen, wann und ob es zu Verspätungen kommt. Frag nicht, ob der Zug pünktlich ist. Frag dich nicht, wie es wohl in Tarent sein wird oder in Lecce oder in Brindisi oder Bari. Mach dir keine Sorgen, dass dir vielleicht nichts einfällt, was du über diese Orte schreiben könntest. Sei einfach da, auf Reisen, in jedem Augenblick deiner Reise; wenn der Zug in voller Fahrt ist und die Landschaft vorbeisaust – erscheint und verfliegt, erscheint und verfliegt – und auch wenn der Zug hält und draußen vor dem Fenster zwanzig Minuten lang derselbe langweilige Ortsname steht, Trebisacce, Trebisacce, Trebisacce. Lerne, mit Trebisacce zufrieden zu sein und dich zu freuen, wenn der Schaffner pfeift, ein elektrisches Warnsignal ertönt und die Türen sich schließen. Endlich gleitet Trebisacce vorbei. Es ist weg. Ich vermisse es fast. Jetzt kommt Roseto, jetzt Monte Giordano. Akzeptiere die Namen, die auftauchen, die Orte, die dir nie etwas bedeuten werden – Rocca Imperiale, Policoro. Du bist ganz einfach hier, auf der Fahrt von Crotone nach Tarent, lebst von Augenblick zu Augenblick, während du von den Ferrovie dello Stato transportiert wirst.

Ich glaube, ich lerne langsam, Reisen wie diese entspannter zu erleben. Die Sonne hilft dabei und das allgemeine Gefühl, dass diese Züge nicht zu einer von Dringlichkeit geprägten Geschäftswelt gehören, sie lassen sich nicht beschleunigen, sie sind, was sie sind. Ich lerne, sie zu nehmen, wie sie kommen, Tag für Tag, und zu akzeptieren, dass ich tatsächlich vor dreißig Jahren mein Leben nach Italien verlegt habe. Ich weiß nicht genau warum, aber durch diese Reise in den Süden denke ich noch einmal über diese Entscheidung nach. Vor dreißig Jahren habe ich meine Identität aufgegeben, mein Britischsein. Ich wurde zu einem seltsamen Hybriden, der weder hier noch dort ist. Der zwischen den Orten und Kulturen hängt. Der überall als Engländer erkannt wird, aber eigentlich kein Engländer mehr ist. Akzeptiere das. Du befindest dich jetzt auf einer Reise durch winzige Orte, deren Namen dir alle neu sind – Scanzano Jonico –, die für ihre Einwohner jedoch so wirklich sind wie jeder andere Ort. Sie gehören genauso zu deiner Adoptivheimat wie Verona oder Mailand. Schau dir den Bambus an, der aus dem Gully wächst. Den vertrockneten Ginster, die Ruinen und verfallenen Türen und die dicke Mutter, die auf dem Bahnsteig hockt und ihren kleinen Kindern Deodorant unter die Achseln sprüht. Du bist jetzt hier, du kommst gerade im Bahnhof von Metaponto an, ob nun pünktlich oder nicht. Das spielt keine Rolle.

Ein paar Stunden lang verweilte ich also in dieser seltsamen Stimmung, eingelullt vom Rhythmus der Räder auf den Schienen, gelähmt von dem armseligen Ventilator, hypnotisiert von dem gleißenden Sonnenlicht über dieser ausgedörrten Landschaft.

TARENT, BRINDISI, LECCE, BARI. Wenn auch die provinziellen Bahnlinien hier kaum mehr sind als Busse auf Schienen, die halb leer fahren, sind die Waggons und die Bahnhöfe doch voll, sobald ein Intercity aus dem fernen Norden ankommt. Der Sommer ist die Zeit der Rückkehr. Studenten, die in Mailand, Bologna oder Turin studieren, junge Männer und Frauen, die in den Norden gegangen sind, um dort eine Ausbildung zu absolvieren und Arbeit zu finden. Ihre Verwandten erwarten sie direkt auf dem Bahnsteig. Mütter und Väter sind zur Stelle, wenn sie aus den Waggons stolpern. Brüder und Schwestern. Eine Großmutter, ein Cousin. Vielleicht ein Freund oder eine Freundin. Die erste Umarmung gebührt immer der Mutter, mit einem freudigen Lächeln, so wie auch die letzte Umarmung der Mutter zusteht, wenn dieselben jungen Leute in einem Monat wieder wegfahren.

Der Bahnhof ist der ideale Schauplatz für Begrüßungen und Abschiede. Das Auto ist zu banal. Was bedeutet es schon, mit dem Auto wegzufahren? Nichts. Der Flughafen ist ermüdend und unpersönlich, das Flugzeug selber weit weg, außer Sichtweite, die Sperren und Sicherheitskontrollen lästig. Hier schiebt die kraftvolle Lokomotive wie ein wildes Tier ihre Nase unter dem großen Bogen des Bahnhofsgebäudes hindurch. Die Strecke begradigt sich nach der letzten Kurve. Der Zug rumpelt und zischt und verlangsamt seine Fahrt. Die letzten Augenblicke des Wartens brechen an. Auf dem Bahnsteig wird konzentriert geschaut, um die Lieben zu entdecken; im Zugkorridor kämpft sich der sehnsüchtig Erwartete derweil mit seinem Gepäck durchs Gedränge. Der Zug wird ganz langsam

langsamer, macht sich lustig über die Menschen auf beiden Seiten des trennenden Grabens, spannt sie auf die Fol-
ter, zwingt sie, die Spannung zwischen Abwesenheit und
Anwesenheit auszukosten. SMS rauschen hin und her:
»Vorletzter Wagen.« »Der Wagen hinter dem Bordrestau-
rant.« »Du musst mir mit dem Gepäck helfen.« »Sei nett
zu Zia Eleonora, ihr Hund ist gerade gestorben.« »Ich sehe
scheußlich aus ohne Make-up.«

Es ist kaum auszuhalten, wie lange ein Zug manchmal
braucht, um in einem Kopfbahnhof zum Halt zu kommen, wenn der *macchinista* hoch oben im Führerhäuschen
den Abstand zu den Rammböcken abschätzen muss. Das
Raubtier bewegt sich jetzt zentimeterweise; Stahlräder auf
Stahlschienen. Bei einem Regionale würden sich die Leute
aus den Fenstern lehnen, aber die Intercity-Wagen sind fest
verschlossen – im Innern bersten sie vor Leben, aber von
draußen sind sie ganz still. Dann ein wunderbarer Seufzer, ein letztes schrilles Kreischen, und der Zug steht. Und
trotzdem gehen die Türen nicht auf. Warum muss man im
Zug oft so lange warten, ehe man aussteigen kann, warum
vergehen zehn Sekunden oder gar zwanzig oder fast eine
Minute zwischen dem Anhalten der Lokomotive und dem
Aufleuchten des grünen Lichts, das anzeigt, dass man jetzt
den Türöffner drücken kann? In allen zwölf vollgestopften
Wagen werden die Knöpfe gedrückt, immer wieder, und
mit quälender Langsamkeit – es muss Absicht sein – bewegen sich die schweren Türen zentimeterweise nach außen
und zur Seite. Wäre die gesamte Eisenbahntechnik, das gesamte kulturelle und architektonische Erbe, das einen italienischen Bahnhof ausmacht, absichtlich entworfen wor-

den, um die emotionale Dramatik der Rückkehr aus der
Ferne zu maximieren, man hätte es nicht besser machen
können. Jetzt, nach sechs oder acht oder gar zehn Stunden Zugfahrt, stolpern die Fahrgäste nach draußen. Einige
müssen im Gang warten, bis andere ihre sperrigen Gepäckstücke die steilen Stufen hinuntergezerrt haben. Andere laufen bereits den Bahnsteig entlang.

Die Familie, die ihren erstgeborenen Sohn, ihre wunderschöne Tochter erwartet, sieht einen Strom unbekann-
ter Gesichter auf sich zukommen, einen Schwall unwich-
tiger Fremder; Leute, die ihnen nichts bedeuten, zwängen
sich an ihnen vorbei und sind ihrerseits verärgert, weil
diese Idioten den Weg versperren. Wann wird sich das
vertraute Gesicht endlich zeigen? Wann wird Luca oder
Chiara auftauchen und mir gehören? Inzwischen treffen
weitere Züge ein und fahren ab. *Coincidenza, coincidenza!*
Regionale per Metaponto in partenza dal binario quattro,
anziché binario sette. Das Erscheinen, die Anwesenheit ist
eine mysteriöse Sache. Nicht da, nicht da, nicht da, dann
plötzlich ja, ja, da, da ist sie. Stefania! *Finalmente!* Das ist
ihr Gesicht, ihr Gang, *sie.* So ganz anders als jeder andere
auf der Welt. Es gibt die Menge und mittendrin jemand
ganz Besonderen, *sie*, Lucia, meine Tochter, meine Freundin, meine Schwester.

Auf einer Fläche von ungefähr zwanzig Quadratmetern
am Ende des Bahnsteigs erblicken Dutzende Familien, Liebende und Mütter das Objekt ihrer Begierde. Jetzt müssen
sie nur noch die letzten aufwühlenden und seltsam peinlichen Sekunden überleben, in denen der geliebte Mensch
erblickt und erkannt wurde, aber noch nicht nah genug

ist, um mit ihm sprechen und ihn umarmen zu können;
man kann nur beobachten, zusehen, wie er näher kommt,
und man wird selbst von seinem geliebten Kind beobachtet und angesehen; man möchte endlich seinen Gefühlen
freien Lauf lassen, aber stattdessen betrachtet man den anderen nur und wird von ihm betrachtet, man urteilt und
wird beurteilt: Mario ist aber wirklich dünn geworden.
Warum regt sich Mamma immer so künstlich auf? Und
diese altmodische Bluse! Dann die Umarmung, der Kontakt, und das über alles geliebte süditalienische Kind ist
wieder da, wird vereinnahmt und angehimmelt und trauert vielleicht schon jetzt der Freizügigkeit und Anonymität
Mailands nach.

Hier unten geht es wesentlich gefühlvoller zu, hier auf
diesen Bahnsteigen, wo Trenitalia an seinen südlichsten
Prellbock stößt und diese Kinder des Mittelmeers aus dem
Gefängnis des Zuges in die liebende Umklammerung von
mamma e papà entlässt. Das Gefühl, dass man in den Norden gehen *muss,* um ernsthaft Karriere zu machen oder
zumindest eine ernsthafte Karriere zu beginnen, verstärkt
den Eindruck der Süditaliener, sie seien die ewigen Opfer,
im Stich gelassen, wenn nicht gar gestraft vom kaltschnäuzigen, selbstbewussten Norden. Wir Ärmsten, wir Ärmsten! Und das schraubt die Emotionen bei Begrüßung und
Abschied noch zusätzlich in die Höhe, während für die
betreffenden Kinder womöglich die erstickenden Familientraditionen des Südens, die erstickende Anbetung des
Nachwuchses dort ebenso sehr ein Grund für das Weggehen waren wie alles andere. Es stimmt schon, die wirtschaftliche Lage ist schlimm. Die Jugendarbeitslosigkeit

liegt im Süden bei fast 50 Prozent. Aber viele dieser jungen
Männer und Frauen werden, nachdem sie in den kommenden Sommerwochen nach Strich und Faden verwöhnt
worden sind, reichhaltig gegessen und sich an perfekten
Stränden geröstet haben, nur allzu froh sein, wenn sie Anfang September wieder im Zug gen Norden sitzen. Dann
werden die Waggons schon am Bahnsteig bereitstehen,
und Vater wird schweigend das Gepäck an Bord schleppen, die *prenotazione obbligatoria* finden, die schweren, mit
Geschenken gefüllten Taschen seiner Tochter auf die Gepäckablage hieven und sie ein letztes Mal umarmen. Der
Sohn wird über den Gang ans Fenster treten und seiner
Mutter zuwinken, die unten auf dem Bahnsteig steht und
zu ihm hochblickt. Sie wirkt klein und etwas erbärmlich,
wie sie da unten steht und ihm das müde Gesicht mit dem
Muttermal am Mundwinkel entgegenreckt; und er sieht
unverschämt gesund aus nach diesen faulen Wochen am
Strand, braun gebrannt und strahlend, wohlgenährt von
Pasta und Kuchen. Es macht beide verlegen, denn man
kann sich nichts mehr sagen. Die Fenster sind verschlossen. Man kann sich nur durch die schmierige Scheibe anschauen. Aber man kann sich auch nicht einfach abwenden und sich hinsetzen. Man muss warten, bis der Zug
fährt. Papà hat einen Arm um Mammas Schulter gelegt,
und sie bemüht sich, nicht zu weinen, oder erweckt zumindest diesen Eindruck. Der Junge ist im Grunde längst
weg, aber leider ist er nicht wirklich weg, der Zug sollte bereits abgefahren sein, aber er steht noch da, und Mamma
bleibt auf dem Bahnsteig und will nicht gehen. Er lächelt
und wünschte, sie würde weggehen, zeigt ihr seine Hand-

fläche, bewegt sie leicht hin und her in einem unbeholfenen Abschiedsgruß. Dann fängt sie doch an zu weinen, und sein Vater wirft ihm einen gequälten, verschwörerischen Blick zu, bis sich, endlich, der Wagen mit der typischen herzzerreißenden Langsamkeit, zu der nur ein Hunderte von Tonnen schwerer Zug fähig ist, in Bewegung setzt und Mamma sich zentimeterweise entfernt. Winkend versucht sie, unter Tränen zu lächeln. Die Bewegung bringt Erleichterung, und er kann ihr Winken jetzt ordentlich erwidern, ohne sich vor den schweigenden Reisenden um ihn herum zu blamieren. Mamma ist weg. Papà ist weg. Tarent. Reggio Calabria, Bari, weg. Es geht zurück ins wahre Leben, ins Erwachsensein, in den Norden, ins Graue, nach Mailand.

Hier auf den Bahnsteigen in Brindisi, Lecce, Tarent empfand ich es plötzlich als eine Schande, dass ich in den dreißig Jahren, die ich in Italien verbracht habe, so selten im Süden gewesen bin. Und hatte das Gefühl, der Norden habe sich gegen mich verschworen und mich zurückgehalten. Aber auch die Aussagen ebendieser Kinder, die oft genug meine Studenten waren, die nach ihrer Ankunft in Mailand mit den Schultern zucken und sagen, die Reise lohne sich nicht, es gebe dort nichts zu sehen, im Süden. Meine Zukunft ist hier, sagen sie. Im Norden. Aber viele gehen natürlich doch zurück. Woher kommen sonst die Mütter und Väter auf den Bahnsteigen? Vielleicht verlieren sie ihre Begeisterung für den Norden, nachdem sie ihren Abschluss gemacht haben und aus meiner Obhut entlassen sind. Vielleicht finden sie Mailand und Turin nach einer Weile zu anstrengend, oder sie finden eine staatliche An stellung als Lehrer und lassen sich an eine Schule in der Nähe ihres Heimatorts versetzen. Es heißt, man könne im Süden mit einem staatlichen Einkommen gut leben.

WAS SIE MIR VOR ALLEM VERSCHWIEGEN HABEN, sind die bemerkenswerten Altstädte im Süden. Ich meine nicht architektonisch bemerkenswert, jedenfalls nicht nur. Architektonisch bemerkenswerte Altstädte gibt es in ganz Italien. Nein, unter gesellschaftlichen und anthropologischen Gesichtspunkten. In Tarent und Bari gibt es ausgedehnte mittelalterliche Stadtteile, die nur einen Steinwurf vom Bahnhof entfernt und noch weitgehend unmodernisiert sind und von einer Arbeiterklasse bevölkert werden, die fast schon eine Unterklasse ist, einen eigenen, unverständlichen Dialekt spricht und ein Gemeinschaftsgefühl und eine ausgeprägte kollektive Identität besitzt, die dem übrigen Europa fast gänzlich abhandengekommen ist. Läuft man vom Bahnhof in Tarent aus eine kurze, von Palmen gesäumte Straße hinunter und überquert die Drehbrücke, die das sogenannte kleine Meer, das Mar Piccolo, das links liegt, vom Golf von Tarent auf der rechten Seite trennt, ist man bereits in einer ganz eigenen Welt mit erdrückend engen Straßen und Menschen, die kaum zwischen Drinnen und Draußen zu unterscheiden scheinen, die auf Küchenstühlen in der Gasse vor ihrem Haus sitzen und durchs Fenster auf ihren eigenen Fernseher schauen, der in einem Zimmer mit Wänden aus rauen, nackten Steinen steht, die vor Jahrhunderten aufeinandergeschichtet wurden. Männer und Frauen rufen einander, über die Straßen hinweg, mit unverwechselbaren Schreien, codierten Pfiffen und einem flüssigen Repertoire von Gesten. Sofort ist man auf der Hut; man spürt, dass man hier nicht hergehört; hier ist man tatsächlich ein Fremder, ein Fremder, der durch die Ritzen in den Fensterläden genauestens beäugt wird. Wenn man ein Foto macht, bemüht man sich, niemanden zu verärgern oder zu belästigen, und hofft, dabei nicht gesehen zu werden.

Die Nähe der Eisenbahn hat daran nichts geändert, sie hat sich nicht zerstörerisch ausgewirkt. Sicher, die Bahn lockt auch die Söhne dieser Familien fort, vielleicht nicht in meine Universitätsseminare in Mailand, aber in die Fabriken in Frankfurt, Köln oder Dortmund. Anstatt Geld von zu Hause zu nehmen, um zu studieren, schicken sie Geld nach Hause zurück. Es ist die Sorte Emigranten, die als Rentner zurückkommen; die in gewisser Weise nie weggegangen sind und nie weggehen wollten.

Ein Zug anderer Art, der regelmäßig Tarent verlässt, ohne auf dem Bahnhof angekündigt zu werden, ist der Güterzug von ILVA, dem riesigen Stahlwerk an der Küste des Kleinen Meers, der großen inneren Lagune, die von der Stadt aus gut sichtbar ist. Erbaut im Jahr 1961, als die Stahlindustrie noch staatlich war, an einem Standort, der eher einer politischen denn einer wirtschaftlichen Logik entsprang, als Versuch, dem Süden Arbeitsplätze zu bescheren und die Wählerstimmen einer dankbaren Region zu sichern, ist ILVA inzwischen angeblich das größte Stahlwerk Europas und mit Sicherheit das bei Weitem größte in Italien. Ich sah Züge, die riesige schwarze Stahlrohre transportierten, drei Stück pro Waggon, wer weiß wohin.

Aber nur wenige Tage nach meinem Besuch erging eine behördliche Anordnung, das Werk stillzulegen, und zwar aufgrund einer Anklage wegen *disastro ecologico*. Die verschmutzte Luft, die über das Kleine Meer nach Tarent hineingeblasen wird, ist nur allzu sichtbar. Eine Studie behauptet, die dortige Stahlindustrie sei in den letzten sieben Jahren für 11550 Todesfälle infolge von Atemwegs- und Herzerkrankungen verantwortlich gewesen. Es ist noch unklar, ob das Werk tatsächlich stillgelegt wird. Vermutlich nicht. Da könnte man sich gleich von der Hälfte der italienischen Stahlindustrie verabschieden. Aber in jedem Fall dürfte damit zu rechnen sein, dass die Züge in näherer Zukunft mehr und mehr Männer und immer weniger Stahl nordwärts Richtung Deutschland bringen werden. Es wird noch mehr tränenreiche Abschiede auf den Bahnsteigen geben.

BRINDISI WAR EINE WUNDERBARE Überraschung, eine geschäftige Hafenstadt mit Fährverbindungen nach Griechenland und Kroatien, die nicht unbedingt auf dem üblichen Touristenprogramm steht, aber zu Unrecht; die Innenstadt ist elegant und gut ausgeschildert, und mein Hotel erwies mir tatsächlich die Ehre einer ordnungsgemäß ausgestellten Rechnung. Wie so oft sind leicht zu findende, gut beschilderte Wege zwischen Bahnhof und Stadt ein Zeichen dafür, dass die lokalen Behörden wachsam sind. Eine Sache, die man in Brindisi allerdings zu übersehen beschlossen hat, ist die Art von Inschrift, die in den meisten italienischen Städten ausgelöscht worden ist;

an einem grandiosen, monumentalen Springbrunnen, der
nach Norden über das Hafenbecken schaut, steht zu lesen

ANNO DOMINI MCMXL / XVIII AB ITALIA PER FASCES
RENOVATA / VITORIO EMANUELE REGE ET
IMPERATORE / BENITO MUSSOLINI DVCE / PROVINCIA
F. F. (Feliciter Fecit)

Im Jahr des Herrn 1940, achtzehn Jahre nach der Erwe-
ckung Italiens durch den Faschismus unter Viktor Emanuel
III., König und Kaiser, und Benito Mussolini, Duce; mit
Freuden gestiftet von der Provinz.

DOCH NICHTS FÜHLTE SICH in der warmen Luft von Brindisi an jenem Abend gefährlich an. Ich fand einen Tisch
am Rand des Bürgersteigs, wo eine kleine Band gerade
zu spielen begann, setzte mich und bestellte ein Bier. Es
ist immer faszinierend, zuzuschauen, wie sich eine Men-
schenmenge bildet. Ein Paar Mitte zwanzig setzt sich an
den Tisch links von mir; sie wirken mürrisch, nicht unbedingt unglücklich miteinander, nur gelangweilt. Dann ge-
sellen sich zwei weitere junge Leute zu ihnen, und die Unterhaltung zaubert ein Lächeln auf ihre Gesichter. Dann
kommen noch vier. Ein zweiter Tisch muss herbeigeschafft
werden. Jemand macht Fotos. Sie bestellen Pizza. Jetzt
plaudern die ersten beiden auch miteinander, und ihre
Augen leuchten vor Glück. Ich habe in Italien immer wieder beobachtet, dass Paare sehr oft von Gruppen abhängig
sind, vermutlich den Gruppen, durch die sie sich kennen-

gelernt haben. Das hängt zweifellos mit der starken Bindung der Italiener an ihre Heimatstadt zusammen, eine emotionale Abhängigkeit und ein Gefühlsreichtum, der hinter den endlosen Bahnfahrten am Wochenende steckt. Das Paar befindet sich inmitten seiner alten Freunde auf der vertrauten Piazza, und beide sind glücklich.

Die Band besteht bisher nur aus zwei Typen Ende vierzig mit Keyboard und Gitarre, die sich mit ein paar Jazz-Riffs aufwärmen, aber dann tritt eine energische, übergewichtige junge Frau ans Mikrofon, die ein paar ernsthafte Soul-Töne von sich gibt. Die Sache entwickelt sich vielversprechend. Ich bestelle mir noch ein Bier.

Mir war in den letzten Tagen ein süditalienischer Gesichtstyp aufgefallen, ein Frauengesicht, und tatsächlich, am Tisch zwischen mir und der Band saß ein weiteres Beispiel dafür. Die Nase ist dominant, lang, vorwärtsgereckt, schmal und ganz leicht gebogen. Die Augen sind groß und zurückhaltend mit Eyeliner geschminkt, die Augenbrauen zu schwungvollen Bögen gezupft. Die Stirn wölbt sich markant nach hinten, wodurch die Nase noch stärker betont wird, und das dicke rabenschwarze Haar, das straff nach hinten gekämmt ist, wird von einem Stirnband und drei langen Holzspießen, die wie Stacheln in verschiedene Richtungen abstehen, fest zusammengehalten. Der Hals ist lang, die Lippen sind ausgeprägt und ganz leicht geschürzt, die Zähne groß und leicht vorstehend, was den allgemeinen Eindruck von Vorwärtsdrang und Intensität noch verstärkt. Diese Frauen, schlank und kleinbrüstig, sind nicht schön. Sie wirken wie Figuren auf einem Terrakotta-Relief. Oder nein, ich irre mich, sie sind unglaublich schön. Oder? Ich bin mir nicht sicher. Es ist eben ein Typ. Ihre Körper, ihr Benehmen, ihr schiefes, archaisches Lächeln, alles strahlt eine gewisse Weisheit aus. Dadurch fallen sie auf. Wie dem auch sei, die Band hat jetzt zu spielen begonnen, einen souligen Jazz in der sommerlichen Dämmerung; zwischen den Songs erfüllen die Junikäfer die Stille mit ihrem Gebrumm; das laute Surren ihrer Flügel schwillt an und ab, immer wieder, ergänzt vom Stimmengewirr der vierzig oder fünfzig einheimischen Gäste, die einen Abend in der Stadt genießen. All dies nur fünf Minuten zu Fuß vom Bahnhof im Hafen von Brindisi entfernt, von wo aus mein nächstes und letztes Ziel am nächsten Morgen Lecce sein wird, das sogenannte Florenz des Südens.

Siebtes Kapitel

LECCE — OTRANTO

VOR DEM BAHNHOF IN LECCE entdeckte ich ein A4-
Blatt mit einer Telefonnummer, das auf eine Mülltonne geklebt war: TAXI DA LECCE PER OTRANTO,
60 EURO. Sehr schade, dachte ich, dass es keinen Zug gab,
mit dem ich noch weiterfahren konnte, bis nach Otranto
oder sogar Gallipoli, bis ganz ans Ende des Landes, zur
Spitze von Italiens Pfennigabsatz. Ich hatte auf die FS-Stre-
ckenkarte geschaut, aber auf den sechzig Kilometern südlich von Lecce war rein gar nichts im Angebot. Ich fand
das traurig – ich hätte mir gerne Horace Walpoles Schloss
von Otranto angesehen; es war mir immer seltsam vorge-
kommen, dass der englische Schauerroman, bei dem man
unweigerlich an verfallende Gemäuer in finsteren Wäldern
denkt und an Gespenster, die zwischen Regenwänden auftauchen, an der sonnenverbrannten Küste Apuliens begonnen haben soll, wo Schlösser und Burgen bestimmt nicht
so aussahen wie die, die wir als Kinder besucht hatten.
Außerdem wusste ich von meiner Recherche über die Me-
dicis im 15. Jahrhundert, dass Otranto Zielscheibe eines der
schlimmsten türkischen Überfälle auf italienischem Territo-

rium war, einer, der zum Brückenkopf für einen Angriff auf
das Zentrum des Christentums zu werden drohte: Im August 1480 nahmen die Türken die Stadt ein, töteten zwölftausend Menschen und verschleppten weitere zehntausend
in die Türkei, wo sie den Rest ihres Lebens als Sklaven verbrachten. Es war einer der Momente, in denen der weitere
Verlauf der Geschichte in der Schwebe ist. Für Lorenzo de'
Medici erwies sich die Bedrohung jedoch als göttliche Fügung; seine Florentiner Armee stand zu der Zeit unter hohem Druck päpstlicher Truppen; aber jetzt bekam der Papst
es mit der Angst zu tun, schloss Frieden mit Lorenzo und
zog Florenz in einen Abwehrpakt mit dem Vatikan und
dem Königreich Neapel. Die Könige von Neapel, in deren
Besitz Apulien sich damals befand, waren dann diejenigen,
die das Schloss im Laufe der folgenden Jahrhunderte stärkten und zu einer uneinnehmbaren Bastion gegen die Türken machten. Kaum hatte ich also den Namen Otranto auf
dem Zettel an der Mülltonne gesehen, der für eine Taxifahrt
warb, wollte ich unbedingt dorthin. Nur leider war Otranto
nicht an das Eisenbahnnetz angeschlossen. Lass gut sein,
dachte ich. Wenn man sich alles historisch Interessante in
Italien anschauen wollte, käme man nie wieder nach Hause.

Und natürlich gab es auch noch Lecce. Mein Regionale
aus Brindisi kam in nur dreißig Minuten an; unterwegs
fuhr er an etlichen Solarfeldern vorbei. Lecce liegt gut zehn
Kilometer von der Adria im Osten und 25 Kilometer vom
Ionischen Meer im Westen entfernt, in der relativ flachen,
unspektakulären Ebene des schmalen Absatzes von Italien.
Hier gibt es also weder die dramatischen Hügellandschaften, die Ragusa und Modica so pittoresk machen, noch

die Küste, die Tarent und Crotone ihre Eigenart und ihren visuellen Reiz verleiht. Als Ausgleich ist das historische Zentrum von Lecce so atemberaubend, dass man seinen Augen kaum traut.

Diese Wirkung rührt aus der zufälligen Kombination eines bestimmten Gesteins mit einem bestimmten Stil her. *Pietra leccese* ist ein Kalkstein, der hart genug zum Bauen ist, Zeit und Regen standhält, zugleich aber leicht modellierbar ist. Der Stil ist natürlich barock, ein Stil, der von der Extravaganz bildhauerischer Ornamente lebt, von einem gewollten Zuviel von Schmuck und Schnörkeln, so als könne keine Überfülle je dem Akt der Anbetung gerecht werden, der dem Bau einer Kirche innewohnt, denn wie immer in Italien sind es die Kirchen, die den Charakter des Stadtzentrums bestimmen.

Dieses Gestein und dieser architektonische Stil sind füreinander geschaffen. Die Bildhauer konnten den Stein nach Herzenslust gestalten. Die Fassaden der Kirchen von Lecce strotzen förmlich von Cherubim und Rosen, Lorbeerkränzen und Engelsflügeln, Heiligen, Säulen, Schriftrollen, Wasserspeiern, der gesamten Bandbreite an Fabeltieren. Aber das ist noch nicht alles. Diese üppige steinerne Zier ist nicht lavaschwarz wie die Barockgebäude in Catania oder die Stuckfassaden anderer süditalienischer Kirchen, sondern von einem exquisiten gelblichen Weiß, denn das ist die Farbe des *pietra leccese*, eine Farbe, die durch die raue Oberfläche, die das Licht aufsaugt, ein tiefes Leuchten erhält, sodass der aufwendig modellierte Stein das samtene, fein schattierte Glänzen blassgelber Rosen in der Morgensonne annimmt.

GEHT MAN ZU FUSS vom Bahnhof in die Stadt, verlässt man nach ein paar Minuten die normalen urbanen Straßen und betritt ein Labyrinth. Nicht eins aus engen Gassen wie in Crotone oder Tarent, sondern eins aus imposanten Piazze, deren ungewöhnliche Geometrie in Kombination mit der hypnotischen Wirkung der vielen barocken Fassaden schon nach kurzer Zeit zu einem kompletten Orientierungsverlust führen kann. Man versucht gar nicht mehr, sich zurechtzufinden, man geht einfach von einer umwerfenden Kirche in die nächste und staunt nicht nur über dieses oder jenes großartige Kunstwerk, nein, überall trifft einen die Pracht der Interieurs wie eine Lawine: die Kerzen und Leinwände, der bunte Marmor und die gedrechselten Kanzeln, die Grabmäler, Madonnen, Orgelpfeifen, Banner, Basreliefs, die weiß-goldenen Decken voller Heiligenfiguren und Putten.

Kleinstädte wie diese haben höchstens zwei Bahnhöfe. Wozu sollten sie mehr brauchen? Doch wie es scheint, gibt es keine Grenze für die Anzahl der Kirchen, großer Kirchen, die eine italienische Stadt beherbergen kann. Wer unterhält sie alle? Wer schafft es, den Überblick über ihre Ausstattung zu behalten? Der Duomo di Maria Santissima Assunta, die Chiesa di Sant'Irene dei Teatini, die Basilica di Santa Croce, die Chiesa del Gesù, die Basilica di San Giovanni Battista al Rosario (schon die Namen sind zu viel des Guten), die Chiesa di Santa Chiara, Chiesa del Carmine, Chiesa di San Matteo, Chiesa dei Santi Niccolò e Cataldo. Alles Hauptkirchen, die sich auf einem begrenzten Gebiet mit ein paar Piazze und allzu sonnigen Straßen befinden. Und es gibt noch viele andere. Anscheinend hat man im 17. Jahrhundert, als Lecce zum Königreich Neapel

gehörte, das zu der Zeit von den spanischen Aragoniern
regiert wurde, einen entschlossenen Versuch unternommen, die Stadt in ein Zentrum religiöser Pracht zu verwandeln; die großen Piazze wurden für Jahrzehnte zu Bau-
stellen und nährten einen ganzen Wirtschaftszweig, der
kirchliches Zubehör produzierte. Zur selben Zeit wurden, da die Türken von der gegenüberliegenden Küste her
noch immer anzugreifen drohten, stabile Stadtmauern mit
prächtigen Toren errichtet, die in Gestalt und Ausstrah-
lung ebenfalls barocken Fassaden glichen. Oft wurden
auch noch die älteren Kirchen der Stadt aufpoliert, um
dem neuen Stil zu genügen. Dadurch besitzt Lecce heute
einen einheitlichen Charme, der selbst für italienische Ver-
hältnisse außergewöhnlich ist. Nur die dreißig Meter hohe
Säule mit der Statue von Sant'Oronzo obendrauf, dem
Schutzpatron der Stadt, der im Jahr 1656 durch ein Wunder die Stadt von der Pest erlöste, stört ein bisschen, denn
sie wurde errichtet, indem man zwei römische Säulen aus
weißem Marmor aufeinanderstellte. Irgendwie passt sie
einfach nicht ins Bild.

Nachdem ich mehrere Sehenswürdigkeiten absolviert
und zwischendurch abwechselnd Orangensaft und Espresso
getrunken hatte, nahm ich schließlich den Duomo in Angriff, der einen riesigen Platz beherrscht, der einem breiten,
an drei Seiten von leuchtend gelbem Stein umschlossenen
Canyon gleicht. Froh, der Sonne zu entkommen, zwängte
ich mich durch den schweren Vorhang am Eingang, wan-
derte eine Weile durch die Gänge und setzte mich dann, als
mich ganz plötzlich das Gefühl überkam, für einen Tag genug gesehen zu haben, auf einen harten Sitz, um mich aus-

zuruhen. Ich habe schon immer gern in italienischen Kirchen gesessen und mich einfach umgeschaut und zugehört; sie sind so anders als die Kirchen, in denen mein Vater gepredigt hat, wo die Leute zu den Hauptgottesdiensten, der Morgenandacht und zur Abendmesse kamen, mehr nicht. Hier in Lecce, abseits vom Touristenrummel, gab es ein ununterbrochenes Rinnsal von Gläubigen, die ihre Gebete und ihren Aberglauben erneuern wollten, ein ununterbrochenes Murmeln und ständiges Schlurfen respektvoller Schritte auf dem Marmorboden, inmitten der erhabenen Pracht reich verzierter Altäre und zahlloser Kandelaber.

Ich schloss die Augen. Nach einer Weile fing ein Rosenkranzgebet an. Es kam anscheinend aus einer kleinen Kapelle zu meiner Linken; Stimmen verloren sich im hypnotischen Rhythmus des Rosenkranzes. Ich lauschte, versuchte, das Erlebnis der Betenden nachzuempfinden, bis mir ganz allmählich bewusst wurde, dass die Stimme des Vorbeters ... *vom Band kam.*

Nein! Das konnte nicht sein. Aber doch, so war es.

Ich richtete mich auf. Da war definitiv der metallische Nachklang einer ziemlich amateurhaften Tonaufnahme. Unglaublich, dass in dieser gigantischen Kirche, in der man an nichts gespart hatte, kein Priester anwesend war, um das Ritual zu leiten, sondern bloß ein schlecht aufgezeichneter Singsang:

Ave, Maria, piena di grazia,
il Signore è con te.
Tu sei benedetta fra le donne,
e benedetto è il frutto del tuo seno, Gesù.

Die elektronische Stimme leierte das Gebet inklusive der Pausen herunter, ganz ohne das Pathos, das wir für gewöhnlich empfinden, wenn der individuelle Wille sich in den kollektiven Refrain fügt. Und tatsächlich konnte ich, nachdem ich erkannt hatte, dass die Stimme aufgezeichnet war, nicht einmal mehr so tun, als gäbe ich mich ihr hin. Stattdessen verglich ich sie unwillkürlich mit den elektronischen Durchsagen in den Bahnhöfen, deren *capistazione* schon vor langer Zeit in den Ruhestand geschickt wurden, zusammen mit all ihren Untergebenen. Die unendlich oft abgespielte Stimme kommt von weit her oder aus fernen Jahren und wird nur mit Hilfe von Drähten oder Mikrochips gegenwärtig. Darin liegt eine gewisse Arroganz und Überheblichkeit: Die Organisation, die den Service bereitstellt, ob nun das Gebet oder die Züge, ist so mächtig geworden und so abgestumpft, dass sie keine Notwendigkeit mehr sieht, ihre Fahrgäste oder Gläubigen durch eine real anwesende Person zu leiten. Sie wirkt dadurch distanziert und absurd, und die Leute haben kein schlechtes Gewissen mehr, wenn sie schummeln; sie bilden sich ein, sie könnten durch regelmäßiges Beichten Absolution erlangen, sie sitzen ohne gültigen Fahrschein in der ersten Klasse, und in anderen Lebensbereichen hinterziehen sie Steuern oder ignorieren die Baubestimmungen.

Hier auf meinem Stuhl in der kühlen Kathedrale, die Lecces Schutzpatron Sant'Oronzo gewidmete Säule noch frisch im Gedächtnis, fiel mir, während ich den unbemannten Stationen des Kreuzwegs folgte und Analogien zwischen Kirche und Eisenbahn herstellte, ein Artikel ein, den ich kurz zuvor gelesen hatte und in dem unge-

fähr Folgendes stand: »Die Ferrovie dello Stato brauchen
in diesen schwierigen Zeiten dringend einen Schutzheili-
gen und dürften daher die Nachricht begrüßen, dass der
Papst Paolo Pio Perazzo heiliggesprochen hat, einen Eisenbahner, der 1911 nach lebenslanger Selbstverleugnung ver-
storben ist; Paolo hätte heiraten können, widmete aber
stattdessen all seine Kraft der Entwicklung der Eisenbah-
nergewerkschaft und gab sein kärgliches Gehalt den armen
Jungen, die vor den Bahnhöfen Süditaliens Streichhölzer
verkauften.«

Bis ich diesen Artikel las, dachte ich, der heilige Christopher sei der Schutzpatron der Eisenbahner, obwohl ich
auch festgestellt hatte, dass die Trenitalia-Mitarbeiter in
Catanzaro Sant'Antonio von Padua anbeten. Am 22. August 1943, drei Jahre nach der Einweihung jenes Brun-
nens in Brindisi, der die Erneuerung Italiens durch den
Faschismus feiert, zerstörten alliierte Bomber einen Komplex von Eisenbahnwerkstätten und Depots außerhalb des
Bahnhofs von Catanzaro Lido. Da ihnen keine Zeit blieb,
Deckung zu suchen, sprangen die Arbeiter über eine niedrige Mauer und verkrochen sich in einer Obstplantage,
aber erst nachdem einer von ihnen eine kleine Statue des
heiligen Antonius auf dem Gelände des Depots um Hilfe
angerufen hatte. Bis dahin war diese Statue anscheinend
ein Zankapfel zwischen christlichen Arbeitern und Kommunisten gewesen, der zu allen möglichen Streitereien
geführt hatte. Doch die Eisenbahner überlebten, und als
sie wieder aufstanden, stellten sie fest, dass der gesamte
Werkskomplex hinter ihnen in Schutt und Asche lag, mit
Ausnahme dieser Statue von Sant'Antonio. Siebzig Jahre

später wird dieser Tag noch immer gefeiert, und besagte Statue, die jetzt im Lokal des Eisenbahnervereins untergebracht ist, kommt alljährlich in den Genuss einer Tour durch den Bahnhof inklusive der Fahrt mit einer Lokomotive. Das Wunder – denn was sollte es sonst gewesen sein? – war offenbar der Auslöser für die Bekehrung einer Reihe von Kommunisten.

MIT SKEPTISCHEM LÄCHELN verließ ich die Kathedrale. Der automatisierte Rosenkranz war mir auf die Nerven gegangen. Aber als ich zum Bahnhof zurückkehrte und einmal mehr bedauerte, dass die Bahnlinie hier endete und die Ferrovie dello Stato mir nach meinem Spaziergang durch Lecce nichts anderes zu bieten hatten als eine lange Heimfahrt, erlebte ich selbst ein kleines Wunder. Ich schaute nach oben auf die Abfahrtstafel und sah das Wort Otranto. Wie konnte das sein? Hatte ich eine Erscheinung? Ich lief eilig zum Trenitalia-Fahrplan mit den Abfahrten, einem gedruckten gelben Plakat an der Wand, aber nichts. Der Zug stand nicht drauf. Nichts fuhr von Lecce aus weiter nach Süden. Ich überlegte, ob ich zum Bahnsteig gehen und nachsehen sollte, ob der Zug tatsächlich da stand, aber ich hatte keinen Fahrschein, und es war schon recht spät für eine Fahrt nach Otranto, denn ich hatte ja noch mein Hotelzimmer in Brindisi, das eine Stunde weiter nördlich lag. Andererseits, warum sollte ich mir diesen Geisterzug, den es eigentlich nicht geben durfte, nicht wenigstens mal ansehen? Ein Mysterium, das Walpoles Schauerroman würdig gewesen wäre.

Im Tunnel unter den Bahnsteigen hatte sich ein deutscher Schäferhund auf der Flucht vor der Sonne auf den Kacheln ausgestreckt. Die Treppe führte auf den hintersten Bahnsteig; dann musste man die Schienen überqueren, um noch zu einem weiteren Bahnsteig zu kommen, an dem ein uralter Zug mit nur einem Waggon stand und Dieselabgase ausstieß. War das der Zug nach Otranto? Ich erkundigte mich verwundert. Nicht ganz, teilte man mir mit. Man musste in Zollino umsteigen, nach Maglie, und dort hatte man Anschluss an den Zug nach Otranto.

»Aber man kann bis Otranto fahren?«

»Ja.«

Eilig lief ich zurück in die Schalterhalle und stellte mich an. Das Problem war, dass ich morgen eigentlich vorhatte, den ganzen Tag über mit relativ gemütlichen Zügen von Brindisi nach Mailand zurückzufahren, weil ich am Morgen darauf, einem Freitag, leider schon um neun Uhr morgens einer Prüfungskommission vorsitzen musste. Und Prüfungskommissionen, daran muss ich mich immer wieder mahnend erinnern, sind Termine, die man auf keinen Fall versäumen darf, sonst drohen gesetzliche Konsequenzen. Andererseits, wenn es schon einen Zug ans Ende des Landes gab, dann sollte ich ihn unbedingt nehmen.

Dann hatte ich eine zündende Idee, verließ die Fahrkartenschlange, um noch einmal auf den gelben Abfahrplan zu schauen, und stellte wie erwartet fest, dass es einen Nachtzug gab, der die Adriaküste hoch und dann hinüber nach Bologna fuhr und um 7.10 Uhr in Mailand eintraf. Falls er pünktlich war, hätte ich alle Zeit der Welt, um zur Universität zu fahren und, wenngleich ein bisschen zerzaust, auf dem Podium zu sitzen, wenn die Studenten an ihrem großen Tag eintrafen.

Es war riskant: fast tausend Kilometer Zugfahrt und nur einen Spielraum von einer Stunde für mögliche Verspätungen.

Mach's.

»Eine Fahrkarte nach Otranto bitte, für morgen. So früh wie möglich.«

Es waren knapp fünfzig Kilometer.

Ein müde aussehender junger Mann schaute mich mit einer Mischung aus Ärger und Mitleid an; offenbar hatte ich einen schweren Fauxpas begangen.

»Trenitalia hat keinen Zug nach Otranto.«

»Aber ich habe Otranto doch auf der Abfahrtstafel gesehen.«

»Das ist nicht Trenitalia.«

»Aha?«

Er zögerte: »Dieser Service, *signore*, wird angeboten von« – er seufzte tief – »le Ferrovie del Sud Est.«

»Und wie komme ich an eine Fahrkarte?«

Sein Gesichtsausdruck verriet mir, dass ich mit dem Feuer spielte.

»Bahnsteig eins«, murmelte er.

ICH GING ZUM BAHNSTEIG EINS und schaute mich um, entdeckte aber nichts, kein Schild, keinen Zusatzfahrplan. Wie in den meisten Bahnhöfen verkehren auf Bahnsteig eins die Züge der Hauptstrecke, in diesem Fall die aus Bari und dem Norden. Es war viel los. Ein Frecciabianca

befand sich *in arrivo*. Nach langem Laufen tauchte schließlich hinter allen anderen Schaltern, Automaten und Maschinen, bereits außerhalb des Dachs, das den Bahnsteig
vor Sonne und Regen schützt, nur wenige Meter vor dem
Ende des Bahnhofskomplexes, halb verdeckt von zwei
grauen Laternenpfählen vor dem Hintergrund eines über-
wucherten Abstellgleises an der Wand ein unauffälliges
grünes Schild auf, auf dem neben dem Logo FSE das Wort
biglietteria stand.

Es war ein etwa zwei Meter fünfzig mal zwei Meter
fünfzig großer Raum – keine Bänke, kein Komfort, kein
Design – mit einem einzigen Schalterfenster, hinter dem
ein vergnügter Mann saß und vier, fünf Kunden Auskünfte
erteilte. Sehr ausführliche Auskünfte. Lange Erklärungen
waren vonnöten, stellte ich fest, denn die FSE, von der ich
bis dahin noch nie gehört hatte, betrieb ein kompliziertes
Netz uralter Strecken, die zumeist im 19. Jahrhundert entstanden und nie erneuert worden waren; man musste fast
immer zweimal umsteigen, egal wohin man wollte, und
die Fahrpläne, die seltsamerweise weit über Augenhöhe an
den Wänden angebracht waren, folgten einem neuen System, mit dem man theoretisch seine Verbindungen finden
konnte, indem man mit dem Finger die Spalten entlangfuhr und dann von einer zur nächsten sprang; die Züge
selbst waren angeblich so getaktet, dass sie sich in Bahnhöfen trafen, wo die Strecken sich doppelten; hier konnten
sie aneinander vorbeifahren und die Gelegenheit nutzen,
die Reisenden umzuverteilen.

Ich konnte dem nicht folgen; es war zu kompliziert. Mir
wurde klar, dass ich ohne Trenitalias eigentlich sehr be-

eindruckendes Informationssystem aufgeschmissen war. Bahnfahren bedeutete für mich Trenitalia. Mein Gehirn hatte sich der Logik von Trenitalia angepasst, so wie meine Finger sich vor Jahren beim Tippen Microsoft untergeordnet hatten. Italo war ein Kinderspiel gewesen: ein Schnellzug nach dem anderen raste die gleiche Hochgeschwindigkeitsstrecke entlang, ohne Umsteigen, Anschlusszüge oder Abzweigungen. Aber das hier war speziell, provinziell, mit seinen vielen Verzweigungen schon fast botanisch.

Der *bigliettaio* lachte. Er war in Hemdsärmeln, frei von Trenitalias Uniformzwang, frei von jedem Bürokratenlook. Er schien mit seinem Exil hier draußen auf den letzten steinigen Metern von Bahnsteig eins im Reinen zu sein.

»Keine Sorge«, sagte er zu mir. »Spätestens beim Einsteigen wird Ihnen alles klar sein.«

Das Ticket kostete nicht 60 Euro, sondern 3,20 Euro.

Dann reichte er mir ein kleines bedrucktes Stück Papier und fügte hinzu: »Obwohl wir leider Probleme haben, weil sich ein Lokführer krankgemeldet hat.«

Er kratzte sich am Kopf.

»Aber…«

»Wir finden sicher eine Lösung«, sagte er lächelnd. »Wir finden immer eine. Vielleicht werden Sie nicht ganz pünktlich sein, aber ankommen werden Sie auf jeden Fall.«

»Und auch zurück?« Ich wollte definitiv nicht in Otranto festsitzen.

»Warum denn nicht?« Er lächelte wieder. »Haben Sie Vertrauen!«

Und wieder stellte sich das Gepäckproblem. Wenn ich meine Fahrt nach Otranto genießen wollte, musste ich mein Gepäck irgendwo unterbringen, denn da ich die Nacht im Zug nach Mailand verbringen würde, hatte ich kein Hotel gebucht. Wikipedia behauptete, im Bahnhof von Lecce gäbe es eine Gepäckaufbewahrung, aber ich konnte sie nicht finden und musste fragen.

»Draußen vor dem Bahnhof rechts.«

Der Bahnhof hatte eine lange, niedrige Fassade mit einer Reihe von Bögen in einer cremefarbenen, stuckverzierten Wand, fast wie der Royal Pavilion in Brighton. Die Gepäckaufbewahrung befand sich gut hundert Meter außerhalb von allem, was man noch für einen Teil des Bahnhofs oder auch nur für zum Bahnhof gehörig hätte halten können. An der Tür hing ein improvisiertes Schild. Ich klopfte und steckte dann den Kopf hinein. Der Raum war so gut wie leer. Kein einziger Koffer war zu sehen, auch keine Regale, auf denen man Gepäck hätte abstellen können. Aber an einem Holztisch in der hinteren Ecke saßen zwei Männer in Overalls und spielten Karten.

»*Chiedo scusa*, ich muss morgen mein Gepäck hier abgeben. Geht das? Haben Sie um acht Uhr geöffnet?«

Einer von den beiden blickte auf. »Sie müssen sich ausweisen.«

Anscheinend war es ein sehr spannendes Spiel.

AUS REINER NEUGIER gab ich am Abend »*Lecce deposito bagagli*« bei Google ein und stieß auf einen kurzen Chat:

»Das reinste Dreckloch, diese Gepäckaufbewahrung, die klauen, was das Zeug hält, kann man vergessen, lieber woanders hingehen.«

Aber es gab kein Woanders.

Ich recherchierte auch ein bisschen über die Ferrovie Sud Est. Ich hatte mir darunter ein kleines Provinzunternehmen vorgestellt, das ungenutzte FS-Strecken übernommen hatte, um dem Nahverkehr und dem regionalen Gütertransport wieder etwas Leben einzuhauchen. Aber FSE war schon 1933 gegründet worden und betrieb etliche Regionalstrecken, die aus irgendeinem Grund nicht verstaatlicht worden waren. Es war zu hundert Prozent im öffentlichen Besitz, immer gewesen, aber eben regional. Kurzum, eine Anomalie. Warum war das Streckennetz nicht in die Ferrovie dello Stato integriert worden? Warum wurde das Angebot nicht publik gemacht und der Fahrplan deutlich sichtbar in einem der größten Bahnhöfe, die das Unternehmen bediente, aufgehängt? Warum konnte man über die Trenitalia-Website eine Fahrkarte für die Französische oder die Deutsche Bahn buchen – um z. B. nach Paris oder München zu fahren –, aber nicht für einen Anschluss mit einer anderen staatlichen italienischen Gesellschaft, um nach Otranto oder Gallipoli zu reisen?

AM NÄCHSTEN MORGEN klopfte ich, nachdem ich einen sehr frühen Zug von Brindisi genommen hatte, erneut an die Tür der Gepäckaufbewahrung in Lecce, die eigentlich eher wie die Haustür zu einem Privathaus aussah.

Drinnen saßen zwei Männer in orangefarbenen Overalls und spielten Karten. Aber es waren nicht dieselben Männer. Diesmal schien es dem einen ein bisschen peinlich zu sein, um Viertel nach acht Uhr morgens beim Kartenspielen gesehen zu werden, und er ging schnell hinaus. Der andere, ein mürrischer junger Mann, machte ein Foto von meinem Ausweis und sagte, ich könne meinen Rucksack direkt neben mir auf den Boden stellen. Darin waren mein Computer, mein Kindle und ein Haufen Schmutzwäsche.

Da ich keine Leistungsbeschreibung oder Preisliste entdecken konnte, fragte ich, ob ich gleich bezahlen sollte oder später.

»Bei der Abholung. Fünf Euro für die ersten fünf Stunden; siebzig Cent für jede weitere Stunde.«

Der junge Mann sprach gut Italienisch, aber ohne jeden Schnörkel, wie zum Beispiel Höflichkeit. Ich bedankte mich herzlich.

Um 8.53 Uhr standen dann ich selber, zwei japanische Mädchen und eine aus dem Norden heimkehrende Studentin mit einer riesigen Tasche auf einem abgelegenen Bahnsteig. Die Studentin war die ganze Nacht von Mailand durchgefahren und war erschöpft; es war ein Skandal, sagte sie, dass es keine guten Anschlüsse zwischen Trenitalia und FSE gab.

»*Separati in casa.*« Ein Ehepaar, das getrennt unter einem Dach lebt.

»*Già.*«

Die Sonne beherrschte jetzt alles. Wir mussten schnellstens in den Schatten. Zum Glück stand der FSE-Zug schon am Bahnsteig bereit. Wir waren gerade beim Einsteigen, als ein Mann erschien und uns mitteilte, dies sei der falsche Zug.

So fing es an. Darauf folgte ein längeres Gespräch mit den Eisenbahnmitarbeitern, ein entspanntes, freundliches

Hin und Her, wie man es bei Trenitalia äußerst selten erlebt. Sehr attraktiv. Keine automatischen Durchsagen, nicht der Eindruck einer distanzierten, gigantischen Organisation. Im Grunde gar kein Eindruck von Organisation. Diese wohlwollenden Bahnbeamten erklärten so viel, dass man am Ende gar nichts verstand. Dieser Zug, sagten sie, fuhr nach Zollino, ebenso wie der Zug nach Otranto, der eigentlich jetzt abfahren sollte, aber noch nicht da war, obwohl er vermutlich bald kommen würde, aber das wussten sie nicht genau, denn irgendwo ging gerade jemand nicht ans Telefon, und irgendwo anders war jemand krank geworden, aber es ging ihm schon wieder besser, und es würde sich alles fügen. Wir sollten auf den nächsten Zug warten.

»Es ist sehr heiß«, sagte ich.

»Die Bahnhofshalle ist klimatisiert«, sagten sie und zeigten über acht Bahnsteige hinweg auf das Gebäude.

»Die Mädchen haben schwere Taschen«, sagte ich. Es war schon mühsam genug gewesen, ihnen die Treppen der Unterführung hinunter und wieder hinauf zu helfen.

Der Mann betrachtete das Gepäck. Die Japanerinnen wirkten bestürzt.

»Okay, dann steigen Sie in diesen Zug ein«, entschied einer der Männer. Es war unklar, ob die Männer uniformiert waren oder nicht. Sie trugen alle die gleichen dunklen Hosen und Hemden, aber das war wohl Zufall.

Die Studentin sagte mir jetzt hinter vorgehaltener Hand, dass sie uns nicht die volle Wahrheit sagten. Sie war tatsächlich um kurz nach sieben, als ihr Nachtzug aus Mailand eingetroffen war, in den Zug, den *richtigen* Zug, nach

Otranto eingestiegen, und man hatte sie gewähren lassen, sie dann jedoch gebeten, wieder auszusteigen, weil der Zug, so hatten die Männer behauptet, irgendwo hinfahren musste, um Diesel zu tanken. Sie hatte gedacht, das würde zehn bis fünfzehn Minuten dauern, und jetzt, anderthalb Stunden später, stand sie immer noch hier.

Ich hatte sofort das Gefühl, dass FSE vielleicht keine Organisation war, aber doch zumindest eine Art »Happening«, das Menschen zusammenbrachte.

Wie auch immer, auf den Rat unseres Eisenbahners hin stiegen wir in den falschen Zug ein, der uralte braune Sitze hatte, die im Boden verankert waren. Der Zugführer, ein schlanker, zufrieden wirkender Mann in mittleren Jahren, kam aus seinem Führerhaus und versicherte uns, der Zug stamme aus dem Jahr 1936. Ich glaubte ihm fast, und wir fuhren los.

Aber die Bahnhöfe hätten kaum hübscher sein können. Sie sind aus dem gleichen *pietra leccese* gebaut wie die Kirchen der Stadt, ihre Fassaden sind frisch gesäubert und charmant renoviert, mit hellgrünen Stahlsäulen, die elegante Bahnsteigüberdachungen tragen, und hübschen neuen Fahrkartenautomaten (allerdings habe ich beim besten Willen nicht herausfinden können, wie man sie bedient) und allen möglichen neuen, hellgrünen Hinweisschildern in schönem Design, absolut ansprechend. Auf fast jedem Bahnhof gab es eine blau-weiße Plakette mit einer Danksagung an die Europäische Gemeinschaft für die finanzielle Unterstützung, auf der auch die vielen Anschaffungen erwähnt waren, die man mit diesen großzügigen Zuwendungen getätigt hatte. Solche Danksagungen

findet man allerdings auch auf Trenitalia-Bahnhöfen. Ich
habe eine fotografiert, auf der der Europäischen Gemeinschaft gedankt wird

> für die Unterzeichnung eines Vertrags, der für die Haus-
> haltsjahre 2008, 2009, 2010 und 2011 Dienstleistungen
> zusichert, mit deren Hilfe die überhandnehmende Vege-
> tation an den Bahnstrecken sowie auf den Freiflächen,
> die in den Zuständigkeitsbereich des regionalen Infra-
> struktur-Managements von Bari fallen und die territori-
> ale Infrastruktur von Bari betreffen, mit mechanischen
> Methoden und chemischen Mitteln unter Kontrolle ge-
> halten werden kann.

Außer den Namen aller Beteiligten (eine lange Liste) sind
auf der Plakette auch die Kosten für diese Dienstleistungen angegeben: 3.614.750,57 Euro. Drei Millionen sechs-
hundertvierzehntausend siebenhundertfünfzig Euro und
siebenundfünfzig Cent. Für die Unkrautvernichtung in
einem Zeitraum von vier Jahren.

Ich glaube generell, dass jede Form von Rhetorik und
jede Einzelheit letztendlich ihre Funktion und ihre Logik
besitzen. In diesem Fall kann ich nur annehmen, dass die
siebenundfünfzig Cent erwähnt werden, um einen Eindruck von Ehrlichkeit und Sorgfalt zu erwecken, der noch
des schlimmsten *pignolo* würdig wäre. Es ist allgemein bekannt, dass Apulien, was öffentliche Subventionen betrifft,
zusammen mit Sizilien einer der beiden verschwenderischs-
ten europäischen Verwaltungsbezirke ist.

Als wir auf dem allerliebsten kleinen Bahnhof von

Zollino ausstiegen, fragte uns ein Eisenbahner, wo wir hin
wollten, und ich sagte Otranto.

»Sie waren im falschen Zug«, bemerkte er.

»Aber der Zug nach Otranto kommt demnächst?«

»Das hoffe ich«, sagte er. »Ich sollte lieber mal anrufen.«

Unfähig zu verstehen, warum er es beunruhigend fand,
dass wir hier nicht mit dem anderen Zug eingetroffen
waren, ging ich ins Bahnhofsgebäude, um mich vor der
Sonne zu retten. Auch hier war alles sehr klein und niedlich und ganz neu oder zumindest frisch renoviert. Aus
Neugier ging ich zu der Glastür, die auf die Straße hinaus
und in die kleine Ortschaft dahinter führte. Sie war abgeschlossen. Wie merkwürdig. Wir konnten den Bahnhof
nicht verlassen, und höchstwahrscheinlich kam auch niemand herein. Ich rüttelte erneut an der Tür. Ich musste
mich täuschen. Ich täuschte mich nicht. Draußen standen ein abgestorbener Baum und eine Reihe von niedrigen weißen Häusern mit Flachdächern. Ich ging zurück
auf den Bahnsteig und stellte keine Fragen.

Der Zug nach Otranto fuhr ein. Er war auf andere Art
altmodisch – dem Anschein nach aus den Sechzigerjahren,
aber ähnlich wie der erste. Die Ferrovie Sud Est hat oran-
gefarbene Vorhänge, die wunderschön aussehen, wenn sie
bei offen stehenden Fenstern den ganzen Wagen entlang in
der heißen, trockenen Luft flattern. Dieser Zug fuhr auch
nicht nach Otranto, sondern nach Maglie, wo der dritte
Zug, der, der tatsächlich endlich nach Otranto gefahren
wäre, ausfiel, weil jemand krank geworden war, aber keine
Sorge, es wurde ein Bus eingesetzt.

Der Eisenbahner, der uns diese Nachricht überbrachte –

ich zögere, die Männer, die mit uns sprachen, Schaffner zu nennen, denn keiner von ihnen fragte nach meinem Fahrschein, und es war unklar, ob sie zu irgendeinem besonderen Zug gehörten oder einfach nur das Angebot ihrer Firma nutzen, um zur Arbeit zu fahren –, besaß eine selbstgefällige Ich-hab's-Ihnen-ja-gleich-gesagt-Attitüde. Ganz offensichtlich kam es ihm nicht in den Sinn, dass die Dienstleistung, von der er lebte, ohne Fahrgäste eines Tages abgeschafft werden könnte. Aber vielleicht weiß er ja etwas, das ich nicht weiß.

Der Bus brauchte ewig. Die Landschaft war flach und trocken und sehr, sehr steinig. Weiße Steinmauern, staubige Olivenhaine und kleine, zerstreute Dörfer mit arabischen Flachdächern, die in der Sonne schmorten. An jeder Straßenkreuzung stand unweigerlich ein Wegweiser nach Otranto, und ebenso unweigerlich fuhr unser Fahrer in die entgegengesetzte Richtung. Das schien eine feststehende Regel zu sein. Ich fand es langsam unheimlich, und obwohl ich mir vor ein paar Tagen in dem Regionale von Crotone nach Sibari geschworen hatte, mir nie wieder Sorgen um die Pünktlichkeit eines Zuges zu machen, vor allem nicht im Urlaub, wurde ich doch allmählich ungeduldig. In einem Ort namens Bagnolo machte der Fahrer es wieder. Und dann noch mal in einem anderen Ort, dessen Namen ich nicht erkennen konnte. Nach Otranto geht's links, wir biegen rechts ab. Die 60 Euro für das Taxi kamen mir inzwischen wie ein Schnäppchen vor. Schließlich kapierte ich, dass der Fahrer das machte, um alle kleinen Bahnhöfe zu bedienen, an denen der Zug gehalten hätte, wenn der Lokführer nicht krank geworden wäre. Diese Orte waren

zweifellos durch die Eisenbahn vernünftig und direkt miteinander verbunden, nicht aber durch Straßen. Bei keinem
dieser Halte stieg jemand aus oder zu.

Aber als wir endlich eintrafen, entpuppte sich der Bahnhof von Otranto als wirklich sehenswert. Ehrlich gesagt
wirkte er eher wie ein prächtiges Eigenheim denn wie ein
Bahnhof: drei stuckverzierte weiße Stockwerke, exakt und
solide gebaut und wohlproportioniert. Hinter dem Gebäude erhoben sich hohe Palmen, die bis über das Dach
ragten, und vorne hatte man einen nagelneuen Kreisver-
kehr mit Rasen, attraktivem Steinpflaster und viel Platz
zum Parken angelegt. Autos, Busse, Menschen oder Tiere
waren nirgends zu sehen, aber die Junikäfer machten einen
ohrenbetäubenden Krach. Die stehende Luft schien wie
elektrisch aufgeladen. Während meine Mitreisenden sich
zu Fuß auf den Weg in die Stadt oder zum Strand begaben,
ging ich in das Bahnhofsgebäude. Man musste eine Treppe
hinaufsteigen und bis ans Ende des Gebäudes durchgehen,
um den Kopf des Bahnsteigs zu erreichen, der von einem
hübschen kleinen Garten mit Gewächshaus-Atmosphäre
umgeben war. Auf dem Rückweg entdeckte ich im Bahnhof einen Fahrkartenschalter, der tatsächlich besetzt war.
Zwei Männer unterhielten sich. Weit und breit war niemand da, der sie hätte unterbrechen können.

DIE STRASSEN, DIE ANS MEER HINUNTERFÜHREN, bieten
die typisch südländische Kombination aus Baufälligkeit
und Beliebigkeit. Sie verlaufen kreuz und quer, und auch
die Ausrichtung der Häuser, die sie säumen, scheint kei-

ner erkennbaren Logik zu folgen. Gestrüpp, Kakteen, ein
paar Holzschuppen, ein kleines Café, ein hübscher Bun-
galow. Man überquert eine befahrene Straße, dann geht es
direkter abwärts in Richtung Wasser, zum Strand, wo das
Leben tobt.

Der Anblick ist überwältigend, eine schöne runde
Bucht mit knapp einem Kilometer Strandpromenade, von
der aus man nach Osten schaut, auf ein glasklares Meer,
eine helle türkisfarbene Fläche mit glücklichen Baden-
den. Die Straße, die von der Stadt zum Strand führt, ist
von Autos verstopft, die auf der Suche nach einem Parkplatz mit Schrittgeschwindigkeit fahren. Entlang der Promenade sind in niedrigen Fertigbauten Cafés und Restaurants untergebracht, bei denen Draußen und Drinnen
ineinander übergehen; sie sind gefüllt mit mehr oder weniger spärlich bekleideten Urlaubern, die dort etwas trinken,
essen oder rauchen. Überall spürt man den Kommerz, der
in dieser gelösten, hedonistischen Atmosphäre alle Gelüste
befriedigt. Ich wende mich nach rechts und gehe an der
Küste entlang zur Burg, die in einiger Entfernung auf der
Landzunge thront.

Sie hat nichts von einer gotischen Burg. Es ist bloss
eine gewundene Festung aus Ziegelsteinmauern, die den
südlichen Eingang der Bucht überwacht, ein absolut un-
einnehmbarer Aussichtspunkt, von dem aus man marodierende Türken bombardieren konnte. Walpoles Schauerroman von der Burg als Wohnsitz einer uralten Familie,
die durch geheimnisvolle übernatürliche Kräfte dem Un-
tergang geweiht war, ist reine Fantasie. Drinnen gibt es
eine Andy-Warhol-Ausstellung mit dem Titel I WANT TO

BE A MACHINE. Da hängt das berühmte Bild von Marilyn Monroe als Foto-Negativ in grellbunten Farben. Das ist sowohl lachhaft als auch zu viel für mich; ich kann mich nicht überwinden, die Ausstellung zu besuchen. Ich will einfach nicht wahrhaben, dass die Eisenbahn mich bis in den Fuß von Italien gebracht hat, nur um Andy Warhol wiederzuentdecken. Ich entscheide mich für eine Besichtigung des restlichen Teils des Bauwerks. Fensterlose Kellergewölbe sind in Konferenzräume umgewandelt worden. Die rohen Ziegel der gerundeten Wände und Deckenbögen, wo einst Gefangene festgehalten oder Munition gelagert wurde, wurden sauber geschrubbt und sind dezent beleuchtet. In einem anderen Raum ist soeben eine Hochzeitszeremonie zu Ende gegangen. Schick gekleidete Gäste sammeln sich draußen, um das glückliche Paar mit Konfetti zu bewerfen. Ich mache, dass ich wegkomme.

Die Vergangenheit lässt sich eben nicht aufsuchen. Entweder man findet eine Ruine vor und wird nur wehmütig, oder der Ort dient inzwischen einem neuen Zweck. Auch in Verona hat man Julias Grabstätte (ja, die berühmte aus *Romeo und Julia*) in ein Standesamt verwandelt. Ich habe keine Ahnung, warum irgendjemand an einem Ort heiraten will, der unter einem so schlechten Stern steht, aber mein Sohn hat es auch getan. Sein Argument war, wenn man schon nicht in der Kirche heiraten wollte, dann würde ein edles mittelalterliches Gebäude wenigstens für die angemessene Feierlichkeit sorgen. Er hat nicht in der Kirche geheiratet, weil seine wunderschöne Braut Muslimin ist; keine marodierende Türkin, aber Angehörige derselben Religion. Ich habe mich mit der Tatsache getröstet, dass es natürlich nicht wirklich Julias Grabstätte ist; das wird nur zum Zwecke der Geldschneiderei behauptet.

Aber die Burg von Otranto ist die echte Burg von Otranto; früher ein wichtiger Militärstützpunkt, ist sie heute nur noch insofern wichtig, als sie ein pittoreskes Küstenpanorama vervollständigt und etlichen öffentlichen Einrichtungen Platz bietet. Ein großes Talent der modernen Italiener besteht darin, die Vergangenheit auf eine Weise zu vereinnahmen, die sinnvoll und lukrativ ist. Ganze Diplomarbeiten werden diesem Thema gewidmet. Auf der Website der Ferrovie Sud Est war mir aufgefallen, dass von Bari aus Tagesausflüge zu historischen Stätten auf dem Land angeboten wurden, und zwar in historischen Eisenbahnwaggons – die Gegenwart als Vergangenheit verpackt, um in der Zukunft überleben zu können.

Aber jetzt galt es, eine Stelle zum Schwimmen zu finden, wo ich keine Angst zu haben brauchte, dass jemand mir die Brieftasche und die Kamera klaute. Das war nicht leicht, denn der größte Teil des Strandes bestand nur aus Sand, Sonnenschirmen und Meer. Am anderen Ende der Bucht allerdings führt die Straße einen kleinen Hügel hinauf und fällt dann zu einer felsigen Küste mit zerklüftetem schwarzem Vulkangestein ab, das in flachen Platten mit tiefen Spalten dazwischen geschichtet ist. Ich stieg hinab bis dahin, wo die Felsen mit den kleinen Vorsprüngen und stillen Pfützen bis ins Wasser reichen. Die Spalten schienen wie gemacht zum Verstecken von Gegenständen. Ich zog mich aus und sprang hinein. Ich schwamm bis hinter die Felsen hinaus und genoss das Gefühl, an einem Ort zu sein, der weder Vergangenheit noch Zukunft war,

noch Kommerz oder Abbild von irgendetwas, sondern an
dem es nur mich gab, jetzt, hier im salzigen Wasser unter
der glühenden Sonne.

WÄHREND ICH MICH AUF MEINEM HANDTUCH trocknen
ließ, dachte ich über die Ferrovie Sud Est nach. Die Gesellschaft betrieb mehrere Tausend Kilometer Bahnstrecke,
wurde auf der Website behauptet, sie verkehrte auf dem gesamten Absatz des italienischen Stiefels. Es gab sogar einen
Bahnhof in Santa Maria di Leuca, ganz am südlichen Ende
des Landes. Überall war die Küste wunderschön und die
Dörfer im Innern pittoresk, ein wahrer Touristentraum,
zumeist nicht sehr entwickelt und nur im Juli und August
belebt, wenn die Italiener selber Ferien machten, den Rest
des Jahres über aber so gut wie leer. Fremde kamen selten.
Und selbst da, wo sich regelmäßig Menschen zwischen den
Städten oder zwischen Stadt und Küste hin und her bewegten, waren die Züge nicht ausgelastet. Die Europäische
Union hatte anscheinend einiges an Geld hineingesteckt.
Es war politisch korrekt, Geld in Eisenbahnen zu stecken,
denn sie galten als ökologisch verträgliches Transportmittel. Dennoch war das Geld hier verschwendet, denn es
hatte nicht gereicht, um damit einen Service aufzubauen,
den die Leute tatsächlich nutzten. Die meisten fuhren lieber mit dem Auto, denn damit waren sie schneller und
flexibler, obwohl sich alle einig sind, dass Autos bei der
Erderwärmung eine entscheidende Rolle spielen und wir
alle besser dran wären, wenn wir sie deutlich seltener benutzten.

Was braucht es also, um die Leute dazu zu bringen, diese oder überhaupt irgendeine regionale Eisenbahn zu benutzen?

Der Service müsste so aussehen, dass von leicht erreichbaren Bahnhöfen regelmäßig und pünktlich Züge abfuhren, die einen zu vernünftigen Preisen direkt zu seinem Zielbahnhof brachten, von wo aus man seine Reise bequem fortsetzen konnte.

Das ist viel verlangt. Es erfordert eine Investition, die weitaus größer wäre als die Bereitstellung von Geldern für hübsche Bahnhofsgebäude und Unkrautvernichtung.

Und sollte es durch irgendein Wunder doch gelingen, einen solchen Service anzubieten, würden die Leute ihn dann wirklich nutzen? Einige schon. Aber nicht genügend. Damit eine relevante Anzahl von Personen ihn nutzen würde, müssten andere Transportmittel entschieden unattraktiver werden. Autos müssten zu teuer und zu schwierig zu fahren, zu parken und zu unterhalten sein. Natürlich geht die Entwicklung bereits dorthin. Während ich das hier schreibe, hat der Literpreis für Benzin gerade die Zwei-Euro-Marke überschritten. Autobahnen sind teuer. Parken kann schwierig sein. Tatsächlich fallen die Verkaufszahlen für Neuwagen drastisch (um 20 Prozent im letzten Jahr). Aber es reicht noch nicht, denn das Bedürfnis nach persönlicher Freiheit ist groß; man möchte alleine reisen, losfahren und anhalten, wann und wo man will, den Rausch der Geschwindigkeit erleben, auf die Bremse und aufs Gas treten, jedes Detail der Reise selbst gestalten, während das Navi einem die Sorge um den richtigen Weg abnimmt, die Klimaanlage die Temperatur genau auf dem

gewünschten Wert hält und die Musikanlage die Lieblings-
songs spielt, ganz zu schweigen vom Platz im Kofferraum
für das Gepäck, das man mitnehmen möchte. Die meisten
Leute finden das sehr attraktiv.

Was wäre also erforderlich, um diese Eisenbahn oder
auch jede andere regionale Eisenbahn rentabel zu machen?

Ein kollektiver Willensakt. Eine bewusste, drakonische
gesellschaftliche Entscheidung, das Bahnfahren zu unterstützen und das Autofahren zu bestrafen. Das ist der einzige Weg, ein effizientes, vielleicht sogar finanziell tragbares
Eisenbahnangebot zur Verfügung zu stellen.

Aber wäre eine solche Entscheidung richtig?

Ich hatte die Debatte über das Bahnfahren in England
verfolgt, wo die Preise so hoch sind, dass diejenigen, die
auf das Pendeln mit der Bahn angewiesen sind, mehrere
Tausend Pfund im Jahr für Dauerkarten aufbringen müssen. Im Radio hatte ich gehört, wie die Lobby der Bahn-
gegner die Frage stellte, ob Leute, die die Bahn nicht nutzen, tatsächlich auch zur Finanzierung der Subventionen
herangezogen werden sollten, ganz so, als ginge es darum,
anderen Leuten ihre Kinokarten zu bezahlen; und die
Lobby der Bahnbefürworter hatte schüchtern geantwortet,
die Straßenbenutzer sollten doch froh sein, denn durch die
Eisenbahn würde die Anzahl der Autofahrer reduziert, sodass es für sie angenehmer wurde, mit dem Auto zu fahren.

Welch himmelschreiender Unsinn. Als hätte es je einen
fairen Wettbewerb zwischen den modernen Transportmit-
teln gegeben. Als wären nicht Unsummen an öffentlichen
Subventionen in den Straßenbau geflossen. Als könnte das
Prinzip, dass jeder nur für das bezahlt, was er auch nutzt,

je in einer Gesellschaft funktionieren oder die Existenz einer Gesellschaft überhaupt zulassen; man fühlt sich an diese Amerikaner erinnert, die sich gegen die Zahlung von Schulsteuern wehren, weil sie keine Kinder haben, so als hätten wir nicht alle ein Interesse an einer gut ausgebildeten jungen Generation. Könnten denn die Nutzer eines U-Bahn-Systems dafür bezahlen, ehe es überhaupt existiert? Könnten sie nicht.

Also kam ich zu dem Schluss, dass es eigentlich um eine andere Frage geht: Treffen wir unsere Entscheidungen über Transportsysteme auf der Grundlage der Frage, was für den Einzelnen am bequemsten ist, oder können wir etwas planen, was kollektiv betrachtet am effizientesten und nachhaltigsten ist, selbst wenn das nicht immer und in jedem Fall das Wünschenswerteste wäre? Eine Eisenbahnlinie, die alle Leute von Lecce aus in jeden Ort entlang der Küste bringt, würde ganz eindeutig eine effizientere Verwendung von Ressourcen bedeuten als die gegenwärtige Nutzung des Autos. Die Schadstoffbelastung der Luft wäre geringer und ebenso die Belastung des Gehirns, denn ich bin davon überzeugt, dass das Gehirn beim Autofahren, wo es sich ständig in einem Wettbewerbs- und Hochspannungsmodus befindet, einer großen Belastung und Erregung ausgesetzt ist.

Aber um eine Situation herbeizuführen, in der die Menschen mit dem Zug fahren, müsste man das Autofahren sanktionieren. Ernsthaft sanktionieren. Und wenn man in dieser Gegend das Autofahren ernsthaft sanktionierte, dann würden die Leute woanders hingehen – nach Kalabrien zum Beispiel oder nach Sizilien. Und die Züge blieben weiterhin leer.

Alle Maßnahmen müssten also auf nationaler Ebene erfolgen, nicht auf lokaler.

Würde man allerdings das Autofahren in ganz Italien sanktionieren (unvorstellbar), und warum nicht auch gleich die inneritalienischen Flüge, denn Flugzeuge verschmutzen die Umwelt drei Mal mehr als Züge, dann würden die Nicht-Italiener woanders hingehen, etwa nach Frankreich oder nach Spanien. Und dann würde die Regierung, die diese Maßnahmen getroffen hat, die nächste Wahl verlieren.

Alle Maßnahmen müssten also auf internationaler Ebene erfolgen, nicht auf nationaler.

Eine solche Veränderung müsste europaweit vonstattengehen, wenn nicht gar weltweit.

Um also, überlegte ich – es wurde definitiv Zeit, mein T-Shirt wieder anzuziehen, denn die Sonne brannte –, die Leute dazu zu bringen, die Ferrovie Sud Est von Lecce nach Otranto zu nutzen, müsste die ganze *Welt* eine Gesinnungsänderung durchmachen und sich vom herrschenden Individualismus verabschieden, der Autos bevorzugt und ganz allgemein das individuelle Schicksal über das kollektive stellt und unsere zeitgenössische Lebensart über das Erbe, das wir künftigen Generationen hinterlassen.

Und selbst wenn dieser weltweite Gesinnungswandel sich vollzöge, bliebe immer noch die heikle Frage der Führungsgewalt. Wie sollten weitreichende Entscheidungen über die Sanktionierung des Autofahrens getroffen werden, wenn die Welt aus Hunderten separater, miteinander konkurrierender Nationen besteht, die zum Teil demokratisch regiert werden, zum Teil aber auch nicht und

die sich alle auf verschiedenen Entwicklungsstufen befinden?

Die Frage, so wurde mir klar, als ich in eine Bar ging,
um mir vor der Rückreise noch eine Zitronen-Granita zu
bestellen, wie man die Ferrovie Sud Est rentabel machen
kann, ist also die gleiche immer dringlicher werdende
Frage, der sich die gesamte Menschheit gegenübersieht:
Wie soll man die Erde regieren, wenn unangenehme Entscheidungen anstehen, die keine einzelne Nation treffen
will und die von keiner Nation alleine getroffen werden
können? Bis wir dieses Problem gelöst haben, werden wir
niemals ein Transportsystem haben, das wirklich sinnvoll
ist, und auch nicht viel anderes, was wirklich sinnvoll ist. Es
wird bei diesen frommen, halbherzigen Subventionen bleiben, die *das Konzept* eines Bahnangebots aufrechterhalten
und für schön gestaltete Logos und Rolltreppen für Gehbe-
hinderte sorgen, im Großen und Ganzen aber nichts gegen
die Unrentabilität, die geringe Effizienz und die schlechten
Hygieneverhältnisse tun können, mit denen sich nur Bürger zweiter Klasse abfinden.

Die Granita war gut. Ich saß draußen vor einem kleinen Kiosk auf einem Hügel und blickte über den Strand
und die Bucht von Otranto; die Burg wirkte in der Ferne
plump und abschreckend, aber wie gesagt weit entfernt
von dem Schauergemäuer, das Horace Walpole in seinem
viel gepriesenen Roman beschwört. Man sagt, der Schauerroman wurde erfunden, weil die Wissenschaft und der
Rationalismus des 18. Jahrhunderts die Welt aller Romantik, aller Spiritualität und aller Abenteuerlichkeit zu berau-
ben drohten. Zweihundert Jahre später ist die Welt voller

Technologie, aber abgrundtief irrational. Und ich verspüre nicht das geringste Bedürfnis nach der Aufregung eines Schauerromans.

UND VIEL AUFREGUNG HATTE ICH ZUM GLÜCK in der kommenden Nacht auch nicht zu erwarten. In Lecce holte ich von zwei Karten spielenden Männern in orangefarbenen Overalls meinen Rucksack ab. Sie wirkten nur leicht verärgert über die Störung. Alles war unversehrt. Für neunzig Euro kaufte ich mir einen oberen Liegeplatz in einer sogenannten Cabina Comfort im Nachtzug nach Mailand, der um 19.10 Uhr abfuhr. Die unteren Liegen waren bereits ausgebucht.

»Ich bitte jetzt schon um Entschuldigung«, sagte ich zu dem Paar unten, das bereits unter die Decke geschlüpft war, als ich die Leiter zu meiner Pritsche hinaufkletterte, »falls ich Sie heute Nacht wecken sollte, wenn ich auf die Toilette muss.«

»Aber ich bitte Sie, das ist doch kein Problem.«

Wir befinden uns in einem alten Intercity-Waggon, der sehr schön umgebaut wurde und makellos sauber ist. Frisch gewaschene Bettwäsche und Decken liegen in Polyäthylen-Beuteln bereit. Ich mache das Bett, ziehe mir im Halbdunkel die Hose aus und lege mich in Unterwäsche unter die Decke. Ich liege da und lausche. Das Paar unter mir unterhält sich flüsternd. Von draußen kommen gedämpft die üblichen, angenehm vertrauten Bahnhofsgeräusche: das Gewusel der Fahrgäste im Korridor, eine dringliche *coincidenza*-Ansage auf den Bahnsteigen. Ich bin hier mitten im Leben, aber dennoch geschützt. Fühlt sich gut an. Dann setzt sich der Zug mit einem Ruck in Bewegung, die Bahnhofslichter zucken über die Abteilwände, die Räder fangen an zu klopfen, während der Zug schneller wird, und ich weiß, dass ich trotz der frühen Stunde schon sehr bald einschlafen werde.

Kurze Zeit später hält der Zug, und ich bemerke, wie ein junger Mann zu der Pritsche mir gegenüber hinaufklettert. Sind wir jetzt in Bari? Oder Foggia? Er trägt Shorts und T-Shirt, hat aber einen schicken Aktenkoffer bei sich. Er kennt sich aus, zieht ganz leise die Leiter hoch und liegt schon bald im Bett. »*Buona notte*«, murmelt er. »*Buona notte*«, antwortet das Paar. »*Buona notte*«, sage ich, so leise, dass ich mir nicht sicher bin, ob die anderen es gehört haben.

Um 3.00 Uhr nachts muss ich natürlich auf die Toilette. Kann ich in Unterwäsche gehen? Nein. Unter einigem Hüftwackeln streife ich mir im Liegen die Hose über. Der erste Schritt auf der Leiter verursacht ein Knarren. Verdammt. Habe ich jemanden aufgeweckt? Ich glaube nicht. Es brennt ein Nachtlicht, das gerade hell genug ist, um sich bewegen zu können, aber dunkel genug zum Schlafen. Die Klimaanlage ist genau auf die richtige Temperatur eingestellt. Der Knopf dreht sich, und die Tür geht auf, ohne ein Geräusch zu machen. Danke, Trenitalia. Das hier haben sie anscheinend wirklich gut hingekriegt.

Wir rasen die Adria hinauf. Auf dem Rückweg von der Toilette bleibe ich im Gang stehen, halte mich an der Stange vor den Fenstern fest und schaue hinaus. Die Strecke verläuft direkt am Meer, auf einem erhöhten

Deich. Am Strand erkennt man die Reihen geschlossener Sonnenschirme und dahinter das weiße Leuchten der Brandung. Ich schaue eine Weile auf das geheimnisvolle nächtliche Meer und spüre unter meinen Füßen das Hämmern des Zuges, dann gehe ich schnell wieder ins Bett. Als ich wieder aufwache, höre ich bereits die Durchsage, die mich warnt, dass wir in Kürze in Milano Centrale eintreffen werden. Kaum zu glauben. Es ist erst 6.50 Uhr. Zwanzig Minuten zu früh. Mein Vertrauen wurde belohnt. Der junge Mann aus Foggia mir gegenüber holt gerade schicke Bürokleidung aus seiner Aktentasche. Er verwandelt sich in einen Geschäftsmann. Das Paar unter mir tut es ihm gleich. Sie sind bereits zur Arbeit angezogen. Diskret warte ich, bis alle so weit sind, und mache mich dann ebenfalls fertig.

Warum finde ich es heute Morgen so aufregend, in Mailand einzufahren, obwohl ich schon buchstäblich Tausende Male in dieser Stadt angekommen bin? Die langsame Linkskurve, wenn der Zug durch Lambrate rollt und sich dann nach Süden in Richtung Centrale wendet, die bereits belebten Straßen unter uns, eine Frau, die in einem oberen Stockwerk eine Jalousie hochzieht, um den Tag zu begrüßen, dann der hohe Glasbogen des eigentlichen Bahnhofs. Beim Aussteigen habe ich das Gefühl, von der äußersten Peripherie ins pulsierende Herz zurückgekehrt zu sein, in das Zentrum, dessen kommerzielle Kraft den ganzen Körper beatmet und am Leben hält. Auf dem Bahnsteig strömen die Menschen der Schalterhalle entgegen.

Dann wird mir klar, dass ich zwei Probleme habe. Erstens bin ich zu früh dran, und zweitens habe ich kein sauberes Hemd. In meinem Schrank im Institut habe ich zwar

immer ein anständiges Jackett hängen, aber kein Hemd.
Während ich mir einen Cappuccino gönne, sehe ich das
Naheliegende. Es ist so weit – der Moment ist gekommen,
in dem ich zugeben muss, dass ein Einkaufszentrum im
Bahnhof Milano Centrale auch seine Vorteile hat. Statt zur
Steintreppe gehe ich zum *tapis roulant*. Geduldig stehe ich
hinter den anderen, während wir gemächlich nach unten
gleiten. Und ja, die Läden sind um 7.00 Uhr bereits geöffnet. Ich schaue in die glänzenden Schaufenster. Bücher,
Sportartikel, Herrenmode. Professor Parks wird zwar nicht
geduscht haben, aber er wird ein frisches weißes Hemd tragen, wenn er auf dem Podium sitzt und sein Urteil fällt.

NACHWORT

———

»WO SIND SIE?«, FRAGTE EINE STIMME. »Warum sind Sie nicht hier?« Es war ein Donnerstagabend in Verona; das Auto war gerade bei dichtem Verkehr aus einem Tunnel aufgetaucht, als das Telefon klingelte. Oder vielmehr, als ich bemerkte, dass das Telefon klingelte, womöglich schon seit einer Weile. Natürlich soll man nicht ans Telefon gehen, wenn man am Steuer sitzt, aber natürlich tat ich es trotzdem. Und warum ist es so schwierig, das Telefon aus der Tasche zu ziehen, während man fährt? Ich wand mich und zog und zerrte und versuchte dabei vorsichtig zu sein, um nicht versehentlich an den Knopf zu kommen, der den Anruf beendete und dem Anrufer, wer immer es auch war, damit einen falschen Eindruck vermittelte, während ich meinen Platz in einer zweispurigen Autoschlange hielt, die sich jetzt einer Kreuzung näherte. Es muss wohl an den niedrigen Sitzen liegen oder am Schnitt der Hosen. Ich vermutete, mein Anrufer würde jeden Moment auflegen, daher nahm ich mir nicht die Zeit, auf das Display zu schauen, ehe ich den grünen Knopf drückte. Ich erwartete einen Anruf von meiner Tochter.

»Tim. Wo sind Sie? Sie waren nicht im Zug.«

Zug? Wer war das? Was für ein Zug? Ich hatte keinen blassen Schimmer. Jetzt kam eine Ampel.

»Wer ist da?« Ich gehe inzwischen davon aus, dass man mir in meinem Alter eine Erinnerungslücke nachsieht.

»Edoardo. Wir warten alle auf Sie.«

Verdammt. Welcher Edoardo? Ich würde fragen müssen.

»Welcher Edoardo?«

Jetzt zögerte die Stimme – verärgert vielleicht oder in Sorge um meine Gesundheit.

»Ich kenne mehrere Edoardos«, sagte ich. Was nicht stimmte.

»Edoardo Parisi.«

Es dämmerte.

»Edoardo! Aber das ist doch erst morgen!«

»Heute«, sagte er. »Wissen Sie nicht mehr, ich habe eine E-Mail mit der Terminänderung geschickt? Sie haben sie sogar bestätigt.«

Ich hatte geplant, fünf Tage in einem Meditations-Retreat in der Berghütte von Edoardo Parisi, einem Vipassana-Lehrer, zu verbringen, in Maroggia, hoch oben in den Bergen des Veltlin, nordöstlich des Comer Sees. Dahinter steckt natürlich immer die Hoffnung, eine sehr tiefe Ruhe zu erlangen, ein Vorbild in Sachen Gelassenheit zu werden. Und ich war so angespannt, dass ich die Daten verwechselt hatte und nun einen Tag verlieren würde. Es war zu spät, um heute noch dort anzukommen, es sei denn, ich fuhr mit dem Auto, und die lange Strecke auf der Autostrada und dann spätabends noch über die mir unbekannten Bergstraßen mit dem Auto zu fahren erschien mir nicht ratsam. Ich würde morgen so früh wie möglich den Zug nehmen müssen.

Ich hatte vorgehabt, zuerst nach Mailand zurückzufahren, um ein paar Dinge an der Universität zu erledigen, und dann den kleinen Zug zu nehmen, der den Comer See hinauffährt und rechtzeitig zum vermeintlichen Kursbeginn am Abend ankam. Stattdessen beschloss ich nun, über Brescia zu fahren, dann Richtung Norden nach Bergamo, dann durch die Ausläufer der Alpen nach Lecco und schließlich den Comer See hinauf bis Morbegno, wo Edoardos Frau mich abholen würde, während die Meditierenden ihr Mittagessen einnahmen. Auf die Art, so hoffte ich, würde ich zwei Stunden gewinnen.

Ich fuhr um 6.40 Uhr in Verona los und kam um 12.01 Uhr in Morbegno an. Fünf Stunden und drei Mal Umsteigen für knapp 200 Kilometer. Schäbige, heruntergekommene Bahnhöfe, erbärmlich enge Züge, in denen sich die Knie unweigerlich berührten – viel schlimmer als alles, was ich im Süden angetroffen hatte. Offensichtlich war hier kein europäisches Geld geflossen, um alles freundlicher zu gestalten. Die Mittel gehen an die ärmeren Regionen. Und während die Küstenzüge im Süden überwiegend leer fuhren, waren diese hier überfüllt.

In Calolziocorte, zwischen Bergamo und Lecco, stieg ein uralter Mann in Bauernkleidung zu und setzte sich mir gegenüber. Seine wässrigen Augen blickten zugleich furchtsam und leer, die Haut hing ihm locker am Schädel. Etwa zehn Minuten später wurde klar, dass ihm ein Missgeschick passiert war. Im Wagen begann es zu stinken. Wir saßen dicht an dicht, einige Leute standen. Es gab keine Möglichkeit, woandershin zu gehen. Der Mann runzelte die Stirn und schloss die Augen. Er war Anfang siebzig, schätzte ich. Vermutlich dachte er sich, ihm blieb nichts anderes übrig, als bis zu seinem Zielbahnhof sitzen zu bleiben und dann auszusteigen. Also genossen wir etwa zwanzig Minuten lang alle zusammen, schweigend und in vollem Bewusstsein dieser Tatsache, den gewöhnlichen Geruch menschlichen Kots.

Auf dieser Strecke gibt es keine erste Klasse. Keine Möglichkeit, etwaigen Unannehmlichkeiten zu entfliehen. Einen Zug wie diesen zu nehmen bedeutet, offen zu sein für die Menschheit, *wie sie ist*. Mir fiel ein britischer Verkehrsminister der Thatcher-Regierung ein, der einmal gestanden hatte, er würde nie die öffentlichen Verkehrsmittel benutzen, weil man nie wissen konnte, welches Gesindel einem dort begegnet. Ich dachte auch an all die Leute, die mir sagen, sie würden nie in ein Meditations-Retreat fahren, wo man sein Zimmer mit einem Unbekannten teilen musste und ganz dicht neben anderen Leuten saß, manchmal sehr vielen Leuten, die womöglich nervige Ticks hatten oder ständig husteten und niesten oder sogar, ja, auch das kommt vor, furzten. Lieber bezahlten sie für ein Einzelzimmer und einen persönlichen Guru. In der Menge konnten sie sich nicht aufs Meditieren konzentrieren. Aber für mich bestand die erste Lektion beim Vipassana, so wie ich es immer erlebt habe, genau darin: alles zu akzeptieren, was einem begegnet, ob gut oder schlecht, ohne sich daran zu binden, weder durch Freude noch durch Abneigung. »Einfach nur beobachten«, fordert einen der Lehrer auf, »einfach das Leben beobachten, *wie es ist*, nicht wie man es gerne hätte, sondern *wie es ist*.«

Edoardos Haus in Maroggia liegt ganz oben am Berg,

mit Blick über das grandiose Tal, das sich von den Alpen-
gipfeln bis nach Como hinunter erstreckt. Kein Zug wird
je bis hier herauf kommen, aber in den langen Stunden
der Stille, die um 4.00 Uhr morgens beginnen und bis
20.30 Uhr am Abend dauern, hört man ab und zu das
entfernte Pfeifen einer Lokomotive, die sich nach Son-
drio hinaufquält oder abwärts nach Morbegno und Bel-
lano rauscht. Warum pfeifen die Züge heutzutage? Um die
Leute zu warnen? An Straßenkreuzungen? Oder vor der
Einfahrt in einen ländlichen Bahnhof? Wenn ich dieses
Pfeifen hörte, schweiften meine Gedanken ab. Beim Meditieren ist es immer ein Kampf, sich ganz auf den Augenblick zu konzentrieren, auf den Atem und den Körper, wie
er ist. Das Pfeifen hätte mich warnen sollen, dass meine
Aufmerksamkeit nachließ; stattdessen zog es mich in eine
andere Welt hinein.

Im Schneidersitz ganz hinten im Raum, hinter einem
Dutzend anderer Leute, folgte ich in Gedanken dem Zug
ins Tal hinunter nach Morbegno und darüber hinaus
und versuchte mich an die Namen der Bahnhöfe zu erinnern, Colico, Varenna, Lecco. Diese Züge, dachte ich,
werden ebenso wie der menschliche Geist von elektri-
schem Strom angetrieben, und sofort stellte ich mir die
vielen Masten und Leitungen vor, die ins Tal führten und
einen Weg beschrieben, ein Netz, das sich von der Landschaft abhob, damit wir mit hoher Geschwindigkeit durch
sie hindurchfallen konnten, ähnlich wie die Gedanken
ganz schnell vorbeieilen, aber nur selten in Kontakt mit
der Wirklichkeit kommen. Der Geist bewegt sich gern auf
Schienen, entschied ich nach zwei Tagen in Maroggia, die

Reflexionen, Ängste und Obsessionen bleiben doch stets die gleichen, und eine führt mit hoher Vorhersehbarkeit zur nächsten. Dieselben Knöpfe, Prellböcke und Endstationen, über die man nie hinauskommt. Gallipolis des Geistes.

Die Stunden vergingen. Der Zug pfiff. Wie oft am Tag. Fünf Mal? Ich dachte an die Erde unter den Schwellen und das Fleisch unter diesen Gedanken; ich versuchte, mir den Punkt vorzustellen, an dem der Stahl sich in den Erdboden drückt und diese Vorstellung sich mit einem Gewirr aus Nervensträngen und Adern verzahnt, und im Kopf rattert der Gedankenzug mit einem schrillen Pfeifen vorbei. Befand sich an Bord des Frühzugs ein Mann, der sich in die Hose geschissen hatte, fragte ich mich, oder eine Frau, die ihre Nachbarn mit Knoblauchatem vollschnarchte, oder ein Student, der Augustinus las? Zweifellos telefonierten einige Leute mit ihren Handys, sodass Radiowellen in den Zug hinein- und aus ihm herausstrahlten, während er nach unten ins Tal rauschte, und Botschaften flogen hinaus in die Lombardei, nach ganz Italien, vielleicht sogar in die ganze Welt. Warum nicht? Wie schwer es ist, sich wirklich alles vorzustellen, das in einem einzigen Zug gerade passieren könnte. Alles ist ständig in Bewegung, die Räder auf den Schienen, die Vorhänge, die am offenen Fenster flattern, der *capotreno*, der durch den Wagen geht, der Roma-Junge, der ihm einen Schritt voraus ist und durch die eine Tür nach draußen schlüpft, um durch die nächste wieder hereinzuklettern, sobald der Beamte ihm den Rücken kehrt, die Finger des Geschäftsmanns auf der Computertastatur, die Schauspieler in einem Film, den eine Studentin sich auf ihrem iPad ansieht, während der Zug am Comer See entlang von einem Tunnel zum nächsten fährt und die Sonne auf dem Wasser ununterbrochen funkelnde Reflexe erzeugt. Je stiller man beim Meditieren sitzt, desto bewusster ist man sich der unaufhörlichen Bewegung in Geist und Körper – die Wellen, das Kribbeln, die Ströme, das Pulsieren. In diesem Fleisch, in diesen Knochen – oder auch da draußen im Tal – gibt es nichts, was sich nicht bewegt, nichts, was nicht ebenso lebendig wäre wie das Licht auf dem See oder ein Ball, der von Kindern auf dem Schulweg von einem Zweite-Klasse-Sitzplatz zum anderen geworfen wird.

In Lecco tritt ein Mann auf den Bahnsteig hinaus und zieht heftig an einer Zigarette, bis der *capotreno* pfeift und er sie wegwerfen und wieder einsteigen muss. Sitzen in diesem Zug Reisende, frage ich mich, die noch umsteigen müssen? Leute, die besorgt auf die Uhr schauen, weil sie sich fragen, ob sie in Mailand wohl ihren Anschluss erwischen werden? Wohin? Nach Venedig? Oder nach Rom? Nach Neapel? Gar nach Palermo? Möglich war es.

Ich dachte an die vielen Bahnreisen, die ich in den dreißig Jahren in Italien unternommen hatte, ließ meine Gedanken über die Trenitalia-Landkarte schweifen, die zwar nicht Italien selber ist, aber doch wie ein Spinnennetz über dem Land liegt, mit Tausenden und Abertausenden von stählernen Spinnen, die auf den silbrigen Fäden hin und her krabbeln. Ich hörte eine Bahnhofsglocke durch pladdernden Regen, roch den starken Geruch nach Kuhdung und Kiefernnadeln. Das musste Franzensfeste sein, gleich unterhalb des Brenners, wo der Protagonist meines

Romans *Stille* auf dem Weg in seine Büßerhütte hoch oben
an der österreichischen Grenze umgestiegen ist. Im sanf-
ten Dämmerlicht hörte ich eine Tür knallen, als ein alter
Rapido sich im Bahnhof von Peschiera ruckartig in Bewegung setzte; ein junger Mann mit blonder Haartolle, der
eine Gucci-Tasche bei sich trug, sprang auf den Bahnsteig;
das war mein Bösewicht Morris Duckworth, der ausgerechnet in der italienischen Eisenbahn sein erstes Verbrechen beging. Und jetzt flattern Fahnen aus den Fenstern
eines schmutzigen Regionale, ein dichtes Gewirr von blau-
gelben Flaggen. Das sind die *Brigate Gialloblù*, die Hellas-
Fans, die Beleidigungen brüllen, während der Zug quietschend zum alljährlichen Derby ins benachbarte Vicenza
einfährt. Ich bin auch in der Menge und schwenke meine
Fahne. Meine Tage als Fußballfan.

Diese Züge haben sich in meine Gedanken und meine
Texte eingebrannt, wird mir klar, während ich mit etwa
zwanzig anderen Meditierenden in diesem stillen Raum in
Maroggia sitze. Mir war gar nicht bewusst, wie viele Zug-
Szenen in meinen Büchern vorkommen. Und jetzt halten
sie mich davon ab, meinen Atem zu beobachten, mich auf
die Empfindungen meiner Haut, meiner Knochen, meines Bauches zu konzentrieren. Jetzt fällt mir ein Mann ein,
der Schmerzen hatte, körperliche und seelische Schmerzen, und der den grün gepolsterten Sitzplatz im Erste-
Klasse-Abteil im Nachtzug Turin–Rom räumen musste. Er
hat keine Reservierung. Er hat noch nicht mal eine Fahrkarte. Er findet einen Platz in der zweiten Klasse, wo zwei
Frauen gerade über die Vorzüge der Schweizer Eisenbahnwaggons sprechen. Es handelt sich um Christopher Bur-

ton in *Schicksal*, auf dem Weg zur Beerdigung seines Sohnes. In einem italienischen Zug kann alles passieren, sagt er sich, als er erneut gezwungen ist, sich umzusetzen. Später wird er ohnmächtig, als zwei Prostituierte ihn anbaggern, und der *capotreno* muss einen Krankenwagen rufen, der ihn am Bahnhof in Genua abholt.

Wie habe ich, fiel mir da im Meditationsraum ein, damals geflucht, wenn ein Zug, in dem ich saß, aufgehalten wurde, weil ein Mitreisender krank wurde – einmal standen wir eine halbe Stunde in Milano Centrale, während man versuchte, einen Krankenwagen bis auf den Bahnsteig zu fahren – oder auch weil ein Selbstmörder sich vor den Zug geworfen hatte. Wie wütend war ich über die verlorene Zeit. Ich bin wirklich kein sehr großzügiger Zeitgenosse. Zugfahren bedeutet, ein und dasselbe Schicksal zu teilen; wir haben uns gemeinsam auf diese Reise begeben, ähnlich wie die Meditierenden im Retreat ihre stille Reise durch die langen Stunden des Tages miteinander teilen; eine Reise ohne bestimmtes Ziel. Wir wissen, dass wir die Erleuchtung nicht erreichen werden.

Der Zug pfiff erneut zu Beginn der *metta bhavana* am letzten Tag, der Meditation der liebenden Güte. »Senden Sie Ihre Gedanken aus zu all denen, die Ihnen nahestehen, und wünschen Sie Ihnen alles Gute«, wies uns Edoardo an. »Dann zu allen, die Sie kennen. Und schließlich zu allen Leuten und Lebewesen auf der Welt. Wenn Sie jemanden gekränkt oder erzürnt haben, auch in Gedanken, können Sie diese Menschen um Verzeihung bitten; und wenn jemand Sie gekränkt oder erzürnt hat, können Sie versuchen, diesen Menschen aus tiefstem Herzen zu vergeben.«

Ich begann mit meiner *metta*, und der Zug pfiff. Habe ich auf meinen Zugfahrten andere gekränkt oder erzürnt? Oder in diesem Buch? Ganz bestimmt. Ich kann sowohl im Zug als auch beim Schreiben ganz schön gemein sein. Ich bitte um Verzeihung. Bin ich auf Zugfahrten gekränkt oder erzürnt worden? O ja, unzählige Male! Durch Geräusche, durch Gerüche, durch Verspätungen, von Schaffnern, lauten Unterhaltungen, dreckigen Toiletten und erst vor etwa einer Woche von einem jungen Mann, der mir gegenübersaß und den ganzen Weg von Verona nach Mailand schamlos in der Nase bohrte. Mir war nie klar gewesen, wie beleidigend das sein kann. Ich vergebe ihnen allen von ganzem Herzen. Ich vergebe dem Nasenbohrer und den Schaffnern, den Stinkern und den Großmäulern. Ich wünsche ihnen alles Gute; allen Männern und Frauen, die heute Morgen mit Trenitalia-Zügen fahren, allen Schaffnern und Lokführern, allen Fahrkartenverkäufern und Minibar-Betreibern wünsche ich alles Gute. Und vor allem wünsche ich jedem Reisenden alles Gute, der ein Buch in Händen hält, jedem Mann und jeder Frau, die den Zeilen auf der Seite folgen, vielleicht sogar diesen Zeilen hier, während die Räder den Schienen durch die Landschaft folgen und eilig durch die Welt gleiten, ohne wirklich ein Teil von ihr zu sein. Was für eine wunderbare Erholung eine Zugfahrt sein kann und ein gutes Buch ebenso und ein im Zug gelesenes Buch umso mehr — mitten im Leben und doch außerhalb, bis man am Terminus ankommt und aussteigt und das Buch weggelegt wird und wir alle unserer Wege gehen müssen, jeder für sich, für immer.

DANKSAGUNG

WAS DEN GESCHICHTLICHEN HINTERGRUND ANGEHT, so bin ich Stefano Maggi und seinem ausgezeichneten Buch *Le ferrovie* zu Dank verpflichtet. Bedanken möchte ich mich auch bei der Familie Failla und Angela Pia Salamina für ihre Gastfreundschaft während meiner Reisen nach Süditalien. Ohne das hartnäckige Drängen von Matt Weiland wäre dieses Buch nicht geschrieben worden; seine redaktionelle Unterstützung war von unschätzbarem Wert, als es darum ging, meinem endlosen Hin und Her eine Gestalt zu verleihen. Vielen Dank also an ihn und zu guter Letzt natürlich an die vielen Tausend Trenitalia-Mitarbeiter, Fahrkartenkontrolleure eingeschlossen, die mich über dreißig Jahre lang sicher durch mein adoptiertes Heimatland gebracht haben.

Um die ganze Welt des
GOLDMANN-*Sachbuch*-Programms
kennenzulernen, besuchen Sie uns doch
im **Internet** unter:

www.goldmann-verlag.de

Dort können Sie
nach weiteren interessanten Büchern *stöbern*,
Näheres über unsere *Autoren* erfahren,
in *Leseproben* blättern, alle *Termine* zu Lesungen und
Events finden und den *Newsletter* mit interessanten
Neuigkeiten, Gewinnspielen etc. abonnieren.

Ein *Gesamtverzeichnis* aller Goldmann Bücher finden
Sie dort ebenfalls.

Sehen Sie sich auch unsere *Videos* auf YouTube an und
werden Sie ein *Facebook*-Fan des Goldmann Verlags!

www.goldmann-verlag.de
www.facebook.com/goldmannverlag